Monika Renz

Erlösung aus Prägung

3. – S
K5

Monika Renz

Erlösung aus Prägung

Botschaft und Leben Jesu als Überwindung der menschlichen Angst-, Begehrens- und Machtstruktur

Junfermann Verlag • Paderborn
2008

Covergestaltung/Reihenentwurf: Christian Tschepp
© Coverfoto: Lvnel FOTOLIA.com

Satz: JUNFERMANN Druck & Service, Paderborn

Bibliografische Information der Deutschen Bibliothek

Die Deutsche Bibliothek verzeichnet diese Publikation in der Deutschen Nationalbibliografie; detaillierte bibliografische Daten sind im Internet über http://dnb.ddb.de abrufbar.

ISBN 978-3-87387-708-5

Inhalt

„Erlösung“ – ein Fremdwort, ein Abenteuer, ein Hoffnungswort

Eine Patientin, wenige Tage vor ihrem Tod:
„Ich spüre, Erlösung wäre wichtig, aber ich habe den Faden verloren zu diesem Wort.“

Ein Patient in der Ohnmacht seiner (schieren) Sprachlosigkeit:
„Zwei Worte bleiben mir zum Beten: ‚Jesus‘ und (nach langem Schweigen) ‚Barmherzigkeit‘.“

* * *

Roman Siebenrock, Dr. theol., Mag. phil., Prof. für Systematische Theologie, Innsbruck:
Vom Abenteuer, sich einzulassen auf die Frage nach dem, was erlöst

Die vorliegende Arbeit, die der Frage nach dem tief Heilsamen an der christlichen Botschaft und am Leben Jesu Christi nachgeht, formuliert zunächst ein Defizit: Der Autorin fehlt eine glaubwürdige, psychologisch haltbare, rational zugängliche, ausbuchstabierte und zugleich bibelnahe Soteriologie (Erlösungslehre). Entsprechend mutig begibt sie sich in der Folge ins spannungsgeladene Feld von Theologie und Psychotherapie. Sie geht Wege leidender, schwerkranker, sterbender Menschen mit und bringt ihre Fragen und Erfahrungen zwischen Leben und Tod, Zeit und Ewigkeit in die Diskussion von Medizin, Psychotherapie und Theologie ein. In existenziell herausfordernde Situationen führt sie auch den Leser. Dabei sucht sie nach einer die verschiedenen Fragestellungen integrierenden, soteriologischen Gesamtschau des Neuen Testaments, in welcher Erlösung als Antwort auf Prägung verstanden wird. Sie öffnet einen fruchtbaren und ur-biblischen Zugang zu Jesus von Nazareth, und damit auch zum gegenwärtig lebenden Christus als Arzt und Heiland. Auch der dynamische Aspekt von Erlösung mit der Frage, warum und inwiefern Jesus selbst, sein Leben und Sterben Antwort auf Prägung sei, ist höchst lesenswert, ein Kapitel voller Entdeckungen (II.3). Aus systematischer Sicht stellt die Arbeit eine überzeugende, äußerst anregende und mitunter ‚geniale‘ theologische Sicht der soteriologischen Bedeutung Jesu auf dem Hintergrund einer tiefenpsychologischen Interpretation der Erbsündenlehre dar, die diesem Lehrstück alle Verstaubtheit, Seltsamkeit und begriffliche Kuriosität nimmt. – Kann man mehr über eine Arbeit sagen, als dass ich von ihr immens viel gelernt habe und dass sich mir gleichzeitig weitere Fragen einstellen?

* * *

Thomas Cerny, Prof. Dr. med., Chefarzt Onkologie am Kantonsspital St. Gallen,
zum Wort Erlösung aus der Sicht eines Arztes:

Das Buch „Erlösung aus Prägung" eröffnet für die klinische Arbeit mit krebserkrankten Menschen weitere neue psychotherapeutische Möglichkeiten mit einem gänzlich neuen Denkansatz. Dabei orientiert sich Monika Renz an einem ursprünglichen und letzten heilen Sein. Krankheitsbedingte Regression wird hier nicht einfach als Rückfall in frühkindliche Erlebnisweisen gedeutet. Stattdessen wird darin in der psychotherapeutischen Arbeit durch Schwieriges hindurch auch ein Eintauchen in dieses letztlich Heile erkannt. Und Angst ist aus dieser Sicht keine zu bekämpfende Neurose, sondern ein Existenzgefühl: Urangst. Das Leiden an tiefer Prägung wie auch Prozesse in Richtung „Erlösung" werden erahnbar. Als Ärzte staunen wir bisweilen ob einer schlagartigen Entkrampfung und Schmerzfreiheit, einem neuen Frieden der Patienten mit sich selbst, einer neuen Weise, uns Ärzten zu begegnen. – Eine Pionierarbeit, spannend zu lesen, die konventionelle Erklärungsansätze weit überschreitet und sich doch am ganz Konkreten orientiert: am leidenden Menschen, seiner Not und Sehnsucht.

* * *

P. Eberhard v. Gemmingen SJ, Radio Vatikan, zu
Erlösungsvorstellungen einst und heute, Erlösung und Medien:

Die Therapeutin und Theologin Monika Renz hat mich, einen Priester und Rundfunkjournalisten, gebeten, ein einleitendes Wort zu ihrem Buch über Erlösung zu schreiben. Ich versuche es. Wenn ich darüber nachdenke, was das Wort „Erlösung" in meiner Jugend – also vor 50 Jahren – bedeutet hat, dann muss ich sagen: Es bedeutete: Christus hat uns durch sein Leiden von der ewigen Verdammung erlöst. Das hatte damals nach meiner Erinnerung nichts mit Befreiung aus Zwängen, Ängsten, Nöten zu tun, sondern spielte sich nur im Jenseits ab. Wenn ich heute von Erlösung spreche, dann sage ich zunächst einmal: Christus hat uns durch seine Liebe fähig gemacht, selbst zu lieben. Wir wurden durch ihn ansatzweise von unserem Egoismus befreit und fähig, Anteil zu nehmen am Schicksal des Andern. Wir können wieder glauben, ja auch hoffen und sogar lieben. Das ist Erlösung. Erlösung ist also ein Vorgang, der sich in unserem irdischen Leben abspielt, den man sogar wahrnehmen kann. Man kann ja Menschen erleben, von denen man den Eindruck hat „Der ist erlöst", „Die lebt erlöst". Und dieses irdische Erlöst-Sein von Angst und Zwang ist ein Zeichen dafür, dass auch der Himmel offen steht, dass wir Zugang haben zum himmlischen Vater, dass wir keine Angst vor Gott haben müssen. Und schließlich der Rundfunkredaktor, der ich bin: Ich glaube, dass ich durch mein Tun, durch unsere Sendungen – wenn sie gut sind – aufbauend, konstruktiv mitwirken kann an der Erlösung von vielen Menschen. Erlösung heißt für mich heute: Verkündigung der Liebe Gottes zum Menschen, damit wir Menschen menschlich, in Gerechtigkeit und Frieden leben können. Wer an die erlösende Liebe Gottes glaubt, lebt anders. Wer anders lebt, wirkt mit an der Erlösung der Welt.

* * *

Max Küchler, Dr. theol., Prof. für Neues Testament, Fribourg:
Ein Einweihungsweg

Die hier entwickelte Beschreibung der condition humaine schreit sozusagen nach Befreiung und Erlösung. Zum Teil wirklich ausgezeichnet wird die These dargestellt und bibeltheologisch entfaltet, dass in Jesu Botschaft und heilender Tätigkeit den Menschen ein Angebot gemacht wurde, aus der Urprägung Mensch und dem Dynamismus der Sonderung mit seinen Angst-, Begehrens- und Machtstrukturen herauszukommen. Ein therapeutisches Buch, das mit seinen eindrücklichen Kapiteln der Menschenbeobachtung zum persönlichen Einweihungsweg werden kann und das trotzdem ein zutiefst theologisches Werk ist.

* * *

Einleitung

Was letztlich heilt, was erlöst?

Was heilt – ob ein Medikament, eine therapeutische Begegnung, eine geistige Neuorientierung –, ist abhängig von dem, was im Menschen heilungsbedürftig ist. Alle medizinische Therapie orientiert sich am Krankheitsbild. Dem ist nicht anders im psychosozialen und spirituellen Bereich: Die Rede von Heilung nimmt ihr Maß am Menschen und seinem Leiden. Heil-Werden ist mehr – ja etwas anderes – als Gesund-Sein. Auch Schwerkranke können sich als heil, als irgendwie ganz und mit dem Wesentlichen ihrer selbst im Einklang erleben. Wenn später von Jesus dem Arzt und Heiland die Rede ist, wird dieser Begriff von Heil-Sein vor Augen gehalten. Was *letztlich* heilt, orientiert sich an einer ebenso *letztlichen, umfassenden* menschlichen Not. Als gäbe es eine Not hinter den Nöten, die nicht partikulär behandelt werden kann, sondern nur als Gesamtkomplex. Etwas, das Behandlungskonzepte insgesamt in den Wind schlägt, weil es mehr erfordert, als was durch Menschen machbar ist, nämlich ‚letztliche Heilung' oder anders gesagt: Erlösung.

Wie ereignet sich Erlösung? Was ist an der Botschaft und am Leben Jesu Christi erlösend? Als Kind spürte ich ein Erlösendes ausgehend von der Gestalt Jesu Christi sehr wohl. Etwa wenn ich in meiner Kinderbibel las, in das Geheimnisvolle eines Kirchenraumes und Gottesdienstes eintauchte und so etwas wie einen inneren Schutz erlebte. Manchmal empfand ich durchaus „Präsenz". Auch Märchen hatten auf mich eine ähnlich heilsame Wirkung. Als Studentin und Therapeutin aber verstand ich die Rede von einer Erlösung in Jesus Christus nicht mehr unmittelbar. Immer wieder wurde in der Theologie von Erlösung gesprochen und davon, dass Jesus der Erlöser sei, doch – auf den Zahn gefühlt – konnte mir niemand erklären, *wovon eigentlich Jesus erlöst haben soll und wie dieser Mechanismus konkret wirke.* Auch konnte mir niemand sagen, warum ich so schwer schuldig sei für Dinge, die ich gar nicht getan habe und die vielleicht Generationen oder Jahrtausende zurückliegen. Theologisch gesprochen, fehlte mir eine glaubwürdige, psychologisch haltbare, rational zugängliche und zugleich bibelnahe Soteriologie (Erlösungslehre). Mit einer Ausnahme: das, was ich in den frühen 1980er Jahren mit dem Namen Eugen Drewermann verband. Seine Deutungen zahlreicher Bibeltexte erlebte ich ebenso genial wie psychologisch konsequent. Und eindrücklicherweise stimmte einiges überein mit dem, was ich als bibelkundiges Kind intuitiv verstand. In Drewermanns Texten der frühen 1980er Jahre[1] fand ich neue Methoden zur Bibelinterpretation, aber auch – in seinem Brückenschlag zwischen Tiefenpsychologie und Exegese – eine Erlösungslehre. Inzwischen sind weitere Namen wie Raymund Schwager, Adrian Schenker, Karl Rahner, Hans Kessler, Anselm Grün, Josef Ratzinger – Benedikt XVI. und Carl Gustav Jung hinzugekommen. Sie alle umkreisen auf ihre Weise die Frage, was heilt, was erlöst.

Erlösung wovon? Ein konzeptuell grundlegender Gedanke dieses Buches lautet: Wo von Erlösung gesprochen wird (Teil II), muss vorher das zu Erlösende einsichtig werden (Teil I). Erlösung und die Bewusstwerdung der menschlichen Erlösungsbedürftigkeit, auch in ihren konkreten Manifestationen, gehören zusammen.

Ist aber der Mensch erlösungsbedürftig? Anthropologisch, therapeutisch formuliert hieße das: Der Mensch kommt aus eigener Kraft *nicht* aus gewissen Mechanismen und Störungen heraus? Eine gewagte These in einer Zeit, die bestimmt ist von der Hybris menschlicher Machbarkeit. Ich frage zurück: Wie klingt das Gegenteil? Wie mutet es an, wenn Menschen von sich behaupten, sich selbst erlösen zu können? Wenn Menschen dermaßen von sich überzeugt oder in sich verbarrikadiert sind, dass sie alles Angewiesensein auf Hilfe, auf Andere, auf Gott leugnen? Wie fühlt es sich an in einer Zeitepoche, die solche Selbstherrlichkeit propagiert? Konkret: Wenn etwa schwer an Krebs erkrankte Menschen glauben, mittels ihrer Selbstheilungskräfte und des positiven Denkens sich selbst gesund machen zu können? Die *Musiktherapeutin in mir* horchte ob solcher Unstimmigkeit auf und fragte: Ist nicht genau Erlösungsbedürftigkeit ein hochaktuelles Thema? Die *Psychologin* in mir wollte verstehen, inwiefern der Mensch erlösungsbedürftig sei und wie man Erlösungsbedürftigkeit anthropologisch ausbuchstabieren könne. Sie wollte *phänomenologisch* dem nachgehen, was sich als tiefe Prägung im Patientenalltag zeigt: Reflexe, Mechanismen, Seelenstrukturen, die heilsamen Prozessen im Wege stehen. Und sie wollte ontologisch verstehen, worin Erlösungsbedürftigkeit besteht, welches die zentralen Irritationen in der condition humaine sind und wie es dazu kommt (vgl. I.1-3).

Als *Theologin* schließlich fühlte ich mich herausgefordert, der Psychologin Antwort zu geben und zu fragen: Kann die christliche Botschaft Menschen aus ihrem Gefangensein, ihrem Leiden hinter den Leiden, ihren ‚Sünden' erlösen? Kann Jesus – auf der Basis einer hier herausgeschälten menschlichen Erlösungsbedürftigkeit – als Erlöser be-

---

1 Damit sind die Bände „Tiefenpsychologie und Exegese", „Ich steige hinab in die Barke der Sonne" und zahlreiche Märchendeutungen gemeint. Ich differenziere zwischen Drewermann vor seinem Buch „Kleriker" (erschienen 1989) und dem Drewermann seit seinem Bruch mit der Kirche. Nicht nur sein Verhältnis zur Institution, sondern auch dasjenige zu Jesus, zu Gott, zur Bibel, ja sogar zu seinen eigenen frühen Deutungen scheint seither gezeichnet von einem Bruch. Ein solcher ändert m.E. aber nichts an der Bedeutung des Drewermann der frühen 1980er Jahre. Für unseren Kontext sind wichtig „Tiefenpsychologie und Exegese", Bd. I (1988a) und Bd. II (1985), wobei ich mich auch da teils kritisch mit dem Autor auseinandersetze (vgl. I.1.6; I.2.8). – Für die gegenseitige Befruchtung von Psychologie und Theologie spricht auch Utsch (2005).

zeichnet werden? Und wenn ja, worin und warum? (Vgl. II). Und wohin münden Erlösungsprozesse? (Vgl. III).

Das Buch ist in drei Teile gegliedert:

- *Der anthropologische Teil I* entfaltet die menschliche Erlösungsbedürftigkeit und Prägung (1-3) und er bedenkt den Beitrag des Menschen im Erlösungsgeschehen (4);
- *der bibeltheologische Teil II* folgt der Spur des Erlösers Jesus von Nazareth;
- *der kürzere, zugleich anthropologische und theologische Teil III* fragt nach dem erlösten Menschen.

Ein erster Anhang, der die anthropologische Brisanz der vorliegenden Erkenntnisse bezüglich des interreligiösen Dialogs reflektiert, und ein zweiter Anhang, der die Ergebnisse des Forschungsprojektes mit Patienten wiedergibt, runden das Buch ab.

Wovon erzählt das Buch? Ich persönlich hatte im Laufe seiner Entstehung *vier für die Theologie und Psychologie brisante Aha-Erlebnisse:*

1. Genau dann, wenn ich *von einer Prägung* ausgehe, namentlich von Mechanismen, aus denen der Mensch alleine nicht herausfindet, wird für mich das Phänomen Erlösungsbedürftigkeit verständlich. Erlösung geschieht primär aus Prägung – Schuld kommt vielleicht sekundär dazu (vgl. I.1-3).

2. *Jesu zentrale Anliegen werden genau dann für mich neu begreifbar, wenn sie als Antwort auf Prägung gelesen werden.* So etwa, warum Jesus so sehr an der Vater-Beziehung gelegen war. Warum er im Vater und seinem Reich *den* Schlüssel für das menschliche Heil gesehen hat. Aber auch, warum der Menschenfreund Jesus so radikal sein musste und um Nachfolge – hin zu einer Seligkeit jenseits von Prägung – warb. Jesus muss als Menschenkenner par excellence vorgestellt werden, aber auch als Liebender und Beziehungsfähiger, der kraft seiner intakten Beziehung zum Vater selbst die menschliche Machtprägung nicht mit Gegenmacht zerschlug, sondern wusste, dass hier im allerletzten nur Kapitulation angesagt war. Was nur einmal mehr Verweis darauf ist, dass wir es mit einer Prägung zu tun haben, die auf der menschlichen Ebene nicht lösbar ist, selbst vom Menschen Jesus nicht. Anders gesagt: *Wandlung und Erlösung geschehen nicht ohne das, was ich das Dritte nenne,* anthropologisch formuliert nicht ohne ein Außerhalb, das ins Menschliche eingreift. Theologisch gesprochen nicht ohne die Bewegung Gottes auf den Menschen zu, Gott im Bunde, Gnade, man könnte auch sagen, nicht ohne jene Dynamik, die christlich gesprochen Ostern heißt (vgl. II).

3. Die Prägung ist unauflösbar, wenn nicht auch der Geprägte seinerseits offen wird, obgleich Offenheit ihrerseits wiederum Gnade ist. Offenheit konsequent einzufordern ist von hoher theologischer Brisanz. Damit ist gesagt, dass im Erlösungsgeschehen Gott – obgleich Macht schlechthin – angewiesen ist auf das menschliche Ja, auf eine Einbruchstelle im Menschen drin. Psychologisch leuchtet das ein: An

der Einsicht in die eigene Erlösungsbedürftigkeit führt kein seelischer Prozess vorbei. Um offen zu werden, braucht es meine Bereitschaft, mein Erschrecken ob verheerender Entwicklungen, Einseitigkeiten, Perversionen, Unfreiheiten (vgl. I.4). Dieses Angewiesensein auf das menschliche Ja jedes Einzelnen bringt es mit sich, dass rund um verhärtete Menschen, die von sich, ihrer Sicht und ihrem Recht ganz und gar überzeugt sind, auf der Gegenseite nur mehr Passion möglich ist. Passion wird hier als psychologische Konsequenz, als Tragik, als *reine Dynamik,* gedeutet (vgl. II.3).

4. Es *gibt* Neuwerdung, nämlich dort, wo Gnade und menschliche Offenheit zusammenfinden. Selbst ungute Dynamiken können sich wenden. Und es *gibt* Patienten, die ungeachtet ihres äußeren Geschundenseins innerlich Gnade, Wendung, Heil erfahren. Im Kindteil unserer selbst[2], wo die Bereitschaft und Offenheit am größten ist, gleichzeitig aber auch dort, wo wir alle Berechnung hinter uns gelassen haben und nur die Gegenwart sehen wie der Bettler zu Zeiten Jesu, geschieht es immer wieder, dass Seligkeit einbricht und sich ‚Himmelreich' oder ‚Lohn' einstellt, dass Menschen in neuer Identität leben oder erlöst sterben. Von einer zweiten Identität kündet m.E. auch *Paulus* im gewichtigen autobiografischen Text 1 Kor 15,1-11 (vgl. III und 2. Anhang).

Die vier Aha-Erlebnisse leuchten da und dort im Buch auf, ein letztes Mal als *Parameter von Erlösung,* dort formuliert als Anstöße oder psychologisches Messinstrumentarium für den interreligiösen Dialog (vgl. 1. Anhang). Denn Erlösung aus Prägung oder die Frage „Worin liegt das Heilsame einer Religion?" ist nicht nur eine innerchristliche Angelegenheit. So viel zur Korrelation von Erlösungsbedürftigkeit und Erlösung.

Eine Studie an der Psychoonkologie des Kantonsspitals St. Gallen

In meiner therapeutisch-spirituellen Begleitung Schwerkranker und Sterbender bin ich Tag um Tag mitten ins Thema Erlösungsbedürftigkeit hineingeworfen. Zwar nicht unmittelbar, denn niemand stellt hier die Diagnose ‚erlösungsbedürftig'. Und doch begegnet mir das Phänomen allenthalben. Hier liegt ein Schmerzpatient, dem keine Schmerzbehandlung ausreichend hilft und der aus seiner Verzweiflung nicht herausfindet. Dort hadert die Mutter eines krebskranken Kindes mit dem Schicksal. In einem dritten Zimmer liegt, spürbar blockiert und verwirrt, ein seit Wochen dem Sterben naher Patient und kann nicht sterben. Bei wieder anderen Patienten hören sich Biografien und Familiengeschichten an, als stünde über allem ein Fluch: Verdingkinder, Kriegsopfer, über Generationen weitergegebene Gewalt, Verlassenheit, Krankheits- und Suchtbiografien. Zwar ist ein Denken in Dimensionen von Fluch,

---

2 „... wenn ihr nicht umkehrt und wie die Kinder werdet" (Mt 18,3). Zum Wesen des Kindes vgl. II.2.1.3, II.2.2.

Verwünschung und Erlösung aus der Mode gekommen. Doch die Ausweglosigkeit der Menschen mitsamt dem Gefühl, ausgeliefert zu sein an innere und äußere Mächte, ist dieselbe geblieben. Ständig solchen Nöten ausgesetzt, entschied ich mich, der Leidfrage – diesmal im Speziellen dem Phänomen Erlösungsbedürftigkeit und Erlösung – tiefer nachzugehen. Nicht ohne Rebellion gegen so viel Leid.

Wie aber das, was ich Erlösungsbedürftigkeit nannte, erfassen? Nur wenige Menschen erleben dies bewusst. Am ehesten kommen ihnen in Notlagen Worte wie „Angewiesensein auf Hilfe und Gnade" über die Lippen. Im Krankenhaus lernen sie sich bisweilen in ihrem *Kreaturgefühl*[3] kennen. Ein Patient mit akuter Leukämie beschrieb zitternd: *„Ich kannte das in meinem Leben nicht, das Gefühl, nur Staub und Asche zu sein. Ja, ich bin Staub und Asche, und – wenn es sein darf – noch etwas darüber hinaus. Ich bin nur Kreatur.*" – Wie viele Patienten litten an der Hinfälligkeit und Zufälligkeit ihres Daseins[4]? Wie viele erlebten ihr Kreatur-Sein bewusst? Würden sie von sich sagen, auf Gnade angewiesen oder erlösungsbedürftig zu sein? Und wenn ja, war das eine heilsame Einsicht innerhalb ihres Reifungsprozesses? Ich beobachtete, verfasste Rückmeldungen an Ärzte, verglich und zählte. Nicht alles Auszählen führte zu nennenswerten Aussagen, aber es half, mich ins Thema vorzutasten.

Nach *Schuld* zu fragen, wäre ein anderer, durch kirchliche Tradition nahegelegter Zugang zum Phänomen Erlösungsbedürftigkeit. Er erwies sich im Falle meiner Patienten als nicht ‚ergiebig', was mich auch nicht überraschte. Im Gegenteil: Auch wenn bei einer Krebserkrankung die Schuldfrage (schuld an der Erkrankung) hartnäckig gestellt wird[5] und Sündenböcke gesucht werden, so ist es zugleich schwierig, sich wirkliche Schuld – etwa eine Schuld am Partner, am Kind, an einer verpassten Lebensaufgabe – einzugestehen. Bewusst erlebte Schuld – um eines der Ergebnisse vorwegzunehmen – war in meiner Studie selten Thema. Und wenn Schuld gefühlt wurde, so meist im Sinne einer Auszeichnung für einen bewusstseinsfähigen, reifen Menschen.

Ich versuchte also der menschlichen Erlösungsbedürftigkeit *indirekt* auf die Spur zu kommen. Verbirgt sie sich hinter *gegenteiligen* Charaktermerkmalen oder Verhaltensweisen, etwa hinter einer betonten Selbstherrlichkeit und dem heute so hoch gehaltenen Recht auf Selbstbestimmung? Diese Frage traf ins Schwarze. Das Über-sich-bestimmen-Können ist in der Tat Spitalthema im alltäglich Kleinen bis hin zum Existenziellen. Loslassen (seine Pläne, Hoffnungen, Kräfte, Mobilität, Familie, ja sich selbst) fällt den allermeisten Patienten sehr schwer. Nicht nur dort, wo kleine Kinder

---

3 Gefühl, nur mehr Kreatur zu sein. Im Positiven: Gefühl von Geschöpflichkeit inmitten einer mich bergenden Schöpfung. Negativ erlebt, ist dies die Scham, nur noch Kreatur zu sein, die Angst auch, die aufkommt im Angesicht der eigenen Hinfälligkeit.

4 Die menschliche Kontingenz wird im doppelten Sinne verstanden, als Zufälligsein und als Sich-nicht-selbst-begründet-Fühlen. Der Mensch hat seinen Grund außerhalb seiner selbst und somit kein direktes Empfinden für sein Begründet-Sein.

5 Obwohl es in den meisten Fällen keine nachvollziehbare ‚Schuld am Krebs' gibt (persönliche Beobachtung und mündliche Aussage von Cerny).

da sind und Väter/Mütter situationsbedingt nur schwer loslassen können. Im Gegenteil, vielen jungen Menschen fiel das Loslassen einfacher als der älteren Generation, und vielen Menschen, die im Leben durch Schicksalsschläge getroffen waren, fiel es leichter als solchen, die ein schönes Leben hinter sich hatten. Loszulassen scheint in sich eine schwer zu bewältigende Herausforderung zu sein. Mechanismen, eine Lebensgier, eine Struktur der Macht stehen quer dazu. Am Nicht-loslassen-Können wurde *indirekt* sichtbar, wie frei, wie und wodurch besetzt, wie erlösungsbedürftig ein Mensch ist. So *wurde ‚Loslassen' zur zentralen Fragestellung* in meinem Projekt. Gelang es, gelang es zögerlich oder nicht? Und weshalb nicht? Derweil vorübergehende Aufbäumung nach einem Schicksalsschlag heilsam ist, scheint die Fixierung darin Zeichen von Gefangensein und Erlösungsbedürftigkeit zu sein.

Und Erlösung? Wie überhaupt erfassen oder messen, was nie voll fassbar ist? Waren Aussagen darüber möglich, was im Einzelfall einer Fixierung, eines inneren Machtkampfes schlussendlich Bewegung auslöste? Was half, wo andere Strategien versagt hatten? Wann ist es adäquat, von Erlösung zu sprechen, und wann besser nur von Hilfe? Und wie kam diese Hilfe zustande, von innen her, von außen oder im Zusammenfinden von Innerem und Äußerem? Wie wichtig sind Angehörige in solchen Erlösungsprozessen, der Faktor Liebe, der Faktor Musik? Welche Bedeutung hat die angesprochene Gottesfrage? All dies, derweil ich über den in einem Krankenhaus wichtigsten Faktor des Medizinischen kaum Aussagen machen kann, weil ich dort höchstens verstärkend oder entspannend beitragen kann, dass etwa Schmerzmittel besser wirken können.

Und wohin münden einzelne Erlösungsprozesse? Hier vielleicht in ein friedliches Sterben, dort in eine neue Identität im Leben. Bisweilen konnte *rückblickend,* also nach einem durchlaufenen Prozess, mehr darüber ausgesagt werden, wovon ein Mensch erlöst werden musste. Immer stärker kristallisierte sich über solch rückblickendes Begreifen von Erlösungsprozessen eine Angst-, Begehrens- und Machtstruktur als Konkretisierung menschlicher Prägung und Erlösungsbedürftigkeit heraus.

Es gab Menschen, Patienten und Patientinnen, die mit mir zusammen Pionierarbeit in Bewusstwerdung und Wortfindung leisteten, längst bevor das Projekt und ein Fragenkatalog vorlagen. Die schließlich gefundenen Fragestellungen dienten in erster Linie dazu, mich selbst zu sensibilisieren. Ich arbeitete nach der *Methode der teilnehmenden Beobachtung, der partizipierenden, auch evaluierenden Forschung:* Es folgte ein Jahr Erfassungszeit mit 187 Patientengeschichten. Ich protokollierte, was mir in Therapien und Begleitungen entgegenkam, ohne inneren oder äußeren Fokus, denn im Zusammensein mit den Patienten geht es nur um sie und ihre Bedürfnisse. Am Ende dieses Erfassungsjahres hatte ich insgesamt 187 protokollierte Krankheitsverläufe vor mir, selten bestehend aus nur einer Begegnung, meist aus Prozessen, die sich über Wochen, teils über das ganze Jahr erstreckten. Die Protokolle konnte ich mit Hilfe der aufgestellten Fragen vergleichen, bedenken und auswerten. Das Besondere dieses dritten Forschungsprojektes lag in der Bedeutung, die der Vorarbeit zukam: dem Ringen um die Fragen, die ans Thema überhaupt heranführen. Das ist bereits Aussage: Erlösung und Erlösungsbedürftigkeit sind für heutige Menschen nicht mehr greifbare Parameter, wenngleich indirekt ungeschmälert brisant. Ich selbst musste in die Aktualität des Themas hineinwachsen. Das Zahlenmaterial des Projektes half in der Gewichtung von Themen, im Erkennen von Brisanz etwa des heilenden Faktors ‚Liebe und Beziehung'. Und an einzelnen Therapieverläufen wurde Prägung, aber auch Erlösung konkret nachvollziehbar.

Prägung und Erlösung sind sowohl inhaltliches wie energetisches Geschehen

Worin besteht *Prägung*? Prägung wird hier verstanden als Begleiterscheinung menschlicher Ich- oder Subjektwerdung, zumindest nimmt sie entwicklungspsychologisch dort ihren Anfang. Die menschliche Subjektwerdung wird als Abspaltung vom Ganzen begriffen, was eine Urprägung des Abgespaltenseins und Verlorenseins sowie eine Urangst vor einem archaisch erlebten Numinosen nach sich zieht. Entscheidend ist dabei die menschliche Wahrnehmung. Beides, das Verlorensein wie das Bedrohtsein durch das Numinose, bedeuten für das werdende Ich – und phylogenetisch für den im Erkennen begriffenen Menschen – eine existenzielle Angst. Ich spreche von Urangst in zwei Gesichtern, fassbar als permanent einwirkende unbewusste Angstbereitschaft.

Dieses Urgeschehen (Subjektwerdung begriffen als Abspaltung) hat *Auswirkungen im Energetischen.* Ich spreche von einem Dynamismus der Sonderung und bin damit auf psychologische Weise dem nahe, was die Theologie Sünde nennt. Auf Bedrohung und Angst folgt ganz allgemein Dynamik, vielleicht Flucht, Abtauchen, Todstellreflex oder – bewusstseinsnaher gedacht – Rückzug ins Eigene. Wenn also die vorausgehende Erfahrung von Abnabelung und unmittelbarer Nähe zum Ganzen traumatisch erlebt wurde, nimmt sich im Zuge der weiteren Ich-Entwicklung etwas im Eigenen aus der Beziehung zum Ganzen heraus. Aus dem selbstverständlichen Fluss von Geben und Nehmen, von gegenseitigem Angewiesensein. Das menschliche Auf-sich-selbst-Bezogensein erhält eine schärfere Note. Hier liegen Ursprünge von Narzissmus, von Unberührbarkeit, aber auch von fehlgeleiteter Energie – individuell wie kollektiv – und dies zunächst ohne moralischen Unterton.

Wie wurde eine Urprägung manifest? Dies ist für heutige Menschen das Entscheidende. Ich spreche von einer – zumindest den westlichen Kulturkreis bestimmenden – Angst-, Begehrens- und Machtstruktur. Angststruktur bedeutet: Da sind traumatische Spuren auf der Ebene der *Urbefindlichkeiten* – der Mensch ist verstört, verängstigt statt im Vertrauen. Begehrensstruktur heißt: Da sind traumatische Spuren in der menschlichen *Beziehung zur Sache und zu den Gütern dieser Welt* – der Mensch muss in der Folge von Urbedrohung und Urangst sich absichern, er muss die Dinge und sogar die Menschen *haben*, statt mit ihnen zu sein. Die Begehrensstruktur gipfelt in der Gier nach immer mehr. Machtstruktur heißt: Da wirken sich Urängste *beziehungs-*

mäßig aus – der Mensch nimmt sich reflexartig aus seinem Bezogensein heraus, statt dass er sich einlässt. Und das ist eine Form der Machtausübung. Machtstruktur heißt sodann: Der Mensch glorifiziert sein Ich, er muss Position und Recht haben, statt dass er einfach sich selbst innerhalb von Beziehungen *sein* könnte. Fehl-Entwicklungen nehmen dabei immer verengendere Formen an bis hin zur Machtgier, die – selbst wenn der Mensch Macht innehat – nicht zur Ruhe kommen kann.

Solcher Prägung steht im vorliegenden Buch *Erlösung* gegenüber. Mit Blick auf das christliche Konzept von Erlösung frage ich: Kann Jesus Christus, kann die christliche Botschaft solchermaßen geprägte Menschen erlösen? Welches Bild des Jesus von Nazareth liegt diesem Buch zugrunde? Wenn ich in Jesus den Christus, den ‚Erlöser aus Prägung' erkenne und dabei von meinem therapeutischen Alltag herkomme, so impliziere ich eine von ihm ausgegangene Botschaft und Dynamik, die *nicht nur damals* Wirkung zeitigten, sondern die – wenn als solche begriffen – auch gnadenhaft und über Nachahmung und Nachvollzug bis heute wirksam sind (oder wären). Ich verstehe Erlösung aus psychologischem Blickwinkel und nicht als irgendwie verklärt spiritistisches Geschehen, d.h. ich erkenne in den Erfahrungen der Bibel grundlegend menschliche Situationen und jenen besonderen Umgang mit Menschen und ihrer Prägung, der genau Jesus auszeichnete. Genauso durfte ich erfahren, dass zahlreiche biblische Intentionen durch die psychologische Spurensuche zusätzlich erhellt werden. Die Bibel wird hier als verkündetes und auszulegendes Buch betrachtet, sowohl durch Menschen geschrieben, als auch ‚geistinspiriert', was wiederum nicht verkürzt verstanden werden darf (vgl. Fußnote 219, S. 160). Das eine vom andern zu unterscheiden, ohne den letztlichen Geheimnischarakter anzutasten, darin liegt die Kunst von Deutung und Exegese. Jesus wird hier als Mensch begriffen, der aber von seiner besonderen Beziehung zum Vater her verstanden werden muss. Dieses Buch ist bewusst zwischen den Disziplinen angelegt. Es ist ebenso psychologisch wie bibeltheologisch[6] und systematisch orientiert. In Letzterem ist es dem Denkansatz von Schwager[7] nahe. Zusammengefasst: *Eine tiefenpsychologische und therapeutische Bibeltheologie.*[8]

---

6 Das Buch ist exegetisch bezüglich der Begriffe Umkehr (μετάνοια), Reich (βασιλεία), Gnade (χάρις), aber auch bezüglich Textstellen wie Mk 1,15: „Die Zeit ist erfüllt, das Reich Gottes ist nahe. Kehrt um, und glaubt an das Evangelium", die Versuchungsgeschichte (Mt 4,1-11; Mk 1,12-13; Lk 4,1-13), das Gespräch Jesu mit dem reichen Jüngling (Mk 10,17-27), die ersten Seligpreisungen (Mt 5,3-6; Lk 6,20b-21). Als Heilungsbericht betrachtet wird: der Besessene von Gerasa (Lk 8,26-39) und unter den Gleichnissen: der verlorene Sohn (Lk 15,11-32), das Bild des guten Hirten und das Symbol der Tür (Joh 10,1-16). Näher hinterfragt werden auch der Vater-Begriff, die Vater-Sohn-Beziehung (Joh, Lk, Mk) und die Paulusperikope (1 Kor 15,1-11).

7 Insbesondere dem Buch: „Jesus im Heilsdrama" (1996).

8 Bewusst wird hier auf zweierlei Weise Rückgriff auf biblische Texte und Kontexte genommen: Zum einen fließen biblische Motive als Veranschaulichung ein, auch im anthropologischen Teil I. Ein symbolisches Bibelverständnis wird so angeregt, welches gespeist ist von der Lektüre des frühen Drewermann und anderer sich der Tiefenpsychologie zuwendender Theologen, vom Ansatz von C.G. Jung (1984) sowie von eigener Schau (Renz 1996). Zum anderen ist eine vorliegende ‚soteriologische Gesamtschau des Neuen Testamentes' nur haltbar, wenn sie einer exegetischen Überprüfung wesentlicher Texte standhält.

Und Jesu Antworten? Ist es in der Kürze der Einleitung möglich, einen Vorgeschmack darüber zu erhalten, *was Jesus uns als Antwort mitgab?* Die nachfolgend bruchstückhaft skizzierten Antworten wollen ebenso klanglich *gehört* wie gelesen werden:

Auf das Urgeschehen, das Phänomen der Urangst in ihren beiden Gesichtern, das dem Menschen suggeriert, verloren zu sein und vor Gott als dem Numinosen zu fliehen, antwortet Jesus: „Stell dir mal vor, mit Gott ist es wie mit einem Vater." Heute würde Jesus wohl auch sagen, mit Gott ist es wie mit einer lieben Mutter. Das Respektvolle verbindet sich mit etwas heilend Nahem. Inhaltlich heißt ein solches: „Weder fällst du je aus der Liebe dieses Gottes heraus und bist verloren, noch musst du vor Gott letztlich Angst haben. Du hast Anteil an seiner Fülle, seinem Reich, und dies a priori, auch wenn du eine randständige oder ungeachtete Person zu sein scheinst" (II.2.1).

Auf den Dynamismus der Sonderung, der im Menschen Abspaltung bewirkte und ihn zur Selbstentfremdung führte, zum Dasein im herrenlosen Zustand, antwortet Jesus: „Nimm den Vater als deine Mitte und deinen Herrn an, kehr zu ihm um. An ihm wirst du gesund, glücklich, frei ... ." Was Jesus empfiehlt, lebt er auch: Er handelt konsequent im Einklang mit dem Vater. Sein ganzes Leben kann betrachtet werden als ein Sich-nicht-Herausnehmen aus einem umfassenden Bezogen- und Verwiesensein. Jesus erliegt dem Dynamismus – sprich der Sünde als Sonderung – nicht (II.1-3).

Auf die menschliche Angststruktur antwortet Jesus – über das Grundwort ‚Abba' und über ‚Basileia als Genährtsein für alle' hinaus –, indem er sich selbst zur Verfügung stellte als Mittler, als Hirte für die Schafe, indem er führte und kindgemäß zum Gebet anleitete, man könnte sagen in der Kombination von liebendem Verstehen und Verhaltenstherapie (II.2.2).

Auf die menschliche Begehrensstruktur antwortet er mit nichts weniger als mit ‚Heilung', etwa Heilung von Besessenheit und Fremdbestimmtheit, ferner mit der Verkündigung von Seligkeit im Sein, mit dem Ruf zum Loslassen und zur Nachfolge, was impliziert, dass er selbst diesen Weg vorausgegangen ist (II.2.3).

Auf die menschliche Machtstruktur antwortete er in unterschiedlicher Nuance: Den Opfern, Ohnmächtigen und Außenseitern sagt er in Wort und Tat: „Du bist würdig." Jenem Phänomen im Menschen, das sich aus einem tieferen Bezogensein herausgenommen hat, versucht er zu sagen: „Beziehung lohnt sich, von Gott als dem Dritten, vom Himmelreich her wirst du belohnt; lasse dich auf das Experiment Liebe ein. Selbst wenn es da oder dort ein Verzeihen, eine Feindesliebe erfordert." Jesus leugnete Macht nicht. Er lebte die eigene Macht als Vollmacht. Doch gerade in diesen Antworten wurde er von den Mächtigen seines Umfeldes, die aus ihrer Sicht nur zu verlieren hatten, nicht ausgehalten. So wurde letztlich sein ganzes Leben und Sterben, das psychologisch als Beziehungsfähigkeit in voller Konsequenz verstanden werden kann, zur Antwort (II.2.4 und II.3). *Und Erlösung?* Warum oder inwiefern dieses jesuanische Verhalten, die Dynamik hinter Jesu Leben und Sterben, eine Wende im Energetischen bewirkte oder bewirken würde, wird später einsichtig (II.3).

Dass eine solche soteriologische Gesamtschau mehr visionäre Pionierarbeit als endgültige Detailarbeit ist und bei allem Bemühen um Fundierung nach weiterführenden Nachfolgeforschungen ruft, versteht sich von selbst. Ihr Wert liegt genau im Disziplinenübergreifenden, das Psychologie und Theologie, Bibelnähe (und damit das explizit Christliche) und die für *alle* Religionen brisante Frage nach dem Heilungspotenzial von Religion untereinander verbindet, ganz entsprechend der Fragestellung nach dem, was letztlich heilt.

Ich danke
Prof. Dr. Max Küchler, Fribourg, der Doktorvater dieses Werkes war und es auf einmalige Weise verstand, das disziplinenübergreifende Konzept im Bibeltheologischen anzusiedeln. Seine Auslegungen und Betrachtungen zu den Evangelien haben mich in Vorlesung und persönlicher Erläuterung beeindruckt in deren dialogischem Nebeneinander von Christentum und Judentum, die je ihre Wurzeln und ihr Gewordensein nicht verleugnen dürfen. Ich danke dem verstorbenen Prof. Dr. Raymund Schwager, der – noch zu Lebzeiten – konzeptuelle Ideen beitrug. Ich danke seinem Nachfolger und Karl-Rahner-Experten, Prof. Dr. Roman Siebenrock, Dogmatik Innsbruck, für sein ungemein inspirierendes und konsequent systematisches Mitdenken. Er hat es verstanden, die Aktualität des Ansatzes von Schwager zu erkennen, dies aber unabhängig von einer Verknüpfung mit dem Gedankengut des René Girard, von welchem ich mich in dieser Arbeit absetze. Prof. Dr. Adrian Schenker danke ich für seine Anregungen zum Thema Erlösung und für seine Erläuterungen zu jenen hebräischen Begriffen, die einst dem Erlösungsbegriff vorausgingen. Ich danke Weihbischof Dr. Paul Vollmar, der mich zum Durchhalten im von ihm als vielversprechend erkannten Projekt wie in meiner therapeutisch-spirituellen Pionierarbeit am Kantonsspital St. Gallen ermutigte.

Ich danke Prof. Dr. med. Thomas Cerny, Chefarzt Onkologie am Kantonsspital St. Gallen, für seine unschätzbare Unterstützung für meine Forschung und Patientenarbeit im Grenzbereich Psychologie, Spiritualität, Theologie. Er gab Hinweise zur Projektauswertung und regte, ausgehend von der religiösen und kulturellen Vielfalt unserer Patienten, zum Anhang mit Blick auf den interreligiösen Dialog an. Ich danke Dr. Gisela Leyting, Psychoanalytikerin und Supervisorin, Dr. Christian Lenggenhager, Psychiater, Prof. Dr. Adrian Holderegger, Moraltheologie und Ethik, Fribourg, Prof. Dr. Hans Kessler, Systematische Theologie, Prof. Dr. Christa Meyenberger, Gastroentereologie St. Gallen, Prof. Dr. Beat Thürlimann, Brustzentrum St. Gallen, Dr. Urs Hess, Dr. Florian Strasser, weiteren Ärzten, Pflegenden und meinem Kollegen Rolf Kirsch. Ganz besonders danke ich den Patienten und Patientinnen für ihre Einwilligung, Ausschnitte aus ihrem Leben preiszugeben. Ihre Namen sind in den Patientenberichten selbstverständlich verändert. Ein herausragender Dank gebührt Verlagsleiter Gottfried Probst für die exzellente Zusammenarbeit: Er hat dieses Buch in seiner fachlichen und allgemein menschlichen Brisanz entdeckt wie kaum ein anderer und wagte eine grenzensprengende Publikation.

Ganz besonders danke ich meiner Schwester Prof. Dr. Ursula Renz, Philosophin, Roskilde, Audrey Kaelin, lic. theol. und Spitalseelsorgerin, Zürich, Dr. Miriam Schuett Mao, meinem Bruder Dr.oec. Patrick Renz, Hochschuldozent und Leiter von Aid Governance, und meiner Mutter Helen Renz, Psychologin. Sie alle haben in je eigener Kompetenz Textauszüge und Protokolle überprüft. An ihrer Kritik habe ich viel gelernt. Ihnen allen, meinem Vater und im Speziellen meinem Mann danke ich für die unschätzbare persönliche Unterstützung.

St. Gallen, 30. Mai 2008

TEIL I

Der erlösungsbedürftige Mensch

Hinführung und Thesen 1-4

Ist der Mensch erlösungsbedürftig? Der Spaziergänger, der draußen an der Frühlingssonne durch den Spitalpark schlendert? Der Arzt im weißen Kittel mit dem Dossier unter dem Arm, der eiligen Schrittes von einem Spitaltrakt zum andern geht? Die bleiche junge Frau dort auf der Bank, die vielleicht ein bisschen Frühlingsluft einatmen will, derweil sie fast irre wird an der Not um ihre bald mutterlos zurückbleibenden Kinder? Würden sich diese Menschen als erlösungsbedürftig bezeichnen? Bin ich es? Taugt das Wort überhaupt, um auszudrücken, wie sehr etwas in uns sich nach Rettung, Heilung, Befreiung sehnt?

Ich trete in den von den Frühlingsstrahlen erleuchteten barocken Kirchenraum am Rande des Spitalareals, erinnere mich, wie oft ich in solchen Räumen das Wort ‚erlösungsbedürftig' schon gehört habe, jenes „mea culpa, mea maxima culpa" (durch meine Schuld, durch meine übergroße Schuld). Und einmal mehr merke ich, dass etwas in mir – da ich mir ja nicht gerade als Schwerverbrecherin vorkomme – die Brücke nicht findet zu diesem seltsamen Wort ‚erlösungsbedürftig'.

Später trete ich an Krankenbetten: Hier ein Patient, der zittert und sich an den hochgezogenen Gitterwänden festklammert vor Angst, sterbend ins Bodenlose zu fallen. Dort eine zerstrittene Familie an einem Sterbebett; keine erlösende Versöhnung ist in Sicht, derweil der Todkranke stumm und doch offensichtlich vor sich hin leidet und einfach nicht sterben kann. Als würde er warten. Worauf? Auf Erlösung? Auf ein Zeichen des Friedens, eine Botschaft der Versöhnung?

Der erste Hauptteil des Buches gilt der ***Frage, ob und worin wir als einzelne Menschen und als Kollektiv erlösungsbedürftig seien.*** Er befasst sich mit der menschlichen Grundbefindlichkeit, mit menschlichem In-der-Welt-Sein und darin Geworden-Sein. Zwischen Psychotherapie und Seelsorge siedeln sich meine Fragen an und wollen doch weder einer therapeutisch-pathologisierenden noch einer theologisch-moralisierenden Denkweise verfallen. Um ein Verstehen von *innen* her soll es gehen. Um eine Theologie, die Leiden nicht verdrängt, sondern einsteigt in Leid und Anklage und dort offen bleibt auf Gott hin. Wie fühlt sich Leiden an? Auf welches hintergründige Leiden verweisen die sichtbaren Symptome? Erlösung meint mehr als Befreiung von Symptomen. Und Erlösung verspricht mehr, als bis anhin an einzelnen Schicksalen und kollektiven Prozessen eingelöst worden ist. Die Frage nach dem, was letztlich heilt/befreit/erlöst, muss aufrechterhalten und von den Wurzeln menschlichen Leidens her gestellt werden.

Konkret wird unser Fragen dort, wo wir uns ein Stück weit hineinversetzen in Brennpunkte menschlichen Leidens, in die Abgründigkeit einer Verzweiflung, die keine Worte mehr findet, oder in die Ausweglosigkeit einer Angst, die kein Außerhalb mehr hat. Nur aus dieser Innenperspektive eines mitgefühlten und geteilten Leidens kann glaubwürdig von Erlösung gesprochen werden.

1. Szene

Mir gegenüber sitzt eine verzweifelte junge Frau, gut 30-jährig, die demnächst ihren todkranken Freund hergeben muss. Ein Leben ohne diesen Beschützer, der ihr als erster Mensch in ihrem Leben Verlässlichkeit geschenkt hatte, könne sie sich nicht vorstellen. Über die gegenwärtige Verlustangst hinaus ist sie gepackt von Angst schlechthin, gesichtslos und allgegenwärtig. Sie irrt umher, weiß nicht, was wo ist. Sie bringt kein Wort heraus, weil es Worte für diese Befindlichkeit nicht zu geben scheint ... Eine Ausweglosigkeit, in der sie sich in dieser Welt keine Chance gibt. „Dann kommt es wie eine Lawine über mich. Ich zittere und friere am ganzen Leib, stundenlang“, sagt sie. „Und nichts, das mich retten könnte.“

Was vermag Menschen in solchen Gefühlslagen zu erreichen? Gibt es für sie außerhalb ihrer Angst einen Raum der Geborgenheit in einem noch tieferen Urvertrauen? Wie schaffen sie es auszubrechen, wo sie doch wie umzingelt sind von Angst? Oder wie gelähmt und unfähig zu denken und zu handeln? Wie gelingt es angesichts solch umfassenden Bedroht-Seins, eine abgründige Wut in Schach zu halten? Therapeutische oder seelsorgerische Möglichkeiten nehmen sich bedürftig aus, denn die Betroffenen selbst müssen zu einem Sprung ins Vertrauen hineinfinden. In ihnen drin muss sich wider alle Wut und Verzweiflung ein Ja zu ihrem schweren Leben manifestieren. Sie brauchen Menschen, die, statt vom Leiden abzulenken, mit ihnen fühlen und ihnen Achtung schenken. Menschen, die ihnen in einem Akt echten Hoffens ein inneres Fenster zur Zukunft öffnen. Menschen, die ihnen Worte leihen oder ein bisschen sinnliche Nähe. Denn nur schon das Heute zu wagen ist für Verzweifelte eine Höchstleistung. Rettung oder Erlösung kann bestenfalls aus einem Bereich kommen, der tiefer gründet als alle Angst und der ein Geworden-Sein in der Zeit nochmals umgreift.

2. Szene

Noch bin ich in Gedanken bei der jungen Frau, wie es heftig an die Türe klopft. Es ist die ältere Frau, die ihren Termin bei mir in 20 Minuten hat. Sie halte das Warten nicht länger aus. Auch mit Essen könne sie nicht zuwarten, müsse dauernd zugreifen, auch beim Entwenden kleiner Wertsachen. Als wäre sie selbst von etwas in Besitz genommen, so gierig ist sie. Ein Magenband hat sich die korpulente Frau einoperieren lassen, damit ihr weniger nach Essen zumute ist. Doch für ihre Eifersucht gebe es kein Magenband. Endlich bei mir und mich für sich in Anspruch nehmend, weint sie. Sie hat offenbar die Fähigkeit, an sich zu leiden, nicht verloren. Das macht sie in all ihrem Besetztsein sympathisch. Sie selbst findet sich alles andere als sympathisch: „Ich bin fressgierig, unappetitlich, reine Wucherung.“ Als Wucherung begreift sie nicht nur ihren Krebs, sondern ihr ganzes Leben.

Wie können sich in einem Leben voller Sucht und Gier Zwischenräume zum Atmen und erlaubten Sein entfalten? Versteht diese Frau überhaupt, was ungefüllter Raum ist? Und woher die Überzeugung nehmen, dass sie sich Werte nicht erstehlen muss, sondern einfach so hat als genau die Person, die sie ist? Wo finde ich – hinter derartigen Überlagerungen von Neid, Fressen und Stehlen – die eigentliche Person dieser Frau? Warum gefällt sie mir in ihrem Weinen? Ich komme zur Überzeugung, dass ich dieses Personale, Wesentliche genau in ihren Leiden finde, denn darin ist nebst Sucht noch immer Sehn-Sucht da.

Brauchen Menschen, die sich uns nur als Zerrbild ihrer selbst zeigen, nebst der therapeutischen Konfrontation nicht auch reife Formen von ringender Liebe? Auch mir muss geholfen werden, wenn eine gemeinsame Suche gelingen soll.

3. Szene

Vor mir und meinen Ärztekollegen sitzt ein junger, differenzierter Mann im Rollstuhl. Er war arbeitstüchtig bis vor wenigen Wochen. Jetzt ist er mit Frau und Eltern da, um seine Diagnose zu hören: metastasierender Krebs, kein Zweifel. Wenige Monate seien ihm gegeben. Er aber unterbricht mit lauter Stimme die Ausführungen der Ärzte und sagt: „Nein, wissen Sie, das stimmt nicht. Ich kann das nicht akzeptieren. Das stimmt nicht." Wir alle, obwohl bestens vertraut mit solchen Situationen, werden stumm ... so machtvoll hat er dem Gespräch ein Ende gesetzt.

Aus der Szene wird ein längerer Prozess: Ich lerne **Herrn Kamer** *näher kennen. Ja, er wisse um diese Seite an sich: So, wie er es wolle, müsse es im Leben gehen. Der Mensch sei Chef seiner selbst. „Und wohl auch Tyrann seiner Umgebung?", wage ich humorvoll fragend zu ergänzen. Er hebt die Achseln, verneint aber nicht. Dass das Schicksal und seine Krankheit nun stärker sind als das Ich und sein Wille, wird diesem immer weicher werdenden Mann Woche um Woche zur neuen Erfahrung: nächtelang zittert er, mittlerweile fast gelähmt. Aber sterben kann er auch nicht. Eines Morgens finden wir ins kreative Gespräch über seine Angst: „Wissen Sie, meine wirkliche Angst versteht niemand. Ich habe neuerdings Klaustrophobie, obwohl ja niemand da ist und ich in diesem großen Einzelzimmer genügend Raum habe. Trotzdem werde ich wie erdrückt von der Luft und bin dann so ohnmächtig. Es ist, als wäre dann alles gegen mich." Er weint. Weil ich diese Angst kenne (Angst vor dem numinosen schwingungsmäßigen Gegenüber[9], ein Ein-Druck, der zur Urprojektion des ‚Alles-ist-gegen-mich' wird), vermag ich diesen Mann abzuholen. Er fühlt sich verstanden und fragt: „Was kann ich da machen?" Früher habe er alle unangenehmen Gefühle (Ohnmacht!) abgewürgt. Doch das gehe jetzt nicht. Indem er versteht, findet er zu Worten: „Sie meinen also, da sei gar keine bedrohliche Luftmasse, sondern da ist Luft und – wenn schon – der behütende Gott." „Genau." Die Urprojektion kann für diesmal zurückgenommen werden. Daraufhin wird Herr Kamer müde und schläft friedlich für den Rest des Tages. Ab sofort übernachtet einmal seine Frau, das andere Mal seine Mutter hier. Fazit: Zwar gelähmt und ohne Macht, erfährt er sich geborgen und bisweilen sogar glücklich.*

Drei Szenen, drei Menschen, die wie viele andere an etwas leiden, was in der Öffentlichkeit keinen Namen hat. „Angst hat jeder, zumal angesichts des Todes!" – „Gierig sind die meisten, andere können es verbergen." – „Jeder bewältigt Ohnmacht mit Abbruch, Macht, Gewalt und wird zum Chef seiner selbst. Jeder beherrscht dann die andern." So würden Außenstehende reagieren, und das Thema wäre abgehakt.

---

9 Vgl. Renz (1996; 2007).

Und doch sind diese Leiden ausweglos wie Sackgassen. Unverständlich und doch so stark, dass nicht ‚der Mensch ein Leiden hat', sondern das Leiden den Menschen bestimmt. Die Leiden werden ungeachtet ihrer Wucht als Normalität deklariert. An diesem Punkt stellt dieses Buch die Frage nach Erlösungsbedürftigkeit: Sind solche Menschen (und mit ihnen viele andere) erlösungsbedürftig? Psychotherapie, die nicht ihrerseits unterfangen ist von einer das Zwischenmenschliche transzendierenden Dimension, bleibt hier auf der Strecke. Und in theologischer Begrifflichkeit werden solche Phänomene kaum einer Erlösungsbedürftigkeit zugeordnet. Im anthropologischen Teil I postuliere ich:

***These 1:* Urprägung Mensch**

Mensch sein heißt geprägt sein. Dies nicht nur im Sinne einer individuellen (biografischen, sozialen, kulturellen) Prägung des Einzelnen, sondern – umfassender – im Sinne einer Urprägung Mensch[10]. Dies ist eine Prägung, die dem Menschen sowohl als Begleiterscheinung seiner einstigen Ich-Werdung wie auch als Errungenschaft aus der weit zurückliegenden kollektiven und menschheitsgeschichtlichen Bewusstseinsentwicklung grundgelegt ist. Dabei wird ein Urgeschehen als in doppelter Weise prägend begriffen: als Erfahrung von Verlust und von Gewalt[11]. Resultat ist Urangst, eine eigentliche Urverwundung als condition humaine. Vgl. hierzu I.1.

***These 2:* Dynamismus der Sonderung (Sünde)**

Aus Urangst werden Bewältigungsmuster. Aus Verwundung wird Verengung. Konkret entsteht aus der Prägung Mensch ein Dynamismus der Sonderung und Absonderung, theologisch Sünde und Sündenverflochtenheit genannt. Die Psychologie spricht in unterschiedlicher Terminologie von Spaltung und Selbstentfremdung, von ‚narzisstischer Selbstverkapselung und pathologischem Narzissmus'[12], von Egomanie oder radikalem Egozentrismus[13]. Etwas anders und doch nicht ganz unabhängig von Sünde zu betrachten ist Schuld. Schuld muss – bevor moralisierend vereinnahmt – auf ihre Ursprünge bedacht werden. Diese liegen in der Prägung, im Verwundet-Sein. *Echte* Schuld und peinigende Schuldgefühle sind dabei zweierlei. Vgl. hierzu I.2.

---

10 Die Urprägung Mensch, wie hier beschrieben, bestimmt den Menschen, der sich zum Subjekt entwickelt hat, ist also dominante Prägung zumindest für den Menschen unseres Kulturkreises (Fragen an andere Kulturen vgl. 1. Anhang).

11 Es geht vorerst um die Erfahrung eines frühen, z.B. intrauterinen, schwingungsmäßigen Bedroht-Seins und später durchaus auch um ein Bedroht-Sein durch reale Gewalt. Gewalt wird hier definiert als überwältigende Erfahrung mit einem als machtvoll oder numinos erfahrenen anderen, das phylogenetisch als Naturgewalt, als Bedrohung für den im Erkennen begriffenen Menschen und ontogenetisch als bedrohlich erlebte Schwingungsumgebung des im Werden begriffenen Einzelnen wie auch als Gewalterfahrung im Gegenüber eigentlicher Täter erlebt worden ist.

12 Sugerman (1978): Zum Zusammenhang von Sünde, Wahnsinn und Narzissmus.

13 Richter (1979).

***These 3:* Angst-, Begehrens- und Machtstruktur**

Die *eine* Urprägung zeigt sich in *drei* besonders relevanten Ausprägungen. Denn sowohl innerseelisch, vorerst in den eigenen Urbefindlichkeiten (1), wie im Verhältnis des Subjekts zu Sache und Welt (2), wie auch in der Weise seines Bezogenseins (3) wirken sich Urangst/Urverwundung und der Dynamismus der Sonderung negativ aus. Die drei Ausprägungen sind wie folgt fassbar:

a) Angststruktur oder das sich ständig verlierende Vertrauen. = Ebene der Urbefindlichkeiten
b) Begehrensstruktur oder das Unfrei-Sein inmitten eigener, schon reflexartig einsetzender Gier. Haben statt Sein. Das Verhältnis des Subjekts zu Sache und Welt. = Sachebene
c) Machtstruktur oder die Unfähigkeit, anders auf Beziehung, Verletzung und Ohnmacht zu reagieren als mit Selbstbestimmung, Machtgier, Gewalt. Macht statt Liebe. Das Subjekt in seinem Beziehungsverhalten. = Beziehungsebene

Spätestens hier ist aus Verwundung und Verengung unbemerkt Sackgasse geworden. Der Mensch kann sich nicht mehr selbst befreien. Wo Bewältigungsmuster nicht mehr helfen, wird der Schrei nach Erlösung wach. Vgl. hierzu I.3.

***These 4:* Erlösung geschieht über ein therapeutisches Drittes und sie geschieht nicht ohne menschliche Prozessbereitschaft**

Erlösung ist Gnade. Sie geschieht psychologisch betrachtet über ein therapeutisches Drittes, das sich so sehr auf die menschliche Verwundung einlässt, dass daraus neue Dynamik wird. Oder: Menschen brauchen Menschen. Theologisch gesprochen: Prinzip Bund, Prinzip Inkarnation, Prinzip Passion. Erlösung kommt von außerhalb. Doch sie setzt vonseiten des Menschen Bewusstwerdung um die eigene Erlösungsbedürftigkeit und eine Offenheit für Gnade voraus. Was zur Erlösung ansteht, muss aktiv in einen Erlösungsprozess hinein freigegeben werden. Stichworte solcher Trauerprozesse lauten: Fühlen und Nachfühlen, Autonomie und Prozess wagen, Bejahen, Verzeihen, aktiv Hoffen, Aufstehen. Theologischer Begriff: Umkehr. Wobei das Annehmen-Können seinerseits Gnade ist. Vgl. hierzu 1.4.

Erlösungsbedürftig und auf Gnade angewiesen sind wir in der Konsequenz dieser Thesen nicht primär aufgrund einer Schuldbiografie, sondern in der condition humaine, in der Urprägung Mensch und ihren Folgen. Das ist primär Tragik und nicht Schuld, doch darin genauso ausweglos. Umgekehrt wird Erlösung – so betrachtet – nicht zu einem uns enthobenen jenseitigen Etwas, sondern – wo wir dafür offen sind – zu einem realen, in Seele und Lebenswelt stattfindenden Prozess.

1 Urprägung Mensch: Mensch sein heißt geprägt sein

Verschiedene Disziplinen kreisen in je eigener Fragestellung um ***die Anfänge menschlich-bewussten In-der-Welt-Seins.*** Aus je eigenem Blickwinkel fragen Philosophie und Theologie, Biologie und Hirnforschung, Entwicklungspsychologie und Mythenforschung, Sozialwissenschaften und Kulturanthropologie, was früheste menschliche Prägung sei.

Mein Zugang zur frühesten menschlichen Prägung hieß ***‚Wahrnehmung'.*** Das eröffnete mir eine Sichtweise, die zwar einige der obigen Perspektiven berührt und sich doch von keiner exakten Wissenschaft her legitimieren kann. Sie geht davon aus, dass der Mensch zwar in der Regel subjekthaft – ausgehend vom Ich und dessen Wahrnehmungsorganen – erlebt, aber in gewissen Ausnahmezuständen bisweilen auch ein Darüber-Hinaus, ein Sinnenjenseitiges durchlebt. Zur Zeit meiner ersten Dissertation gelangen mir Annäherungen an solche Zustände über meine damalige musik- und psychotherapeutische Arbeit mit frühgeprägten Jugendlichen und traumatisierten Menschen, deren Körpersymptome und Seelenbilder sich mir über die Sichtweise der zweierlei Wahrnehmungen zu entschlüsseln begannen. Ich suchte nach ältesten Hintergründen ihrer manifesten Leiden und dahinter oder darunter, nach Quellen von Urvertrauen und inneren Ressourcen, die tiefer liegen als alles vom Ich her Gewordene.[14]

Heute hilft mir diese Sichtweise, mich ins innere Erleben Schwerkranker und Sterbender einzufühlen und nachzuvollziehen, was in ihrem inneren Erleben geschieht in Extremsituationen von Ohnmacht, Zeitlosigkeit und Kontingenzangst. Zurückgeworfen auf ihre Hinfälligkeit, unfähig, als selbstständiges Ich zu handeln oder sich nur schon zu bewegen, sind diese Menschen nochmals eingeholt von Urgefühlen und -befindlichkeiten. In Stunden an Betten jener Menschen frage ich: Was ist Angst? Was ist Glück? Was ist Sein? Wo beginnt oder endet, subjektiv erlebt, Zeit oder Leben? Wo geht Zeit über in Zeitlosigkeit und umgekehrt? Sind Ohnmacht und Schmerz an die Wahrnehmung von Subjektsein gebunden, was dann zugleich heißt, dass sie außerhalb davon nicht mehr sind? ***Wo beginnt Subjektsein,*** wo oder wann löst es sich auf? Wann setzt ein inneres Streben ein, wann ein Lassen? Ist das Streben fassbar als Leben, Bewegen oder als Begehren? Wo ist etwas fließend und wo dem gegenüber verhärtet? Und ist diese Verhärtung fassbares Haben, Gier oder aber Machtanspruch? Wo be-

14 Renz (1996).

ginnt Wille, etwa der Wille zum Nein oder zum großen Ja, und wo löst sich Wille auf in ein Größeres hinein? Wo beginnen Fluchtimpulse, wo setzt sich standhaft Persönlichkeit durch? In solchen Stunden fragenden, beobachtenden und einfühlenden Mit-Seins mit Patienten, im Versuch, in ihre Wahrnehmungs- und Erlebnisweise einzutauchen, habe ich viel erfahren über Zustände am Rande menschlichen Daseins. Und die Schwerkranken selbst, entsprechend befragt, konnten mir oft erstaunlich klare Auskunft geben. Nicht zuletzt trugen auch eigene Erfahrungen von Krankheit, Ohnmacht und – darin – von zweierlei Wahrnehmungsweisen zum Begreifen solcher Zustände bei. Vor allem wurde ich so auch an mutmaßliche Wurzeln menschlicher Erlösungsbedürftigkeit herangeführt.

Naturwissenschaftlich – etwa über Hirnstrukturen und -funktionen – kann über Inhalte einer Erlösungsbedürftigkeit nichts ausgesagt werden. Rational ist nicht nachvollziehbar, wie Urangst sich anfühlt oder warum Gier mit sich nie zur Ruhe kommt. Die Hintergründe menschlicher Prägung liegen verborgen in den Abgründen unserer Seele. Die menschliche Urprägung verweist auf die Frühzeit eigenen Subjektwerdens, welche in I.1.2 als Übergangsgeschehen begriffen wird. Zuvor frage ich nach dem Wovonher und Woraufhin. Wodurch geschieht Ich-Werdung, woraus wird das Ich?

1.1 Aus ontologischer[15] Perspektive: Mensch werden zwischen zweierlei Welten

Als Ausgangspunkt menschlichen Seins wird ein Ganzes[16] angenommen. Eine Ganzheit, das Seiende und zugleich Gott als ein alles Werden noch einmal Umfangender, geheimnisvoll Vollkommener, Einer[17]. „Das nicht auszuschöpfende, unbegreifliche Geheimnis am Grunde aller Wirklichkeit"[18]. Ein Außerhalb des Ganzen gibt es nicht, sonst wäre das Ganze nicht ganz. Mensch und Kreatur sind somit im Letzten angeschlossen an dieses Ganze, ja Teil davon. Schöpfungstheologisch und mythologisch gesprochen, wird eine solche ursprüngliche Teilhabe, ein Drin-Sein in diesem Ganzen als Paradies, als erlaubtes Sein und wunderbares Angeschlossen-Sein erfahren.[19] Teilhabe bedeutet zugleich Zustand (Sein) als auch Beziehung (Teil sein von).

Gott/Ganzheit ist primäre und letzte Erfahrungsrealität des Menschen, Urgrund, Urheimat, Nährboden, Lebensquell, unabhängig von Erfahrungen mit ersten Bezugspersonen. Am Anfang jeden Lebens gibt es glückliches Teil-Sein als Urerfahrung im noch Indifferenten. Diese Urerfahrung schlägt sich als ***Urvertrauen und ältester innerer Mutterboden*** im Unbewussten des Menschen nieder. Ein Mutterboden, der zwar häufig verschüttet, aber dennoch nie einfach inexistent ist. – Schöpfungstheologisch gesprochen: Es gibt eine Urheimat und eine endzeitliche Heimat für alle, erstere als paradiesische Befindlichkeit und friedliche Stimmung, die aller Differenzierung und Ambivalenz vorausgeht. Und es gibt einen endzeitlichen Frieden, dem sich Sterbende (bisweilen sichtlich) in ihren letzten Stunden annähern.[20]

Ich-Werdung bedeutet Vereinzelung, Subjektwerdung. Aus der Teilhabe am Ganzen kristallisiert sich das Einzelne, Eigene, ontogenetisch gesprochen das Ich, heraus. Die erste Differenzierung, Ich versus Nicht-Ich, bahnt sich an. Ursprünglich bedeutet

---

15 Ontologie bedenkt die Frage des Seienden. Hier wird Sein nicht gegen Werden ausgespielt. Das menschliche Sein wird als Prozess einschließlich des Werdens verstanden. Das Seiende ist auch ein Werdendes.

16 Kessler (2006, 61): eine alles umfassende Ganzheit, der alles umfangende Gott.

17 Schon diese Annahme eines im Grunde Einzigen, aus dem alles Weitere abgeleitet werden kann, ist insofern theologisch umstritten, als der Gedanke, ***Gott als Werdenden zu denken***, die Frage auslöst, ob Gott somit nicht vollkommen sei. Meine Sicht dazu: Ganzheit wäre nicht ganz ohne den Aspekt des Werdens. Und Leben wäre nicht sinnhaft ohne den Glauben daran, dass selbst nach *meinem* Leben etwas am Ganzen anders sein wird als zuvor. Und Gott wäre nicht ein Gott der Liebe, wenn er nicht ein eigenes Angewiesensein in Kauf nehmen würde. Ein Gegenüber zu haben nur als Spielball entspräche nicht wahrer Beziehung. Dies alles schließt eine für den Menschen undenkbare Vollkommenheit, Zeitlosigkeit und Gleichzeitigkeit in Gott nicht aus. Im Gegenteil: Wo, wenn nicht an Gott, kommt der Mensch an eine Grenze! Siebenrock: „Gott ist in sich vollkommen. Gott riskiert in der Welt sein Werden und ist dort mit-angewiesen" (mündliche Aussage).

18 Kessler (2006, 62).

19 Vgl. Renz (1996, 41-45, 70f).

20 Es gibt auch ein endzeitliches Drin-Sein, das auf ewig gleiche und doch unfassbar neue Weise Teilhabe bedeutet. Sowie Paradies Symbol für die *Ursprungs*erfahrung von Heimat und Teilhabe ist, stehen Symbole wie die endzeitliche Stadt, das neue Jerusalem, die heilige Hochzeit, das kommende Himmelreich für die *endzeitliche* Erfahrung von Teilhabe. Vgl. Renz (2003; 2008b).

Ich-Werdung ein lustvoll, positiv besetztes Drängen in Richtung Leben: der/die zu werden, der/die ich bin. Doch früh erwacht die Sorge um das Eigene, sichtbar schon auf der Ebene des Biologischen.[21] Schöpfungstheologisch gesprochen: das in seine Eigenständigkeit und Eigenaktivität hinein freigegebene Geschöpf, respektive die in ihre Evolution freigegebene Schöpfung.[22] Diesem Prozess allen Werdens scheint eine aller Evolution innewohnende, nach vorne drängende, grundsätzlich gute göttliche Energie zugrunde zu liegen, die sich durch alle Stufen der Entwicklung hindurch konkretisieren will.[23] – Biblisch bedacht: „Es werde Licht." Es werde Unten und Oben, es werden Land, Pflanzen, Tiere. „Dann sprach Gott: Lasst uns Menschen machen als unser Abbild" (Gen 1,26). [24] Und alles geschah unter dem Vorzeichen: „Gott sah, dass es gut war".[25]

Ich-Werdung geht, so betrachtet, einher mit einem Verlust. Der Begriff Vereinzelung besagt es bereits: Die erste Begleiterscheinung von Ich-Werdung ist der Verlust des selbstverständlichen Angeschlossenseins an Gott als das Ganze. In dem Ausmaß, wie sich der Mensch oder wie sich erste Ich-Ansätze als etwas Eigenes empfinden (mit eigenen Ohren hören, auf eigene Weise erleben), verliert sich das noch ursprünglichere Sensorium für eine unbewusste ganzheitliche Teilhabe, verliert sich die Fähigkeit, so wahrzunehmen. Der in seinem Ich anwesende Mensch fühlt z.B. nicht (mehr), was ein Baum fühlt oder was geheimnisvoll schwingt zwischen den Dingen. Das mit der Subjektwerdung einhergehende Verlusterlebnis, nicht mehr Teil des Ganzen zu sein, wird dem Menschen zur ***Urerfahrung von Verlorensein,*** von Ausgesetzt- und Abgenabelt-Sein. Ich-Werdung ist dann nicht nur lustvoll, sondern mit der Erfahrung von Kreatürlichkeit, Mangel und Verlust verbunden. Hier liegt der Ursprung jenes ***Leidens am Nicht-Dazugehören und am Zuwenig schlechthin.*** Entfernt von der ursprünglichen Gottnähe und Fülle und deshalb von Mangel geprägt, wird der Mensch zu einem Wesen der Sehnsucht. Schöpfungstheologisch gesprochen, zeigt sich ihm

---

21 Zur ich-bezogenen Seinsweise versus einer Teilhabe am Ganzen, zu den menschlichen Urbefindlichkeiten und Wahrnehmungsweisen vgl. Renz (1996, 47-52).

22 Hierzu Kessler (2006, 68): „Nicht erst der Mensch, bisweilen geht auch die vormenschliche Natur seltsame Wege, die nicht immer die Wege des Schöpfergeistes sein müssen." (!)

23 Kessler (2006, 82): „Gott hat sich selbst zur innersten Dynamik der Welt und ihrer Geschichte gemacht."

24 Wie in Drewermann (1985; 1988a) dargelegt, bietet sich für das Verständnis der biblischen Urgeschichte die für die Traum- und die Mythendeutung relevante tiefenpsychologische Interpretation an. Sie macht über archetypische Bilder und Symbole eine innere Erlebnisweise nachvollziehbar. Vgl. hierzu auch die tiefenpsychologische Interpretation der biblischen Urgeschichte in Renz (1996).

25 Selbst im 2. Schöpfungsbericht, der mit der Vertreibung aus dem Paradies endet (Gen 2,4b-3,24), und in der Erzählung von Kain und Abel (Gen 4,1-16) fehlen Hinweise auf Gottes nach wie vor gütigem Wirken nicht. So etwa die Tatsache, dass Gott Adam und Eva mit Röcken kleidet (Gen 3,21) oder das Kainsmal (Gen 4,15). Die Bewegung Gottes auf den Menschen zu ist ständig gegenwärtig, auch wenn hier schon sehr früh als Erlösungsbewegung begriffen, was impliziert, dass noch früher etwas „in Brüche ging", in Verlorenheit etc. „Gott sah, dass es gut war" als musikalisch wichtigster Satz von Gen 1 meint dann auch, dass über allem und unter allem ein Gott ist, der gut heißt, der selbst Tragisches in Kauf nimmt und wohl – was hier vorwegnehmend angetönt wird – in ein letztlich Gutes hineinführt.

dies als Verlust der Selbstverständlichkeit, einfach da sein und sein zu dürfen, als Scham ob der eigenen Nacktheit (Kreatürlichkeit) bis hin zum Leiden am verlorenen Paradies.

Eine zweite Erfahrung ist nicht minder prägend: ***Ich-Werdung geht einher mit einem totalen Bedroht-Sein.*** Wo nicht mehr alles eins – ein Ganzes – ist, wird plötzlich Differenz wahrgenommen: ***den ersten Ansätzen eines Ichs steht ein Nicht-Ich gegenüber.*** Ich-Werdung bedeutet darum auch Gegenübererfahrung.[26] Und solche Urerfahrung von Gegenüber erschreckt. Ich erachte dieses Bedroht-Sein als zweite, fast gleichzeitig mit der Erfahrung von Vereinzelung eintretende, ja durch sie heraufbeschworene Form einer Urnot. Diese Aussagen haben Erklärungsbedarf: Ein winzig kleines Ich erlebt sich mit der sich einstellenden Sinneswahrnehmung (Tastsinn, intrauterines Hören) plötzlich einem nicht weiter ausdifferenzierten Etwas gegenüber. Dieses Etwas hat nur schon von seiner Qualität des Undifferenzierten her etwas Bedrohliches an sich. Warum? Bevor das Ich fähig ist, Umwelt in ihren Einzelheiten zu erkennen, gewahrt es ansatzhaft, dass hier Ich und dort Nicht-Ich ist. Und bevor gegenständlich erlebt und erkannt wird, wird schwingungsmäßig wahrgenommen. Beispiel: Statt mütterlicher Bauchraum wird vom Ungeborenen anfänglich vielleicht ein klingendes Etwas, vorstellbar als Meer von Schwingungen, wahrgenommen. Und aus diesem klingenden Etwas will bald einmal ein Regelbringendes (Herzschlag) herausgehört werden, was in sich schon hellhörig macht für die Frage: Muss der Fötus den Puls erkennen und sich dort Zuverlässigkeit holen?[27] Kann man daraus rückschließen auf eine früheste, archaische Form von Angst oder von Angstbereitschaft?[28] Gibt es eine Frühform von Angst, Urangst? Der vorliegende Denkansatz sagt Ja. Erwachen zu sich selbst – im Gegenüber eines grenzenlosen Nicht-Ichs – ist darum auch geprägt von jähem Erschrecken. Die Zeit eines bewusstseinsfernen Angeschlossenseins ans Ganze ist vorbei. Alle Wahrnehmung ist, wenn sie das erste Mal geschieht, plötzlich. Plötzlich ist da ein Riesengroßes, eine Schwingungsumgebung, ein Numinoses. Und erst noch hautnah, gleich da beginnend, wo das Eigene endet. Dieses erste und sich vielfach wiederholende Erlebnis von Gegenüber kann, ähnlich wie das Verlusterlebnis, zu einem ***Urtrauma oder einer Urverwundung*** werden. Ich spreche andernorts von Gegenüberstörung[29]. ***Gegenüberstörung meint die Urerfahrung im Zuviel.*** Ich-Ansätze empfinden sich, kaum sind sie als solche da, bedroht, und zwar von der

---

26 Diese Aussage widerspricht nicht dem Anliegen der Begegnungsphilosophie (Buber: Das Ich wird am Du), das die Bedeutung eines personalen Gegenübers für die Ich-Werdung des Menschen betont. Die hier gemeinte Gegenübererfahrung gilt der ältesten Wahrnehmung eines noch nicht weiter ausdifferenzierten Urgegenübers, eine Erfahrung, in der es weder ein eigentliches Ich noch ein personales Du gibt.

27 Zum intrauterinen Hören vgl. Tomatis (1987), Nöcker-Ribaupierre (2003) sowie I.1.3. Zur Wechselwirkung von zunehmend differenziertem Hören und Weltwahrnehmung siehe Renz (1996).

28 Renz (1996, 143) zu Formen von Urangst in der späteren therapeutischen Annäherung: „Der Begriff Angst klingt zwar viel zu bewusst für das, worum es geht oder ging. Treffender sind Körpergefühle wie Schaudern, Grauen oder Frieren im Gottverlassenen. Und doch muss der gemeinsame Nenner dieser Gefühle am ehesten Angst genannt werden." Interessanterweise beobachte ich auch bei Sterbenden oftmals ein Hindurchgehen durch eine archaische Erfahrung von Gegenüber und von Angst. Und Sterbende signalisieren auffallend Erleichterung, wenn sie sich darin verstanden fühlen. Beispiele in Renz (2007, CD).

29 Renz (1996).

nun als Gegenüber wahrgenommenen Welt/Schwingungswelt. Diese erscheint ohne Konturen und damit wahrlich numinos. Und dies überfordert. Diese Form der Urerfahrung wird damit auch zur frühesten Form von Gewalterfahrung. – Im Bild des zweiten biblischen Schöpfungsmythos gesprochen: Gott (jetzt atmosphärisch wahrgenommen) wird plötzlich als bedrohlich gehört (akustisches Erlebnis!). „Als sie Gott, den Herrn, im Garten gegen den Tagwind einherschreiten hörten, versteckten sich Adam und seine Frau vor Gott, dem Herrn“ (Gen 3,8).

Urangst hat also zwei Ausprägungen:

1. Die Urangst im Zuwenig. Urangst vor Verlorensein, Verlust, Mangel. Entstanden durch das verlorene Angeschlossensein.
2. Die Urangst im Zuviel. Urangst vor Ohnmacht, Bedrohung, Gewalt. Entstanden erstmals durch die früheste Gegenübererfahrung mit einem schwingungsmäßig Grenzenlosen.

(Ur-)Angst muss, wie ausführlich dargelegt in I.3.1, als zentraler Faktor an der Wurzel aller menschlichen Prägung und Entwicklung erkannt werden, wenngleich in individuell und kulturell verschiedener Prägnanz[30]. In ihren beiden Ausprägungen verdunkelt Urangst das zuvor angelegte Urvertrauen und wird zur frühesten Verletzung. Der gute Mutterboden wird traumatisch überschattet und tabuisiert. Er darf als solcher nicht mehr betreten werden. Schöpfungstheologisch gesprochen: „Er vertrieb den Menschen und stellte östlich des Gartens von Eden die Kerubim auf und das lodernde Flammenschwert“ (Gen 3,24). – Psychologisch betrachtet, ist dieser rätselvolle biblische Satz stimmig. Riedel (1985, 8) definiert: „Tabuisiert wird ..., was numinos übermächtig ist und den Menschen von daher zugleich fasziniert und bedroht.“[31] Wie einschneidend, ja traumatisch das Urerlebnis gewesen sein musste, ist am ehesten ersichtlich an der Totalität dieses Tabus, das jenes angstmachende Urgeschehen umgibt. Und an den Folgen dieser Tabuisierung! Der erwachsene Mensch in seiner betonten Rationalität und Ich-Stärke tut alles, um die Nähe zu diesem Gefährlichen zu meiden. Er ahnt und fühlt nichts mehr von jenem doppelten Urgeschehen von Verlust und Bedrohung. Und noch weniger weiß er um jene noch ursprünglichere paradiesische Erfahrungsrealität, die ihn einst mit dem Ganzen/mit Gott verband und in tiefstem Unbewusstem noch immer verbindet. Der eigentliche Inhalt des Tabus bleibt verborgen, eben tabuisiert. Der Mensch *kann* nicht wissen, wovor er flüchtet, denn die Denk-

---

30 Über das Kulturspezifische menschlicher Angstprägung und diesbezügliche Unterschiede etwa zwischen Ost und West kann bis heute kaum etwas ausgesagt werden. Dass Unterschiede bestehen, ist allein schon von schwingungsmäßigen Unterschieden in der Urumgebung des Embryos abzuleiten und ließe sich auch aufzeigen anhand der unterschiedlich ausgeprägten Angst in westlichen, resp. gewissen östlichen Schöpfungsmythen. So beschreibt etwa ein indischer Schöpfungsmythos zwar einen erschreckenden Unfall, aber keinen irreversiblen „Sünden“-Fall (vgl. Renz 1996, 50f.), was mich mit Blick auf die jüdisch-christliche Tradition veranlasst, hier der Tendenz nach wirklich von Bruch – Abbruch – Fall in die Verlorenheit und von einer Ur-Projektion zu sprechen.

31 Zur Bedrohung vgl. auch I. Hinführung (S. 28), Herr Kamers Angst vor den Luftmassen.

strukturen des Ichs fassen dies nicht. Und er *darf* nicht wissen, weil er sich ansonsten noch einmal diesen bedrohlichen, schmerzvollen und auch numinosen Urrealitäten aussetzen würde. Im Symbol des Flammenschwertes ist diese Tabuisierung treffsicher dargestellt. Das Flammenschwert verunmöglicht nicht nur den Zugang zum Paradies, sondern – und dies zum Schutz seines Ichs – auch den Zugang zum Ort eines traumatischen Urgeschehens.

Alle weitere Ich-Entwicklung und Kulturentwicklung geschieht im Zeichen von Flucht und Entfremdung, was auch phylogenetisch betrachtet zur Schicksalsfrage von Kultur- und Religionsbildung wird[32]. Je ausgeprägter und angstbesetzter die Urerfahrungen, umso irreversibler die Flucht daraus heraus, nach vorn und hinein in die Erstarkung im Ich. Das Ich, das eigentlich eher ein Not-Ich[33] ist, entwickelt ***Bewältigungsstrategien*** (vgl. I.2 und I.3). Es nimmt heldenhaft in Besitz und beherrscht, wovon es sich einst bedroht fühlte. So wird alles, was an die Urbedrohung und damit leider auch alles, was an die dahinter-/darunterliegende Urheimat erinnert, unterdrückt (etwa das numinos Ehrfurchtgebietende durch das Berechenbare, das Klangliche durch den Rhythmus, das Weibliche durch das Männliche, das erlaubte Sein durch das Haben, die Natur durch die Kultur).

---

32 Biblische Motive, die unter dem Stichwort *übergangsspezifischer Flucht* gedeutet werden müssen, sind: der dortige Fluch und das Leben jenseits von Eden (Gen 3,24), die Arbeit im Schweiße des Angesichts (Gen 3,19); Kain, der seiner Eifersucht erliegt (Gen 4,5); Abel (Windhauch), der sich in seinem Opfer von Gott angeschaut erfährt, d.h. dessen Kontakt zum Ursprung intakt erscheint und der in der Folge umgebracht wird (Gen 4,1-16). Psychologisch sinngemäß führt der Entwicklungsweg über Kain, den Städtebauer, d.h. über das Kulturhafte (vgl. auch II.2.3.2). Er führt weg vom verfluchten Mutterboden, weg auch aus der Gottnähe.

33 Neumann (1985) hat den Begriff des Not-Ichs eingeführt. Vgl. auch Renz (1996, 222): „Ich und zugleich Not-Ich in einer ich-bezogenen Welt".

1.2 Die Perspektive von Evolution und Bewusstseinsentwicklung: Aller Anfang ist Übergang

Am Anfang allen Werdens scheint ein folgenreicher Übergang[34] zu stehen. Dieser beginnt dort, wo sich in der inneren Wahrnehmung teilt, was eben noch ungeschieden war, wo ein Urzustand aufhört und eine grundsätzliche Teilhabe am Ganzen übergeht in ein Werden, respektive in subjektbezogenes Streben und Begehren. Indem etwas erwacht ist zu ichhaftem Erleben, ist Bedrohtheit im Eigenen möglich. Stichwort: Angst, Urangst. Schon Säugetiere haben Angst. Im Menschen aber wird Angst zum biografie- und kulturschreibenden Thema. Als denkendes, geistbegabtes Wesen leidet er nicht nur am Bedrohlichen der Gegenwart, sondern hat, über sich und seine Zeit hinaus, Zukunftsängste selbst noch für seine Enkel oder den Gang der Weltgeschichte. Der Mensch kennt auch die Angst vor dem Identitätsverlust, vor dem Versinken in Einsamkeit, Depression und Verzweiflung.

Wann begann es mit der Angst? Wann begann ein Sich-Erleben als etwas Eigenes? Wann/wo entspringt Einzelnes aus dem Ganzen und kommt Dynamik ins Spiel? Wann ist der erste Moment, wo ein Mensch sich als eigen, fremd, anders erkennt? Es gibt, phylogenetisch wie ontogenetisch betrachtet, viele solchermaßen einschneidende Momente, die zusammengenommen den archaischen Anfang von Bewusstheit ausmachen.

Die Evolutionsforschung und vor allem die Neurobiologie messen sogenannten Stressfaktoren und der darin ausgelösten Angst in der menschheitsgeschichtlichen Entwicklung große Bedeutung bei. Höherentwicklung fand immer dort statt, wo innerhalb riesiger Zeiträume über die Entwicklung neuer Hirnfunktionen Anpassungen an Bedrohungs- und Stress-Situationen möglich wurden. Dem Faktor Angst wird eine entwicklungsauslösende Bedeutung zuerkannt! Im Folgenden geht es vor allem darum, hellhörig zu werden für eine ***Wechselwirkung zwischen Bewusstseinsentwicklung und Angst,*** und darin auch zwischen Phylogenese und Ontogenese.

Für diese beiden Sichtweisen gehe ich aus von einem sogenannten ***Übergang*** (Renz 1996), respektive einem allmählichen, große Zeiträume umfassenden Ankommen in einem zunehmend bewussten In-der-Welt-Sein und Bei-sich-Sein. Dieser Übergang folgt eigenen, ***übergangsspezifischen Gesetzmäßigkeiten***[35]. Objektive, wissenschaftliche Aussagen über das, was zu Beginn des menschlichen Lebens erlebt und gefühlt wird, gibt es nicht. Alle Vereinzelung und Subjektwerdung ist subjektiv und in diesem Sinne ‚innere' Erfahrung. Es gibt innerhalb dieses Übergangs mehrere besonders fragile, einbruch-gefährdete *Baustellen:* etwa jene Momente, in denen Altes nicht mehr trägt und Neues einbricht, die Programme zu dessen Bewältigung aber noch

---

34 Siebenrock formuliert: „Übergang ist ein treffendes Wort für ‚Rausschmiss aus dem Paradies'" (mündliche Aussage).

35 Renz (1996, 83f).

nicht abrufbar sind. Übergangsprägungen wirken besonders nachhaltig, zumal sie direkt und indirekt in alle künftige Entwicklung einfließen. Insbesondere der Faktor Angst/Urangst will ernst genommen werden als wesentliches und prägendes Element frühester Bewusstseinsentwicklung. Und umgekehrt bewirkt eine frühe Bewusstseinsentwicklung vermehrte (Ur-)angst.

Übergang in der Phylogenese[36] meint jenes innerhalb der Urgeschichte stattfindende Zu-sich-Kommen, in welchem Urmenschen und ihre Vorfahren sich mehr und mehr als Eigene und damit nicht mehr als Teil des Ganzen erfuhren. Nun waren sie der Natur und der äußeren Welt auf Gedeih und Verderben gegenübergestellt. Aus Einssein und Teilhabe wurde Umwelt. Die Menschen hatten zunehmend bewusst für sich selbst zu sorgen, oder besser gesagt: Sie nahmen zunehmend bewusst so wahr. Ob Ansätze solcher ‚Vereinzelung' zurück ins Pflanzliche verweisen? Spätestens im Instinkthaften des Tieres, seinen Mechanismen der Stressbewältigung, ist eine immer bewusstseinsnähere Daseinsbewältigung auszumachen. Und ein solches ereignete sich abertausendmal und immer bewusster in der Entwicklung hin zum Menschen. Angstbewältigungsmechanismen wurden verinnerlicht und in den Hirnstrukturen anatomisch verankert. Die einstige magisch animistische Verbundenheit des Einzelnen mit allem Sein ging spätestens beim Menschen über in eine immer klarere Herrschaft des denkenden Ichs über die Schöpfung. Und in den Vorrang von Sippe und Partialinteresse gegenüber dem Ganzen. Ein jahrmillionenlanger Prozess! Dieses phylogenetische Erbe trägt der zum Subjekt gewordene Mensch unausweichlich in sich, in seinen Hirnstrukturen, Verhaltensmustern, ja bis in die Gene hinein ist er davon geprägt. Urprägung Mensch.

In der ontogenetischen Betrachtung dieses Übergangsgeschehens wird eine Wechselwirkung zwischen menschlicher Bewusstseinsentwicklung und Angst konkret nachvollziehbar.[37] Was in der Urgeschichte über Jahrmillionen geschah, ereignet sich ansatzweise und ähnlich beim Embryo, Säugling und Kleinkind, vorerst bewusstseinsfern und körperlich instinkthaft bis hin zum immer bewussteren In-der-Welt-Sein und Bei-sich-Sein. Der Mythos von der ausschließlich glücklichen Zeit im Mutterleib bedarf dringend einer Revidierung. ***Ob Glück erlebt wird oder (auch) Angst,*** Einbruch, Erschrecken und ein ‚Zuviel schlechthin', ***entscheidet die subjekthafte Wahrnehmung.*** Genauer gesagt: Am Grad der gegebenen Differenzierungsfähigkeit, der mehr oder weniger ausgeprägten, bisweilen sogar vorzeitigen ‚Aufgewecktheit' und Sensibilität des Heranreifenden entscheidet sich, ob die Fähigkeit da ist, zwischen angenehm und unangenehm zu unterscheiden. Auch ist der Prozess des Zu-sich-selbst-Erwachens nicht abgeschlossen mit der Geburt. Bei Säuglingen ist das Hin- und Her-Pendeln zwischen ich-fernen (Schlaf-)Zuständen und jähem Erwachen, zwi-

36 Interessanterweise verwendet auch Schwager (1997, 42) das Wort „Übergang" im Zusammenhang mit der biblischen Urerzählung, die ihm zufolge „nicht nur etwas Archetypisches meint, sondern einen realen Übergang in der Menschheitsgeschichte (vom Zustand vor dem Fall in die Welt der Sünde)".

37 Vgl. hierzu Renz (1996).

schen wachem Dasein und Doch-nicht-ganz-da-sein sichtlich nachvollziehbar. Bei Kleinkindern in ihrem magisch animistischen Weltbezug gehen nächtliche Träume nahtlos über ins spielerische Erschließen ihrer Kinderwelt. Träume sind für sie wahr. Vieles geschieht halb-bewusst. Ein Urgeschehen wird vom Kind so lange immer wieder durchlebt, bis es weiß: Umwelt ist Umwelt, Märchen sind Märchen, ich bin Ich. Dann ist der Übergang abgeschlossen. Markowitsch und Welzer (2005, 11) sprechen von der Entwicklung eines „autobiografischen Gedächtnisses“: „Es ist das autobiografische Gedächtnis, was den Menschen zum Menschen macht, also das Vermögen ‚Ich‘ sagen zu können und damit eine einzigartige Person zu meinen, die eine besondere Lebensgeschichte, eine bewusste Gegenwart und eine erwartbare Zukunft hat.“ Die Autoren kommen zum Schluss, dass das autobiografische Gedächtnis etwa am Ende des dritten Lebensjahres ausgebildet sei.[38]

Übergangsbefindlichkeiten sind nicht nur an bestimmte Lebensphasen, sondern vielmehr an bestimmte Erlebnisweisen und Umstände gebunden. Nicht nur Föten, Säuglinge und Sterbende sind in solchen Übergangsbefindlichkeiten drin, sondern grundsätzlich der ohnmächtige, bisweilen in bewusstseinsferne Zustände versinkende Mensch. Was die Übergangsbefindlichkeit im Kern also ausmacht, ist einerseits die schiere Nichtigkeit und Ohnmacht im Ich, das sich der Totalität innerer oder äußerer, realer oder atmosphärischer Bedrohung gegenübersieht. Andererseits wird die Übergangsbefindlichkeit auch durch eine bisweilen real gegebene Bewusstseinsferne ausgelöst. Beide Faktoren (Ohnmacht und Bewusstseinsferne) sind Charakteristika der Zustände von Schwerkranken. In solchen Grenzsituationen geschieht es dann auch, dass Menschen nicht nur durch die aktuelle Not bedroht sind, sondern – zusätzlich und darüber hinaus – zurückversetzt sind in einstmals traumatisch erlebte Übergangsnot aus der Zeit der Ich-Werdung. *„Viel zu viel Wasser, klagte eine Sterbende und gestikulierte durch die Luft.“* Viele Schwerkranke und Sterbende gehen bildhaft oder körpernah durch solche Nöte hindurch.

Auch reale ***Gewalterfahrung*** hat den Charakter einer Übergangserfahrung. Sie versetzt ihre Opfer in traumatisierende Ohnmacht und in einen Ausnahmezustand, wo Ich-Konturen ins Wanken geraten. Hier geschieht etwas, das ein Begreifen und eine Verarbeitung über Ich-Strukturen übersteigt. Schwerwiegend missbrauchte Kinder, Kriegs- oder Folteropfer haben eines gemeinsam: Ihre Kategorien des Denkens und Verstehens sind ihnen vorübergehend oder nachhaltig abhanden gekommen. Das Schreckliche, das ihnen geschah, hat weder Worte noch eine Dimension des Vernünftigen. Im Unfassbaren solchermaßen gefangen, sind sie vom doppelten Urgeschehen

---

38 Diese von einem voll funktionstüchtigen Ich ausgehende Definition darf nicht dazu verleiten, Prägungen aus der individuellen und kollektiven Vor- oder Frühzeit als nicht zur Biografie gehörend zu betrachten. Zentrale Prägungen ereignen sich längst, bevor von einem ausgebildeten Ich oder einem seiner Selbst bewussten Menschen gesprochen werden kann. Und sie sind genau darum so folgenschwer, weil sie so archaisch und für das Ich nicht fassbar sind, aber umso unkontrollierbarer im Unbewussten des Menschen treiben. Prägung lässt der Mensch nicht hinter sich, sondern sie wird mitgeschleppt und wandelt sich bestenfalls.

von Gewalt und Verlust eingeholt. Bewältigungsstrategien versagen. Ressourcen sind nicht abrufbar, was wiederum in die Erfahrung von Ohnmacht mündet. Täter werden oft nicht mehr als solche erkannt, nichts kann mehr eingeordnet werden, nichts macht mehr Sinn. Identität bricht in sich zusammen oder wird zersplittert. Und es bedeutet Schutz für die Gewaltopfer, dass sie oft abtauchen und flüchten in bewusstseinsferne Zustände, wo das Ich wie aufgelöst ist, denn dann empfinden sie sich nicht mehr im geschändeten Körper drin, sondern schauen dem Geschehen wie von außen zu. Oder sie fallen in Zustände einer mystischen Gottnähe. Im Zeitlosen drin sind sie außerhalb von Schmerz und Angst.[39] Für viele Gewaltopfer wird dieses Rückzugsmuster zur Überlebenschance, weit über das ursprüngliche Trauma hinaus. Sie haben ‚vergessen'. Im Körper bleibt die Erinnerung aber gespeichert und kann sich zu gegebener Zeit, etwa mit der Ohnmacht im Kranksein, wieder melden. – *„Hier wird geschossen", schrie ein schwerkranker Mann, der seine Kindheit im Krieg verbrachte.*

Sterben kommt auf seine Weise einem Übergang gleich, nur in umgekehrter Richtung. Alles, was Ich war, muss losgelassen werden, ein Prozess, der viele Sterbende auf übergangstypische Weise nochmals durch Ohnmacht und Verlassenheit hindurchführt. Und nicht selten stellen sich hier nochmals jene äußersten Gegenübererfahrungen, jenes Bedroht-Sein von einem atmosphärischen Gegenüber ein, die bisweilen am Anfang menschlicher Bewusstseinsentwicklung standen. Dies ist eine Form von Angst und Schrecken, in die sich ein Mensch wachen Sinnes gar nicht einfühlen kann (Beispiel vgl. I.1.5). In der spirituellen Begleitung Sterbender wird wie kaum anderswo deutlich, wie durch dieses letzte Loslassen im Ich, durch Urangst und Verlassenheit hindurch eine Wiederannäherung an Gott als das nährende Ganze, und darin häufig eine neue Form von Begegnung mit einem äußersten, anonymen Du stattfindet. Oder wie ich anderswo sage: Das Ich stirbt in ein Du hinein.[40]

Menschen erleben sich ***überall dort in Übergangsbefindlichkeiten*** hineinversetzt, wo die Präsenz im Ich sich verliert, sich wandelt (etwa in schweren seelischen Krisen) oder sich erst (wieder) nachhaltig einstellen muss (etwa bei der Rückkehr aus dem Koma, bei der Verarbeitung einer Gewalterfahrung). Auch unmittelbar vor oder während einer wahrhaft spirituellen oder religiösen Erfahrung geschieht ein Ähnliches: ein Erschaudern, als wäre da ein Berührt-Sein durch ein Numinoses, Heiliges. Auch diese Begegnung mit dem wahrhaft Heiligen löst Furcht, Schauer, (Er-)Schrecken aus und möchte oft am liebsten ‚vergessen' werden. Sie holt aber, wenn realisiert wird, dass hier *Gott* im Raum war, in tiefe Betroffenheit hinein und löst einen Schub in Richtung Bewusstwerdung und Einordnung aus.

Ganze Zeitepochen können den Charakter von Übergang haben und erhalten darin positiv wie negativ die Komponente des Drängenden. So auch unsere Gegenwart. Allein schon Worte wie New Age, Wendezeit, aber auch Übergangsphänomene wie

39 Vgl. hierzu Herman (2003), Wirtz (1991).
40 Vgl. Renz (2007, CD).

etwa der Hunger nach (esoterischer) Entgrenzung weisen darauf hin. Hinter suchtartigem Suchen steckt Sehnsucht, letztlich nach Gottnähe, und diese wohnt dem Übergangsbereich vermehrt inne. Zeitepochen des Überganges sind aber nicht nur harmlos, denn hier konstelliert sich nebst Glück und Angeschlossensein auch die übergangstypische Erfahrung von Ohnmacht und Totalität. Stichworte: Religionskonflikte, das Näherrücken von Terror und Armut, die eskalierende Gewalt, das zunehmende Ausmaß von seelischen Krankheiten, von Burn-out, Angst und Verzweiflung. All dies bringt nicht nur die Ich-Strukturen des Einzelnen, sondern auch die tragenden Säulen einer Gesellschaft ins Wanken. Urängste sind dann neu gegenwärtig. Nicht an ihnen vorbei, aber durch sie hindurch, geschieht Ausschau nach einem letztlich Rettenden – nach ersten und letzten Antworten. Welches sind Gottesbilder und theologische Einsichten, an denen Menschen tiefer zu ihrer Innerlichkeit und zu einem Urvertrauen finden? Wie lässt sich glaubwürdig von Hoffnung und Heilserwartung reden? Von Liebe, die stärker ist als Gewalt? Von einem Gott, der nicht interesselos zuschaut, wie Menschen leiden, sondern der auch als der Näherkommende, Einende, ja als ‚Gott mit uns‘ erfahrbar ist?

1.3 Die entwicklungspsychologische Perspektive: Sozialisation beginnt im Mutterleib und hat mit intrauterinem Hören zu tun

Forschungen der letzten Jahrzehnte haben sich immer konkreter an das Geheimnis embryonaler Wahrnehmung und deren Verarbeitung in den verschiedenen Hirnregionen herangetastet.[41] Dem intrauterinen Hören fällt dabei, ähnlich wie dem Musikalischen im präverbalen Dialog, eine Sonderstellung zu.[42] Mittlerweiler ist erwiesen, *dass* der Mensch im Mutterleib hört. Angenommen wird, dass er die Mutterstimme und den mütterlichen Herzschlag aus einem Klangganzen heraushört und als etwas Eigenes erkennt. Die Forschung nimmt heute an, dass Lern- (und damit auch Entwicklungs-)prozesse des Fötus bereits differenzierter sind als nur Lernen durch Habituation und Konditionierung.[43] Von einer großen Bedeutung akustischer Einflüsse auf die früheste menschliche Entwicklung darf ausgegangen werden, auch wenn unterschiedliche Aussagen vorliegen etwa über einen Anfang solchen Hörens.

Welche ***Rückschlüsse auf die menschliche Urprägung*** ergeben sich aus solchen Einsichten? Wo selektives Hören möglich ist, müssen zumindest rudimentäre Ansätze, ja Vorläufer eines differenzierenden Ichs da sein, die den Fortbestand im Eigenen wollen: Sie können Einzelnes aus einem Ganzen heraushören, herausfiltern, Unangenehmes abwehren, Prioritäten setzen. Doch warum muss dieses Andere (musikalisch gesprochen: das Klangganze in seinem erdrückenden Charakter) zurücktreten? Antwort: damit Ich-Werdung, Mensch-Werdung gelinge. Ontologisch ausgedrückt, ist es das Ganze als Urgegenüber (vgl. I.1.1), das zum bedrohlichen Zuviel wird. Physikalisch formuliert, geht es um die ‚Schwingungsmasse' (die Wassermasse, die Luftmasse, die Urmasse), was ich andernorts als Schwingungsumgebung[44] bezeichne. Der hörende Embryo ist von Musik (im weitesten Sinne des Wortes verstanden) mehr oder weniger chaotisch umspült. Dieses Zuviel – so meine Interpretation – wird erträglich, indem Rhythmus und Melodie (Herzton, Mutterstimme) aus dem Klangganzen herausgehört werden.[45] Das ist früheste Angstbewältigung.

In der Konsequenz solch schwingungsmäßigen Denkens wird die ganze Schwingungsumgebung des Embryos zu einem erweiterten sozialen Uterusraum. Angesichts der Grenzenlosigkeit und Unausdifferenziertheit dieser Urumgebung leuchtet ein,

---

41 Rauch (2006): Gehirnjogging im Mutterleib, in: Bild der Wissenschaft 2; vgl. auch Hüther (2005).

42 Vgl. Namen wie Tomatis (1987), aber auch Birnholz (1983), Nitschke (1984), Nöcker-Ribaupierre (1986; 2003), Papousek (1994; 1995), Parncutt (2006), Salk (1973); vgl. auch Renz (1996).

43 Vgl. Hepper (1996; 2005), Kisilevsky et al. (2003), Sallenbach (1998).

44 Vgl. Renz (1996, 106f).

45 Um Ordnung und Struktur in das Erdrückende oder Chaotische eines Klangganzen zu bringen, werden in der Musiktherapie Rhythmen und Melodien eingesetzt. Rhythmus grenzt das Grenzenlose ein, macht das Unfassbare fassbar, berechenbar. Melodie steht für das abgegrenzt Persönliche (Kombination von Ton und Betonung, Klang- und Rhythmusdimension im Unterschied zum Archaischen). Melodien können persönliche Motivation und Gefühle hereinholen (vgl. Hegi 1986 und Renz 1996). Mutterstimme ist musikalisch betrachtet Melodie.

warum eine solche Erfahrungswelt überfordernd und bedrohlich sein kann. Sie ist auf ihre Weise ein Ganzes. Die *intrauterine* Schwingungsumgebung umfasst nicht nur das Fruchtwasser und die Innenwände der Gebärmutter, sondern auch eine Vielzahl *indirekt* wirksamer Faktoren: den mehr oder weniger angespannten mütterlichen Muskeltonus, die Grundgestimmtheit der Mutter, Geräusche im Raum und die familiäre Atmosphäre, Stressfaktoren und – nicht zuletzt – all das, was über die vorgefundene Kultur, Zivilisation, Religion unausweichlich in allem mitschwingt. Anders ausgedrückt: Schon im Mutterleib ist das Ungeborene an die weite Welt angeschlossen: ***Sozialisation beginnt intrauterin. Und damit auch die Prägung Mensch.***

Und doch bleibt das Zustandekommen dieser Prägung voller Geheimnisse, auch wo wesentliche Einflussfaktoren bekannt sind. Es geht dabei um mehr als nur um das Zusammenspiel von Anlage und Umwelt. Was zu welchem Zeitpunkt als prägend erlebt wird oder nicht, wird entschieden durch die zum Zeitpunkt gegebene Wahrnehmungs- und Differenzierungsfähigkeit des Embryos. Indem er subjekthaft (auf sein Ich bezogen) wahrnimmt, kommt der Embryo an in dieser Welt. Diese Wahrnehmung stellt sich einerseits *allmählich* ein, so wie sich auch die Sinnesorgane und Hirnfunktionen allmählich heranbilden. Andererseits bedeutet jede hinzukommende neue Wahrnehmung subjektiv einen *Schub*: ein neuer Zustand, ein neues In-der-Welt-Sein beginnt. Dem solchermaßen allmählichen und zugleich schubartigen Ankommen in dieser Welt habe ich andernorts die mutmaßlich entsprechenden Zustände von Sein und In-der-Welt-Sein zugeordnet.[46]

Dabei gilt ein Doppeltes: Einerseits verändert sich Wahrnehmung bei *allen* Menschen nach ähnlichen Gesetzmäßigkeiten, etwa vom Ganzen zum Eigenen und Partikulären. Insofern kann man Zustände des In-der-Welt-Seins systematisieren.[47] Andererseits gilt, dass Mutterleibserfahrung ein *subjektives*, inneres Erleben ist, weshalb eine in

---

46 In Renz (1996) wurde aufgezeigt, dass der im Werden begriffene Mensch intrauterin (teils auch extrauterin) drei Urbefindlichkeiten durchlebt, *bevor* er sich in einem vierten Zustand *als Ich* fühlt:
A. *Sein, Teilhabe,* In-Ordnung-Sein, Angeschlossen-Sein jenseits von Raum und Zeit, überhaupt jenseits von allem Erfahrbaren. Jenseits allen Bewusstseins.
B. *Bekömmliches Drin-Sein.* Dies ist eine Erfahrung von Drin-Sein etwa im Guten, Großen, Mütterlichen, das aller Erfahrung von Ambivalenz vorangeht. Ansatzweise beginnt hier Übergang, ein Eintreten in die Zeit und das Erleben von Raum, symbolisch: Paradies.
C. *Ambivalentes Drin-Sein.* Ansätze von Eigenem stellen sich ein. Hin- und Herpendeln zwischen zwei ‚Welten' und Erfahrungsweisen, erstmalige Erfahrung von auch bedrohlichem neben bekömmlichem Drin-Sein. Hier wird erstmals so etwas wie Angst oder wie ein Herausfallen aus einer paradiesischen Urgeborgenheit erfahren. Inseln beginnender Ichhaftigkeit tauchen aus einem Meer des Unbewussten auf. Erste Bewusstseinsfunken der Freude im Eigenen, der Lebenslust, und gleich darauf wieder Abtauchen ins Bewusstseinsferne. In all dem bleibt der Fötus/Säugling noch immer und unausweichlich ‚drin' im Mutterleib, im Totalen seiner Schwingungsumgebung.
D. *Ich-Sein.* Das Ankommen im Ich, welches Umwelt und ihre Einzelheiten immer mehr zu erkennen fähig ist.

47 Annäherungen hierzu sind möglich über typische Seelenbilder oder über Mythen. Auch das über Erfahrung und Analogie gewonnene Verständnis von Körpersymptomen hilft, Menschen in Grenzzuständen zu verstehen.

etwa gleichbleibende Schwingungsumgebung von verschiedenen Föten unterschiedlich erfahren werden kann. Den Ausschlag gibt die unterschiedliche Wahrnehmung. Es gibt wachere und damit gefährdetere Momente intrauterinen Daseins neben schlafenden, geschützteren Zeiten. Auch anlagebedingt sind Menschen verschieden: unterschiedlich aufgeweckt, sensibel bis schreckhaft, neugierig oder träge etc. Bei Säuglingen und Kleinkindern werden solche Unterschiede offensichtlich. Aufgeweckte, intelligente, musikalisch hellhörige Menschenkinder kommen vielleicht verfrüht bei ihrer Differenzierungsfähigkeit an. Und sie steigern sich, wo Angst da ist, zusätzlich in diese Wachheit hinein.[48] Ich spreche andernorts zusammengefasst von ***drei prägenden Komponenten der frühesten menschlichen Entwicklung:*** 1) Anlage, 2) Umwelt, 3) die Wahrnehmung zum Zeitpunkt eines prägenden Erlebnisses, respektive des jeweils gegebenen Grades an subjektiver Differenzierung.[49]

Über dieses komplexe Zusammenspiel mehrerer Faktoren wird erklärbar, warum von einer sogenannt guten Schwangerschaft und gedeihlichen Umgebung nicht automatisch auf eine gute Ausgangslage für das Kind geschlossen werden darf. Und umgekehrt, warum auch aus unglücklichsten Konstellationen immer wieder glückliche Menschen hervorgehen. Längeres inneres Verweilen im Undifferenzierten bedeutet: länger erhaltene Nähe zum Ganzen. Das real ungünstige Familienklima kann einem Ungeborenen so lange nichts anhaben, als ihm die Unterscheidung zwischen angenehm und unangenehm, zwischen Ich und Nicht-Ich nicht möglich ist. Er bringt dann – trotz real ungünstiger Bedingungen – ein gutes Urvertrauen mit in die Welt. Dies wird zur Chance für jene Menschen, die angesichts ihrer biografischen Vorgaben meinen, nur Pech gehabt zu haben. Umgekehrt kann ein hochbegabtes, vermehrt differenzierendes Menschenkind trotz bester Umwelteinflüsse bereits traumatisiert zur Welt kommen. Es war seinen Umwelteinflüssen zu bewusst, zu früh und zu unausweichlich (noch immer im Mutterleib drin) ausgesetzt. Viele Varianten sind als Anfang von Entwicklung und Prägung denkbar.

Die Betrachtung der embryonalen Urumgebung als Schwingungsumgebung und sozialer Uterusraum geht nahtlos über in die Frage, ob auch von einer bereits in die Wiege gelegten *kulturspezifischen* Prägung gesprochen werden dürfe.

---

48 Nachvollziehbar ist dies etwa bei den Folgeerscheinungen traumatisch erlebter Gewalt. Eine ständige Angst- oder Schreckbereitschaft kann zu vermehrtem Wach-sein-Müssen und damit oft auch zu Schlafstörungen führen. (vgl. Herman 2003). Aber auch das Umgekehrte kann eintreffen und wird nicht selten als Ursache etwa von autistischen oder psychotischen Störungen vermutet: Im Versuch, sich einer diffusen Angst zu entziehen, kam es zu Abkapselung, Rückzug, Flucht in ich-ferne Zustände.

49 Vgl. Renz (1996).

1.4 Die kulturanthropologische Perspektive: der im Kulturspezifischen seiner Prägung erlösungsbedürftige Mensch

Die Prägung Mensch wird nicht nur genetisch vererbt. Zu ihr gehört nicht nur das Biologische und Instinkthafte, das sich in unsere Gene und Hirnstrukturen eingeschrieben hat. Sondern bereits im Mutterleib ist der werdende Mensch über seine Schwingungsumgebung auch eingebunden in die Atmosphäre seiner Kultur und Religion. Wovon waren mütterliche Grundgestimmtheit und Muskeltonus geprägt? Von Angst oder Vertrauen, Lebenslust oder Erstarrung? War die Atmosphäre und Geräuschkulisse in der Familie und am Arbeitsplatz wohltuend belebt oder gepeitscht von Stress? Flossen über das feierlich Tragende von Riten und Gebetszeiten, über die Musik einer Kultur, ihre Gesänge und Glockenklänge Ahnungen eines Heiligen in die Tiefenprägung eines Menschen ein? Klang darin Heiterkeit an oder ‚Jammertal', moralische Enge oder erlaubte Entdeckungsfreude? Stand die frühkindliche Ich-Entwicklung vermehrt im Zeichen von Konkurrenz und machtvollem Sich-Durchsetzen oder klang etwas von einer naturnahen Gelassenheit an etc.? ***Enkulturierung beginnt im Mutterleib*** und im sozialen Uterusraum des Säuglings und Kleinkindes. Atmosphärisch und in Klängen, Rhythmen und Riten verschlüsselt, fließt ein jahrtausendealtes Erbe in die früheste menschliche Prägung ein.

Selbst die Hirnforschung fragt nach kulturspezifischer Prägung und zivilisationsbedingten Veränderungen im Charakter des Menschen. So formulieren Markowitzsch und Welzer (2005, 16): „Veränderungen im Gesellschaftsgefüge bringen psychisch andere Menschen hervor."[50] Und das beginnt nicht erst, wenn ein konsistentes, seiner selbst bewusstes Ich da ist, sondern schon innerhalb der frühesten Ich-Werdung. Angst als kollektive Erfahrung – und damit auch das Bestreben, Angst und Ohnmacht auslösende Zustände zu verhindern – wird zum kulturbildenden Faktor: Diese Momente schaffen Kultur und sie geben ihr ein Gesicht. Wir haben als Kollektiv überlebt, weil wir äußeren und inneren Ängsten etwas entgegenzusetzen hatten: reale und geistige Waffen, unseren Gott oder unsere Götter, das Mauerwerk unserer Städte, aber auch den Stein unserer Herzen.[51] Was insgesamt (viel) mehr ist als nur der Umgang mit dem Feuer, der – entsprechend der gängigen Sicht – den Menschen vom Tier unterscheide.

---

50 Unterschiede werden von diesen Autoren vor allem in der Entwicklung des biografischen Gedächtnisses festgemacht. Der Lernprozess, ‚ich' zu sagen, werde in individualistisch geprägten Systemen früher gefördert, setze früher ein als in Kulturen, welche die Gruppe über das Individuum stellen (vgl. hierzu auch Laerum 2006).

51 Vgl. Renz (1996, 241-268).

Im Zeichen moderner Globalisierungstendenzen rückt nicht nur das Verbindende, sondern auch das die verschiedenen Kulturen Unterscheidende in den Blick.[52] Wir beginnen zu fragen, ist wirklich ‚normal', was wir als normal erleben? Ist so viel Absicherung und so viel angehäufter Reichtum normal oder sind wir als Kultur und Kollektiv permanent von verdrängter Angst und Bewältigungsstrategien bestimmt? Ist so viel Subjektivismus und Individualismus normal oder Alarmsignal einer Gesellschaft, die ihre innere Mitte und ihre letzten Werte verloren hat? Was ist gesundes Streben, ein Reifen von Persönlichkeit und was ist falscher Ehrgeiz oder krankhafter Subjektivismus? Subjektivismus als Extrem meint bereits Störung und ist nicht gleichzusetzen mit einer auch gottgewollten Persönlichkeitsentwicklung. Störungen werden im vorliegenden Buch vorab erläutert als Bewältigungsmuster von Angst, Begehren/Gier und von Macht/Gewalt. In dem, was wir kollektiv und individuell abgespalten haben, leben – mehr oder minder ausgeprägt – die nach Erlösung drängenden Energien unserer Kulturgeschichte fort. Alle Höherentwicklung geht nicht an solchen Energien vorbei, sondern ist von ihnen mitunter auch gespeist und führt durch die Schatten des Gewordenseins hindurch.[53] Sie rufen nach einer entsprechenden kontextuellen Antwort und Auflösung vonseiten einer Kultur und Zivilisation. Vor allem aber rufen sie nach einer entsprechenden Antwort und Auflösung vonseiten der jeweiligen Religion (vgl. ersten Anhang). Daraufhin – auf sein Heilungspotenzial hin – soll in Teil II das Christliche befragt werden.

52 Innerhalb der Theologie hat sich im Zuge einer bewussteren Wahrnehmung unterschiedlicher kultureller und sozialer Standorte und Ausgangslagen gegen Ende des 20. Jahrhunderts die sogenannte kontextuelle Christologie und Soteriologie entwickelt. Vgl. hierzu Kessler (1998) sowie ersten Anhang.

53 Vgl. hierzu den Ansatz von C.G. Jung, der solche Prägung im kollektiven Unbewussten und dessen bildhaften (archetypischen) Gestaltungen erkennt und dieser Seelenschicht im individuellen und kollektiven Reifungsprozess größte Bedeutung zumisst.

1.5 Die Perspektive von Tiefenpsychologie und Psychotherapie: Sich dem Unverstehbaren fühlend zuwenden. Frau Degen

Was uns prägte, woran wir zutiefst leiden ... wir werden es kaum je wissen. Die exakten Wissenschaften bleiben auf der Strecke, Diagnosen sagen bestenfalls die halbe Wahrheit. Selbst als Betroffene stehen wir vor Rätseln, haben keine Worte und Kategorien des Verstehens zur Verfügung für das, was in uns herumgeistert oder wütet und sich uns doch entzieht. Wie könnten wir nur schon nachfühlen, wie sich älteste Verlorenheit oder eine allgegenwärtige Bedrohung anfühlen. Das innere Kind oder noch mehr der eigene innere Embryo sind für uns leere Worthülsen. Was schon als Ein-Druck(!) aus vorsprachlicher Zeit nie den Weg ins Wort fand, dringt am ehesten über Körpersprache und über mythologische und archetypische[54] Bilder in eine Zone möglichen Erfassens. Krankheitsphänomene, Allergien, Albträume, Phobien geben dem Unfassbaren eine vorläufige Ausdrucksmöglichkeit, ein Gesicht. Zum Werkzeug körpertherapeutisch und tiefenpsychologisch orientierter Arbeit gehört der Versuch einer Entschlüsselung solch nonverbaler und symbolischer Botschaften. Und damit das Finden zum Wort oder gestaltenden Ausdruck. Dies hilft Betroffenen, sich bruchstückhaft im Unfassbaren ihrer Biografie zu verstehen.

Solche Entschlüsselung darf nicht gleichgesetzt werden mit einem kognitiven Begreifen. Das entspräche jener uns Therapeuten oft nachgesagten therapeutischen Neugierde, in einer Vergangenheit, die längst hinter uns sei, wühlen zu wollen. Wo es aber in den tiefsten Schichten unserer Seele oder unseres Körpers noch immer nach Erlösung – etwa aus traumatischer oder embryonaler Prägung – schreit, muss dies bisweilen fühlend nochmals wahr sein dürfen und dann zur Erlösung überhaupt erst freigegeben werden. Darin liegt ein wesentlicher Beitrag einer für diese Tiefendimensionen offenen Psychotherapie. Umgekehrt ist es m.E. ein zentrales Problem beinahe aller theologischen Ansätze, dass von Erlösung geredet wird, als müsste der Mensch nur *wollen* (umkehren wollen, glauben wollen, sich öffnen wollen). Erlösungsbedürftig ist der Mensch demgegenüber dort, wo er innerlich ‚zu' (in seiner eigenen Angstabwehr verbarrikadiert) oder ‚besetzt' ist, d.h. nicht frei und somit fremdbestimmt. Die Bibel spricht vielerorts vom Besetzt-Sein von Dämonen, Begierden und fremden Mächten, die Macht haben über uns (vgl. II.2.3.1 und darin im Besonderen der Besessene von

54 Wo es um Tiefenschichten menschlicher und v.a. auch kollektiver Prägung geht, ist im Speziellen der Zugang C.G. Jungs hilfreich. Nach Jung gehören zum Unbewussten des Menschen auch archetypische Inhalte, die dem kollektiven Erbe der Menschheit angehören. Wie in der einzelnen Biografie nie genau zwischen individueller und kollektiver Prägung unterschieden werden kann, so vermischt sich dies auch in den Bildern unserer Träume. Im Archetypischen manifestiert sich ein Stück menschheitsgeschichtlicher Prägung. GW 7, §109: „Ich (C.G. Jung) bin schon des Öfteren gefragt worden, woher denn diese Archetypen oder Urbilder stammen. Mir scheint, als ob man ihre Entstehung gar nicht anders erklären könne, als dass man annimmt, sie seien Niederschläge stets sich wiederholender Erfahrung der Menschheit. ... Nichts hindert uns anzunehmen, dass gewisse Archetypen schon bei den Tieren vorkommen, dass sie mithin in der Eigenart des lebendigen Systems überhaupt begründet und somit schlechthin Lebensausdruck sind, dessen Sosein weiter nicht mehr zu erklären ist" (zitiert nach: Hark 1988, 28).

Gerasa). Hier geht es darum, zu erkennen, dass der Mensch genau im Unbefreiten oder Namenlosen der eigenen Seele anfällig ist für fremde Mächte, Götzen und für die eigenen ihn überflutenden Affekte und Gefühle, insgesamt für das Böse (vgl. Sünde, I.2).[55] Einfallstore sind: der innere Schatten, das nie gefühlte bedürftige innere Kind, Verletzungen und „eiternde Wunden".

Am deutlichsten tritt dieses Erlösungsbedürftige, das dem Bewusstsein gar nicht (mehr) zugänglich ist, zutage in tiefen Krisen und im Zugehen auf den Tod. ***Sterben ist ein signifikanter Ort, wo Urprägungen zur sichtbaren Erfahrung werden.*** Immer wieder werde ich an Sterbebetten gerufen, weil Menschen – in einem Trauma gefangen oder in einem für uns unfassbaren Schrecken erstarrt – einfach nicht sterben können. Und ich kann dann nur zusammen mit diesen bisweilen wie komatös Daliegenden mich in ihr inneres Dunkel vorzutasten versuchen. Ich kann einfühlenderweise Worte suchen für das Namenlose, was oft schon befreit. So erhält das Namenlose einen Raum des Wahrseins, und ich kann es stellvertretend für die Sterbenden vor Gott hinlegen. Indem ich mit-aushalte, wird es aushaltbar. Oder indem ich Patienten in ihren nun etwas bewusster gewordenen Schrecken hinein segne, wird ihnen zeichenhaft ein Schutz an genau diesem Ort inneren Leidens gespendet. Viele Sterbende atmen dann auf, signalisieren mit Gesten, Wortbrocken, Stöhnen und Verdauungsgeräuschen, dass hier etwas erlöst – sprich ins Leben und ins Sterben – freigegeben worden ist. Erlösung geschieht im Sterben wesentlich dort, wo Sterbende an Tiefpunkten ihres Hindurch auf geheimnisvolle Weise IHN – ein Licht, eine Lichtgestalt, einen Frieden, Jesus Christus, Gott den Herrn, oder wie immer sie dies formulieren – erfahren. Nicht selten ist es dann wirklich so, dass ER auf unfassbare Weise zur Tür wird, durch welche ein Sterben möglich wird (zum biblischen Motiv der Tür vgl. II.2.2).

Mit einer Sterbenden ereignete sich das so: Wir hatten gemeinsam zu einem wichtigen Wort, einem Namen, gefunden, der in jene Starre hineinklang, in der sie seit Stunden und Tagen dalag. Ich verabschiedete mich. Am Morgen danach sagte sie kurz: „ER war da – in der Nacht." Wenige Stunden später starb sie in staunendem Gesichtsausdruck, staunend wohl über etwas, das offensichtlich nur sie sah.

Erlösung will aber auch schon mitten im Leben Thema sein. Etwa dort, wo Menschen, vielleicht in der Folge einer Krise, eingeholt werden von einer weit zurückliegenden angstvollen Erfahrung, von etwas namenlos Unfassbarem:

Frau Degen *ist eine junge Frau von differenzierter Persönlichkeit, die mich aufsucht aufgrund ihrer unverständlichen Angstzustände. Schon länger wisse sie um ihren Krebs, um die Metastasen. Es sei nicht das Faktum Tod, das sie ängstige. Sie könne damit leben, jung*

55 Die tiefenpsychologische Betrachtung dessen, was erlösungsbedürftig ist, wirft auch ein anderes Licht auf den biblischen Begriff Umkehr. Umkehr erschöpft sich dann nicht mit etwas, das der Mensch einfach so, einer Umdrehung gleich, ‚wollen' kann, sondern erfordert ein Fühlen, ein fühlenderweise Auf-Gott-Zugehen, ein Hinabsteigen in jene Tiefen und Prägung, in denen einst die Entfernung von Gott als dem Ganzen begann (vgl. I.4 und II.2.1.3). Und trotzdem gelingt Umkehr nicht ohne ein Wollen.

sterben zu müssen. Ich glaube Frau Degen in der Art, wie sie mich anschaut und wiederholt: „Sterben, das ist es nicht." Ob etwas in ihr Angst habe vor der Ohnmacht, die mit der Krankheit auf sie zukomme, frage ich. Sie gestikuliert nervös, weint, fasst sich wieder, nimmt – wie sie sagt – ein inneres Durcheinander wahr und zittert. „Ich weiß nicht ... dieses ewige Zittern", fährt sie fort, „ich habe keinen Grund, so zu zittern, aber es zittert einfach, auch zu Hause." Entspannung ist ihr nur bedingt möglich, nur bei offenen Augen. Niemals könne sie die Augen schließen, versichert sie. Vorsichtig sage ich: „Das ist in Ordnung. – Haben Sie eine Ahnung, warum es Ihnen nicht möglich ist, die Augen zu schließen? Was lauert da, was würden Sie sehen im Dunkeln?" Sie platzt heraus: „Es war alles gut in meinem Leben, kein Trauma oder so, aber mir wird immer wieder wie schwarz vor den Augen." Ihr Zittern nimmt zu. Ich erzähle Frau Degen, dass es so etwas gebe wie menschliche Urerfahrungen des atmosphärischen Gefressenwerdens. Sie unterbricht: „Ja, ein gutes Wort. Das Schwarze ist einfach viel mächtiger. Wissen Sie, das hört nirgends auf, wie wenn das eiffelturmgroß wäre ..., aber das kann ja gar nicht sein." Ich gebe Frau Degen Literatur mit, vielleicht helfe ihr das, sich in ihren Erfahrungen besser zu verstehen. Ihr Kommentar Tage später: „Ich habe viel gelesen und eine ganze Nacht durchgezittert. Aber dann hat das Zittern aufgehört. Das Gefühl von Friede war da. Ich konnte sogar kurz die Augen schließen."

Ob ihre Erfahrung mit dem heutigen Stand wissenschaftlicher Einsicht übereinstimme oder nicht, kümmerte Frau Degen nicht. Sie und mit ihr viele weitere Menschen fanden zum Verstehen ihrer selbst über die Annahme, dass sie schon geprägt zur Welt gekommen seien. Zu wissen, dass es in ihrem Leben auch ohne entsprechend schreckliche reale Faktoren etwas schwingungsmäßig Bedrohliches gegeben habe, gibt ihnen das Gefühl, nicht voll ‚daneben' zu sein. *„Genau dieses Gefühl von Bedrohung ist es, das mich immer wieder einholt und rundum verunsichert"*, sagen Patienten. Wie in Frau Degens Bild vom eiffelturmgroßen Schwarzen treffend illustriert, geschieht die Urprägung Mensch zunächst atmosphärisch. Typische Reaktion darauf ist Zittern. Urangst ist primär Körperreaktion. Die schlussendliche und wohl auch dem Werden vorangehende Erfahrung von Frieden hat Frau Degen besonders beeindruckt. Unter oder hinter aller Angst – grundsätzlich – gibt es das Tragende, das Letztgültige, ein Vertrauen oder eben Frieden.

Dazu bemerkt Frau Degen, die selbst nicht religiös ist: „Religiöse Menschen haben mir früher schon so etwas erzählt, doch da habe ich jeweils gelacht. Aber jetzt habe ich selbst erlebt, dass es so etwas gibt." Sie sucht nach eigenen Worten: „Man kann auch sagen: Die Erde gibt mir das Gefühl, ich falle nicht!" Ich staune ob der Treffsicherheit ihrer Formulierung und verstärke: „Ja, aus dem Ganzen fällt man nicht heraus. Das Ganze ist ganz, da gehören Sie dazu. Man fällt höchstens noch tiefer oder neu ins Ganze hinein." Frau Degen nickt und weint. Ihre Augen sind entspannt und kurz geschlossen.

Man ist geneigt zu fragen: Braucht es also Tiefenpsychologie? Die Antwort lautet: Ja und Nein. Es braucht das tiefenpsychologisch geschulte Auge, um Symptome überhaupt zu erkennen und sie in einen sinnmachenden Kontext zu stellen. Doch auch bei intensiver Psychotherapie ist nie ein ganzes Leben durchanalysiert. Und solches zu versuchen ist nicht Sinn von Therapie, erst recht nicht bei Schwerkranken. Man kommt nie zu Ende mit dem Aufarbeiten einer Biografie. Immer bleiben gähnende oder schützende Dunkelzonen. Vielmehr braucht es nebst Bewusstwerdung und Einordnung die Bejahung menschlicher Kreatürlichkeit und das Offen-Werden für den Faktor Gnade. Das ist so schnell gesagt, will aber gefühlt, bisweilen durchzittert sein. Es braucht die Bejahung, dass wir alle erlösungsbedürftig sind, auch ich. Damit ist die neue Suchbewegung auf Gott als letzte Wirklichkeit hin – biblisch gesprochen: Umkehr – eingeleitet.

1.6 Zum Erfahrungsort von Erlösung. Eine Anfrage an die Theologie

Dass wir Menschen erlösungsbedürftig seien, ist für christliche Theologen weitgehend unbestritten.[56] Erlösungsbedürftig seien wir „in zweierlei: (1) in unserer *Unvollendetheit und Vergänglichkeit,* (2) in unserer *Entfremdetheit und Zielverfehlung* (...), die nach biblisch-christlicher Überzeugung v.a. von der Ich-Sucht und von der durch sie geprägten Gier herrührt" (Kessler 2006, 170).

Ist innerhalb solcher Definitionen nicht der Platz, den die Theologie der menschlichen Urprägung einräumt, zu schmal? Auch ich sehe es so, dass wir eine Gesellschaft der ‚Gier' und des Habens[57] sind, und dass narzisstische Einkapselung, Ich-Sucht und ein überhand nehmender Subjektivismus den Menschen – vor allem des westlichen Kulturkreises – weitgehend charakterisieren. Doch sehe ich dies bereits als Folgeerscheinungen eines noch älteren Geschehens. Bevor Gier war, war Sehnsucht. Bevor Ich-Sucht war, war angstvolle Abkapselung im Eigenen. Diese Hintergründe müssten in der theologischen Rede von Erlösung erkannt, ja gefühlt werden. Nur wo auch diese Hintergründe wahr sein dürfen als Teil unseres Leidens an uns selbst, können Menschen wirklich ‚erlöst' werden, sind Wiederholungen psychischer Mechanismen, Projektionen und scheiternde Kommunikation zwischen Menschen nicht vorprogrammiert und bedeutet die Rede von Umkehr und Sündenvergebung mehr als ‚ein bisschen Besserung bis zum nächsten Mal'.[58] Es braucht die Berührung der Theologie mit der seelischen Realität und dem stummen Leiden der Menschen und des Menschengeschlechtes. Nur so, hinabsteigend in die Niederungen der condition humaine, wird die Theologie ihrerseits vor verurteilender Überheblichkeit bewahrt. Das, was der Theologe Johann Baptist Metz mit Blick auf die Opfer der Weltgeschichte, die Toten und Entrechteten, von der Theologie einfordert: ***Leidempfindlichkeit und Compassion***, das möchte ich mir als allgemeine Grundhaltung wünschen.

Jesus hat sein Maß von Mensch-Sein nicht an den Etablierten, den glücklichen Siegern dieser Welt genommen, sondern an den Chancenlosen und Leidenden. Das will mehr sein als nur sozialpolitische Stoßrichtung seines Heilens und Wirkens. Jesu Zuwendung zu den Notleidenden ist Aussage darüber, wo Erlösung ansetzen muss: nämlich dort, wo der Mensch in seiner Bedürftigkeit und Not noch offen ist für wahre Sehnsüchte und wo er sich – über sich hinaus – ausstreckt nach einem letzten Rettenden.

Ansätze zu einem Durchdrungen-Werden der Theologie durch die Psychologie und Tiefenwirklichkeit der menschlichen Seele sind durchaus vorhanden: Karl Rahner,

---

56 Kessler (2006, 170): „Wir Menschen sind erlösungsbedürftig. Das wird zwar oft verdrängt und muss erst aufgedeckt und bewusst gemacht werden."

57 Fromm (1997): „Existenzweise des Habens".

58 Vgl. das oft (miss-)verstandene Bußsakrament der katholischen Kirche. Auch dieses müsste seinem Sinn als Wandlungssakrament nach auf der Tiefendimension menschlicher Erlösungsbedürftigkeit aufbauen.

dessen Fähigkeit zu tiefer Empathie speziell in seinen Gebets- und Meditationstexten eindrücklich hervortritt, hat auf die Notwendigkeit einer anthropologischen Wende in der Theologie schon in den 1970er Jahren aufmerksam gemacht.[59] Auf zwei theologische Ansätze, die dieser Wende vor allem durch ihre Thematisierung ältester menschlicher Leiden Nachdruck verliehen, möchte ich hier speziell hinweisen: auf Schwager (1935-2004) und auf den Drewermann der frühen 1980er Jahre.

Schwagers Brücke zur frühen menschlichen Prägung war – neben seiner Nähe zur mimetischen Theorie Girards – seine Einsicht in die Bedeutung des intrauterinen Hörens (Horchens) und der Mutterstimme, wie von Tomatis dargelegt[60]. In phylogenetischer Betrachtung menschlichen Werdens als Naturgeschichte spricht er von einer „naturalen Verfasstheit" des menschlichen Lebens[61] und verweist damit die frühe Prägung des Menschen einerseits tief hinein ins Biologische, aber mit Folgen auch für seine geistige Entwicklung. „Nur als Horchender erwacht der Mensch voll zum geistigen Leben."[62] Schwager geht seinerseits aus von grundgelegten und gleichzeitig verschütteten Urerfahrungen, entstanden bereits im Mutterleib. Er folgert, dass spätere Erfahrungen mit Gott (Berufungserfahrung bei Propheten, Psalmisten, Paulus) diese Urerfahrungen wieder „geweckt" haben können.[63] Mir scheint, dass diese Nähe zu den Wurzeln nicht nur Schwagers Erbsündenlehre auszeichnete, sondern auch sein dynamisches Verständnis von Erlösung beeinflusste. „Das Verständnis der Erlösung hängt engstens mit der Vorstellung zusammen, die wir uns von der Sünde und der Erbsünde machen."[64] Schwager schließt sich der Meinung an, dass alle heutigen Menschen die „Erinnerung" an einen Abfall am Anfang der menschlichen Geschichte in sich tragen. Er spricht von einer Eigengesetzlichkeit der Sünde[65], die nach einer Erlösung von ebensolcher Totalität schreie. Seine Umschreibung „Abfall am Anfang der menschlichen Geschichte" erinnert an das, was hier als Entfremdung vom Urgrund, Entfernung aus der Gottnähe (vgl. I.1.1) dargestellt wurde. Bemerkenswert ist auch der Blick Schwagers auf die emotionale Komponente: Er beurteilt frühe Prägung als „stark emotional besetzt". Es sei eine große emotionale Nähe und Intensität, aber noch mit wenig kritischer Selbstreflexion auf das Angebot des (unthematisch) nahen

---

59 Rahner, K. (1972): Die theologische Dimension der Frage nach dem Menschen. In: „Schriften zur Theologie", Bd. 12, Zürich-Einsiedeln-Köln: Benziger 1975, 387-406.

60 Schwager (1997, 43) spricht in Anlehnung an Bresch (1979) von Speicherung resp. Engrammierungen solcher Erfahrungen in den peripheren Zentren des Nervensystems und übernimmt die Hypothese von Tomatis, dass bereits die Zelle eine Art ‚Gedächtnis' hat.

61 Schwager (1997, 77).

62 Ebenda (43).

63 Ebenda (46). Vgl. auch Psalm 22,11 (resp. Sir 50,22): „Von Geburt an bin ich geworfen auf dich, vom Mutterleib an bist du mein Gott."

64 Schwager (1997, 61).

65 Schwager (1997, 79).

Gottes[66], eine Aussage die ihrerseits darauf hinweist, wie nahe frühestes Ganzheitserleben dem kommt, was Menschen später Gott nennen.[67]

Auch das Thema Angst ist seit den 1970er Jahren vermehrt in den Blickwinkel der Theologie gekommen. In ihren archaischen Urformen als Angst und Urangst wird das Thema vor allem mit dem Namen ***Drewermann***[68] und dem Erscheinen seines Standardwerks „Tiefenpsychologie und Exegese“, Band I und II verbunden. In „Strukturen des Bösen“ bringt Drewermann auf seine Weise Angst und Erbsünde zusammen.[69] „In der Diagnose der Angst als des Grundübels der Menschheit besteht denn auch eine Kernthese der christlichen Dogmatik, wenn man die christliche Erbsündenlehre in diesem Sinne auslegt.“[70] Befreiung aus Angst und Urangst ist für Drewermann Hauptthema aller Exegese und Verkündigung. Erlösung geschehe dort, wo Dynamiken der Angst durchbrochen werden und Menschen zu einem angstfreien Vertrauen in Gott finden.[71] Und er gestand damals dem Christentum eine Erlösungskraft von einmaliger Tiefe zu.[72] Drewermann (1985) ging davon aus, dass der Mensch zu seiner Heilung eines absoluten Gegenübers der Liebe bedarf, um seiner eigenen unveräußerlichen Personalität und wahren Gestalt inne zu werden.[73] Hier sah der Drewermann der frühen 1980er Jahre die Chance des Christentums, dem in Jesus als Person, in Gott als absolutem Gegenüber der Liebe jenes Erlösende gegeben ist, dessen er bedarf, um dieser seiner Personalität und wahren Gestalt inne zu werden.[74] Der Moment der Entscheidung für oder gegen die Annahme der christlichen Botschaft – die auch zur Entscheidung zwischen Angst und Vertrauen werde – gehe einher mit seiner radikalen Vereinzelung als Individuum. Einzig das Christentum habe den Begriff der Person in deren Unableitbarkeit theologisch zum Zentralthema seiner Selbstauslegung erhoben, und nur das Christentum verfüge, wie er damals sagte, über eine Form der Erlösungslehre,

---

66 Vgl. ebenda (65).

67 Was Schwagers Nähe zu Girard betrifft, ist auf das Kapitel zur Begehrensstruktur (I.3.4) zu verweisen. Der dynamische Aspekt seiner Erlösungslehre kommt vor allem in I.2.8 zum Tragen. - Was Schwagers Nähe zur Bedeutung von Angst bei Drewermann, respektive zu dessen Deutung des Schlangensymbols betrifft, wird hier auf eine Auseinandersetzung verzichtet. Vgl. hierzu die entwicklungspsychologische Bedeutung des Schlangensymbols, in: Renz (1996, 171-174).

68 In Diskussionen in theologischen Kreisen habe ich begonnen, bewusst zu unterscheiden zwischen einem ersten und einem zweiten Eugen Drewermann. Ersterer war der Autor, der den Brückenschlag zwischen Tiefenpsychologie und Exegese im Visier hatte. Nur von diesem ist hier die Rede.

69 Drewermann (1988c, 221-235).

70 Drewermann (1985, 777).

71 Vgl. Kessler (2006, 170f, 174-178).

72 Drewermann (1985, 137): „Alle Religionen haben ... ihre Wunder ..., besitzen die Fähigkeit, einen Glauben zu erwecken, der auf wunderbare Art die Angst besiegt.“ Die Wahrheit des Christentums könne allenfalls darin liegen, „dass es die Angst tiefer und ihre Überwindung mächtiger erfasst hat als jemals vor und nach ihm eine andere Religion; wenn es sich zeigen sollte, dass das Christentum über die Kraft verfügt, das letzte, gültige, mächtige Wort über die mächtigsten Formen der Angst des menschlichen Daseins zu sprechen bzw. gesprochen zu haben, so läge darin in der Tat eine gewisse Absolutheit, ein gültiger Nachweis seiner absoluten Mächtigkeit begründet, aber: – nur dann!“

73 Drewermann (1985, 457).

74 Vgl. ebenda (457).

die auf die Angst der Personalität mit dem Hinweis auf die Person des Gottmenschen antwortet, der in seiner eigenen Angst die Macht des Todes überwand.[75]

Auch wenn das Phänomen Urangst bei Drewermann anders hergeleitet worden ist als bei Renz (1996, mit meinem Stichwort ‚Gegenüberstörung'), so wird doch in beiden Ansätzen deutlich, dass damit ***letztlich die Beziehung Mensch-Gott gestört*** war und ist. So mache auch ich im Praktischen meiner Arbeit dieselbe Beobachtung, von der Drewermann schreibt, „dass es erfahrungsgemäß ein und dasselbe ist, die Angst des Daseins zu überwinden und zu Gott hinzufinden, ein ganzer Mensch zu werden und seinem Schöpfer zu begegnen".[76]

Zusammenfassend I.1: Die verschiedenen Aspekte der Urprägung Mensch in den Blick nehmend, muss davon ausgegangen werden, dass ein Menschenkind nicht als tabula rasa (Sigmund Freud) zur Welt kommt. Vielmehr bringt es diffuse Urerinnerungen und eine Grundbereitschaft zu jener körperhaften Reaktion, die ich hier als Urangst bezeichnet habe, bereits mit in die Welt (vgl. auch I.3.1). Urangst ist unterschiedlich ausgeprägt, je nach Qualität der intrauterinen Umgebung und je nach Anlage sowie subjektivem Differenzierungsgrad des „Menschenkeimlings". Das Menschenkind bleibt in seiner seelischen Fragilität noch über Jahre auf Bekömmlichkeit und liebende Pflege angewiesen. Es trägt in sich eine Innenwelt, in der zwar Urahnungen eines umfassenden Glücks gespeichert sind, und dies auch bei objektiv ungünstiger familiärer oder sozialer Ausgangslage. Doch ein solches Urglück ist bereits überlagert oder verschattet von Urerfahrungen des Verlorenseins und des Bedrohtseins. Schon im Säugling ist so etwas wie eine Urverletzung und Urprojektion hintergründig wirksam. Der Riss in der menschlichen Biografie hat also, wenn das Kind das Licht der Welt erblickt, längst begonnen.

Auch phylogenetisch geschah ein Ähnliches, zumindest bei jenen Kulturen, die von Subjektwerdung und Abspaltung vom Ganzen vermehrt bestimmt sind. Der in zunehmend bewusstseinsnahem Erkennen begriffene Mensch reagiert, längst bevor er sich als Ich empfindet, bereits aus Reflexen der Angst. Mit der Urangst in ihren beiden Ausprägungen begann es sehr früh: Urangst vor dem Zuwenig und Verlorensein (fern vom Garten Eden) sowie Urangst vor dem Numinosen, vgl. Gen 3,8 – sich vor Gott verstecken, überhaupt das Motiv, dass Gott in der Projektion als (ver-)fluchend erlebt werden kann. Urangst ist entwicklungspsychologische Folgeerscheinung ohne moralischen Impetus; sie wird als solche in der theologischen Diskussion kaum verstanden. Vor allem der Ansatz von Schwager wird hier als Ausnahme betrachtet.

Welche Dynamik resultiert aus solcher Urprägung (I.2)? Und in welche Ausprägungen hinein konkretisiert sich diese Urprägung (I.3)?

75 Vgl. ebenda (778). – Zur Erlösung aus Prägung mit Blick auf andere Religionen vgl. ersten Anhang.
76 Drewermann (1988a, 484).

2 Sünde als Dynamismus[77] der Sonderung

Wovon muss der Mensch erlöst werden? Die Theologie sagt: von Sünde und Sündenverfallenheit. Das vorliegende Buch sagt: aus Prägung. Er muss erlöst werden von dem, was ihn gefangen hält und unfrei macht, ihn nicht wahrhaft leben und sich selbst sein und werden lässt. Er muss frei werden von dem, was ihn besetzt hält oder vorprogrammiert. Aber auch – und darum geht es jetzt – aus dem, was an unguter Dynamik aus einer Urprägung individuell und kollektiv hervorging.

2.1 Mensch sein heißt angewiesen zu sein

Aus der Prägung Mensch kann sich der Mensch nicht selbst erlösen. Diese These steht quer zur Ideologie sogenannter Selbsterlösung und zur Hybris menschlicher Machbarkeit, wie sie heute in zahlreichen Therapieprogrammen unaufgedeckt gelebt werden. Man verspricht sich Heilung mittels Wellness-Angeboten, Bachblüten, Tai Chi, Rebirthing und vielem mehr. Andere setzen, mehr wissenschaftsgläubig, auf die Karten von Schulmedizin, Hirnforschung oder klassischer Psychotherapie. Nur eines wird kaum mehr geglaubt: dass Erlösung und Heilsein letztlich mit Gott, mit einem neuen Bezogensein auf ein den Menschen Transzendierendes zu tun haben könnten. Das Problem besteht nicht nur darin, dass der heutige Mensch enttäuscht ist von einem Gott, den er in den Nöten dieser Welt gar nicht mehr vorfindet. Vielmehr gibt es in seinem Erfahrungsregister die Kategorie Gott nicht mehr, weil Gotteserfahrung eine Selbsterfahrung voraussetzen würde, die ihm in seiner Selbstherrlichkeit abhanden kam: diejenige des ***Angewiesenseins***, der Kreatürlichkeit, der Scham und Hinfälligkeit. Genau diese Befindlichkeit ist dem heutigen Menschen suspekt oder widerlich. Davon hat er sich, so möchte man meinen, wegemanzipiert. Weg aus aller Abhängigkeit und Ohnmacht, weg aus Verletzbarkeit, Minderwertigkeit und Unterwürfigkeit. Dieses Sich-weg-Entwickeln ist Ausdruck einer speziellen Dynamik, die ich nachfolgend als Dynamismus der Sonderung begreife.

---

77 In diesem Buch wird begrifflich zwischen Dynamismus und Dynamik unterschieden. Ersterer führt immer tiefer in die Sackgasse von Sonderung, Narzissmus und Verhärtung hinein, Letztere führt daraus heraus und ist überdies der Oberbegriff von allem Dynamischen. Der Dynamismus wird als eine vom Ganzen abgespaltene, in sich gefangene und daher unerlöste Dynamik begriffen.

Was soll daran schlecht sein? Fragezeichen hinsichtlich dieser Haltung tauchen am Horizont erst auf im Nachdenken darüber, *wohin* sich der Mensch in seiner Fluchtbewegung entwickelt hat: in eine Existenzweise ohne tiefere (An-)Bindung und Begegnung, letztlich in Egozentrik, in Emotionslosigkeit oder emotionalen Selbstbetrug, in Egomanie und in die Illusion gottgleicher Allmacht (Richter 1979). Warum? In dem Ausmaß, wie der Mensch es nicht mehr aushält, Angewiesener zu sein, ist sein tieferes Verbundensein mit einem Sinnganzen und den Mitmenschen gestört. Der Glanz einer Größeneuphorie umgibt ihn, trennt ihn aber zugleich von wirklicher Begegnung. So schirmt sich der heutige Mensch ab vor verpflichtenden Verbindlichkeiten und vor der Notwendigkeit einer Relativierung seiner selbst. Er bleibt aber auch in seiner Unberührbarkeit gefangen ... bis zum Punkt, wo er – oder seine Umwelt – an seiner Isolation und Unerfülltheit zu leiden beginnt, weil seinem Leben eine naturnahe Sinnlichkeit, Lebendigkeit und Bescheidenheit, aber auch eine größere Sinn-Dimension abhanden kamen. Ohne Verwiesenheit gibt es keine Sinnerfahrung!

Dieser Dynamik nachspürend, wird man an ihrem Anfang vielleicht Angst, Urangst vorfinden: Urerfahrungen von Begegnung, die traumatisch waren, ein Urgegenüber, das zu wuchtig einwirkte, und ein zu jäher Abbruch von Gott als Ganzem. Stichworte also, die auf das doppelte Urgeschehen und seine Folgen verweisen. Es mochten weitere biografische Verletzungen folgen. Wenn dann später aber aus Angst eine Grundhaltung von Verweigerung und Selbstabkapselung entsteht, ist *mehr* da als ‚nur' Urprägung und Urangst. Dann haben wir es zu tun mit einem Dynamismus in Richtung Verblendung im Ich. Eine Verengung, aus welcher der Mensch von sich aus immer weniger herausfindet. Diese Verengung steht hier zur Sprache. Oder das Phänomen Erlösungsbedürftigkeit.

2.2 Die Unfähigkeit loszulassen: Beobachtungen und Zahlen

Lebenswege können auf verschiedenste Weise in eine Spirale der Verengung und Abkapselung geraten. Entwicklungen kommen ins Stocken, vielleicht weil ein Mensch/ein Kollektiv seiner Oralität, seiner Habsucht oder seinem Materialismus verfällt. Oder weil vor lauter Angst alles abgesichert und institutionalisiert werden muss und damit das spontane Leben nicht mehr möglich ist. Das Grimm-Märchen vom Wasser des Lebens beschreibt dies bildlich: Drei Brüder brechen nacheinander auf, um dieses heilende Wasser zu suchen. Zwei der drei bleiben auf der Strecke, weil sie nicht auf eine innerste Stimme oder ein tieferes Wissen[78] gehört haben, d.h. weil sie ihrem innersten Wesen entfremdet sind. Sie geraten je in eine Bergschlucht. Je weiter sie reiten, umso enger rücken die Felsen zusammen, sodass es unmöglich wird, das Pferd zu wenden, noch vom Sattel zu steigen. Übertragen auf das reale Leben, hieße das vielleicht, so festgefahren zu sein in einer Lebenshaltung oder Machtposition, dass man weder umkehren noch aussteigen kann und von allein aus der Sackgasse nicht mehr herausfindet. So schreien etwa Gier, Geiz, Habsucht, Machtgelüste, Geltungssucht nach immer mehr und nehmen immer absurdere Formen an bis hin zu jener Unfreiheit, in der das quellende, sprudelnde Leben nicht mehr stattfindet. Derart gefangen, gibt es kein Entrinnen mehr.

An solche Punkte des Absurden führt mich bisweilen meine Arbeit mit Krebskranken und Sterbenden. Nirgends so sehr wie im Antlitz des Todes kann uns plötzlich peinlich anmuten, was draußen in der Welt noch irgendwie normal war. Etwa jenes seltsame Festhalten-Müssen am Prestige seines Ranges, wo es doch bald keine Kategorie für Haben und für ‚Ich' mehr geben wird. Oder jenes Festhalten am Leben, derweil der ganze Mensch bereits gezeichnet ist vom Tod. Warum sind es, wie Projektergebnisse mir zeigten, häufig auch die älteren Menschen, die sich im Loslassen so schwer tun, und nicht speziell die 20- oder 30-Jährigen? Ob Menschen dort, wo sich ihnen alles entzieht, wo es extremer Wandlung bedarf oder auf den Tod zugeht, auch loslassen können, das wurde mir zum zentralen Parameter, um Erlösungsbedürftigkeit zu fassen. Kann der Mensch Güter und Fähigkeiten loslassen, seine Schönheit und Fitness, sein Wollen und sein Ich, ja schlussendlich sein Leben, so wie es war? Prozesse des Loslassens begleitend, beobachtete ich Phänomene, sammelte Zahlen, protokollierte Therapieverläufe. Vor allem aber kämpfte ich zusammen mit den Patienten und ihren Angehörigen um Aufweichung im Verhärteten und hoffte dabei auf Inseln der Lebendigkeit und mehr noch auf Erlösung.

---

78 Hier dargestellt als Zwerg, der den Weg zum heilenden Wasser weiß. Bog (1985) deutet das Symbol des Zwerges innerhalb dieses Märchens als eine dem naturhaft Lebendigen innewohnende Weisheit, zu welcher der mächtige (mit geistiger Macht begabte) Sohn der Mutter Erde Zugang hat.

„Ich selbst setze meine Grenzen – meinen Tod." So tönte es in meiner Arbeit nicht nur aus dem Munde eines Multi-Millionärs. Und so sprach nicht nur der überzeugte Aktivist einer Organisation für aktive Sterbehilfe. Auch der schwerkranke Psychiater, der über jegliche Frage nach Gott erhaben war, die Zen-Meisterin, welche sterbenskrank noch an ihre Heilung glaubte, der Medienstar, der meinte, dank Supermedizin den unheilbaren Krebs zu besiegen; alle lebten so, als könnten sie sich selbst ihre Frist setzen und über ihre Erdenzeit bestimmen. An den Betten dieser Patienten und Patientinnen wusste ich vielfach nicht, wie ich mich verhalten sollte: gehen oder bleiben? Unrealistische Hoffnungen teilen, schweigend mitspielen oder authentisch meine Zweifel äußern? Manchmal wusste ich nicht einmal mehr, was ich *selbst* glauben sollte: War da eine besondere Kraft am Werk, oder war ich unversehens in den Bann des Lächerlichen geraten? Antwort auf diese Frage erhielt ich am ehesten über die Atmosphäre im Raum. War sie frei, offen? Schwang Ehrfurcht mit, wie dies sich im Umfeld eines Letzten immer ereignet? Oder fühlte ich mich auf seltsame Weise beherrscht? Letzteres war der Fall bei den oben erwähnten Patienten. Haben oder Herrschen und Selbstbestimmung waren ihre Themen. So sehr, dass sie ihre tyrannisierende Selbst-Täuschung eisern hochhielten, bis der Tod sie übermannte oder bis sie versanken in Verwirrung und Koma. Keinerlei Chance, dass diese Verhärtung einer befreienden Ent-Täuschung hätte weichen können – jedenfalls kaum oder nicht sichtbar für unser Auge, bis fast zum Ende. Was zurückblieb und manchmal die nahen Angehörigen belastete, war ein Gefühl von Betrug. Dies sind zwar Einzelfälle. Was mich aber erschreckt, ist die Beobachtung, dass dieser Trend in den letzten Jahren stärker geworden ist und jenes beglückende Sterben in einen spürbaren Frieden hinein seltener. Dies heißt nicht, dass ich deswegen nicht an einen letztlichen Frieden für *alle* glaube. Wesentliches an Wandlung kann bis in die letzten Sekunden hinein geschehen. Doch es heißt, dass Qualitäten wie Ehrfurcht und Glückseligkeit an einem Sterbebett in dem Maße abgenommen haben, wie das Ich wähnt, seinen Tod im Griff zu haben. Der Tod wird damit häufiger zum Überfall, zur Überraschung, zur Ermattung; während jener vorausgehende Friede zunehmend nur noch Sache von Sekunden bleibt. Hat diese Entwicklung mit der öffentlichen Diskussion um selbstbestimmtes Sterben zu tun? Oder ist die Diskussion ihrerseits Ausdruck solcher Zuspitzung im Ich? Diese Entwicklung deutet darauf hin, dass die Qualität von schlichtem, vertrauensvollem Sterben, die für mich einer unserer großen menschlichen Werte ist, durch unseren Zeitgeist bedroht ist. Der die aktive Sterbehilfe befürwortende Mensch spielt dem Ich und dem Arzt jene äußerste Macht zu, die in Wahrheit in *anderer* Hand liegt. Der Betroffene jedoch wird durch diese Diskussion nicht glücklicher, sondern zerrissener.

Gerade in der Arbeit mit Krebskranken fällt mir auf, wie schwer es dem Menschen fällt, *das loszulassen*, was er über alles verteidigt – sein Leben, seinen Willen sich durchzusetzen, sein Ego. Über die Angst vor Schmerzen, medizinischen Maßnahmen und Sterben hinaus und nebst der Frage nach Schuld und Sündenböcken wird mit dem Realisieren der Diagnose oft ein geistiger Kampf entfacht: Wer steht im Recht, wer hat die Macht: das Schicksal oder ich? Hinter solchen Kämpfen verbirgt sich mehr als instinkthafter Reflex, der blind am Leben festhält; mehr als das Zerren am Strick, woran das Tier zur Schlachtbank geführt wird; mehr als Aufbäumung. Es geht vielmehr um ein geistiges *Rechten*, als wäre das Leben persönlicher Besitz, als hätte man ein Anrecht auf ein gesundes, langes und glückliches Leben! Menschen möchten das Leben ‚haben' und selbst über Leben und Tod bestimmen. Wäre dieses Sich-Aufbäumen nur Reflex oder Trieb, so müsste es dort auftauchen, wo man dies am meisten erwarten würde: beim 19-jährigen Lehrling, bei der 23-jährigen Studentin, bei jungen Müttern und Vätern, bei Menschen, die inmitten ihrer Sorgen wahrlich nicht einfach hinscheiden können. Nein, das Phänomen tritt häufig gerade bei älteren Menschen oder bei Menschen mit einer ausgeprägten ‚Helden'karriere auf sowie bei Menschen, die ihre Verletzungen erfolgreich kompensiert hatten. Es geschieht nicht selten, dass, wenn ich im Laufe eines Tages vielleicht sieben Patienten besuche, deren vier genau dieses Festhalten zum Thema unserer Gespräche machen.

Eine deutliche Sprache sprechen auch die ***Zahlen meiner Studie***[79] mit ihren insgesamt 187 erfassten Patienten. Bei 3 von 187 Patienten war das Loslassen von Gesundheit und Leben schlicht kein Problem: davon 2 sehr junge Menschen und eine offenbar weise ältere Frau.[80]

13 trauerten zwar, doch konnten sie ohne spezielle Hilfe loslassen. Sie fanden über ihre eigene Verwurzelung, die Nähe zu Natur oder zu Gott auf einfache Weise hinein in jenes Fließen, in welchem Werden und Vergehen eine Einheit bilden. Unter ihnen war eine der zwei wirklichen (also in Ostasien sozialisierten) Buddhistinnen und die einzige Jüdin, die ich im Rahmen dieses dritten Spitalprojektes betreute.

Auch ***Angelina****, eine junge Bäuerin und Mutter von vier Kindern, war unter ihnen. Ich staunte immer wieder über das Geheimnis ihrer abgeklärt fröhlichen ‚Ergebung'. Auch sie kannte Stunden der Wut und Auflehnung, konnte aber Gott auch danken für das Geschenk ihres kurzen Lebens. Gerade weil versöhnt mit ihrem Schicksal, konnte sie ihren Kindern noch während dreier Jahre, oft vom Bett aus, eine gute Mutter sein. Sie fühlte sich all die Zeit hindurch genährt von einem inneren Licht, einer „Sonne", wie sie zu schildern pflegte.*

Bei den restlichen ***171 Patienten war das Loslassen ein geradezu riesiges Problem.*** Einen Mittelbereich schien es hier nicht zu geben. Entweder man war angeschlossen an die Natur oder an ein Sinnganzes und konnte loslassen, oder man war nicht angeschlossen und das Festhalten-Müssen war dominant. Eine Angst-, Begehrens- oder Machtdynamik waren hier offenbar stärker als die menschliche Reife, oft sogar stärker als die Freude zu *sein* und auch stärker als der Überdruss an Leiden und Schmerzen. Solchermaßen gefangen in Haben, Machtstreben oder in einer wie verselbständigten

---

79 Vgl. zweiten Anhang, Projektergebnisse.

80 Man beachte hierzu auch das völlig andere, friedliche Sterben von Kindern. Genau sie scheinen ihre Einbettung in ein Ganzes nie vollständig verloren zu haben und können spielend, lächelnd, ohne Probleme gehen.

Angst erlebte ich diese 171 Patienten – ungeachtet ihrer individuellen Ausprägung – als *'erlösungsbedürftig'*. Eine erschreckende Anzahl.

Der Unfähigkeit loszulassen, können auch reale Ursachen zugrunde liegen, etwa die Sorge um zurückbleibende Familienangehörige. Innerhalb des Projekts waren ***44 dieser 171 Patienten in real großen Sorgen*** gefangen. Aber auch bei diesen 44 war nicht durchwegs klar, dass wirklich die Sorge Grund für das Festhalten war. Bisweilen schien auch hier das Am-Leben-festhalten-Müssen primärer zu sein als alle hinzukommende Sorge. Lebensgier war dann dominanter als mütterliche Fürsorge, ein Prestigeverlust schlimmer als das Zurücklassen-Müssen eines behinderten Waisenkindes. Was das Phänomen Erlösungsbedürftigkeit einmal mehr verstärkt: Selbst wo diese Menschen gute Mütter oder Väter sein *wollten*, waren sie noch tiefer bestimmt von anderen Impulsen.

Warum dieses verbissene Festhalten am Leben- und Genießen-Wollen? Warum dieses bisweilen geradezu peinliche Verdrängen eigener Sterblichkeit bis in die letzten Wochen? Warum solche geistigen Machtkämpfe bis hinein in den Wahn, sich selbst heilen zu können? Um dieses Phänomen menschlicher Erlösungsbedürftigkeit kreist das Projekt mit den Patienten. Ich versuchte zu verstehen, wieso und an welchen Punkten die menschliche Entwicklung in Verengung und Absonderung gerate. Worin besteht das Wesen solcher Verirrungen? Ausgangspunkt für mich persönlich war eine Erfahrung im Rahmen eines Schleudertraumas, die ich umschreiben möchte als 'Fließen oder verhärten'.

2.3 Fließen oder verhärten – Erfahrungen aus einem Schleudertrauma

Schleudertrauma? Wer es kennt, weiß, dass es ein solches tatsächlich gibt. Wer es nicht kennt, zweifelt. Nichts ist einem solchen Menschen anzusehen, und doch fühlt sich das Drin-Sein im eigenen Kopf und in der Welt für Betroffene plötzlich anders an. In meinem Fall waren es neben Ausstrahlungen aus Nacken- und Rückenbereich vor allem bohrende Kopfschmerzen und daneben Hörstörungen. Es gab wie ***zweierlei Daseinsweisen***: eine normale mit starken Schmerzen und ein besonders weiches Dasein, das sich beim genauen Hineinfühlen als fließendes Gleiten zwischen durchaus verschiedenen Zuständen und Gefühlen, aber insgesamt sehr durchlässig, offenbarte. Im weichen Dasein hatte ich kaum Kopfschmerzen. Das Gefühl im Kopf war so weich, formbar, fließend, dass ich meinte, meinen Kopf als *Masse* zu spüren. War ich in diesem Weichen drin, so war jegliches Geräusch und grelles Licht zu viel. Kleinste Bewegungen waren zu schnell. Das Gefühl für räumliche Nähe und Distanz war gestört. Angenehm war es für mich nur im ‚weichen' Zustand, und doch fühlte ich mich darin wie zurückversetzt in die Urgeschichte der Menschwerdung: Mein Kopf war am Werden, am Heilen und dies so langsam, dass meine Hirnfunktionen nicht mehr kompatibel waren mit unserem hektischen Alltag. ***Jeglicher Impuls etwas anzustreben war schon als Impuls ein Zuviel.*** Das Einzige, was ich konnte, war zu liegen und mich und alles Wollen loszulassen. Mich ganz und gar fallen zu lassen, um die Erfahrung zu machen, dass unter allem Fall ein tragender Grund, ein Boden, ein Vertrauen liegt. Im Einfach-Sein, ohne jegliches Wollen, hörten Kopfschmerzen und das Dröhnen im Kopf immer wieder und ohne Medikamente auf.

Da ich solche Zustände von früheren Erfahrungen – etwa aus Krankheiten oder Hirnerschütterungen – schon kannte, konnte ich leichter zum Mut finden, einfach ins Vertrauen hineinzu‚springen'. Zwar war die Angst genauso da wie immer, etwa die Angst vor dem Numinosen oder die Angst vor Lebensuntauglichkeit. Doch das vielfach verinnerlichte Erfahrungswissen war ebenso abrufbar (vgl. Renz 1996).

In diesem Zustand absoluten Weichseins hatte ich ***eine Initialerfahrung***. Angedeutet zunächst durch einen Traum, der mir sagte: Es geht um Haben/Herrschen oder Sein. Im Traum standen sich die zwei Daseinsweisen gegenüber: Härte, Verhärtung versus Weichheit, Fließen. Und ich sah vor mir den Deckel eines Buches: „Haben oder Sein" von Erich Fromm[81]. Auch mein Alltag kreiste um die Frage: Schaffe ich es, einfach zu sein, fließend zu sein? Stundenlang lag ich und *‚war'*. Das Sein war durchaus friedlich. Keine Kopfschmerzen. Dann kam mir vielleicht eine Idee, ein genialer Gedanke, oder es konnte sein, dass mein Mann ins Zimmer trat und mich mit liebevoller Stimme anredete. In solchen Momenten fühlte ich mich bewegt und beschenkt. Sobald ich aber das Beschenkte be-greifen wollte, etwa einen Gedanken fassen und

81 Fromm (1979).

aufschreiben oder kognitiv verstehen, was mein Mann mir erzählt hatte, schoss das Kopfweh erneut ein und ich wusste: „Etwas anzustreben und festhalten zu wollen, ja überhaupt etwas zu *wollen*, ist zu viel.“ Gelang es mir, das Glückserlebnis einfach wieder zu ‚lassen‘, tauchte ich erneut in den Zustand des Seins ein. Kopfschmerzen adieu – à Dieu. Gelang mir ein solches Lassen nicht, etwa weil ein Reflex festzuhalten stärker war, so hatte das tagelange Schmerzen zur Folge. Ich konnte von alleine nicht wieder zurückfinden in ein Sein, brauchte Behandlung und Medikamente.

Ähnlich erging es mir mit der Angst: Einen Hauch von Angst vermochte ich wieder loszulassen in ein fließendes Vertrauen hinein, ohne dass dies Kopfbeschwerden auslöste. Doch wo die Angst größer wurde, etwa Panik aufgrund der nur langsam vorangehenden Genesung oder Angst nach einem Erschrecken, kam es zu dem Reflex des Festhaltens und zu entsprechenden Schmerzen.

In all dem war es, als spürte ich kleinste Hirnströmungen, kleinste Aufweichungen oder aber kleinste Muskelimpulse in Richtung Festhalten und Verhärtung. Dieser Wechsel vom Sein zum Haben, vom Fließen in die Verhärtung geschah also – fast möchte ich sagen – auf ‚mikrobiologischer‘ Ebene. Und ich begriff: So archaisch muss ich mir diesen Übergang vorstellen, ***so alt sind Mechanismen des Festhaltens.*** So unerreichbar ist für den Menschen seine eigene Urprägung; so unbegreifbar ist sie für das denkende Ich, dem nur die ihm eigenen Kategorien des Denkens und sinnenhaften Erfahrens zur Verfügung stehen. Hätte ich das nicht erlebt, hätte ich es selbst nicht geglaubt. Aufgrund dieses mich mehrere Wochen intensiv beschäftigenden Themas, das hautnah und langsam in eine Wortfindung hineinwuchs, vergaß ich nicht mehr, was ich wie folgt zusammenfassen möchte: Es gibt fünf Zustände des In-der-Welt-Seins. Nicht nur am Anfang seines Werdens erfährt der Mensch Übergang und verschiedene Seinsweisen (wie erläutert in Renz 1996). Auch mitten im Leben gibt es ein Im-Fluss-Sein oder aber Verhärtet-Sein und somit unterschiedliche Erfahrungsweisen eines Drin-Seins in Körper und Welt.

2.4 Fünf Zustände des In-der-Welt-Seins[82]

1. Es gibt den *Zustand des Seins*[83] *und Angeschlossenseins. Auch die Daseins- oder Existenzweise des Seins.* Hier ist Vertrauen, Fließen, Angeschlossensein und – wenn ich meine Erfahrung im Schleudertrauma bedenke – eine Sensibilität auf ‚mikrobiologischer', atmosphärischer Ebene.
2. Es gibt den *Zustand des Bewegt-Seins,* der in das Sein einbricht. Sowohl Glück, ein Glücksüberschuss, eine erlebte Fülle und Intensität, Gnade als auch Pech, Mangel, Erschütterung und sich hieraus bildende primäre Angst, Urangst sind auslösend. Wenngleich meist nur kurz erlebt, muss das Bewegt-Sein als eigener Zustand wahrgenommen werden, weil eben auslösend.
3. Daraufhin folgt meist der *Reflex des Habens.* Sowohl das Haben im Sinne des Festhalten-Wollens von Glück wie das neidische Begehren, wo zuvor Pech empfunden worden ist. Auch das Verstehen-Wollen von Veränderung gehört hierher, ist genau genommen eine Form des Habens. Ob aus dem Reflexhaften wirklich eine Existenzweise des Habens wird, d.h. ein Verweilen im Haben und ein entsprechendes Sich-Definieren (vgl. 5. Zustand) oder nicht, wird später thematisiert.
4. Den Haben-Reflex zurücklassend gibt es den *Zustand des Loslassens,* der erneut weich macht und zurückführt ins Sein.

Die vier Zustände bilden zusammen – entsprechend meiner Erfahrung im Schleudertrauma – gleichsam *eine umkreisende Lebensbewegung.* Immer wieder taucht man ein ins Sein, wird bewegt, hat den Reflex des Habens und kehrt loslassenderweise ins Sein zurück. Dabei fühlt man sich in diesen Zuständen nicht etwa distanziert und gleich-

---

82 Verschiedene Bewusstseinszustände oder Existenzweisen sind seit einigen Jahrzehnten Thema vieler Veröffentlichungen im weiten Feld zwischen Theologie, Psychologie und Mystik, jedoch weniger im Sinne des hier dargestellten zyklischen Prozesses als vielmehr im Sinne einer Gegenüberstellung zweier gegensätzlicher Daseinsweisen. Im Folgenden wird vor allem auf Fromm (1979) und – was die ganzheitliche Seinsweise betrifft – auf Renz (1996) verwiesen.

83 ***Sein ist immer auch Beziehungszustand der Teilhabe am Seienden,*** was dann auch heißt: Gegenqualität von Zufall. Ob Sein so oder anders verstanden wird, ist nicht unwesentlich. Im einen Fall ist Gott oder eine analoge letzte Wirklichkeit im Begriff des Seienden selbst enthalten, der Sinn ist implizit im Werden des Seienden. Im anderen Fall ist Gott ‚herausgekippt', und zurück bleibt: Zufall, eine Perversion von Sinn, an der insbesondere leidende Menschen irre werden. Höchst eindrücklich ist die Tatsache, dass ausgerechnet die Quantenphysik (vgl. Görnitz & Görnitz 2007 sowie Dürr 2007) hier vorstößt zu Umschreibungen eines Einen, Ganzen, von Leben schlechthin, die das Geheimnis von Teilhabe in ein neues Licht rücken. Es geht demnach nicht darum, fassbarer Teil eines Ganzen zu sein, sondern Teilhabender an etwas Unfassbarem, was im Letzten Beziehung, Geist, Liebe bedeutet und das Leben ausmacht. Was nach dieser Sichtweise übrig bleibt am Schluss allen wissenschaftlichen Zerlegens der Materie in immer kleinere Teile, ist *Beziehungsstruktur.* Und diese ist dem Einzelnen nicht nachgeordnet, sondern vorgeordnet. Vor aller Aufspaltung auch in Gut und Böse.

gültig, sondern liebend, nicht verschlossen, sondern radikal offen. Diesen vier Zuständen muss man aber noch einen kategorial anderen, fünften Zustand gegenüberstellen: als Inbegriff dessen, was für uns normal ist.

5. Der *Zustand im Ich bis hin zur Verhärtung und zum Eingeschlossensein im Ich.* In diesem Zustand verfangen, scheint man grundlegend anders zu funktionieren, ist man anders ausgerichtet – das eigene Innere folgt einer gänzlich anderen Orientierung.

2.5 Was ist des Menschen Mitte? Erläuterungen zu den fünf Zuständen

Worum kreist der Mensch in all seinem lebenslangen Bemühen? Was steht im Zentrum seiner Aufmerksamkeit, seiner tiefsten Motivation? Was umkreist er in all seinem Suchen und Ringen: Geld und Gewinn, ständiges Abenteuer, Bestätigungs- oder Ehrsucht? Oder geht es um Geist, um Entwicklung, um Kunst? Um ein Kind, um wahre Liebe oder Mitgefühl mit aller Kreatur? Was hält den Menschen in Spannung, erfüllt ihn oder lässt ihn zur Ruhe kommen? Individuelle Ausprägungen sind mannigfaltig und haben zu tun mit dem eigenen Wesen. Und doch gibt es bei allen Unterschieden letztlich ***zwei grundverschiedene Weisen des Ausgerichtet-Seins:***

a) ***Bezogen auf eine Mitte:*** Hier geht es einem Menschen in irgendeiner Weise um ein Du, um die Sache, für die er auch zu leiden bereit ist, um die Schöpfung und den Schöpfer und damit in allem um eine geheimnisvolle Mitte (obige Zustände 1-4), auf die er bezogen ist.
b) ***Bestimmt vom Ich und von Abspaltung:*** Hier ist ein Mensch ausgerichtet auf sein Ich und nicht wirklich frei für eine Sache oder ein Du. Es geht ihm um sich selbst, er kreist – bewusst oder unbewusst – um sich als Ego und nimmt sich aus Verantwortung und Leiden immer wieder heraus. Das Ich hat sich selbst ins Zentrum gesetzt (5. Zustand).

Im Folgenden werden diese zwei verschiedenen Lebensausrichtungen und ihre Befindlichkeiten einander gegenübergestellt. Obige fünf Zustände werden ausführlicher umschrieben. Dabei gehe ich davon aus, dass das Umkreisen einer Mitte außerhalb seiner selbst[84] das eigentlich Ursprüngliche und Letztliche des Menschen ist (vgl. I.1.1 und I.1.2). Ich gehe also davon aus, dass der Mensch in seinem Wesen bezogen, dialogisch, anbetend oder anders gesprochen rückgebunden (religiös) ist. Im Nachfolgenden wird auch deutlich werden, wie sehr der fünfte, ich-zentrierte Zustand, respektive die in unserem Kulturkreis verbreitete Existenzweise des Habens (nach Fromm) und der Selbstbestimmung oder Macht aus einer Tragik heraus geworden sind, und wie viel dieser fünfte Zustand im Ich zu tun hat mit menschlicher Urprägung und entsprechenden Bewältigungsmustern. Vor allem aber sollte in der nachstehenden Skizze deutlich werden, wie sehr dieser Zustand Abweichung, Absonderung und schlussendlich Sackgasse bedeutet!

---

84 Zum Begriff Kontingenz vgl. Fußnoten 3 und 4 in der Einleitung.

***Darstellung:* Fünf Zustände**

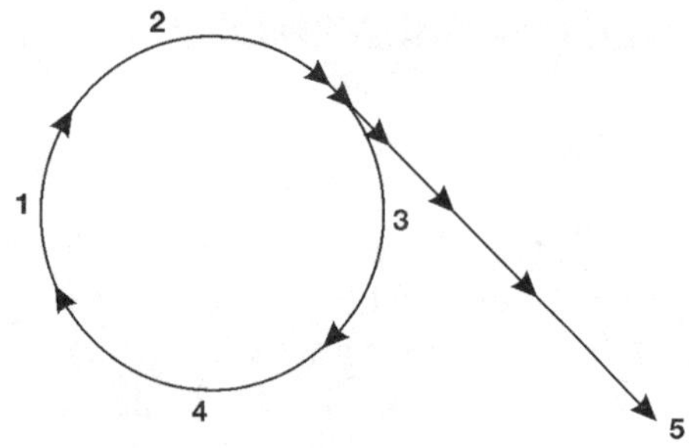

Fließendes Umkreisen einer Mitte

1) Sein, Fließen
2) Bewegt-Sein
3) Reflex des Habens, Begehrens, Anstrebens und Festhaltens
4) Loslassen, Weichwerden

Abspaltung, sich Herausnehmen

5) Ich-zentriertes Wollen, Isolation

2.5.1 Sein, Angeschlossensein, Fließen[85]

Diese Daseinsweise wird erfahren als Nähe zum Ganzen, als Sein schlechthin, als Im-Vertrauen-Sein, Im-Geist-Sein. Hier findet gelebte Gegenwart statt und Erfahrung von Präsenz. Das Angeschlossensein ist aber auch ein tiefes In-Beziehung-Sein, ein In-der-Liebe-Sein und damit ein Liebesfähig-Sein. Im Zustand des Seins wird nicht reflektiert über das Was und Wie es sein *soll*, sondern man *ist*. Angeschlossen sind Kinder und Narren in ihrer Unbeschwertheit, Mystiker in ihrer Schau, Kranke und Sterbende in ihrer Regression, die aber zugleich äußerste Progression ist. – Theologisch gesprochen bedeutet dieser Zustand ein ‚Sein im Vater', die Gegenwart oder Nähe seines ‚Reiches' (vgl. II.2.1.2 und II.2.3.2). In all dem geht es bei diesem Sein und Angeschlossensein um eine andere Qualität von In-der-Welt-Sein und nicht einfach um ein ‚bald so – bald anders'. Das Sein muss als Befindlichkeit ganz anderer Art begriffen werden, die wir im gelebten Leben in Annäherungen und Ausnahmezuständen erfahren. Energetisch betrachtet geschieht hier ein weiches Fließen.

2.5.2 Bewegt-Sein, Berührt-Sein, Intensität

Wie der ‚Anflug' einer Emotion oder archaischen Erfahrung bricht etwas ins seiende Dasein ein: Gefühle von Glück oder erfülltem Sein, von Bedrohung oder Urangst, ein Schmerz, eine Regung von Kreativität, Fruchtbarwerden, von Intensität oder Schau-

85 Vergleichbar der von Fromm (1979, 26) als Existenzweise des Seins umschriebenen Daseinsweise: „Haben und Sein (sind) zwei grundlegend verschiedene Formen menschlichen Erlebens ..., deren jeweilige Stärke die individuellen und kollektiven Charakterunterschiede bestimmt."

der. Es ist die Erfahrung *von Beschenkt-Werden*, das einem einfach so zufällt; *von einem Darüber-Hinaus*, das einen überkommt und ergriffen macht; von Begnadet-Sein und Vollmacht. Jedenfalls etwas, das unverdient und ungemacht geschieht, geschenkt einfach so, und das niemals Gut dieser Welt ist. Bei Schwerkranken ereignet sich Glückserfahrung oft sinnlich oder beziehungsmäßig: die Wonne des Sonnenstrahls, der ins Zimmer dringt, das Unbeschreibbare einer wundersamen Musik, einer Begegnung. – *Frau Mathis war erfüllt vom Duft von Himbeeren. – Herr Kranz weinte ob dem Glück seiner treuen Frau. Täglich käme sie ihn besuchen, sei so sehr mit ihm, dass ihn das körperlich(!) erfülle.* – Theologisch gesprochen ordne ich hier das Symbol des geistgewirkten göttlichen Kindes, des himmlischen Lohnes, des göttlichen Glanzes ein. In der Märchensymbolik entspricht ein solches etwa dem Kind mit dem goldenen Haarschopf.

Wie Glück und Pech von Goldmarie und Pechmarie[86] schon im Märchen als Unterwelt-Erfahrungen nebeneinanderstehen, so auch hier: neben dem Gold einer Glückserfahrung stehen Urgefühle wie Angst und Sehnsucht. Etwa die Ohnmacht im Zuviel oder das eigene Zuwenig. Ganz abgesehen davon verdunkelt auch das Mehr des andern – etwa das Glück des Nachbarn – die eigene Stimmungslage wie Pech.

2.5.3 Haben, Festhalten und Begehren

Noch immer auf der Ebene des Reflexhaften, erwacht jetzt der Impuls zuzugreifen, das Geschenkte zu *‚haben'*, das Fließende festzuhalten, dem Moment Dauer verleihen zu wollen – wie beschrieben in der Wette des Faust mit Mephisto[87]. Das Glück wird angestrebt, man streckt sich danach aus und will es mehren. Das beginnt im ganz Einfachen: *Frau Mathis, erfüllt vom Duft der Himbeeren, hatte das Verlangen, diese auch zu kosten. Und ihre Zimmernachbarin, die an diesem Tag keinerlei Essen zu sich nehmen durfte, „verging fast vor Himbeergelüsten", wie sie formulierte.* Neid ist eine der frühesten Reaktionen auf das Zuwenig, auf das Nicht-mehr-Angeschlossensein.[88]

Der Bedrohungsaspekt ist auf ähnliche Weise auslösend: Ohnmacht ballt sich zu Wut zusammen. Angst bewirkt, dass der im Ich erwachte Mensch Schutz und Sicherheit braucht und sich instinktiv absichert, das Unangenehme meiden will. *So sagte Herr Kamer nach einer schlimmen Nacht: „Das Sicherheitsbedürfnis ist ein Reflex. In meinen Muskeln möchte es geschützt sein."*

---

86 Vgl. das Grimm'sche Märchen „Frau Holle". Über die untere Welt kommen die beiden Frauen an eine Grundbefindlichkeit von ‚Im Glück-Sein' respektive ‚Im Pech-Sein' heran.

87 Goethes „Faust", Teil I. Faust (im Studierzimmer): „Werd ich zum Augenblicke sagen: Verweile doch! du bist so schön! Dann magst du (Mephistopheles, M.R.) mich in Fesseln schlagen, dann will ich gern zugrunde gehn!"

88 Vgl. die Erzählung von Kain und Abel (Gen 4,4-5): „Der Herr schaute auf Abel und sein Opfer, aber auf Kain und sein Opfer schaute er nicht." (Bild für unterschiedlich intakte Rückbindung) „Da überlief es Kain ganz heiß, und sein Blick senkte sich." Zu bedenken ist, wie *körperhaft* diese Reaktion beschrieben wird. Vgl. II.2.3.2.

Der Mensch an der Nahtstelle vom Sein zum Haben will Besitz ergreifen von Umwelt und Gegenüber, Mensch und Objekt. Er will verstehen, wissen, beeinflussen. Er phantasiert nach ‚mehr'. Und er will ‚für sich' haben. Psychologisch gesprochen bedeutet dies ***die Geburt des Ichs, die Wahrnehmung von sich als einem Eigenen.*** Das Ich ist per definitionem Zentrum des Eigenen und der eigenen Wahrnehmung, und als solches ist es um sein eigenes Wohl besorgt und muss sich schützen und absichern (vgl. Renz 1996). Diese sich hier durchsetzende Zentrierung im Ich hat ihre Wurzeln vorerst tief im Instinkt- und Reflexhaften und ist noch nicht als Verfestigung in einer Egozentrik zu verstehen. Ich-Impulse aus dieser Schicht, etwa erwachende Lust, zeigen sich dem Menschen, symbolisch gesprochen, vorzugsweise im Symbol der Schlange (vgl. Gen 3,1-5)[89]. ‚Es' im Menschen ist neugierig, will haben und zugreifen, kennen und verstehen lernen. Aber auch: ‚Es' stockt oder erstarrt, sobald Angst gewittert wird. Und in der Ohnmachtserfahrung steigert ‚es' sich in eine Wut hinein.

Diese archaischen, ins Biologische verweisenden Wurzeln des Ichs gilt es vor allem in der Theologie zu bedenken, wo solche Impulse schnell als moralisch bewertete Versuchung verstanden werden. ***Versuchung als psychologisches Phänomen*** beginnt aber längst, bevor ein kohärentes Ich ‚wollen kann', bevor es zwischen Gut und Böse unterscheiden kann. Solche Versuchung hat zu tun mit frühester Prägung[90], wie dies vor allem an Angst- und Ohnmachtsreaktionen oder rund um das mimetische Begehren[91] ersichtlich wird. Im Begehren wie im Sich-Verschließen aus Angst ist der Mensch als Ich gerade nicht frei, nicht schuldig, wohl aber beginnt hier bereits dasjenige, was hier Erlösungsbedürftigkeit genannt wird. Dasselbe gilt für die reflexartig sich einstellenden Regungen von Wut, Blockade, Gier, Ehrgeiz, Neid, Eifersucht. Nur schon in den Bewegung auslösenden Signalen des *Körpers,* in der veränderten Atmung, im Kreislauf, im Muskeltonus, im Gelb-[92] oder Grün-Werden vor Neid wird deutlich, wie körperhaft tief es mit der Urprägung Mensch beginnt. Und nicht nur der Beglückte, auch der Daneben-Stehende, vermeintlich Benachteiligte begehrt. Auch in ihm wird ‚ausgelöst', auch ihm ‚läuft das Wasser im Mund zusammen'. Eine eifrige Suche nach demselben Haben ist auch bei ihm erwacht, noch bevor er weiß, dass er *Ich* ist!

So bahnt sich mit einsetzendem ich-bezogenem Haben und Wollen eine ***Weggabelung*** – ein neutraleres Wort für ‚Versuchung' – an: Nicht immer findet der Mensch – wie im obigen Kreislauf dargestellt – zurück ins fließende Sein und Dasein. Häufiger steigert er sich in seine Wut hinein, verbeißt sich in der Angst oder kommt vom eige-

---

89 Zum Schlangensymbol als Bild für den tief im Naturhaften anzusiedelnden Impuls zur Entwicklung und Ich-Werdung vgl. Renz (1996, 171-174); vgl. auch Sauer (1986, 82f).

90 Vgl. die Formulierung der „naturalen Verfasstheit des menschlichen Lebens" bei R. Schwager (1997, 77).

91 Zur Frage: „Wann beginnt es mit der Mimesis? Den italienischen Forschern Gallese und Rizolatti folgend, verfügt der Mensch ‚von Natur aus'" (gemeint angeboren, M.R.) über Nervenzellen, die nicht nur seine eigenen Handlungsabsichten codieren, sondern auch die seines Gegenübers decodieren. Das würde bedeuten, dass eine Fähigkeit des Imitierens wie des instinkthaften Begreifens dessen, was im andern vorgeht, bereits mit auf die Welt gebracht wird (vgl. Rauch 2006).

92 Vgl. Kast (1996a, 29).

nen Begehren oder einer Laune nicht mehr los. Das heißt: Der Mensch wird sich mit seinem Aufbegehren identifizieren (5. Zustand) und möchte damit und darin im Recht sein. – *Eine Patientin, die solcher Verhärtung gerade nicht erliegen wollte, musste sich selbst immer wieder sagen: „Ich bin mehr als meine Wut, mehr als meine Angst.“* – Ansonsten ist mit erfolgter Identifikation die irreversible ***Abspaltung des Eigenen vom Seienden***, des Ichs vom Ganzen eingeleitet.

Theologisch formuliert, entspricht diese Weggabelung jener Urverlockung des Begehrens, Wissen-Wollens, Festhalten-Wollens, welche in der Regel in ein Sich-damit-Identifizieren, in eine Verhärtung im Eigenen mündet, ein Komplex, der ***theologisch als Sünde begriffen wird***. Sünde heißt dem Wortlaut nach Sonderung, Absonderung (mittelhochdeutsch), womit dieses innere Geschehen treffsicher umschrieben wird. Dieses Geschehen an der Weggabelung ist – so früh, wie es geschieht – nicht moralisch konnotiert. Doch es hat tief greifende Folgen auf die Art und Weise, wie der Mensch sich selbst künftig erfährt: ‚draußen/daneben‘ oder aber ‚drin‘, vom Ich bestimmt oder auf Welt, Du und Gott bezogen, habend oder seiend.[93] Ersteres ist ein Zustand der Sonderung, Letzteres ein Zustand des Bezogenseins. Dementsprechend wird der Mensch in der Folge auch so oder anders handeln.

Wie aber findet der in seinem Begehren erwachte Mensch zurück ins Sein und ins Fließen? Wie können Angst und Reflex sich wieder relativieren? Im Zusammensein mit Behinderten, etwa mit cerebral gelähmten Kindern, erfuhr ich mehrfach, dass genau ihnen eine Rückkehr ins Vertrauen und Angeschlossensein einfach so möglich war, als würde kaum ein verarbeitender Überbau sie behindern.[94] Beim westlich sozialisierten Menschen geschieht Ähnliches selten: Im Großen kann er von sich aus kaum einfach so loslassen, außer vielleicht auf dem Weg hart erkämpfter Reifung[95], über Erschrecken und Einsicht oder über verinnerlichte Erfahrungen von Urvertrauen (vgl. 4. Zustand). Dann vermag er vielleicht wie von selbst zurückzufinden ins Angeschlossensein (in meinem Projekt 13 von 187 Patienten). Im alltäglich Kleinen ist es vielleicht die aufmunternde Geste eines Menschen oder eine Musik, die spontan helfen, um – wie man zu sagen pflegt – wieder bei sich und seinem Vertrauen anzukommen.

---

93 Fromm (1979, 34f): „In der Existenzweise des Habens ist die Beziehung zur Welt die des Besitzergreifens und Besitzens, eine Beziehung, in der ich jedermann und alles, mich selbst mit eingeschlossen, zu meinem Besitz machen will.“ Die archaischen Wurzeln dieser Existenzweise zeigen sich nach Fromm darin, dass es um eine Form des „Einverleibens“ und damit um ein Säuglingsverhalten geht. Die Existenzweise des Habens und dessen Verhärtung wird bei Fromm aufgezeigt an folgenden Themen: Haben und Konsumieren, Lernen, Erinnern, miteinander Sprechen, Lesen, Autorität ausüben, Wissen, Glauben, Lieben (1979, 35-54).

94 Vgl. die Jesus-Worte: „Sorgt euch nicht“ (Mt 6,25) oder „Wenn ihr nicht ... wie die Kinder werdet“ (Mt 18,3).

95 In der Jung'schen Psychologie liegt das Wesen des Reifungs- oder Individuationsprozesses darin, dass das Ich seine Vorherrschaft Stück um Stück preisgibt und sich einer tieferen inneren Führung (Jung spricht vom Selbst) anvertraut.

Meistens aber – und das ist später Thema (I.4 und II.) – braucht es mehr, um ein festgefahrenes Ich[96] (vgl. 5. Zustand) wieder aufzuweichen, den Menschen in eine neue Motivation hineinzuholen und ihn auf eine Mitte außerhalb seiner selbst hin zu öffnen (in meinem Projekt waren dies 171 von insgesamt 187 Patienten). Um diese Menschen erneut hineinzuholen in den Liebesfluss, braucht es eine wirklich überzeugende Botschaft, die es wert ist, dass das eigene Herz sich dranhängt (Luther)[97], ferner eine Liebesdynamik, sprich: einen Erlösungsweg.

2.5.4 Loslassen und Weichwerden

Ein vierter Zustand des In-der-Welt-Seins ist jener des Loslassens. Im glücklichen Fall kann der Mensch bereits auf der Stufe des Reflexes sein Haben und Wollen wieder ‚lassen' und sich erneut als angeschlossen erleben. Dort aber, wo der Mensch festgefahren ist in seinen egozentrischen Lebensmustern, ist alles Loslassen ein schmerzvoller Prozess des Weichwerdens, der Läuterung und der Trauer, des Verzeihens und der Reifung. – Theologisch gesprochen: Umkehr. Immer geschieht ein selbes: Das Ich lässt sich ins Leid und ins Fühlen hineinnehmen. Hier geschieht (seelisches) Sterben, Sich-Ergeben, Sich-Eingestehen von Prägung, Fleischlichkeit und, so weit dies so ist, von (Mit-)Schuld. Deren Bewusstwerdung ist in sich bereits vollzogene Umkehr. Mit dem erschreckenden Gewahr-Werden und Fühlen ist die Reue bereits da. Damit einher geht aber auch ein Verstehen und Lieben seiner selbst im eigenen Gewordensein. Wo solches Weichwerden gelingt, sind Tür und Tor offen für Wandlung und Neuwerdung – theologisch gesprochen für Gnade und Erlösung. Wandlung in solcher Tiefendimension geht meist nicht ohne extreme äußere Anstöße wie etwa: Krankheit und Schmerzen, Unfall und Schock, Beziehungskrisen, Versagen, Krieg. Doch vom Nullpunkt der Ohnmacht aus öffnet sich diese umkreisende Bewegung[98] wieder auf jenes ‚Sein und Fließen' hin, das grundsätzlich jedem Menschen offen ist und für alle zur Quelle des Glücks wird. – Theologisch gesprochen: Das Reich Gottes gilt allen.

---

96 Im wahrsten Sinne des Wortes auch ein fehlentwickeltes Ich, falsch ausgerichtetes, falsch motiviertes, gefangenes und von sich besetztes statt freies Ich.

97 In seiner Interpretation des ersten Gebotes im Großen Katechismus schreibt Luther: „Das aber bedeutet es, Gott zu fassen, wenn ihn das Herz ergreift und an ihm hängt. Mit dem Herzen aber an ihm hängen bedeutet nichts anderes als sich ganz und gar auf ihn verlassen." Zitiert nach: Luther, M. (1982): „Großer Katechismus", in heutiges Deutsch übertragen von D. Lehmann. Oberursel: Oberurseler Hefte, 15.

98 Auf den menschlichen Reifungsprozess angewandt, müsste treffender von einer Spiralbewegung gesprochen werden, weil mit der Umkreisung einer größeren Mitte auch im zentral Personalen des Menschen, in seiner Liebesfähigkeit und Bewusstheit, ein Wachstum geschieht.

2.5.5 Gesonderter (‚sündiger') Zustand: Im Ich zentriert, verhärtet, eingeschlossen

Denken, Planen, Wollen, aktives Anpacken, Entscheiden-Können u.a.m. gehören gerade in unserem Kulturkreis zu den wesentlichen Anforderungen. Unser Ich ist das Zentrum dieser Fähigkeiten und über weite Strecken des Lebens zentrale Instanz gesunder Lebensgestaltung.[99] Das Problem (Sonderung, Sünde) beginnt dort, wo dieses Ich sich in der Bewältigung seiner Urprägung von der Verbundenheit zu seiner eigenen Tiefe und seinem nährenden Urgrund entfernt hat oder so sehr davon abgekoppelt ist, dass von einem in sich selbst eingeschlossenen Menschen (Luther: „in sich selbst verkrümmt")[100] gesprochen werden muss: Er ist festgefahren in Selbstherrlichkeit, in seinen Lebensmustern von Haben statt Sein und von Macht bis hin zur Verweigerung und Unverletzbarkeit. Er sinnt auf das persönliche Sich-Durchsetzen und will über Menschen und Dinge verfügen. In diesem Zustand, respektive in dieser Existenzweise will der Mensch nicht Friede, sondern Sieg, nicht Erweichung, sondern die Bestätigung, im Recht zu sein. In biblischer Konkretisierung: die Berufung auf das Gesetz[101]. Selbstverwirklichung wird rein egozentrisch verstanden bis hin zur Egomanie.[102] Gut ist, was dem Ich dient. Wahr ist, was für mich stimmt. Der Blick auf die Zugehörigkeit zu einem größeren Ganzen und Sein schlechthin ist verdunkelt. Das Ich in solcher Verhärtung hat sich mit seinem Begehren, seiner Lebensgier, seiner Eifersucht, seiner Haben-Mentalität *identifiziert.* Das zuvor körpernahe reflexartige Begehren kann sich nicht mehr auflösen.

Oder das Ich ist – wie im Falle der Angst-Prägung – gar nicht mehr fähig, sich vertrauend auf Welt und Menschen einzulassen. Die Angst findet nicht mehr ins Vertrauen zurück, sondern wird (vom Ich her be-gründet und so) legitimiert. Damit wird sie zusätzlich verstärkt. Oder im Falle der Machtprägung wird Ohnmacht für inexistent erklärt. Das Ich nimmt sich aus seinen Beziehungen und seinem Verwiesensein heraus, es geschieht Sonderung (Sünde). Auf der Beziehungsebene wird Machtanspruch geltend gemacht. In Zerstrittenheit kommt es zu Lösungsversuchen über Gewalt statt über Liebe und Erleiden. Genau darum geht es in diesem Zustand: Das Ich hat sich über das Leiden hinweg-emanzipiert. Auch wo zuvor Begehren war, Trieb, Lust, Körpernähe, ist jetzt die *Legitimation* in diesem Begehren zentral. Das Ich ist im Banne der

---

99 C.G. Jung spricht von der ersten Lebenshälfte als Ich-Zeit, von der zweiten als Selbst-Zeit.

100 In seiner Vorlesung über den Römerbrief bemerkt Luther zu Röm 5,4: „Denn würde uns Gott nicht durch Trübsale prüfen, dann wär's unmöglich, dass irgendein Mensch selig würde. Der Grund dafür ist, dass unsere Natur durch die Schuld der ersten Sünde so tief in sich selbst verkrümmt (lat. *in seipsam incurua*) ist". Zitiert nach: Luther, M. (1957): „Vorlesung über den Römerbrief" (1515/1516). Übersetzt von E. Ellwein. München: Chr. Kaiser, 387. Für den lateinischen Text siehe: Luther, M. (1938): D. Martin Luthers Werke. Kritische Gesamtausgabe. Bd. 56: Der Brief an die Römer. Weimar, 304.

101 Die Aussage Jesu: „Der Sabbat ist für den Menschen da, nicht der Mensch für den Sabbat" (Mk 2,27), könnte im übertragenen Sinne lauten: Das Gesetz ist für den Menschen da, nicht der Mensch für das Gesetz. Zum Problem des Rechthabens in der Bibel vgl. II.2.3.2 und II.2.4.

102 Richter (1979).

eigenen Interessen nicht mehr frei, sondern besetzt. Insgesamt ist der Mensch nun von ich-zentriertem Wollen, Anspruchshaltung und Verhärtung bestimmt. *Energetisch* betrachtet, bedeutet Verhärtung Sonderung, das Gegenteil also von Fließen und Liebe. Das Ich hat sich in seinem Eigeninteresse quer zu den Gesetzmäßigkeiten allen Lebens gestellt. Ganz so, als wäre ein Geistkampf entfacht zwischen Ich und Sein schlechthin, zwischen dem Geschöpf und seinem Schöpfer.

Selbst dieser Verlagerung darf nicht vorschnell zuviel moralischer Impetus unterlegt werden. Ichhaftes Wollen und Sich-Durchsetzen im Ich, Ich-Werdung überhaupt, sind nicht von vornherein schlecht, sondern dienen der Entwicklung in Richtung Autonomie und Selbstverantwortung. Kinder kämpfen ständig um Profil und Durchsetzung im Ich. Es ist schwierig festzumachen, wo das Gesunde ins Pervertierte übergeht, wo das Fließen endet und die Sackgasse beginnt, wo sündiges Handeln, ja eigentliche Schuld beginnt. Menschen realisieren dies oft erst zu spät.

Dass es ein ‚Zu spät' gibt, betonen die Evangelien auf eindrückliche Weise.[103] Es gibt die Sackgasse der Selbstherrlichkeit und der Verweigerung. Es gibt eine schuldhafte Unberührbarkeit und Leid-Unempfindlichkeit (Metz). Und es gibt die Verblendung im Anspruch auf Wahrheit oder auf Wohlfahrt, Besitz und Macht. So etwa die Haltung, dass Genuss, Besitz und Macht doch selbstverständliche Güter des Ichs und einer Gesellschaft seien. Was ist an solcher Lebenshaltung so schlimm? Das Stichwort heißt: einseitige Wahrnehmung, Projektion, verzerrte Sicht von Welt, Mensch und Konflikten. Man sieht das Recht auf seiner Seite und projiziert das Böse auf die andern. Der in seinem Ich emanzipierte Mensch ist, weil gesondert, irgendwie nicht mehr berührbar. ***Beziehungsmäßig*** verhärten sich die Fronten, im Kleinen wie im Großen, im Einzelnen wie im Kollektiv. ***Geistig*** versteift man sich in einer subjektiven Weltsicht und steigert sich hinein ins Prinzipielle. Das Denken ist eingeschränkt auf Partialinteressen. ***Körperlich*** verhärtet sich die Muskulatur, Spannungsschmerzen entstehen. ***Innerseelisch*** hat unbemerkt Abspaltung und Abkapselung des Ichs weg vom Ganzen, weg von Bezogenheit und Aufeinander-Verwiesensein stattgefunden. Und ***energetisch*** hat sich etwas abgekoppelt von der Lebensenergie schlechthin, von einem übergeordneten Sinn und sucht nur mehr Befriedigung und Spaß. Die Frage lautet nicht mehr: Wem diene ich? Sondern: Was dient mir? Aus energetischem Blickwinkel ist auch die Frage nach dem Bösen und der Fremdbestimmtheit durch irgendwelche Mächte zu stellen.[104]

Das zentrale Problem – und Charakteristikum von Erlösungsbedürftigkeit – ist insgesamt nicht das Ich an sich, nicht die Fähigkeit zum Subjektsein, sondern die Dynamik in Richtung eines immer mehr Ich. Was im Kleinsten geistig oder ‚mikrobiologisch' begann, mündet in eine immer heillosere Dynamik. Bis hin zu einer Verabsolutierung

---

103 Vgl. etwa das Gleichnis der klugen und törichten Jungfrauen (Mt 25,1-13) oder das Beispiel vom reichen Mann und vom armen Lazarus vor dessen Tür (Lk 16,19-31).

104 Zum Bösen, begriffen als das vom Ganzen Abgespaltene, auch das im Kollektiv Abgespaltene, vgl. Renz (1996, 156f). Vgl. I.3.5.3. Zur Fremdbestimmtheit durch Dämonen vgl. II.2.3.1.

im Ich, wo nichts mehr offen oder berührbar, nichts mehr hineingenommen ist in den Lebensfluss. Der solchermaßen zu sich selbst emanzipierte Mensch kann auch Gnade nicht mehr annehmen, denn dies käme einem Eingeständnis von Schwäche und damit einer narzisstischen Kränkung gleich. Sackgasse! Menschen finden aus eigenem Vermögen nicht mehr aus der Verhärtung heraus. Hier gibt es keinen sanften Ausstieg mehr, sondern wirklich nur Umkehr.

Die fünf Zustände von In-der-Welt-Sein können auf verschiedenen Ebenen nachvollzogen werden: In der alltäglichen Not, die Beziehung zur eigenen Mitte nicht zu verlieren. Im menschlichen Reifungsprozess mit seinen Irrwegen und Sackgassen. Im Großen der kulturellen Entwicklungen und Eigenheiten einer Zivilisation. Die Frage ist nicht neu, wie Erlösung einbrechen könne in eine ganze Zeitepoche, die sich wie die unsrige verfangen hat in Abwehr, Egomanie, Habsucht und Machtdenken. Ist aber für heutige Menschen noch denkbar, dass Jesus Christus Antwort auf solche Nöte sein konnte und kann, ja dass sich vor zweitausend Jahren eine Kraft (Logos) inkarnierte, welche das Potential in sich birgt, uns als Einzelne, als Kollektiv, als Weltgemeinschaft aus den Sackgassen solcher Entwicklung herauszuführen? – Zurückdenkend müssten Gestalten wie die Pharisäer, Schriftgelehrten, ja selbst Herodes oder Judas auf dem Hintergrund von Verhärtung, Rechthaben-Müssen im Ich, von Macht im Ich bedacht werden. Das neutestamentliche Konzept von Erlösung setzt am Punkt solch menschlicher Verhärtung an (vgl. Teil II). So gedeutet, wird in diesem Konzept das Bild eines Gottes gezeichnet, der auch den verhärteten Menschen abholt, der an dessen Umkehr und am Menschen überhaupt interessiert ist und sich in seinem Sohn selbst ins Verwiesensein hinein begibt. Die hier modellartig entworfene Darstellung von fünf Zuständen des In-der-Welt-Seins ist gleichsam ‚*Buch im Buch*'. An dieser Sichtweise orientiert sich mein weiteres Nachdenken über Erlösungsbedürftigkeit und Erlösung. ***Erlösung hat viel zu tun mit Zurückführen in ein Fließen und in ein Kreisen um Gott als Mitte*** allen Seins und Werdens (vgl. Teil II).

Anschließend (I.2.6 und I.2.7) verfolge ich ein Nebengleis, welches das bereits Gesagte zu erläutern und Missverständnisse auszuräumen hilft.

2.6 Missverstandener Sündenbegriff oder: Prägung ist etwas anderes als Schuld

Sünde – vom Volksmundgebrauch bis hin zur theologischen Definition – ist ein dehnbarer Begriff, spontan meist assoziiert mit etwas sittlich Ungutem und damit von vornherein in die Nähe von Schuld gerückt. Ein frag-würdiger Begriff auch: Was etwa ist Erbsünde und worin besteht sie? Gibt es die eine Sünde und daneben die vielen Sünden? Und wieso die wenig hinterfragte Nähe von Sünde und Schuld? Zwar ist für uns moderne Menschen nicht mehr selbstverständlich, dass ein „Abendländer, der Jesus als seinen Christus bekennen will, zunächst mit dem Eingeständnis seiner eigenen Un- und Nichtswürdigkeit, seiner Sündhaftigkeit und Todverfallenheit beginnen"[105] muss, wie dies in der Folge der augustinischen Erbsündenlehre bis weit ins 20. Jahrhundert hinein der Fall war. Und doch scheint nach wie vor eine seltsame Unsicherheit zu bestehen rund um Sünde, Schuld und deren Zusammenhänge mit frühester Prägung.

Bevor ich mich der Frage der eigentlichen Schuld stelle, folgen jetzt vorbereitende Gedanken, die helfen, Missverständnisse auszuräumen:

1. Primäres Schuldgefühl und Bewältigungsmuster Schuld.
2. Neurotische Schuldgefühle und Abgrenzung davon.
3. Die Ebene der Prägung liegt tiefer als die Ebene der Schuld.

2.6.1 Primäres Schuldgefühl und Bewältigungsmuster Schuld

Die Bandbreite sogenannter Schuldgefühle verunsichert. Das beginnt schon bei jenem archaischen Grundgefühl eines gleichsam primär verbotenen Daseins, das als *‚Scham des Vorhandenseins'*, respektive als *‚primäres Schuldgefühl'*[106] zu den Biografien gerade sensibler, früh geprägter Menschen gehört. Betroffene geben sich innerlich praktisch keinen Platz in dieser Welt, keine Berechtigung, die Freuden dieser Welt überhaupt zu genießen. Als wäre es Schuld, überhaupt zu existieren, die Ureinheit verlassen zu haben.[107] Man fühlt sich abgrundtief schuldig, ohne zu wissen warum.

***Daniel** (50), sensibel und fromm, befindet sich in einer spirituellen Krise, gewillt, Ja zu sagen auch zu einem baldigen Tod. Seine Augen erinnern mich an das Phänomen des primären Schuldgefühls, das eigentlich mehr Daseinsangst meint als Schuld. Die Bilder von Daniels Träumen und Klangreisen sprechen nicht von Schuld und Tod, sondern von Sehnsucht nach Leben: lebendiges Grün, Früchte, Schlangensymbol. „Wenn ich deinen Seelen-*

---

105 Ohlig (1998, 45).

106 Ausführlich vgl. Renz (1996, 165-167).

107 Brinton Perera (1987, 20) spricht in Anlehnung an Laing von einer ontologischen Unsicherheit, aus der heraus keine kohärente Identität möglich sei. Ein Begriff, der mir gefällt.

bildern glaube, so will es in dir nicht sterben, sondern leben", sage ich zu Daniel und gehe dieser Spur nach. Einmal, in einer Klangreise, singe ich zu einer rhythmusstarken Musik: „Gott hat Freude an mir, Gott bejaht mein Leben." Daniel horcht auf – schaut mich plötzlich anders an. Monate später begegne ich ihm wieder. Das sei die Wende am Tiefpunkt seiner Krise gewesen, sagt er mir. Er hat zu einer neuen Identität im Gegenüber eines ihn bejahenden Gottes gefunden.

Warum aber Schuld und nicht etwa Angst, da zu sein? Weil die Schuldübernahme – und sei es für etwas, wofür man gar nichts kann – bereits scheinbare Beruhigung verspricht auf die notorische Frage nach der Ursache eines Übels, etwa einer tiefen Daseinsangst. Das Denken in der Kategorie von Schuldübernahme und von Schuldzuweisung kann bereits Bewältigungsmuster von Urangst sein.[108] Das ist nachvollziehbar etwa im *Sündenbockmechanismus.* Was gewinnt der Mensch, wenn er einen vermeintlichen Sündenbock für das an sich grundlose Ungute gefunden hat? Die Wut, eine ohnehin schwierige Emotion, kann sich gezielt gegen etwas oder jemanden richten. Man muss nicht mehr länger mit der frei umherirrenden Wut[109] fertig werden. Wer Schuld lokalisiert, muss etwas Bedrohliches nicht länger ungerichtet und ins Ungewisse hinein aushalten. Nach Schuld zu fragen und Schuldige zu suchen ist Attribut des in kausalen Zusammenhängen denkenden Menschen. So denkt und verarbeitet der ichbezogene Mensch in unserem Kulturkreis. Wo Ursachen und Schuldige eruiert sind, ist das Irrationale eines Problems wegrationalisiert. Man hat es vermeintlich im Griff und ist dem Unguten nicht länger ohnmächtig ausgeliefert.

2.6.2 Neurotische Schuldgefühle und Abgrenzung davon

Auf dem Nährboden des primären Schuldgefühles und der gleichsam von innen her nicht erlaubten Autonomie gedeihen die neurotischen Schuldgefühle üppig. Sie werden zwar vorab mit einem tyrannischen Über-Ich in Verbindung gebracht, treffen aber häufig ganz andere Menschen: Menschen, die aufgrund ihrer frühen Prägung schnell verunsichert sind und darin einen nur kleinen Boden des Vertrauens haben, um sie vor permanenter Infragestellung zu schützen. Menschen auch, welche in ihren ausgeprägten geistigen und emotionalen Fähigkeiten zudem eine vermehrte Neigung zur Infragestellung ihrer selbst haben. Diese Menschen tun sich schwer, eine selbstverständliche Daseinsberechtigung, ein gesundes Selbstbewusstsein und damit auch ein mündiges Gewissen jenseits von falschen Abhängigkeiten zu entwickeln. Ihre Gottnähe ist nicht deshalb abgebrochen, weil sie *sündig* waren. Sondern umgekehrt: Weil ihnen ihre Gottnähe verloren ging (und damit ihre tiefste Identität), empfinden sie sich ‚sündig'. Ablösung aus einer Ureinheit wird – ob wir wollen oder nicht – unbewusst immer als Schuld erlebt und ist doch lebensnotwendig. Biblisch gesprochen: ein dyna-

108 Ausführlich vgl. Renz (1996, 257-259).
109 Hierzu Asasel in Brinton Perera (1987).

mikauslösender Tabubruch (Gen 3).[110] Das heißt, dass sich hinter Schuldgefühlen nicht zwingend *echte* Schuld, etwa eine sündhafte Abwendung von Gott oder die Schuld des nicht gelebten Lebens verbirgt. Schuldgefühle sind ebenso Ausdruck eines tiefen Verunsichert-Seins, einer zwar gewagten Ich-Werdung, die aber nach wie vor im Banne des Tabubruchs steht.

Das, was die Bibel als die *eine* Sünde (Gen 3) darstellt, ereignete sich entwicklungspsychologisch betrachtet zu einer Zeit, da ein Ich erst im Begriff war, aus einer Ureinheit herauszutreten und ichhaft – d.h. aus eigenem Zentrum heraus – wahrzunehmen. Heute geschieht ein solches meist intrauterin. Den Menschen als autonomes Ich mit eigenem (geschweige denn freiem) Willen gab es noch gar nicht zu diesem Zeitpunkt menschlicher Bewusstseinsentwicklung. Hier kann nur von Vorläufern oder Ansätzen des Ichs gesprochen werden (vgl. Renz 1996). Doch so alt ist das primäre Schuldgefühl. In den biblischen Bildern von Versuchung und Gebotsübertretung, von ‚Fall', Vertreibung und Fluch (Gen 3) erhält dieses notwendige Geschehen aber den Stempel des Bösen. Die ‚Sünde schlechthin' ist darin nicht mehr als notwendiger oder tragischer Verlust einer ursprünglichen Gottnähe gezeichnet, sondern als mutwilliger oder gar böswilliger Abbruch einer Urbeziehung zu Gott. Warum diese Wertung? Stammt sie aus späterer Epoche der Bewusstseinsentwicklung, in welcher die Urprojektion, die da lautet: „Alles ist gegen mich" (vgl. Herr Kamer, I. Hinführung, S. 28), bereits verdüsternd wirksam ist? ***Das Wort Sünde (Singular) steht für die abgebrochene*** (oder, wie später aufgezeigt wird, verwünschte) ***Urbeziehung zu Gott.*** Mutwilligkeit gehört nicht zum Primärgeschehen, wofür Sünde steht.

Soviel zu den Schuldgefühlen des primär verunsicherten Menschen. Wenn dann zu diesem entwicklungsmäßig notwendigen Tabubruch noch eine erziehungsbedingte neurotische Zwanghaftigkeit und Enge hinzukommt, ist die permanente Bereitschaft, sich schuldig zu fühlen, nochmals größer. Oder – nicht weit davon entfernt – das ständige Sich-Auflehnen-Müssen gegen alles, was Schuldgefühle wecken könnte. Und wenn darüber hinaus eine Institution wie die Kirche jahrhundertelang die Schuldgefühle der Menschen als Machtinstrument missbrauchte, wächst der Widerstand gegen ein Denken in der Kategorie Schuld nochmals. Doch deswegen ist das Gefühl dieses Primärgeschehens nicht einfach falsch, sondern im Wort ‚Sünde' missverständlich bis falsch ausgelegt. Die Vermischung von Singular- und Pluralgebrauch des einen Wortes Sünde zeigt ihrerseits, wie kurz der Weg von der einen tragischen Sünde zu den vielen kleinen und großen Sünden ist und wie gleitend er in Schuld hineinführt.

---

110 Zum Tabubruch in tiefenpsychologischer und entwicklungspsychologischer Perspektive vgl. Riedel (1985) und Renz (1996, 171-174).

2.6.3 Die Ebene der Prägung liegt tiefer als die Ebene der Schuld

Erlösungsbedürftig ist der Mensch weniger aufgrund dessen, was er getan hat, sondern aufgrund des Primärgeschehens seiner Vereinzelung und Ichwerdung, das dem Menschen zur Prägung wird. Diese Urprägung bedeutet zugleich Verlust von Gottnähe. Und als solche löste und löst sie den unheilvollen Dynamismus der Sonderung aus und damit die Entfremdung vom nährenden und heil machenden Urgrund der eigenen Seele – damals wie heute.

Es gehört deshalb zu den zentralen theologischen Anliegen innerhalb dieser Arbeit, ***Sünde*** (Singular) ***als Gewordensein***, als tief im Fleisch sitzende Prägung und als Dynamismus der Sonderung zu verstehen, sodass sich die moralische Frage zunächst gar nicht stellt. Der Mensch kann nichts dafür, dass er ‚Ich' wird und dass Ich-Werdung zugleich Abgrenzung von Gott als Ganzem bedeutet. Er kann nichts dafür, dass sein instinkthaftes Tun und Begehren um das Wohl dieses Ichs besorgt ist und in Richtung Leben strebt. Und er kann nichts dafür, dass er – der Mensch – zur Bewusstwerdung berufen ist und bewusst in den Schöpfungsplan eintreten kann. Dennoch sind mit diesen ursprünglichen Entwicklungsschritten die Weichen für das Phänomen Sünde gestellt. Sünde ist tatsächlich ein Mechanismus, der nach Erlösung ruft, weil der Mensch aus dieser einmal begonnenen Dynamik von sich aus nicht mehr herausfindet.

Mir scheint wesentlich, vermehrt von Prägung zu sprechen und differenzierter mit dem Wort Sünde umzugehen. Das könnte – entwicklungspsychologisch betrachtet – dadurch geschehen, dass unterschieden wird zwischen der Ebene des Vorsprachlichen, Vorwillentlichen, auch kollektiven Erbes einerseits und andererseits der Ebene, in der die Unterscheidung zwischen Gut und Böse wirklich gegeben ist und in welcher der Mensch sein Tun verantwortet. Erstere liegt tiefer als die zweite und ist Basis auch für moralisch verwerfliches Tun.

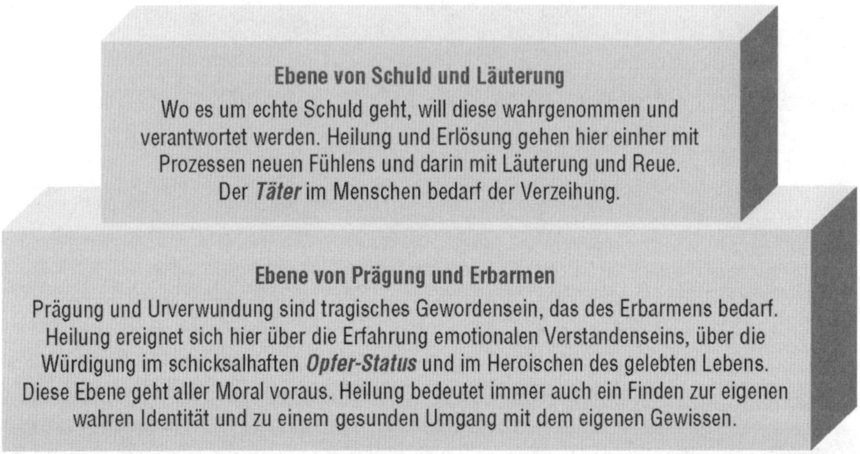

Darstellung: **Ebene der Prägung und Ebene der Schuld**

Zu welcher Ebene aber gehört der Dynamismus der Sonderung? Ist er Prägung oder Schuld? Ist es richtig, von Dynamismus zu sprechen oder ist er nicht seinerseits einfach Dynamik?[111] Hier liegt das Problem, das treffsicher im Begriff ‚Sünde' mitschwingt. Zunächst und per se war es reine Schutzreaktion des Ichs, die der Urprägung Mensch entsprang. Das ist noch nicht Schuld, nicht Dynamismus. Doch in einer Eigendynamik in Richtung ‚Immer mehr Absonderung, immer mehr Narzissmus' wurde und wird *Sonderung* ein Sich-Abkoppeln von aller Mitte. Die Spirale der Entwicklung wird immer enger, ein sich nunmehr stärker durchsetzendes Ich *identifiziert* sich jetzt aktiv mit diesem neuen Stand. Der Dynamismus der Sonderung ist ausgelöst. Und damit ist das Kapitel Schuld eröffnet.

Wie aber im Alltag umgehen damit? Wie mir die Spitalpraxis zeigt, ist die grundsätzliche Trennung obiger Ebenen hilfreich. Umfassende Prozesse von Bewusstwerdung im eigenen Schuldig-Sein (Ebene von Schuld und Läuterung) sind nur möglich auf dem Boden eines vorangegangenen Verstandenseins im Opfer-Status (Ebene der Prägung). Weil geprägt, wurde man schuldig. Erst aus der Sicht des Opfers wird verstehbar, wie es zum Bösen kam. So erst kann das Böse als solches für wahr genommen werden. Das Opfer in uns verzeiht dem Täter in uns. In beidem bedürfen wir der Erlösung.

---

111 Vgl. Fußnote 77.

2.7 Schuld

2.7.1 Vom Dynamismus der Sonderung bis hin zur Schuld

Ich kehre zurück zu den fünf Zuständen des In-der-Welt-Seins, vor allem zu jener verhängnisvollen Gabelung, wo ein Kreisen um eine größere Mitte übergehen kann in eine vom Ego dominierte Bahn, woraus irgendwann Umkehr aus eigener Kraft nicht mehr möglich wird. Auch hier soll nicht die moralische Frage im Vordergrund stehen, sondern unser Blick möge offen bleiben auf die *Tragik* solcher Entwicklung hin, die dem Betroffenen, der diesen Weg geht, meist kaum bewusst ist:

Dem Mitte-Vierziger aus meiner Verwandtschaft, der mir eines Tages selbstbewusst erklärte, er habe beschlossen, sich von seinen Schuldgefühlen zu verabschieden und seine familiären Bindungen hinter sich zu lassen, nicht weil er seine Frau nicht mehr liebe, sondern weil er eine andere mehr liebe. Seit dieser Zeit schaute er mich mit dumpfem, nicht mehr berührbarem Blick an.

Der Patientin, die trotz bester Gesundungschancen auf eine Chemotherapie verzichten will und dies so begründet: Sie mache jetzt Alternativmedizin. Vor allem wolle sie einfach noch das Leben genießen. Wenn sie damit fertig sei, werde Schluss gemacht. Sie habe längst mit sich und ihrem Freund abgemacht, nie leiden zu müssen. Das Kind daneben fragt zurück: „Mami, was heißt, es wird Schluss gemacht?“

Wo ist bzw. wo war der Punkt des Kippens, an dem Dynamik überging in Dynamismus, an dem das Ich sich identifizierte mit einer Bewegung des Sich-Verschließens? Wo begann Verhärtung? Wo wich die Einordnung ins Ganze einem Sich-Profilieren im Eigeninteresse? Auf der Bühne gelebten Lebens gibt es dafür verschiedenste Szenarien solchen Kippens. Man setzt auf ein lustvolles Leben und verabschiedet sich von der Bereitschaft, (auch) zu leiden, und von Orten, wo ausgehalten und durchgetragen wird. An sich selbst und an der Welt leiden zu können ist Bestandteil des Angeschlossenseins ans Ganze und darf nicht verwechselt werden mit masochistischem Verweilen im Leid. Das Leid umgehend, ‚erspart‘ man sich vermeintlich Prozesse des Fühlens und Verzeihens.

Wo wirkliche Schuld war im eigenen Leben – ob Tat oder Unterlassung –, da wandert der Mensch zunächst innerlich ab, statt Wege von Sühne und Trauerarbeit zu wagen. Was eigentlich als Schatten, innere Schwäche oder Anfälligkeit wahrgenommen (für wahr genommen) werden müsste, wird normalisiert und bisweilen sogar glorifiziert, d.h. das Ich identifiziert sich damit: *„Das bin ich, so bin ich, so ist man heute.“* Damit gibt man sich die Legitimation, seinen Schatten auszuleben. Man nimmt sich heraus aus Bindungen, aus Ehe, Familie, Kirche und Kollektiv und macht zum Privatinteresse, was im Grunde allen gehört oder andere beeinträchtigt. Entsprechend unverbindlich wird der Blick, entsprechend reduziert ist die Fähigkeit zu fühlen, mitzufühlen. In all dem findet ein Sich-Verschließen im Eigenen, eine Verweigerung, letztlich eine Verabsolutierung im Ich statt. Der Mensch ist nicht mehr offen für tiefe Wesensimpulse und auf Gott hin. „Sünde ist Ablehnung der Gnade", sagt Sugerman (1978, 184). Irgendwann sind die Würfel gefallen, die Seelenstrukturen verhärtet. Die Bibel spricht vom Herz aus Stein, Gott nimmt es aus der Brust des Menschen und legt ein neues Herz, einen neuen Geist in ihn hinein (vgl. Ez 36,26). Das heißt: Erlösung muss von außerhalb des Ichs und zugleich von tief innen kommen. Dort wäre sie im Grunde immer schon da.

Ich kannte ***Evelyne*** *seit unseren gemeinsamen Studienjahren. Unsicher in ihrem Selbstwertgefühl und geprägt von einer schwierigen Kindheit, konnte sie mir damals gestehen, wie sie gegen ihre Schüchternheit ankämpfen müsse. Jahre später begegnete mir eine andere Evelyne, ein neues Auftreten, ein betont selbstbewusstes Sich-Durchsetzen. Sie sprach nun von Frauenpower und wie die Frauenbewegung sie befreie. Mir kam weniger Freiheit entgegen als vielmehr Kompensation, Unverbindlichkeit und Beweiszwang. – Hätte ich mich freuen sollen ob dieser Form von Emanzipation und Selbstverwirklichung? Mir kam es vor wie ein Hinter-sich-Lassen ihrer empfindsamen Seite, ein Abwandern vom Ort des Fühlens und Leidens und von früheren Werten. Im Bild der fünf Zustände gesprochen: Evelynes Identifikation mit einem Zeittrend und dessen Machtdenken hat aus einem verletzten, aber verletzlich offenen Menschen einen unverletzbaren, machtbewussten gemacht. Niemand käme auf die Idee, hier von Sünde oder Schuld zu sprechen. Und doch ist genau dies Resultat des Dynamismus der Sonderung, des Phänomens Sünde: Nicht mehr Gott, eine Sache oder wahre Liebe ist Mitte eigenen Strebens, sondern das sich aufblähende Ich.*[112]

Fazit: Primär Prägung, wird doch daraus in Prozessen von Identifikation, Emanzipation und Tabuisierung eigentliche Schuld. Erlösungsbedürftig ist der Mensch in der Folge in beidem.

2.7.2 Tabu-Thema Schuld

Schon die Zahlen des Projektes zeigen, wie tabuisiert Schuld ist und wie wenig direktes Thema unserer Gespräche: Von den insgesamt 171 als erlösungsbedürftig Erfassten oder in etwas Unerlöstem gefangenen Patienten war bei praktisch allen Prägung oder eine prägende Konstellation spürbar. Darüber konnten wir oft freimütig ins Gespräch kommen. Doch ***nur gerade bei 19 von diesen 171 ging es um Schuld*** im Sinne von persönlicher Schuld. Davon waren wiederum 4 von ihrer Art her skrupulös und sahen Schuld, wo gar keine war (was seinerseits leichter auszuhalten ist als echte Schuld). Deren 2 hatten die Schuld in ihrem Leben „abgeschafft", aber sprachen ständig davon. Sie beide und weitere 9, darunter Wirtschaftsverbrecher, Gewalttäter und

112 Sugerman (1978, 34) betont in Anlehnung an Kierkegaard und Laing, dass das, was wir ‚Sünde' nennen, vor allem Entfremdung sei, von sich selbst wie von Gott: „Wir sollten wissen, dass Sünde nicht eine besondere Untat ist, sondern eine Wesenskategorie, die zum Menschen gehört. Es handelt sich nicht einfach um eine Neurose ... Es ist vielmehr ein radikaler Riss, der bis in unsere Wurzeln durchläuft, es ist das Leben des Menschen, der von seiner Quelle, seinem ursprünglichen Vorbild abgeschnitten und deshalb ‚krank zum Tod' ist."

-täterinnen, Drogendelinquente, aber auch unsichtbar schuldbelastete Menschen wurden in Todesnähe auf symbolischer Ebene eingeholt von Prozessen der Läuterung.[113] Nur gerade 4 Patienten zeichneten sich aus durch ein bewusstes und schließlich befreites Hindurchgehen durch ihre Schuld, 2 mitten im Leben und 2 im Sterben.

Und die übrigen 152? Waren sie tatsächlich ohne Schuld (gemeint ist echte Schuld) oder hatten sie eine solche perfekt abgespalten? Zahlenmäßig kann dazu keine Aussage gemacht werden, da nur Interpretationen von Beobachtungen möglich sind. Mein Eindruck war, dass es einige gab und auch immer wieder Menschen gibt, die tatsächlich kaum mit Schuld leben und auch kaum Verantwortung tragen müssen. Zu meinem Eindruck gehört auch, ***dass es jene reifen Menschen gibt, die schon länger verantwortlich leben***, Schuldanteile inklusive. Gerade so steht ihr Schuldig-Werden nicht mehr als Thema an, sie wissen damit umzugehen. – *Jene Mutter etwa, die wusste und fühlte, dass ihr Muttersein auch Schwieriges im Leben ihrer Tochter ausgelöst hatte. – Oder jene Patientin, die ihre einstige Abtreibung durchlitten hatte, eine Schuld nicht verdrängte, sondern fühlte und gleichzeitig wusste, warum das so geschehen musste. Und die sich später für unerwünschte Kinder einsetzte. – Oder jener Mann, der die Schatten seiner Scheidung samt der Frage „Wie konnte es so weit kommen?“ durchlebt und durchlitten hatte.* – Wie Paulus beschreibt, standen diese Menschen auf dem Boden einer neuen Identität (vgl. III). Das Vergangene war nicht ungeschehen gemacht, sondern verklärt, was darin sichtbar wurde, dass sie ohne Zwang zur Verschönerung oder Rechtfertigung auch zu dem stehen konnten, was ungut gewesen war in ihrem Leben. Es gehörte zu ihrem Weg und Gewordensein, war irgendwie eingeordnet, Gott anheimgegeben und musste nicht länger als etwas Unerlöstes hintergründig einwirken. Im Gegenteil, aus durchlittener Schuld ist ein vertieftes, liebesfähiges Mensch-Sein geworden (vgl. Stichwort 2. Identität, III., S. 270f).

Für die überwiegende Mehrheit aber war und ist das Thema Schuld tabu. Schuld, ja selbst schon der Gedanke, dass Leben auch Schuldig-Werden sei, wurde und wird verdrängt. Man wich bzw. weicht aus in Abspaltung und egozentrische Selbstbestimmung oder in Kindlichkeit und unmündige Anpassung an den Zeittrend. Im Projekt wurde selbst dort, wo im Rahmen von Familientherapien an Sterbebetten eine gewisse Bereitschaft zum Prozess da gewesen war, plötzlich abgeblockt, sobald Schuldeinsicht anstand. Man deutete um, verfing sich in Notlügen. Andere verstiegen sich in eine souveräne Unberührbarkeit und fanden nichts, einfach gar nichts, was sie falsch gemacht hätten. Oder sie wurden an diesem Punkt verwirrt.

Faktum ist: Sich schuldig zu fühlen, überfordert die meisten Menschen. Und dies nicht nur dort, wo ein Einstehen zur Schuld äußere Folgen nach sich zöge oder wo Institutionen wie Kirche und Staat den Drohfinger erheben würden. Selbst wenn rundum Entlastung entstünde, bedeutet die innere Belastung, künftig mit dieser Bewusstheit leben zu müssen – ein Zuviel. Man verdrängt, bagatellisiert, emanzipiert sich weg

113 Terminale Sprache – terminale Kommunikation vgl. Renz (2008b, 40-57). Beispiele in (2008b, 120-128).

davon. Für meine Arbeit heißt das, dass ich sorgfältig mit dem Wort Schuld umgehen muss. Schuld ertragen Menschen in der Regel nicht. Einsicht kann sich nur in leisen Anflügen, im Stillen, autonom mit sich alleine einstellen. Und ich muss bisweilen sogar meinen Beitrag leisten, damit Patienten ihr Gesicht wahren können. Wo braucht es Schonraum, wo Konfrontation?

Ins Zimmer von ***Herrn Zehnder*** *tretend, werde ich Zeugin einer seltsamen Szene: Eine Drittperson ist gerade im Begriff, dem Leukämiepatienten, der derzeit mit keinerlei Außeneinflüssen (keine Blume im Zimmer, keine Besucher mit Erkältung, kaum direkte Berührung) in Kontakt kommen sollte, eine kleine Spritze zu verabreichen. Wie ich eintrete, verschwindet blitzartig alles Verdächtige, die Drittperson tritt vom Bett zurück, stellt sich mir vor als Therapeut, Naturheiler und Schamane. Ich bin verpflichtet, die Beobachtung meinen Vorgesetzten zu melden. Auf die Rückfrage des Assistenzarztes sagt der Patient, da sei nichts gewesen von Spritze, nichts dergleichen, was aber die Zweifel des Arztes nicht zerstreut. Dem Vorfall wird weiter und in meinem Beisein nachgegangen. Nach einer kleinen Vorbesprechung treten zwei Ärzte und ich ins Zimmer des Patienten ein. Ich beginne das Gespräch und sage, es gehe mir nicht darum, im Recht zu sein mit meiner Wahrnehmung, für die Ärzte aber wiege ihre Verantwortung schwer. Es herrscht Spannung. Der Patient gestikuliert nervös und zuckt ständig mit den Augenlidern. Ich spreche ihn bewusst, in warmem Tonfall, an: „Herr Zehnder, falls ich nicht richtig gesehen habe, will ich Ihnen glauben. Wichtig ist jetzt nur, dass Sie vom Arzt unmissverständlich hören, was hier sein darf und was nicht." Das löst die Spannung. Der Patient wiederholt, da sei nichts gewesen, der Mann (der Heiler) hätte die Hände aufgelegt, aber sonst nichts. Unser Arzt erklärt ihm nochmals die Therapie- und Spitalbedingungen – Herr Zehnder kennt sie schon. Ich leite noch in die Wege, dass es zu einem Kontakt zwischen Arzt und Naturheiler kommen wird. Der Abschied steht ganz unter dem Satz: „Also, wir glauben Ihnen."*

Wieder vor der Tür, ist beiden Ärzten dennoch klar, dass da etwas Verbotenes gewesen sein musste. Das signalisiere schon die Nervosität des Patienten. Und beide waren überzeugt, dass genau mein Wort „wir glauben Ihnen" dem Patienten den Ausweg ermöglicht habe, auch wenn ich mich selbst so freiwillig zum Sündenbock habe machen lassen. Sie danken mir. Ich meinerseits stand vor der schwierigen Aufgabe, meine Therapie mit dem Patienten auf der Basis des Vertrauens fortzuführen, ihn sogar in seinem Bedürfnis, das Gesicht wahren zu dürfen, ernst zu nehmen (was eigentlich gemeint war mit ‚ihm glauben wollen') und zugleich meiner eigenen Wahrnehmung des Vorfalls nach wie vor zu glauben.

2.7.3 Umso mehr wird projiziert: Sündenböcke

Je weniger Schuld im eigenen Leben wahr sein darf, umso mehr sieht man sie im Leben anderer und zeigt mit dem Finger auf jene. Mehr noch, was im Leben anderer als suspekt beurteilt wird, ist mit Blick aufs eigene Leben normal, zeitgemäß oder halt Folge ungünstiger Umstände. Was bei anderen als Bruch in der Biografie beurteilt wird, ist im eigenen Leben Wende. Was dort vertrödeltes Leben war, ist hier Tugend des Warten-Könnens.

Wir projizieren ständig, ohne es zu merken. Das heißt: Wir sehen Dinge anders, als sie sind. Projizieren heißt auch, andere zu Sündenböcken[114] zu machen. Im Spital sind es die Ärzte, die zu spät oder falsch behandelten; der Schwiegersohn, der schuld ist am Krebs der Tochter, die Ex-Frau, die Bedingungen am Arbeitsplatz. Und wo keine konkreten Sündenböcke dingfest gemacht werden können, wird schlussendlich *Gott* als Sündenbock angeprangert.

***Frau Krüger**, eine Leukämiepatientin, scheint es gewohnt zu sein, kindlich alle Verantwortung von sich zu schieben. Wenn es ihr einmal schlecht geht, vermag meine Musik sie zu erreichen und zu trösten. Einen Tag später, wieder von ihrem Tief distanziert, ‚verteufelt' sie die Musik: Ich dürfe schon kommen, aber nur ohne Instrument. Die Harfe sei gefährlich. Über Wochen bleibt diese Abwehr, dieses Tabu aufrechterhalten. Frau Krüger darf nach Hause gehen.*

Frau Krüger kommt für den nächsten Chemo-Zyklus wieder ins Spital. Sie ist fahl und weint. Ihr Mann schreit mich an, das sei keine Art und Weise, seine Frau zu behandeln – er wolle nicht, dass man sie umbringe. Unsere Ärzte seien verantwortungslos. Es gelingt mir und unserem ganzen Team (Ärzten und Pflegenden), das Ehepaar Krüger zu beruhigen. Wochen später erhält Frau Krüger im Beisein ihres Mannes die traurige Nachricht, dass sie nicht auf die Chemotherapie angesprochen habe. Die Ärztin holt die beiden subtil in ihrer

---

114 Zu Sündenbock und Opfer-Ich im psychologischen Wortsinn vgl. Brinton Perera (1987). Der Sündenbock wird in der Deutung der analytischen Psychologie definiert als mit dem Archetyp identifiziertes Individuum. Brinton Perera beschreibt den dem Sündenbock-Komplex schicksalhaft ‚ausgelieferten' Menschen als von seiner frühen Prägung her besonders für das Unstimmige dieser Welt sensibilisiert. In der Folge erlebt er sich dann auch als dazu bestimmt oder auserwählt, das Unstimmige zu artikulieren, respektive auf sich zu nehmen. Opfer-Ich-Prägung hat mit früher Erfahrung abgelehnten bis ausgestoßenen Daseins und einer zugleich glorifizierten Rolle als leidender Knecht und Träger des Transpersonalen zu tun. Die große Nähe zum Transpersonalen mit dessen Wucht und Macht ist Problem, aber auch sinnstiftende Lebensaufgabe. In dem ihm aufgebürdeten kollektiven Schattenmaterial lehnt sich das Sündenbock-Opfer selbst ab, es kann sich selbst nicht gerne haben bis hin zu einem äußersten Wutpotential und jener verhöhnenden und verurteilenden (Asasel zu vergleichenden) inneren Moralinstanz, die den Weg in eine Erstarkung hin zum autonomen Ich sabotieren wollen. Mit Angst, Scham und Schuld beladen, leidet der im Sündenbock/Opfer-Ich-Komplex festgehaltene Mensch stellvertretend an allen Leiden und Sünden der Welt. Heilung aus solcher Fremdbestimmtheit geschieht wiederum im Transpersonalen als neue Verwurzelung, als Abgrenzung vom Inflationären und in einer neuen Identität. Ein erstarktes Ich muss Vereinzelung wagen und sich Aufgaben widmen, die dem Transpersonalen Raum geben (Heiler- oder Künstler-Biografien), was aufgrund der bleibenden Nähe zu den Quellen des Transpersonalen für die meisten Menschen wiederum nicht leicht zu ertragen ist.

Enttäuschung ab und verschönert doch den unschönen Sachverhalt nicht. Sie verlässt den Raum. Die beiden weinen. Für den Moment darf das Ungute, so wie es ist, wahr sein. – Eine Stunde später: Gott ist schuld, die Versicherung ist schuld, sie muss bezahlen. – Einen Tag später: Die Ärztin ist schuld, so spricht man nicht mit Patienten.

In meiner Studie stellten 179 von 187 Patienten die Frage „Wer/was ist schuld an meinem Krebs, am Pech meines Lebens?“[115] Sie stellen damit letztlich eine Schicksals- und Gottesfrage. Nicht weniger als ***108 Patienten und Patientinnen suchten gar nach einem Sündenbock*** für ihre Krankheit. Von diesen 108 war bei deren 9 auch aus Sicht unserer Onkologen der Krebs spät bis sehr spät entdeckt worden, weshalb eine Mit-Schuld früherer Ärzte am aktuellen Krankheitsbild tatsächlich ein Thema war. Bei 99 hingegen war der Sündenbockmechanismus reine seelische Entlastung und Projektion. Das ist eine hohe Zahl in Anbetracht dessen, dass wir hierzulande gut über die Krankheit Krebs aufgeklärt sind. Diese 99 fragten nicht etwa differenziert nach Faktoren, die den Krebs begünstigen würden, was durchaus Frage im Rahmen einer psychoonkologischen Betreuung sein kann. Nein, sie mussten einen Sündenbock finden, einen Menschen, den man anprangern konnte. Den verbleibenden 79 Patienten – vor allem Intellektuellen bzw. reifen Menschen – gelang es auf eindrückliche Weise, mit dem Krebs zu leben. Die meisten dieser 79 hatten wie die anderen die Schuldfrage zwar auch gestellt und nach Zusammenhängen zwischen Lebensmustern und Krebs gefragt,[116] aber sie durchschauten alsbald den Irrsinn von Sündenbockmechanismen.

2.7.4 Was ist so schwer im Fühlen von Schuld?

Schuldeinsicht löst Scham aus. Und Scham zu fühlen ist schwer. – *Eine Patientin beschrieb dies wie folgt: „Mit einem Schlag bin ich wie in einem dampfenden Kochtopf drin. Mir ist heiß. Mir graut. Meine eigenen Fragen beginnen zu hämmern. Alles ist relativ geworden, ich bin sehr unsicher. Sogar unsicher auf den Beinen. Was war falsch? Was wird richtig sein? Keine Ahnung. Ich möchte auf und davonrennen. Doch das geht nicht, nicht mehr, denn ich ‚weiß‘.“ Dann – den Redefluss unterbrechend: „Wenn das nur keiner sieht!“*

Schon die hochkommenden Körperreaktionen wie Hitze, Erröten, Knieflattern überfordern. Der innere Boden ist mit der Schuldeinsicht schlagartig weg, Kräfte verlassen uns, wir schaffen es kaum aufzustehen. Blöße, Gefühle von Schande und Nichtigkeit holen uns ein (wie beim primären Schuldgefühl, das zwar mit wahrer Schuld nichts zu tun hat).

---

115 Ich nehme an, dass die verbleibenden acht Patienten diese Frage irgendwann früher auch gestellt haben. Jetzt war ihnen solches Fragen – oder die sprachliche Ebene überhaupt – nicht mehr wichtig oder nicht mehr möglich.

116 Ob Stress, ob Trauer oder eine bestimmte Ernährung ihren Krebs begünstigt hätten etc.

Andere Menschen sind plötzlich eingeholt von jenem dumpfen Ahnen, dass sie am nicht gelebten Leben und damit an sich selbst schuldig geworden seien. Eine Schuldeinsicht, wie sie mit zunehmender Bewusstwerdung unausweichlich ist: schuldig geworden gegenüber der Schöpfung und ihren Geschöpfen, schuldig, weil man nicht wissen oder nicht hinschauen wollte, weil man nicht mitfühlen konnte. Die ganze Identität, das scheinbar gute und normale Leben, kommt ins Wanken. Eine solche Infragestellung kann, wie alle Bewusstwerdung, nicht mehr rückgängig gemacht werden. – *„Habe ich so viele Jahre einfach unter falschem Vorzeichen gelebt? Ist so vieles, das mir kostbar war, eigentlich unwesentlich, mein Leben sinnlos?" So lautete die Frage eines schwerkranken Mannes.* – Hinter den peinigenden Gedanken lauerte die bange Frage: Ist Schuldig-Sein gleichbedeutend mit Nichtig-Sein, nichts wert sein? – *„Ich habe einen Nullwert", sagte ein anderer Mann in solcher Situation. Ich versuchte ihn zu unterstützen mit den Worten: „Genau, indem Sie diese Infragestellung aushalten, mutig weiterleben und alles sterbend vor Gott hinlegen, finden Sie zu einer Höchstform von Persönlichkeit." Etwas davon schien er zu begreifen.*

Eine sterbende Bäuerin, ***Frau Peyer****, die ihren Mann immer wieder wie unter Zwang abwerten musste, wollte mit mir über ihr Leben sprechen. Über ihre Schuld, über einen – wie sie sagte – Brocken zwischen ihr und ihrem Mann, den sie wohl aufgrund ihrer Kindheit mittrage und der sie immer wieder an aller Zärtlichkeit hindere. Weinend sagte sie: „Hoffentlich geht diese Verhaltensweise – diese Schuld – nicht weiter an unsere Kinder. Und hoffentlich kann mir Gott verzeihen. Aber wissen Sie, auch ich muss Gott verzeihen. Er hat mir ein so schwieriges Leben beschert."*

Die Schuldfrage ist letztlich eine ***Frage des Fühlens***: Schuld zu fühlen hält der Mensch nur freiwillig und als Akt menschlicher Reife aus. Schuldeinsicht ist auch nur möglich im Angesicht eines letztlich barmherzigen Gottes oder gütigen Ganzen. Der Mensch braucht genau darin die Einbettung in einen größeren therapeutischen Raum, in welchem letztlich Gott selbst Therapeut ist[117] (vgl. 1.4.8).

2.7.5 Schuld ist nicht Privatsache und wiegt darum so schwer

Schuld ist ein Beziehungswort, schuldig werden wir am Anderen. Und selbst dort, wo es sich scheinbar ‚nur' um eine Schuld sich selbst gegenüber handelt, etwa um eine zu späte Bewusstwerdung oder ein nicht gewagtes Lebenszeugnis, wurde damit dem Anderen/der Um- und Nachwelt etwas Kostbares vorenthalten.

Manche Schuld ist gar generationenübergreifend. Ein Täter eines Gewaltdeliktes, eine Täterin, die an Kindsmissbrauch schuldig wurde, Ahnen aus Familien mit den immer selben peinigenden, verhöhnenden oder jähzornigen Verhaltensmustern kön-

117 Vgl. Röm 12,19: „Mein ist die Rache, ich werde vergelten, spricht der Herr."

nen längst gestorben sein und leben doch weiter in den verletzten Seelen der Opfer.[118] Die Versöhnungsarbeit, welche die Opfer oder gar deren Kinder bestenfalls vollbringen, gehört zu den seelischen Höchstleistungen von Menschen und ist in allem noch Gnade. Täter wie Opfer, Umwelt und Nachwelt, der Täteranteil sowie der Opferanteil in einer Person sind im Angesicht von solcher Schuld auf Erlösung angewiesen.

Schuld in Form von Gewalt und Ächtung gegenüber Individuen und Menschengruppen ist auch Thema ganzer Nationen und Religionen in Geschichte und Gegenwart. Bewusstwerdung tut not. Es ist darum wichtig, wenn auch unangenehm, die Unfähigkeit, Schuld zu fühlen, anzuprangern, sich (z.B. therapeutisch) um Prozesse der Bewusstwerdung zu bemühen oder sie politisch einzufordern.[119] Wo die Bewusstheit um das eigene Schuldig-Sein, um den eigenen Anteil an einer kollektiven Schuld fehlt, setzen sich Mechanismen der Verdrängung, Projektion und Unterdrückung ins Unendliche fort. Immer neu ist dann denen, die darunter leiden, ein ohnmächtiges Warten und Erdulden, ein Auf-sich-Nehmen von Sündenbockrollen, ein Ringen um Hoffnung trotz allem zugemutet. Entwicklungen erzwingen kann man nicht; doch ich kann als Einzelne nicht aufhören wollen, das Ungute zu sehen und daran aktiv zu leiden. Nicht masochistisch, aber auch nicht nur verdrängend. Und ich kann im Kleinen versuchen, verantwortlich zu leben. Das heißt, auch das (unausweichliche) Schuldig-Werden zu riskieren, Schuld zu fühlen und insgesamt zu mir in meinem Gewordensein und meinem Wirken, zu Chance und Schatten zu stehen. Den schattenlosen Menschen gibt es nicht, jedenfalls nicht unter dem Lichte unserer Sonne.

Fazit: Von einer Erlösung von Schuld zu sprechen löst zwar einen gesunden Unmut aus, denn erlöst werden muss der Mensch primär aus Prägung. Es ist aber auch nicht einfach falsch, selbst die Kategorie Schuld vor Augen zu haben, wenn von Erlösungsbedürftigkeit gesprochen wird. Schuld ist eine besonders schwer aufzulösende Folgeerscheinung von Prägung, die sich wie eine eiternde Wunde immer tiefer ins Fleisch hineinfrisst, statt sich zu öffnen. Und Schuld hat vor allem Wirkungen über sich selbst hinaus. Umso herausragender und seinerseits generationenübergreifend muss ein Konzept von Erlösung gedacht werden.

2.7.6 Schuldeinsicht befreit – Herr Vonlanthen: Im Selbstbetrug geht Sterben nicht

Irgendwann ist selbst die Verdrängung mit sich am Ende. Sterbende kommen ausgesprochen oder unausgesprochen an die Wahrheit ihres Lebens heran. Die Kategorie Schuld hat etwas zu tun mit Wahrheit, mit dem Ganzen von Leben, Werden und Sterben. Wahrheit ist als solche schonungslos, zeitlos, eben wahr, und zugleich immer nur

118 Von daher wird die schwierige Aussage im Dekalog von der Schuld der Väter, die bis in die dritte und vierte Generation verfolgt wird, psychologisch nachvollziehbar (Dtn 5,9).

119 Im theologischen Raum steht hierfür vor allem der Name Johann Baptist Metz.

persönliche Angelegenheit. Was zur tieferen Wahrheit eines Menschen (oder eines Kollektivs, einer Religion) gehört und was nicht, übersteigt das eigene Ich und damit alle ichhaften Vorstellungen. Genau dies kann aber auch nicht von anderen eingefangen und definiert werden, denn niemand von außen kann das Geheimnis einer Person (eines Kollektivs) ausloten. Dieses Unbegreifliche wird zum schützenden Raum aller Läuterung. Niemand von außen hat letztlich Einsicht.

***Herr Vonlanthen** wird hospitalisiert wegen starker Schmerzen. Sie seien krebsbedingt – aber nicht nur, wird mir gesagt. Wie ich ihn erstmals besuche, liegt er gekrümmt da. Ein verschmitztes Lächeln liegt trotz Schmerzen über seinem Gesicht. Dann wird er grimmig und sagt: „Das ist kein Leben so!“ Auf Entspannung reagiert er gut, vor allem auf meine Frage: Was wohl so schwer wiege in seinem Schmerz und seinem Leben. Herr Vonlanthen wiederholt diese Frage für sich leise.*

Beim zweiten Besuch werde ich unterbrochen. Das Telefon läutet. Herr Vonlanthen möchte es abnehmen, das sei eine wichtige Person für ihn, seine Freundin. Und er möchte, dass sie ihn besuchen könne. Mit ihr habe er Sexualität leben können, was mit seiner Frau nicht wirklich möglich gewesen sei. Doch ich dürfe das seiner Frau nicht sagen. Herr Vonlanthen kann seine Ausführungen nicht zu Ende führen, zu sehr wird er getroffen von einem Schmerzeinschuss. Wir rufen nach medikamentöser Hilfe.

Beim dritten Besuch erwartet er mich sehnlichst. Ob ich seine Freundin anrufen könne? Ob ich mit ihm sein Geheimnis teilen würde? ... derweil ich von seiner Frau schon gehört habe, dass sie um eine solche Beziehung ihres Mannes ahnt. Weil die Schmerzen sich verstärken, wage ich Konfrontation: „Herr Vonlanthen, versuchen Sie mit Ihrer Frau zu sprechen. Wenn Sie wollen, kann ich dabei sein. Aber in solcher Spannung einfach weiterzuleben, das scheint Ihre Schmerzen zu vergrößern.“ Er nimmt diesen Gedanken in eine Entspannung hinein, seine Schmerzen lassen nach.

Draußen treffe ich auf seine Frau. Ich bereite sie auf die Möglichkeit eines Gespräches vor und darauf, dass es wichtig sei, einfach zuzuhören, bevor eine innere Bewertung geschehe. Ob sie etwas falsch gemacht habe, fragt sie? Wir kommen ins Gespräch über das Leben, das nie möglich ist ohne „Fehler“, wie sie sagt, ohne Schuld, wie ich sage. Und dass es erlaubterweise zum Menschsein gehöre, zwar sein Bestes zu versuchen und es dennoch nicht immer zu vermögen. Sie gesteht mir nun, dass sie nicht immer das Beste versucht habe. Das sei nicht gut gewesen. Ich erfahre, dass das Ehepaar Vonlanthen zwei Töchter hat, eine quirlig wie er und eine gemächlich wie sie, und dass die beiden Schwestern ihrerseits seit der Ehekrise der Eltern nicht mehr wirklich miteinander sprechen können. Zufall?

Herr Vonlanthen fasst Mut für ein Gespräch. Das helfende Schicksal kommt ihm entgegen: Seine Frau, aufgeweicht, hat ihm Blumen gekauft. Das überrascht ihn. Er weint. Wie lange habe er sich nach einem Liebeszeichen von seiner Frau gesehnt, und jetzt werde ihm das geschenkt. Seine Gesichtszüge werden weich. Sie wiederum, berührt ob dieser Weichheit, fühlt Zuneigung und äußert das, was ihn positiv elektrisiert. Die Atmosphäre zum gegenseitig verstehenden Gespräch ist gegeben: Sie litt an seiner fehlenden Weichheit, er an ihrer fehlenden Zuneigung. Die Freundin war Thema des Gespräches, und doch nicht nur. Die Liebe zwischen Mann und Frau war irgendwie dauerhafter oder ist im Moment wieder da. Es wird ausgemacht, dass die Freundin ihn besuchen und sich ihrerseits von ihm verabschieden dürfe. Andächtige, wahrhafte Atmosphäre. Dann wünschen beide den Segen, Herr Vonlanthen mit deutlich weniger Schmerzen. Ich verlasse den Raum. Über Tage ist nun Herr Vonlanthen friedlich, seine Schmerzen sind medizinisch gut zu lindern, seine Lebensgeister geben spürbar ab. Die Freundin kommt und geht wieder. Und Herr Vonlanthen stirbt zwei Tage später im Beisein seiner Frau, von mir und seinen beiden Töchtern, nicht ohne diesen stammelnd seinen letzten Wunsch mitgegeben zu haben: „Bitte, ihr beiden,... Friede."

Sterben ist für viele wie eine letzte Bitte um Friede und Wahrheit. Das eine geht nicht ohne das andere. Wo Friede und Wahrheit sein dürfen, finden Würdigung und Verstehen wie von innen heraus statt.[120] Eines der häufigsten Bedürfnisse Sterbender ist es, Würdigung zu vernehmen, ja selbst hinzufinden an den Ort, wo Würdigung und Wahrheit einfach geschehen. Zur Wahrheit gehört auch Verzeihung. Und wo Verzeihung zu viel verlangt oder verständlicherweise zu früh ist, weil Kinder und Angehörige noch zu sehr leiden, schreit es in den Sterbenden zumindest nach einem Hauch jener Atmosphäre einer letztlichen Versöhnung. Nach einer ‚in der Luft liegenden' Zusage, dass – durch alles Schmerzliche hindurch – Friede irgendwann möglich sei.

*So geschehen bei der sterbenden Bäuerin, **Frau Peyer** (vgl. I.2.7.4). Eines Tages kommt die Tochter zu mir, sie leide darunter, der Mutter nicht verzeihen zu können. Es sei zu viel Wut in ihr drin. Und gestern sei die sterbende Mutter zart gewesen, ohne Lüge. Sie möchte verzeihen können und schaffe es doch nicht. Zu groß seien die Folgen des damaligen Familienklimas auf ihr Leben. Ich rege an, einfach den Anfang in Richtung eines Verzeihungsprozesses zu wagen. Sie reagiert gut. Ebenso die sterbende Mutter. Die Zusage, dass die Tochter es irgendwann schaffen werde mit ihrem Leben und mit dem Verzeihen, löst Tränen, aber auch Entlastung aus. Bereits eine Stunde nach dem Gespräch, welches doch nur einen Anfang beinhaltete, hat die Patientin weniger Schmerzen. Ohne Schmerzen, in friedlicher Stimmung und im Geist dieser Zusage kann sie Tage später sterben. Auch für die Tochter ist es gut so: ein ehrlicher Anfang und doch keine Überforderung.*

Schuldeinsicht ist also etwas vom Schwersten, doch sie befreit auch von der Last des Unausgesprochenen. Dem um Bewusstwerdung ringenden Menschen, Opfer und Täter, kommt nicht nur Widerstand entgegen, sondern – wenn die Zeit reif ist – auch eine helfende, erlösende Dynamik. Schuldeinsicht ist Gnade.

120 Vgl. Deutung letztes Gericht in Renz (2008b, 128-131).

2.8 Bei der Theologie nachgefragt

Geprägt oder sündig? ‚*Verstehen, bevor wir verurteilen*', damit müsste jede Erbsündenlehre, ja alle Rede von Heil und Erlösung beginnen. Gemeint ist hier nicht ein kopflastiges Verstehen, wie dies etwa über Einsichten der Neurophysiologie und in Aussagen über die menschliche Triebstruktur geschieht, sondern ein annehmendes Verstehen, was eine seelische Fähigkeit des Fühlens und Mitfühlens voraussetzt, eine ***‚Innenwahrnehmung'***, die dem analysierenden Erforschen gegenüberzustellen ist[121]. Wir müssen den Blick wagen in die inneren Abgründe etwa eines notorischen Trinkers oder eines von Neid und Gier Getriebenen. Aus der Perspektive solcher Betroffenheit würde manch theologische Rede milder klingen. Ist aber eine Perspektive der Innenwahrnehmung vereinbar mit dem wissenschaftlichen Anspruch auf Objektivität? Gibt es Objektivität in der theologischen Rede von Heil und Erlösung? War Jesu Menschenbild objektiv, war sein Handeln unparteiisch? Liegt seinem Menschenbild nicht gerade ein Fühlen- und Mitfühlen-Können zugrunde (Liebe, die mehr ist als wohlwollendes Erbarmen)? So konnte er sich tiefgreifend mit den Menschen am Rande der Gesellschaft solidarisieren. Nicht mehr fühlen zu können, scheint mehr zu sein als nur ein Problem Einzelner. Ist auch der christlichen Theologie in dem Ausmaß, in dem sie sich dem griechischen Geist verschrieb, die Dimension des Fühlens abhanden gekommen?[122]

Ein zweites Problem liegt in der schieren Unmöglichkeit, innerlich nachzuvollziehen, wie es sich in den archaischen Abgründen menschlicher Erlösungsbedürftigkeit anfühlt. Wo wir nicht begreifen, ist das Verurteilen schnell zur Stelle. Während, wie Metz (2006, 12) schreibt, in der Folge von Augustinus' Erbsündenlehre die „Last für die Verursachung und die Verantwortung der Übel und der Leiden in der Welt ausschließlich auf die Menschheit und deren im widergöttlichen Nein verwurzelten Schuldgeschichte" gelegt ist, gibt es (v.a. in neuerer Zeit) auch Theologen, die in ihren soteriologischen Modellen etwas von den Abgründen und Hintergründen menschlicher Erlösungsbedürftigkeit ausloten. Im Folgenden betrachte ich drei theologische Ansätze unter dem Gesichtpunkt früher Prägung: Augustinus, den Drewermann der frühen 1980er Jahre und Schwager.

Mit dem Wort Erbsünde verbindet sich der Name ***Augustinus*** (354-430). Gott als *summum bonum* einerseits, den Menschen in seiner inneren Zerrissenheit anderseits vor Augen, kommt Augustinus zum verhängnisvoll formulierten Schluss, der Ursprung des Bösen liege im Menschen. Im Vergleich zur hier vorliegenden Beschreibung früher Prägung (vgl. I.1) fällt demgegenüber auf, wie treffsicher er die Abgründe

---

121 Drewermann (Sternstunde Philosophie SF1 vom 28.1.2007) in der Beantwortung der Frage nach der Bedeutung der Hirnforschung für die Frage nach der menschlichen Seele: Neurologie kann keine *Innenwahrnehmung* aufzeigen, sondern nur das äußerlich Sichtbare (Stressfaktoren, hormonelle Veränderungen).

122 Memoria passionis. Sich der Leiden erinnern, fordert Metz (2006).

der menschlichen Seele erfasst.[123] In einer „anthropologischen Intuition“[124] erkennt Augustinus die Wurzeln der Sünde in menschlicher Gewaltprägung, Herrsch- und Ruhmsucht und in seiner Begierdestruktur (Konkupiszenz). Nicht nur Hunger, Durst und Geschlechtstrieb werden als Begierde bezeichnet.[125] „Jedenfalls ist es die Begierde, sich zu rächen, die Zorn heißt, die Begierde, Geld zu haben, Habsucht, die Begierde, auf irgendeine Weise recht zu behalten, Starrsinn, und die Begierde nach Ruhm, Prahlerei. Es gibt noch viele andere Begierden, die ihre eigenen Namen haben, manche haben auch keinen.“[126] Die deutlichste Ausdrucksform der Konkupiszenz war für Augustinus die Unbotmäßigkeit der geschlechtlichen Lust. Für mich ist vor allem erstaunlich, wie präzise Augustinus das Ausmaß des Krankhaften erkennt, das für ihn nicht nur darin besteht, dass der Mensch in verkehrtem Begehren irdische Güter und Genuss an die Stelle letzter Ziele setzt[127] und genießen will, was er nur gebrauchen darf. Vielmehr erkennt Augustinus den Kern menschlicher Erlösungsbedürftigkeit darin, dass der Mensch sich an die Stelle Gottes setzt (perversa imitatio dei). Nach Augustinus ist die Superbia (Hybris) Ursprung von allem besitzergreifenden Verlangen: „Wenn ... die Seele ihre Macht liebt, gleitet sie vom gemeinsamen Ganzen ab zu einem Sondergut: und in jenem abtrünnigen Hochmut ... erstrebte sie etwas Größeres als das Ganze, und indem sie dies nach ihrem eigenen Gesetze zu leiten sich anheischig machte, stürzte sie ... in die Sorge um ein Teilgut.“[128] Damit macht sich der Hochmütige selbst zum Mittelpunkt, statt dem Schöpfer anzuhangen.[129] Es bleibt Anfrage an die Kirchengeschichte, weshalb diese treffsichere Umschreibung der Abgründe der menschlichen Seele so wenig ins Blickfeld der weiteren Wirkungsgeschichte des Augustinus rückte.

Der frühe Drewermann (geb. 1940)[130] verbindet Erlösung (auch Erlösung von Sünde) mit Befreiung von Angst.[131] Gleich im Vorwort seines großen Doppelbandes *„Tiefenpsychologie und Exegese“* bestätigt er, dass das einzig wesentliche Thema der Religion die Überwindung der menschlichen Angst sei, und dass jeder Reduktionismus auf eine einseitige und erstarrte Lebensform und Wirklichkeitsbetrachtung in tiefstem Sinne Sünde sei.[132] In immer neuen Konkretisierungen wird über Angst (Daseins- und Todesangst, Angst, erlaubtes Gegenüber Gottes zu sein und damit Angst vor der Selbstwerdung in Freiheit, Schuld-Angst in der Folge von Ursünde und Paradieses-

123 Nach Budzik (1995, 101) zeugen viele der Aussagen von Augustinus von einem „ungeheuer tiefen Einblick in die Abgründe des menschlichen Verlangens“.
124 Budzik (1995, 93).
125 Budzik (1995, 98).
126 Augustinus, „De civitate dei“ 14,15 (CCL 48,438); zitiert nach: Budzik (1995, 107).
127 Vgl. die Einführung der Formulierung der „verwünschten Beziehung zu Gott“ in II.2.
128 De Trinitate XII 9,14.
129 Budzik (1995, 101).
130 Im Speziellen dessen Werke „Tiefenpsychologie und Exegese“ Bd. I und Bd. II (1988a; 1985) sowie das Vorwort zum „Markusevangelium“ (1987, 11-123).
131 Vgl. hierzu auch I.1.6 samt Fußnoten.
132 Drewermann (1988a, 12).

verlust etc.) gesprochen. Im Finden zu Glauben und Vertrauen erkennt der Drewermann der frühen 1980er Jahre die erlösende Alternative zur Angst. Auch er verwendet das Wort Urangst und scheint diese vorab mit jener tiefen Seinsverunsicherung zu verbinden, die ich im primären Schuldgefühl, respektive in der Scham des Vorhandenseins erkenne (vgl. I.2.6.1). Er umschreibt diese treffsicher als Urangst und Urprotest, unberechtigt und ungeliebt auf Erden sein zu müssen.[133] Heil-Werden hängt für ihn einerseits mit einer Gesundung des Menschen in seinem Selbstbewusstsein und seiner autonomen Mündigkeit zusammen (vgl. I.1.6), anderseits mit einem (auch ganz körperlichen) Zurückfinden zu einer heilenden Einheit mit dem Vater, in der es weder Ambivalenz noch Feindschaft gibt.[134] – Für mich bleibt offen, ob Drewermann in all dem nicht nur um einen der beiden Aspekte des doppelten Urgeschehens und der Urprägung Mensch kreist: um die Urangst vor dem Zuwenig (Mangelerfahrung, Erfahrung ‚verbotenen Daseins'), während die Urerfahrung im Zuviel (das Grenzenlose, traumatisch Überfordernde, Gewaltige) tabuisiert bleibt. Wo diese Letztere, die das Ganze und Gott selbst verschattet, nicht in den Blick kommt, können weder die Ursprünge menschlichen Bedroht-Seins begriffen noch Gewaltprägung und Störungen im menschlichen Bezogensein aufgelöst werden. Die Frage nach dem adäquaten Umgang mit Macht bleibt verdeckt. Auch diese Form der Urangst (vor dem Zuviel, dem Numinosen und vor der „Wucht der Gotteserfahrung"[135]) müsste in den Religionen und ihren Riten zu erlösenden Antworten finden[136] und überhaupt erst kollektiv ins Bewusstsein kommen.

Schwagers Annäherung an die Abgründe menschlicher Prägung führt ihn in die Nähe der ***mimetischen Theorie*** von Girard (1992). Schwager hat die Wurzeln von Prägung tief in der „naturalen Verfasstheit" des Menschen angesiedelt und deren energetisch-emotionales Potential in seiner Eigengesetzlichkeit eindrücklich begriffen. Folgerichtig betont er, dass der Tiefe solcher Prägung eine Erlösung von ebensolcher Totalität entsprechen müsse.[137] Und dass die Frage nach Erlösung ihrerseits auch als dynamisches Geschehen (Heilsdrama) entfaltet werden müsse, als energetisches Herauslösen aus solchen Eigengesetzlichkeiten und Teufelskreisen (vgl. hierzu II.3). Im Versuch, das *energetische* Potential früher Prägung zu begreifen, bietet sich das mimetische Begehren[138] und die damit einhergehende Erklärung menschlicher Gewaltstruktur als ein auf Teilstrecken geeignetes Denkmodell an. Schwager umschreibt:

---

133 Drewermann (1987, 78).

134 Drewermann (1985, 128f).

135 Ausdruck von Gotthard Fuchs in einem persönlichen Gespräch über Gotteserfahrung bei den Mystikern.

136 Vgl. z.B. der raumgebende Gott als Antwort auf die Urangst des Zuviel. So bei Noah (vgl. II.1.5). Oder die Vater-Beziehung bei Jesus (II.1). Riten können verstanden werden als zugleich eingrenzendes, strukturgebendes wie als ermöglichendes Moment in der Annäherung ans Heilige.

137 Vgl. hierzu I.1.6.

138 Budzik (1995, 100f) schält in seinen Gedanken zur „perversa imitatio dei" den Unterschied zwischen Augustinus' Mimesisverständnis und demjenigen Girards sehr deutlich heraus: „Während Girard, im Gegensatz zur bisherigen anthropologischen Tradition, die verhängnisvollen Auswirkungen der mimetischen Begierde in den Vordergrund rückt, hängt die moralische Beurteilung des menschlichen Verhaltens bei

„Gemäß der Girardschen Anthropologie geht die bei allen Menschen äußerst wirksame Nachahmung dem reflexen Erkennen voraus und orientiert sich mit einer ‚quasi-osmotischen Unmittelbarkeit' am Streben eines Vorbildes (Mimesis). Ist dieses Verlangen auf ein begrenztes Gut ausgerichtet, dann verfängt sich der Nachahmende unweigerlich in ein Rivalitätsverhältnis mit seinem Vorbild, weil er eben anfängt, das gleiche begrenzte Gut wie dieses zu erstreben. Aber auch das Vorbild beginnt bald die Nachahmung seines ‚Schülers' nachzuahmen, wodurch beide zu Doppelgängern oder feindlichen Brüdern werden, und ihre Rivalität kann sich leicht bis zur offenen Aggression, ja bis zum Töten steigern. Im Sog solcher Nachahmung (Mimesis) breitet sich das Übel seuchenartig weiter aus, denn sie zieht auch andere Menschen und alle Bereiche des Lebens – selbst die Vernunft – in ihren Bann. Nach Girard gibt es aber eine Selbsteingrenzung der Gewalt, denn unter der Wirkung jener Mimesis, die das Problem schafft, kann die wechselseitige Aggression auch plötzlich in die Tat aller gegen einen umschlagen. Auf diesen einen (Sündenbock) werden dann alle Aggressionen und Projektionen übertragen. Ihm wird sowohl die Schuld für den Ausbruch der Gewalt als auch die plötzliche und scheinbar wunderbare Rückkehr des Friedens – wegen der nicht durchschauten Wirkung des Sündenbockmechanismus – zugeschoben. Das passive und zufällige Opfer wird so sakralisiert und zu einer aktiven, göttlich-heroischen Gestalt erhoben."[139] Schwager erkennt, dass wesentliche Elemente dieser mimetischen Theorie sich ausdrücklich in der biblischen Urgeschichte finden – mit Ausnahme der kollektiven Zusammenrottung gegen ein zufälliges Opfer.[140]

Ich frage zurück: Ist mit Worten wie Begehren und Nachahmung, die Girards Mimesis-Theorie zugrunde liegen, die Not, die zur Erlösung ansteht, tief genug begriffen? Sind Begehren und Nachahmung nicht bereits Folgeerscheinungen von Urangst? Und kreisen nicht auch Begehren und Nachahmung und damit dieser Erklärungsansatz nur um die *eine* Erfahrung des doppelten Urgeschehens, jene im Zuwenig? Wo ist die Urnot im Zuviel bei Girard zu finden? Diese steht aber gerade am Anfang menschlicher Macht- und Gewaltprägung und ist ebenso ursprünglich wie die Urnot im Zuwenig.

Der mimetischen Theorie zufolge wird begehrt, was man selber nicht hat oder wovon man nicht genug hat. Diese Fährte der Mangelprägung ist in der mimetischen Theorie treffsicher aufgenommen und von Schwager wesentlich vertieft worden, indem er den Menschen in seinem Begehren nicht nur fremdbestimmt zeichnet, sondern – tiefer – als *Wesen der Gottessehnsucht*[141]. Damit ist bei Schwager der Weg offen zu den Wurzeln menschlichen Begehrens, die viele Menschen als solche kaum mehr spüren. Un-

---

Augustinus vom eigentlichen Objekt des Verlangens eines Menschen ab. Zum besseren Verständnis der Sichtweise des Kirchenvaters kann seine Unterscheidung zwischen uti und frui hilfreich sein. Uti (gebrauchen) bedeutet, sich eines Objektes als Mittel zu bedienen, um dadurch ein anderes Gut zu erreichen; frui (genießen) heißt, einem Objekt mit Liebe anzuhangen, um seiner selbst willen. Man darf genießen, was man als Ziel betrachtet; man soll gebrauchen, was man als Mittel ansieht."

139 Schwager (1997, 24f).

140 Vgl. Schwager (1997, 25).

141 Sandler (1995, 53f).

beachtet bleibt in Schwagers Rückgriff auf Girard, ähnlich wie bei Drewermann, die Erlösungsbedürftigkeit in der Urangst im Zuviel. In der Konsequenz der mimetischen Theorie wäre Gewalt nur Folgeerscheinung mimetischen Begehrens. Das Gewaltproblem wird so aber nicht von seiner Wurzel her begriffen (Angst vor dem Zuviel des Numinosen, ,Urangst vor Gott') und bleibt unaufgedeckt.

Überdies wird bei Girard die Erfahrung mit dem Heiligen erst im Opferritus lokalisiert[142] und nicht als Urerfahrung und letztgültiger Zustand des Menschen erkannt. Als wäre das Heilige nur Folgeerscheinung. Angesichts von Girards Tabuisierung des Heiligen und gleichzeitiger Überhöhung des Opfers wundert es nicht, dass ausgerechnet Kulturen mit Opferstatus eine doppelte Kritik gegenüber seiner mimetischen Theorie anmelden.[143]

Warum ist es so wichtig, nachhaltig nach den tiefsten Wurzeln menschlicher Gewalt zu fragen? Zum einen wage ich zu behaupten, dass es Zeichen der Zeit ist, auch dem Gewaltproblem, der schlicht erschreckenden menschlichen Bereitschaft zur Gewalt auf die Spur zu kommen. Das gelingt m.E. nicht, wenn man deren Ursprünge nicht erfasst. Zum andern werde ich in meinem Spitalalltag immer neu darin bestätigt, dass es diese schauerliche Erfahrung der Urangst vor dem Numinosen tatsächlich gibt. Inmitten von anhaltender Bettlägerigkeit, wo die Normalität von Alltag und Empfinden längst verlassen worden und Ohnmacht erneut in ihrem ungeschminkten Gesicht gegenwärtig ist, wird sie erneut erlebt etwa als ,Angst vor den Luftmassen', als Erstarren im Gegenüber einer nicht mehr als solche erkennbaren Wand, als ,Gegenübererfahrung oder Verfolgtwerden von Augen[144], Wasser oder Wind', insgesamt als Totstellreflex, der das Leben wie das Sterben verhindert. Niemand versteht ,warum'. Aber mit einer Pathologisierung ist den vielen Menschen, die ein solches erleben[145], auch nicht gedient. Es handelt sich um eine Empfindung, die inmitten von radikaler Ohnmacht geradezu normal und zugleich schrecklich ist. Ich habe dann in meiner Verzweiflung

---

142 Nach Girard (1992, 9) führt die Zusammenrottung aller gegen einen zu dessen Opferung als Sündenbock, der sterbend Frieden bewirkt und damit auch in göttliche Dimensionen hinein überhöht wird. Dem gemeinschaftsstiftenden Opfer liegt demnach sowohl eine „zutiefst heilige Sache" wie auch eine Art Verbrechen zugrunde. Das Opfer wäre nicht heilig, würde es nicht getötet. Und später: „Es besteht der Grund zur Annahme, dass wir es hier mit dem Gründungsmythos eines Opfersystems zu tun haben" (ebd., 16).

143 Da Silva hat in seinem Buch „Am Anfang war das Opfer" (2001) den nicht gewürdigten primären Opferstatus aus *afro-indio-lateinamerikanischer* Perspektive bedacht: Opfer von Gewalt, welche ungerechten sozialen Strukturen innewohnt, Entrechtete, Arme, Ausgestoßene, das „unblutige" Opfer etwa des kurzen Lebens in der dritten Welt. Opfer, die aber nicht – wie die Mimesistheorie suggeriert – ein friedliches Zusammenleben begründen. Da Silva stellt seinerseits fest, dass die Genese des Heiligen, wo sie im Anbeten des kollektiv ermordeten Opfers bestehe, jeden metaphysischen und transzendenten Charakter des Heiligen ausschließe. Religiöses und Gesellschaftliches werde auf derselben Ebene angesiedelt. Eine tiefere Genese des Mystischen und Mythischen falle außer Betracht. Vor allem werde Girard, der nur im Christentum einen Religionsstifter nach seinem Kalkül vorfinde, den anderen Religionen nicht gerecht, was katastrophale Auswirkungen auf den interreligiösen Dialog habe.

144 Zum Augensymbol, Augen als Sprache Gottes, vgl. Renz (1996, 178). Vgl. auch Schneider, H. (2001).

145 Nach meinen Schätzungen erlebt etwa ein Drittel ein solches annäherungsweise bewusst; wohl noch weitere unbewusst. Anregung für zukünftige Forschungen.

begonnen, mit Patienten über eine mögliche Urangst im Zuviel zu sprechen. Der erstaunlich häufige Kommentar lautet: *„Dann bin ich ja normal.“* Und bei Sterbenden kommt etwas in Bewegung, wo zuvor nur Starre war. Solche Menschen müssen, ob sterbend oder neu lebend, einem großen Du nochmals – und diesmal anders – begegnen. Erlösung geschieht nur, indem die Urangst in ihren beiden Ausprägungen – auch die Urangst vor dem Numinosen, respektive die *Urprojektion ‚Gott‘* – irgendwie relativiert wird, indem etwa die erneut gegenwärtige Erfahrung des Numinosen in neuem Deutungshorizont gesehen wird. Nicht mehr mit dem Beigeschmack von „Alles ist gegen mich“, „Da ist totaler Untergang im Eigenen“, sondern vielleicht im Zeichen von Erschütterung, Ergriffensein, allenfalls von Zumutung, aber darin und darüber hinaus von Würdigung. Die Urangst vor dem Numinosen ebenso wie deren Auflösung dürften anschließend einfühlbarer werden (vgl. I.3.1).

Nicht zuletzt darf es doch auch ontologisch gedacht nicht sein, dass das zutiefst Gefürchtete und Tabuisierte – das mysterium tremendum et fascinosum –, welches für viele zugleich das Letztrettende ist, aus dem menschlichen Erlösungsprozess ausgeklammert bleibt.

Zusammenfassend I.2: Ausgehend von der Urprägung Mensch verändert sich die allem Leben innewohnende, um eine Mitte kreisende Dynamik. Das werdende Subjekt (ontogenetisch) und die Subjektentwicklung als Ganzes (phylogenetisch) stehen unter dem Vorzeichen des Bedroht-Seins. Entsprechend entwickeln sich im sich durchsetzenden Ich und im Prozess der Menschwerdung immer stärkere Schutzreaktionen. Das Ich sondert sich vom Ganzen ab, die menschliche Wahrnehmung kommt irgendwann an den Punkt, wo dem Menschen gar nichts anderes mehr möglich ist, als vom Ich her (ich-bezogen) zu empfinden und zu denken. Eine Urbeziehung zu Gott als dem Ganzen ist durchbrochen, energetisch betrachtet ist *Sonderung* entfacht (die *eine* Sünde). Aus Dynamik ist unbemerkt Dynamismus geworden, aus welchem es kein Entrinnen mehr gibt. Im Gegenteil: die Entwicklung geht immer mehr in Richtung Subjektivismus und Egomanie. Im Sinne einer Veranschaulichungshilfe (Darstellung I.2.5) habe ich von fünf Zuständen des In-der-Welt-Seins gesprochen. Die vier Zustände ‚Sein, Bewegtsein, minimer Habenreflex sowie Loslassen‘ ergeben zusammen ein Umkreisen der einen Mitte (Gott/Ganzes), aber auch der tieferen Mitte seiner selbst. Davon gesondert ist der fünfte Zustand im Ich zu sehen, worin sich der Mensch mit einer Grundhaltung des Habens, der Selbstbestimmung und der Macht identifiziert hat. Normalzustand des Menschen in unserem Kulturkreis!

Auch diese Entwicklung kann letztlich nicht als Schuld im moralischen Sinne abgetan werden, sondern bedeutet eine ‚tief im Fleisch sitzende‘ menschliche Reaktionsbereitschaft. Subjektwerdung ist keine Schuld, selbst dann nicht, wenn Menschen irrational ein primäres Schuldgefühl entwickeln. *Primär geprägt*, wird der Mensch aber *sekundär*, namentlich in Prozessen von Identifikation, Projektion und Tabuisierung auch im eigentlichen Sinne *schuldig*. Erlösungsbedürftig, weil gefangen, ist der Mensch in der Folge in beidem. Die theologische Diskussion unterscheidet zu wenig zwischen der Ebene der Schuld und jener der Prägung (Darstellung I.2.6.3). Sie verstärkt damit eine kollektive Allergie in der Frage nach Schuld. Ansätze des Erkennens von Prägung sind zwar da, aber psychologisch und anthropologisch zu wenig konsequent durchdacht.

3 Urangst und die drei Gesichter einer Urprägung

Mit dem Begriff Urangst kann vorerst niemand etwas anfangen. Man kann nicht nachvollziehen, was damit gemeint sei, noch begründen, dass es sie gebe. Und doch muss, bevor wir von Bewältigungsmustern und einzelnen Gesichtern einer Prägung reden, begriffen sein, was ihnen als Urprägung (Urangst, Urverletzung und Ursehnsucht) zugrunde liegt.

3.1 Urangst und Urprojektion[146]: Was ist das? Und was haben sie mit Gott zu tun?

Ist Zittern Ausdruck von Angst? Sind Schweißausbrüche, versagende Knie, nervöse Zuckungen, Enge im Brustraum, irrende Augen, schneller Stuhlgang (‚Schiss' ist ein schweizerdeutscher Ausdruck für Angst), sich sträubende Haare, Gänsehaut, Ekel, sich zusammenziehende Muskeln Hinweise auf Angst? Patienten wissen meist nicht um solche Zusammenhänge. Angst als Urgefühl, abstrakt definiert, kennen wir nicht. Hingegen kennen wir die Angst vor der Enge, dem Fall, dem Börsencrash, der krankheitsbedingten Ohnmacht, vor Spinnen oder Schlangen. Wo der Mensch weiß oder fassen kann, wovor er sich fürchtet, ist Angst bereits ins Bewältigbare reduziert worden. Sie lokalisieren zu können, ist Bewältigung und nimmt der Angst ihren unfassbaren Bedrohungscharakter. Würde ich fragen: Wie fühlt sich Angst pur an, so käme als Antwort bei den meisten nur Achselzucken.

*Anders bei **Herrn Kamer**, einem fast voll gelähmten, zitternden, ansonsten aber differenziert denkenden Patienten (vgl. I. Hinführung, S. 28), an dessen Not nachvollziehbar wird, wie sehr Urangst genährt ist von einer **Urprojektion**. Diese lautet: **‚Gott/alles ist gegen mich'**[147]. So formuliert Herr Kamer, als er über längere Zeit in der Angst vor den allgegenwärtigen Luftmassen ist. Er kann nicht anders als zur Projektion kommen, die Luftmassen und sowieso alles und alle seien gegen ihn.*

---

146 Im Nachfolgenden verschiedentlich als *Urprojektion Gott* bezeichnet, vgl. I.1. und Fußnote 147.

147 Biblisch gesprochen geht es um die Projektion, nach der der Mensch Gott als zornig bis fluchend und *ver*fluchend erlebt. Genauso fühlt der Mensch in Zuständen absoluter Nichtigkeit: „Alles/Gott ist gegen mich" und doch ist damit nichts über eine Wesenheit Gottes gesagt.

Doch im Unterschied zu anderen Patienten will er sich darin verstehen. Er sagt: „Wenn ich früher Angst hatte, den Zug zu verpassen, kann ich heute darüber fast lachen. Das hat nichts mit Angst zu tun. Aber wissen Sie: ***Angst heißt eigentlich Untergang.*** *Ich werde gefressen oder erdrückt oder ermordet. Dabei gibt es keinen eigentlichen Mörder*[148]. *Angst ist, wenn ich in der Luftmasse völlig verloren bin. So wie wenn ich auf der Abschussrampe von Gott stehen und ins endlose Niemandsland fallen würde.*[149] *" Er schluchzt. Mehrmals muss er verstehen: „Genau so fühlt sich Angst an. Genau das ist Angst, und ich habe sie nur, weil ich ein Ich bin. Angst hat man nur im Ich." Und ferner muss er verstehen: „Nicht die Luftmasse bedroht mich, sondern da ist Luft, und – wenn schon – so ist da der behütende Gott." So kann er eine Urprojektion relativieren und Friede erleben. Das wirksamste Musikinstrument, um den Urfrieden an ihn heranklingen zu lassen, ist das Meeresrauschen (ocean drum). Ich schließe daraus, dass in ihm eine gute, behütete intrauterine Urerfahrung lebendig ist.*

Angst, die nur noch *ist*, ohne Warum und ohne Erklärung, ist meist ***reine Körperreaktion.*** *Es* schwitzt, friert, schaudert, ekelt sich in uns, und wir können nichts dafür noch dagegen tun. Herr im eigenen Haus ist nicht mehr das Ich, sondern die Angst oder die Projektion[150]. Der Boden ist dem Ich wie entzogen, denn Angst, wenn sie uns wirklich hat, erfasst uns total. Das ist gemeint mit ***Urangst: diese seiende, überwältigende Angst jenseits aller Worte.*** Der Begriff Urangst verweist auch auf das Alter der Prägung: Vor Urzeiten begann es damit. Damals fehlten jegliche Kategorien, Begriffe und Instanzen des Verstehens. Vielleicht gab es zu jener Zeit nur gerade instinkthafte Unterscheidungen, etwa zwischen hell und dunkel oder angenehm und unangenehm und das damit jäh einsetzende Empfinden: ‚Ich bin bedroht' (= „Alles ist gegen mich") und: ‚Ich bin verloren' (= „Ich stehe auf der Abschussrampe Gottes").

Schwerkranke Menschen, die – durch Krankheit, Nebenwirkungen von Therapien und Kampf erschöpft – auf das Rudimentärste ihrer selbst reduziert daliegen, beschreiben in ihrer Ohnmacht genau solche Befindlichkeiten: das Zuviel oder das Zuwenig schlechthin und dies alles ohne absehbares Ende. Oder aber – jenseits von aller Not – ein überglückliches, friedliches Sein: ein Angeschlossen-Sein und Urvertrauen. Das ist die Alternative: Seligkeit oder Urangst! Dazwischen gab und gibt es in dieser Tiefenschicht von Erleben nichts, kaum ein Zeitgefühl. Darum gibt es für Patienten inmitten der schrecklichen Momente auch kein Warten (etwa bis die Pflegende kommt). Darum wird hier alles Zuviel oder Zuwenig zur Katastrophe. *„Warum hast du mich den ganzen Tag im Stich gelassen?", fragt der schwerkranke Mann seine Frau. Sie war für zehn Minuten auf der Toilette.* Urangst ist ein Grenzphänomen. Es gehört zu ihrem Wesen, dass ihr nacktes Gesicht nur an den äußersten Grenzen des Lebens (in Krieg, Bettlägerigkeit, Panik, im Zugehen auf den Tod) offenbar wird und dass sie in

148 Vgl. Urangst in ihrem zweiten Aspekt, in: Renz (1996, 142f.).

149 Vgl. Urangst in ihrem ersten Aspekt, in: Renz (1996, 142f.).

150 Der Begriff Projektion will hier nicht abwertend verstanden werden. Wo wir von Projektionen sprechen, entwerten wir den Menschen oft als unvernünftig und irgendwie unfähig. Die Projektion ist vielmehr ein Mechanismus, der ungefragt einfach stattfindet und zu verzerrter Wahrnehmung, Angst und sich wiederholender Urangst führt.

ihrer projektionsauslösenden Dynamik unverstehbar ist. An Kranken- und Sterbebetten erlebe ich diese Angst verbalisiert oder wortlos:

***Herr Zweifel** liegt vor seinem Sterben zwei Tage wie in einem Koma, aber mit offenen Augen. Immer in Richtung Wand starrend. Pflegende und Angehörige sind ratlos: Warum dieses Starren? Einmal fasse ich den Entschluss, mich tiefer einzulassen. Ich nehme eine ähnliche Position ein wie er und setze mich dem Erlebnis der Wand und meinem eigenen Hinstarren aus. Mit der Zeit erfasst mich ein Grauen: Die Wand ist grau, Konturen lösen sich auf, ich sehe mehr und mehr nur noch ein schauriges atmosphärisches Gegenüber. Ob Herr Zweifel wohl ähnlich empfindet? Ich spreche ihn an: „Herr Zweifel, Sie müssen ja wie gefangen sein im Gegenüber einer erdrückenden Luftmasse. Wie wenn da alles nur ein schauriges großes Ding wäre…" Da werde ich auch schon unterbrochen von einem durch Mark und Bein gehenden „Ahhhh", gefolgt von Stille und Verdauungsgeräuschen. Letzteres heißt: Es hat sich etwas gelöst. Ermutigt nehme ich den Dialog nochmals auf: „Herr Zweifel, wenn dem so ist, dann müssen Sie wissen: **Ihr Gegenüber ist zwar für uns bedrohlich, doch es meint es gut mit Ihnen.** Lassen Sie sich von Gott anschauen, und Sie werden sehen, er hat freundliche, liebende Augen." „Ahhhh", kommt es erneut aus dem sonst unbeweglich und stumm daliegenden Menschen heraus. Mehr noch: Herr Zweifel hat plötzlich Tränen in den Augen. Ob er sich verstanden fühle? Ein leises Nicken. Ich wische ihm die Tränen ab, bin eine Weile einfach da und wiederhole meine Zuversicht. So beginnt es in ihm langsam, sich zu entspannen. Ich verabschiede mich. Zwei Stunden später sind seine Augen geschlossen. Der Gesichtsausdruck ist friedlich, der Muskeltonus weich. In diesem Frieden bleibt er. Erst unmittelbar vor dem Sterben öffnet er die Augen nochmals, diesmal aber in anderem Ausdruck, nicht verängstigt und erstarrt, sondern ergriffen und irgendwie verklärt. Mit Augen, die schauen und doch hinüberschauen in ein Anderes, jedenfalls durch mich hindurch. Er stirbt ohne weitere Angst und Verspannung.*

*Im Zimmer nebenan liegt eine junge 20-Jährige in Panik. Alles jucke am ganzen Kopf, versucht **Simona** mir klar zu machen. Eigentlich bestehe sie nur mehr aus Kopf. Simona ist gelähmt und gefühllos bis fast zum Kopf. Die Umstehenden sind hilflos. Ermutigt durch die zuvor gemachte Erfahrung mit Herrn Zweifel, lasse ich mich auch auf dieses Leiden tiefer ein. „Ich werde dich jetzt kratzen, Simona", kündige ich an und beginne damit. „Das tut gut", erwidert sie. Kurzes Einnicken. Dann erneutes Geplagt-Sein von ihrem Juckreiz. Da ich Simona schon länger kenne und auch schon philosophische Gespräche mit ihr geführt habe, auf die sie jeweils sogar körperlich ansprach, versuche ich es jetzt auf dieser erklärenden Ebene. Ich erzähle ihr von der Not von Herrn Zweifel und frage: „Ist es vielleicht auch bei dir so, als wäre da ein großes atmosphärisches Gegenüber, das bereits bei der Nasenspitze beginnt, nämlich überall dort, wo du und dein Körper aufhören? Dieses Allgegenwärtige kann Ekel, Jucken und manchmal auch Angst auslösen." „Das ist gut beschrieben. Aber was macht man dann?", fragt sie. Nun schaue ich Simona tief an und sage: **„Sei getrost, Simona, ich weiß** von vielen Erfahrungen, **dass dieses unendliche Gegenüber eigentlich sanft ist, eigentlich Gott ist**, zu dem du ja so gerne betest. Lass jetzt einfach mal diesen Gedanken auf dich wirken." Ich kratze Simonas Kopf nochmals kurz und sanft. Sie beginnt sich zu beruhigen, scheint sich verstanden zu fühlen, ja sich auch selbst nun bes-*

ser zu verstehen. Tiefes Atmen und Nachspüren. Nach einer Weile ergänzt sie: „Weißt du, selbst die Nasenlöcher gehören nicht mehr zu mir. Das löst ein so furchtbares Gefühl aus. ... Aber wenn ER es ist, wenn er lieb ist ...“ Ob dieser Worte nickt sie kurz ein. ... „Meinst du, dann sei alles einfacher?“, führe ich den Satz zu Ende. Sie nickt und ist beruhigt. – Der anwesenden Mutter und der Pflegenden erkläre ich nun, was es mit diesem anonymen Gegenüber auf sich habe. Und was Urangst, ja primäre Angst sei. Simona hört mit und nickt nochmals bestätigend. Während Tagen liegt sie glücklich da. Einmal lässt sie mich mit Blick nach oben wissen, ER – der Hüter da oben – sei bei ihr gewesen.

Angehörige, Pflegende, Ärzte, die solche Begebenheiten miterleben durften, konnten danach meine Erklärungen nachvollziehen und fanden ihrerseits Zugang zur Vorstellung, dass dies eine *Gegenübererfahrung* von archaischer schwingungsmäßiger Art sei, die offenbar auf eine für uns nicht vorstellbare Weise bedrohlich erlebt werde.

In Kapitel I.1.1 wurde in ontologischer Betrachtungsweise bereits von ***Gegenübererfahrung*** gesprochen, hergeleitet über die früheste Bewusstseins- und Ich-Entwicklung. Bei Sterbenden wird dasselbe Phänomen – wenn wir das Auge dafür haben – oft konkret nachvollziehbar. Urangst oder Gegenübererfahrung schließen dabei einen noch umfassenderen letzten Zustand des grundlos Guten, Seienden nicht aus, im Gegenteil. Die Erfahrung des grenzenlosen Gegenübers wird an der Schwelle hin zum letztlich guten Seienden, Ganzen erlebt und hat zu tun mit dem Phänomen Wahrnehmung. Bedingt durch das Faktum zweierlei grundsätzlich verschiedener Wahrnehmungsweisen (vgl. I.1.2) kommt der Mensch (als Embryo und Säugling) im Zuge seiner Ich-Werdung bei sich als Eigenem an. Langsam und immer mehr wird ich-bezogen erlebt, wird auch in den Gesetzmäßigkeiten dieser Welt (oben-unten, rot-blau, Ich-Du etc.) empfunden (vgl. I.1.1 bis 1.4). Dabei werden schwierige Momente im Übergang durchlaufen. *Sterbenderweise* – sein ich-bezogenes, sinnenhaftes Wahrnehmen wieder verlassend – taucht der Mensch erneut und doch anders ins ganz Andere ein.[151] Die oben beschriebenen Angst- und Schreckerfahrungen Sterbender wollen als schwierige Durchgangserfahrung begriffen werden, die dort entsteht, wo zwei Wahrnehmungsweisen sich vermischen und plötzlich eine Not empfunden wird im Gegenüber eines nunmehr numinos erlebten Gegenübers. Noch ist ein gewisses Gefühl im Eigenen da (Jucken, Bedroht-Sein, auf der Abschussrampe Gottes). Gleichzeitig verliert sich aber die Fähigkeit, die Umgebung in ihren Einzelteilen differenziert zu erkennen. Konturen im Außen lösen sich auf. Man vermag nicht mehr, die Wand vom Bild, die Pflegende vom Bett, im Extremfall gar oben von unten, Rot von Blau zu unterscheiden. Dann hat man es zu tun mit einem riesengroßen schwingungsmäßigen Gegenüber, das in der Tat schon bei den Nasenlöchern beginnt. Und das kann wahrlich Juckreiz, bei anderen Ätzen, bei Dritten Ekel oder Angst auslösen. Diese Urbedrohung im Gegenüber des nicht mehr weiter ausdifferenzierbaren Numinosen wird, wie Herr Kamer treffend sagte, als Untergang im Ich erlebt. Hier entsteht auch die ***Urprojektion***: „Alles, selbst Gott, ist gegen mich!“ Ein solch numinoses Gegenüber, so

151 Womit auch gesagt ist, dass Urzustand und Endzustand nicht einfach dasselbe sind. Vgl. Renz (1996).

meine wiederkehrende Beobachtung, wird *körperlich, atmosphärisch, musikalisch* erlebt.

Seelisch fühlt es sich in solchen Durchgängen an wie *„zwischen Urangst und Urvertrauen"*. Wobei das Urvertrauen das Erstere und irgendwie Letztliche ist, in welches auch Sterbende schlussendlich hineinfallen. Irgendwann im Sterbeprozess wird nämlich selbst die Angst losgelassen. Damit sind Sterbende aber nicht einfach tot, sondern im Gegenteil: angekommen in einem spirituellen Zustand jenseits einer inneren Bewusstseinsschwelle. Hier, weil außerhalb aller Differenzierung, ist nur mehr Glück, Friede, Fülle, Sein und Begegnung. Selbst Schmerzen, die eben noch beträchtlich gewesen sein mögen, sind jetzt wie außerhalb dessen, was empfunden wird, und darum nicht oder kaum mehr existent.

Gegenübererfahrung ist letztlich Gotteserfahrung. Der Sterbende durchlebt spirituell einen Weg vom Ich – über die Konfrontation mit diesem schwingungsmäßigen Du – bis hin zum Sein/Teil-Sein/Geborgen-Sein in diesem großen Du. Die hier erläuterte ***Gegenübererfahrung ist Teil des ‚Hindurch'***. Einwilligend in seinen Untergang, kann sich das Ich nun loslassen in ein Unfassbares hinein. Doch dort erfährt es Friede, Heimat, Teilhabe, Freude, Würdigung ... Was für uns letztlich Geheimnis bleibt und wir *nie wissen*, sondern nur *deuten* können, scheint doch Teil des Sterbeprozesses zu sein, wie Sterbende immer wieder signalisieren. Sterben ist in diesem Deutungshorizont also ***Beziehungserfahrung und Seinserfahrung***. Das Ich wird nicht nur am Du[152], es stirbt in ein atmosphärisches Du, das zugleich das Seiende ist, hinein. In den ‚Ich bin der Ich-bin-da' hinein.

Mit der Vorstellung eines zu fürchtenden schrecklichen Gottes oder mit der Formulierung einer Urangst vor Gott tun sich gerade gläubige Christen schwer. Der Gedanke eines Numinosen, das mit Schreck und Schauer erfüllt, eines Lichtes, ob dem man sein Augenlicht verliert, wie Legenden berichten, passt nicht zum barmherzigen lieben Gott unserer Sehnsüchte und Kindertage. Das leicht dahergesagte Wort Gott lässt uns vergessen, dass damit aber ein Geheimnis gemeint ist, ein nicht zu fassendes Grenzenloses. Mit solcher Qualität des Göttlichen, plötzlich hautnah erlebt, hat Gegenübererfahrung zu tun: Erfahrung eines mensch-übersteigenden Gottes, die uns aber nicht bedroht, sondern hinführt zur Erfahrung von Gott und Gegenüber schlechthin. Erfahrung aber auch vom Anfang im Ich und von letztlicher Würde, denn nur hier, am äußersten Punkt, wo sich das Ich nichts mehr selbst zuschreiben kann, hat es die Chance zu erfahren, dass es ist und erwünscht ist in Dasein und Sosein. In den Worten eines Patienten: *„Ich b i n, ganz so, als würde ich einem orkanartigen Wind standhalten. Doch seltsam ..., der Wind liebt mich."* In den eindrücklichen Worten des Begegnungsphilosophen Rosenzweig höre ich Ähnliches heraus: *„Ich Staub und Asche bin noch da."*[153]

---

152 Vgl. Buber (1983, 12). – Letztlich reift der Mensch am Du Gottes (vgl. III. 2. Identität).

153 „Ich ganz gemeines Privatsubjekt, Ich Vor- und Zuname, Ich Staub und Asche, Ich bin noch da." Aus einem Brief an seinen Vetter Rudolf Ehrenberg vom 18.9.1917. Später wurde dieser Text als „Urzelle des Sterns der Erlösung" betitelt. Rosenzweig (1984, 127).

Im Alten Testament gibt es zwei bekannte Beispiele, in denen ein Erschaudern im Gegenüber Gottes leibhaft spürbar wird. a) Die Gotteserfahrung Ijobs, wie in den beiden großartigen Reden Gottes geschildert (Ijob 38-41). Ijob erschaudert ob der Macht und Größe Gottes und ob der Dimensionen seiner Schöpfung. b) Die Gotteserfahrung des Propheten Elija, der sich am Berg Horeb vor seinen Gott hinstellen (sich ihm aussetzen) muss, um zu erfahren, dass dieser weder im Sturm noch im Erdbeben oder Feuer, sondern im sanften, leisen Säuseln einherkommt (1 Kön 19,1-13a). Letzteres lässt insofern aufhorchen, als auch Elija sich zuerst – wie dies bei Sterbenden geschieht – dem Angstmachenden stellen und durch seine Angst hindurchgehen muss, bis er jenseits aller Ambivalenzerfahrung seinen wahren Gott findet. Psychologisch gesprochen, musste sowohl bei Ijob wie bei Elija eine *Urprojektion Gott* von innen heraus relativiert werden.[154]

Urerfahrungen solchen Erschauderns haben in ihrem Erfahrungsgehalt ***wenig zu tun mit dem in unseren tradierten Gottesbildern festgehaltenen Gott.*** Ein harmlos lieber Gott lässt nicht erschaudern; der strenge Gott der Gebote ist zumindest berechenbar. Er löst vielleicht Gewissensängste aus, aber nicht den Schauer der Urangst. Liegt darin bereits eine Engführung? Oder ein Schutzmechanismus des rationalisierenden Ichs, das sich vor dem Unberechenbaren schlechthin und damit vor seiner eigenen Untergangserfahrung absichert?[155] Unsere Gottesbilder müssten also auf ihre Funktion einer kollektiven Bewältigung der Urangst vor dem Numinosen neu bedacht werden. Was in solcher Angstbewältigung tabuisiert bleibt, ist die Erfahrung des Heiligen als Inbegriff von *Erfahrung*, Inbegriff auch von Zuviel und somit auch Inbegriff dessen, dem unsere Furcht und Ehrfurcht gilt. Diese Urerfahrung, die zugleich auch Urbedrohung war, prägt die Spur tiefster menschlicher Sehnsüchte ebenso wie die Abgründe von Angst schlechthin.

Bedacht bezüglich einer Erlösungsbedürftigkeit und Erlösung heißt dies: Wir kommen in der Frage nach dem, was letztlich erlöst, nicht um eine an der Wurzel aller Subjektentwicklung stehende Urangst und um die Relativierung der Ur-Projektion (alles/Gott ist gegen mich) herum. Erlösung geschieht letztlich dort, wo Menschen, Religionen, Kollektive durch ihre je eigene Angst, ihre Schatten, Projektionen, Bewältigungsmuster und Ambivalenzen hindurch offen werden können auf die Erfahrung eines Letzten hin. Vielleicht werden wir dabei auch erkennen, dass ausgerechnet die Prägung Urangst und das Leiden an ihren Folgeerscheinungen – durch Leidensdruck und entsprechende Bewusstwerdungsprozesse hindurch – in Richtung eines neuen Umgangs mit dem Heiligen drängen. Vielleicht ist es schlussendlich die *Urangst*, welche

154 Betreffend Ijob: vgl. Renz (1996, 237-240).

155 Kessler (2006, 28-32) vergleicht verbreitete Grunderfahrungen des Göttlichen, wie sie in verschiedenen Religionen dargestellt und geglaubt werden, untereinander und stellt dabei zwei vielerorts wiederkehrende Grundprobleme fest: a) Die „inhaltliche Unbestimmtheit", ja Zweideutigkeit (etwa ein göttlicher Urgrund, der in sich gut und böse vereint). b) Die „unausrottbare menschliche Neigung, das Göttliche formal eingrenzend zu bestimmen", das Unbestimmbare festzulegen und so verfügbar/instrumentalisierbar zu machen. – Also ein Angstbewältigungsmechanismus.

den menschlichen und/oder den kulturspezifisch abendländischen Bewusstwerdungsweg mehr als alles andere bestimmt und letztlich auch auszeichnet. Es ist derselbe Mensch, dem die Frage, was ihm heilig sei, gestellt ist und dem in höchster Bewusstheit die *Fähigkeit zur wahren Gottesfurcht und Anbetung* vorbehalten ist. Urangst und Anbetung sind zwei Seiten einer Medaille.

3.2 Aus Urangst und Ursehnsucht werden Bewältigungsmuster

Was macht eine doppelte Urprägung aus dem Menschen, was macht er aus ihr? Nackte Urangst kann, wie zuvor deutlich wurde, als solche eigentlich nicht ausgehalten werden. Sie ist Inbegriff des zu Verdrängenden und zeigt ihr archaisches Gesicht nur in extremen Situationen. Umso mehr zieht sie eine ***Angstbereitschaft*** nach sich, die alles Kommende immer neu verdunkelt. Der Mensch weiß weder, wovor er sich zutiefst fürchtet noch was ihm zutiefst fehlt. Auch die Urerfahrung von Mangel und Verlorenheit kann als solche kaum gefühlt werden. Aus Urangst und Ursehnsucht werden Bewältigungsmuster, die der Ich-Stärkung und dem Überleben dienen und die in Schach zu halten versuchen, was immer dieses Ich und seine Autonomie gefährden könnte. Ich-Werdung wird zur Flucht aus der Gottnähe und aus einem ganzheitlichen Sein und damit auch zur Selbstentfremdung. Im kollektiven Bewusstwerdungsprozess kommt es zu Prozessen der Normierung; soziale und kollektive Verhaltensmuster spielen sich ein. Sind aber die Probleme wirklich behoben, wo Bewältigungsmuster und Ersatzbefriedigung gefunden wurden? Oder sind sie nur verdrängt und vertagt?

Indirekt bleiben Angstbereitschaft und Verlusterfahrung gegenwärtig in allem, was fern von Eden kulturgeschichtlich gewachsen ist.[156] Nur nehmen wir sie als solche nicht mehr wahr, etwa hinter den Einseitigkeiten unserer Kultur und ihrer Betonung des Männlichen, der Ratio und des Machtdenkens. Oder in unserer Sucht- und Spaßgesellschaft, die das Tiefsinnige ausgeblendet hat; in unserer Zivilisation des Habens und Leistens, von Profitgier und Opportunismus. Es geht hier weder um kulturpessimistische Unkenrufe noch um eine sentimentale Ganzheitlichkeitsphilosophie, sondern darum, hellhörig zu werden für das, was im Zeichen der Abwehr von Urangst und Ursehnsucht mit uns geschieht und längst geschehen ist; hellhörig auch dafür, wo wir selbst aus diffuser Angst und irrationaler Abwehr wesentliche Lebensimpulse abblocken. Aus der Position des Verdrängten und Verschatteten bleiben Urängste und Urprägungen umso nachhaltiger wirksam. Uns bleibt nur zu fragen: Sind Bewältigungsmuster hilfreich, ja vordergründig heilsam, weil zeitweilig notwendig? Oder sind und werden sie eines Tages zur Sackgasse? Und wenn Sackgasse: Wo gibt es einen Ausweg, eine Entwicklung, wo zuvor verworrene bis festgefahrene Verwicklung war?

In den folgenden Kapiteln werden drei Weisen, wie Menschen im Laufe ihres Lebens ihre Urprägung bearbeiten, dargelegt. Mit Blick auf die abendländische Kultur spreche ich von ***drei Gesichtern einer Urprägung: Angst-, Begehrens- und Machtstruktur.***

---

156 Über kulturspezifische Unterschiede etwa im Ausmaß jeweiliger Urangst-Prägung liegen keine kulturübergreifenden (vergleichenden) wissenschaftlichen Aussagen vor. Zur Entstehung frühester Angstprägung im Zusammenhang mit früher Bewusstseinsentwicklung und darin auch als Begleiterscheinung kulturspezifischer Prägung vgl. Renz (1996). – Zum Kulturspezifischen vgl. auch ersten Anhang.

Kapitel I.3.3: ***Der Mensch im Banne seiner Angst:*** (dominant bei 44 der insgesamt 171 als erlösungsbedürftig eingestuften Patienten in meinem Projekt). Hierzu gehören Menschen, welche Urangst und Urprägung nie ganz verlassen oder verleugnen konnten. Angstbereitschaft und Kreaturgefühl bleiben Hauptmerkmale. Hier geht es ***um die Ebene der Urbefindlichkeiten***, um das Innerseelische.

Kapitel I.3.4: ***Die menschliche Begehrensstruktur, Gier und die Frage nach Haben oder Sein***, auch um die Grundhaltung von Leben als Besitz (dominant bei 76 Patienten). Innerhalb der Begehrensstruktur wird unterschieden zwischen Mangel- und Genussprägung. Hier geht es ***um das Verhältnis des Subjekts zu Sache und Welt, um die Sachebene***, um den Haben-Reflex bis hin zur Haben-Mentalität.

Kapitel I.3.5: ***Die Machtstruktur als Frage: Gewalt oder Beziehung, Macht oder Liebe***, das Zulassen von Angewiesensein und Ohnmacht oder aber Allmacht und Narzissmus (dominant bei 51 Patienten). Phänomene wie Bestimmen-Müssen, Stimmungsterror, Thema Gewalt überhaupt. ***Ebene der Beziehung.***

Während bei der ersten Gruppe das Urphänomen und damit die Ebene der Urbefindlichkeit noch fühlbar nahe ist, werden Begehrens- und Machtstruktur als Bewältigungsmuster im engeren Sinne begriffen. In der Begehrensstruktur wird über das Haben-Müssen entweder eine Urerfahrung von Zuwenig und von schicksalhaftem Pech verarbeitet; oder etwas im Menschen will sich von einem Urglück (Genuss) nicht verabschieden. In der Machtstruktur schwingt eine Urerfahrung im traumatischen Zuviel, ein traumatisch erfahrenes Numinoses, eine atmosphärisch bis real erlebte traumatisierende Gewalt, insgesamt eine Urverletzung als Inbegriff von Ohnmachtserfahrung nach.

Urgefühle des Untergangs (im Zuwenig wie im Zuviel) sind mit der beschriebenen Urangst gleichzusetzen. Urangst kann sowohl ein Zuwenig oder Verlorensein (weil abgeschnitten vom Sein des Ursprungs) beinhalten als auch die Bedrohung durch ein Zuviel (weil im Gegenüber eines nicht weiter ausdifferenzierbaren Gegenübers). Beide Formen der Urangst werden oft *nebeneinander* erlebt, wie die beiden Erfahrungen auch schon im Mutterleib hautnah nebeneinander waren: Derselbe winzige Ich-Ansatz erlebte sich plötzlich wie abgenabelt und verloren (Zuwenig) und zugleich konfrontiert mit dem überwältigenden Zuviel. In *beidem* erlebte dieses werdende Ich *Angst.* Mit Blick auf die drei Ebenen von Bewältigung heißt das: Angst-, Begehrens- und Machtstruktur finden sich oft nebeneinander im selben Menschen. Wo ich fortan vom Gesamtphänomen von Prägung und Erlösungsbedürftigkeit spreche, werde ich bisweilen den ***Begriff ‚Angst-Begehren-Macht-Struktur‘***, abgekürzt A-B-M-Struktur, gebrauchen. Die Praxis lehrt mich, dass es trotzdem wichtig ist, zu unterscheiden und im therapeutischen Begleiten eines Menschen hineinzuhorchen in sein Gewordensein, in die Dominanz des einen Bewältigungsmusters, in genau seinen

Weg der Verarbeitung. Worin ist gerade dieser Mensch erlösungsbedürftig? Die Praxis lehrt mich aber auch, Tendenzen und Unterschiede zu berücksichtigen. Bei welchem Bewältigungsmuster fällt es leichter, bei welchem ausgesprochen schwer, Erlösung zuzulassen und warum? Ereignet sich im Gesamtbild einer A-B-M-Struktur eine häufig beobachtete Verengung oder Verschärfung, etwa so, dass Angst übergeht ins Festhalten/Begehren und dies wiederum in Macht? Wo sind neuralgische Punkte? Wie wird ein Dynamismus der Sonderung manifest? Gibt es zwischen den drei Gesichtern Unterschiede im Ausmaß von Zuspitzung, Verhärtung, Radikalisierung?

3.3 Angststruktur: Der Mensch im Banne seiner Urangst

Hier geht es um Menschen, deren älteste Angst – Daseinsangst jenseits von Eden, Angst, das Leben zu wagen und ihm gewachsen zu sein – noch spürbar nahe ist. Eine permanente Angstbereitschaft kann durch Bewältigungsstrategien nur beschränkt neutralisiert werden. Solche Menschen können nur begrenzt verdrängen und wollen dies auch nicht. Sie tragen in sich eine tiefe Sehnsucht. Ihre Nähe zum Ursprung – im Ersehnten wie im Leiden – ist auch Teil ihrer Persönlichkeit, sei es als Nähe zu allem Seienden, zu Natur, Tieren und Heimat, sei es als Weichheit und Sensibilität für alles Leiden dieser Welt. Angst bleibt Hauptmerkmal ihrer Prägung. Immer neu werden sie davon eingeholt, erst recht in Todesnähe. Immer wieder sackt das Gebäude ihres Ichs in sich zusammen, weil ein inneres Fundament des Vertrauens sich Mal um Mal ins Bodenlose verliert.

So etwa Patienten, die über eine Klangreise eben erst zu einem kleinen Boden des Vertrauens gefunden haben, ihn aber gleich darauf wieder verlieren. Eigentlich müsste ich ihnen in ihrer Weichheit und oft auch Kindlichkeit in Minutenabständen sagen: „Irgendwie kommt es schon gut." Oder wie im Falle eines Mannes, der panische Angst vor dem Moment seines Sterbens hatte: „Gerade j e t z t sterben Sie noch nicht, vergessen Sie nicht zu atmen." – Es sind häufig Patienten, die nicht verhärtet sind, sondern einfach lieb und von meiner Liebe – etwa in Form von Klangreisen – gleichsam umhüllt sein möchten.

***Frau Orlando**, sterbend, erlebt die Angst im Symbolischen. Da seien riesige Wassermassen und sie könne nicht hindurch (= sie kehrt in Urzustände zurück und ist doch im Davor blockiert). Der Sohn versteht intuitiv und erklärt mir, sie habe nie schwimmen können, ins Wasser ‚hineinspringen' könne sie sicher nicht. „Möchtest du einen Schwimmring", fragt er einfühlsam, sich in ihre Sprache hineinversetzend. Die Mutter reagiert mit reiner Angst: Der Atem ist schnell, das Herzklopfen sogar für uns Außenstehende spürbar. Nun segne ich Frau Orlando und gebe ihr das Bild vom Auszug aus Ägypten und der Rettung am Schilfmeer mit (Ex 13,17-14,31): „Wenn Gott will, so weichen die Wassermassen wie damals bei Moses." Das scheint Frau Orlando zu hören. Es beruhigt sich in ihr.*

***Herr Karrer**, 60-jährig, zittert am ganzen Leib, nicht weil im Sterben begriffen, sondern weil krankheitsbedingt in einer großen Regression drin. Mit hohem Fieber, aber bei Vernunft, ist er inmitten von Angst blockiert. Er hält den Teddybären. Worte der Beruhigung erreichen ihn nicht, doch ruhige Musik mit dem immer selben Rhythmus liebt er. Rhythmus bringt Sicherheit ins Ungewisse. Seine Frau vermag ihn zu erreichen. Tag und Nacht ist sie da, schläft im Zimmer, bis irgendwann das Zittern aufhört und die Regression einer Besserung weicht.*

***Christian**, ein krebskranker Jugendlicher, hat Angst vor den Infusionen. Es seien Fremdkörper. Er reagiert mit einer eigentlichen Allergie. Da er aber ohne Infusionen keine Chancen zu gesunden hat, ist er bereit, das Äußerste zu versuchen. Ich frage, ob er sich auch schon mal mit einem Feind angefreundet habe? „Ja." „So versuche dasselbe, vielleicht kann man* *sich auch mit Infusionen und Fremdkörpern anfreunden." Er versucht es, Stunde um Stunde. Noch nehmen die Allergien zu, bis es, zusammen mit der medikamentösen Behandlung, gelingt, das so tief Beängstigende einzudämmen. Zwei Tage später sind die Allergien weg. Sein Kommentar: „Ich kam auf die Idee, mit dem Fremdling zusammen Fußball zu spielen – das funktionierte."*

Angstprägung verbirgt sich oft hinter ***Zwanghaftigkeiten***:

Herr Metzger *leidet an metastasierendem Prostatakrebs, doch dies in einem Stadium, wo er noch längere Zeit leben kann und für Außenstehende gesund wirkt. Therapie mit ihm heißt, alle zwei Wochen seine Tagesprotokolle durchgehen und ihm Mut machen: Natürlich dürfe er Fahrrad fahren und auch anderes essen als Joghurt. Natürlich dürfe er seine Frau küssen. Für mich ist bisweilen kaum zu fassen, welche Unsicherheiten er sich ausdenkt. Herr Metzger braucht Sicherheit, wo Vertrauen nicht möglich ist. Doch in diesem geregelten Rhythmus lebt der sportliche Mann wieder auf. Er sagt: „Stimmt, man kann mit diesem Krebs gut leben."*

Auch draußen im Leben gibt es jene von ihrer Urangst nicht loskommende Menschen. Neue Herausforderungen, unbekannte Lebensbereiche, Flexibilität fallen ihnen schwer. Andere stehen innerlich immer wieder wie vor einem gähnenden Loch. Jeder Schritt in Richtung Leben wird zum Wagnis oder zum abenteuerlichen Sprung ins Vertrauen[157]. Wie gefangen in einem verdüsterten oder kargen Weltbild, werden sie eingeholt von (Selbst-)Zweifeln und Hoffnungslosigkeit, als wäre ihnen die Selbstverständlichkeit eines einfach gottgegebenen Urvertrauens fremd. Ihre Angst, die noch das Uneingrenzbare des Ursprungs in sich hat, kann man ihnen nicht ausreden. Sie *ist* einfach und darin ‚grund-los' oder eben gerade ‚grundsätzlich', das heißt ‚total'. Solange wirklich in der Angstprägung (und nicht etwa in einer Machtprägung) drin, sind weder Zynismus noch Negativismus da, sondern eben nur Angst. Dies sind Menschen, die sich – weniger als andere – vom Ursprung weg-emanzipierten und darum auch dem Urquell allen Lebens, dem Wahren, Echten – und sei es halt Angst oder Scham – näher geblieben sind.

Was diesen Menschen hilft, ist Beziehung, Liebe und darin ebenso das Element der Verlässlichkeit wie der Forderung. Ängstliche Menschen brauchen die geduldige Sanftmut wie die Bestärkung in der Freude nach jedem gewagten kleinen Sprung; und in allem die Wertschätzung ihres Wesens, das nicht lügen kann. In ihrer Angst und/oder Scham sind sie zugleich grundehrlich. All das mag uns Begleiter auch überfordern. Ständige Angst eines anderen nervt und geht an die Substanz. Rationalisieren taugt nicht, sondern verletzt erst recht. Vielleicht muss ein Therapeut, um empathisch reagieren zu können, am eigenen Leib erfahren haben, was nackte Angst ist: reine Körperreaktion, grundlose und doch grund-legende (!) Emotion. Und darin die Erfah-

157 Vgl. hierzu die zahlreichen Gebete und Meditationen von Karl Rahner, in denen es immer wieder darum geht, den Sprung ins scheinbar Bodenlose zu wagen, um genau dort und so zu erfahren, das Gott uns auffängt und trägt. So etwa in Rahner (2004) oder (1992).

rung, dass irgendwann selbst diese Angst wie mit sich am Ende ist und dahinter oder darunter ein ebenso irrationales Vertrauen – größer, älter und irgendwie letztlicher – da ist. So entsteht der Mut, sich ins Vertrauen fallen zu lassen – oder die Erdenschwere übersteigend – hineinzuspringen in eine verheißene Zukunft und damit in eine neue Identität.

*In der langjährigen Begleitung einer Klientin träumte mir einmal, ich müsse ihr ‚voranfliegen'. „**Glauben** Sie wirklich, dass es gelinge? Glauben Sie?", war ihre ständige Rückfrage. So auch, als ich ihr von diesem Traum erzählte. Ich hörte dahinter die Frage heraus: „Glauben Sie an mich?"* – Fliegen müssten wir können als Therapeutinnen und Seelsorger, voranfliegen, und mit der Gewissheit des Psalmisten glauben, dass es gelingt, mit meinem Gott Mauern zu überspringen! (Vgl. Ps 18,30)

Im Überblick betrachtet und fokussiert auf die ***Frage nach dem, was erlöst,*** heißt das:

- Der Mensch im Banne seiner Urangst und Angststruktur ***braucht Vertrauen und Sicherheit,*** Boden, Heimat. Erfahrungen von Harmonie und einfach Sein-Dürfen, von Urgeborgenheit, Verstanden- und Angenommen-Sein. Er braucht Begleiter am Sterbebett, die sich hier ‚auskennen' und ebenso kompetent wie fürsorglich-weich durch die Angst hindurch*führen* können. Generell braucht der Mensch in seiner Angst, auch der Kindteil des Menschen, einen Führenden, eine Mutter, einen Vater, Lehrer oder starken Menschen, der seine Macht nicht missbraucht, sondern einen, der die ihm Anvertrauten fördert und hütet.[158]
- Wo Angst das Gesicht von *Existenzangst* hat, helfen Erfahrung und Zuspruch von einem ***‚Genährt-Sein für alle'***, einer Fülle (vgl. Speisung der 5000) und also von einem letztlichen ***Angeschlossensein.***[159] – In der Frage nach Nahrung und einem Genug geht Angststruktur nahtlos über in Begehrensstruktur (vgl. I.3.4).
- Im Bereich spiritueller Begleitung wirkt z.B. die Botschaft von einem ***Gott, an dem alle menschliche Angst und Verlorenheit zur Ruhe kommt*** (vgl. Bild vom guten Hirten). Daneben Gebete, in denen alle Bodenlosigkeit nochmals unterfangen ist von Gott.[160] Nicht zuletzt bedarf der verängstigte Mensch einer eschatologischen Hoffnung über die menschliche Kontingenz-Angst hinaus.[161] Bereits die ***Grundaussage ‚Gott, so wie ein Vater'*** muss gelesen werden als Antwort auf die menschliche Urangst und Angststruktur.

158 Das wird dem Begleitenden zugleich zur tragischen Versuchung der Macht im Helfersyndrom und des guruhaften Machtmissbrauches.

159 Vgl. auch die untere Welt mit der grünen Wiese, dem Backofen, dem Apfelbaum und dem Genährt-Sein in Grimms Märchen von Frau Holle. Das Mädchen, das die Sprache der Dinge versteht, stellt sich in den Dienst dieser Welt und ‚hat' aber auch ‚genug', ja kehrt goldbedeckt nach Hause zurück.

160 Hier stellt sich auch die Frage nach unseren Gottesbildern und darin insbesondere nach dem Schöpfergott. Kessler (2006, 13): „Die unbedingt für alle entschiedene Güte oder Liebe (*Agápe*) Gottes wird damit zum orientierenden Maß und zum kritischen Prinzip der Theologie."

161 Vgl. die zahlreichen biblischen Bilder endzeitlicher Hoffnung und des ‚kommenden Gottes' (Offb 1,8).

3.4 Begehrensstruktur und die Frage: Haben oder Sein?

3.4.1 Der inmitten eigenen Begehrens unglückliche Mensch

Das Wort Begehrensstruktur meint mehr als das neugierige Greifen des Babys nach den Dingen dieser Welt. Zum Bewältigungsmuster geworden, erhält das Zugreifen das gierige Gesicht des Für-*sich*-Besitzen-Wollens, das sich aus dem Wohl des Ganzen herausnimmt. Oder das Gesicht von Neid und Mimesis, in denen der Mensch nie mehr zur Ruhe kommt, weil es immer andere gibt, die mehr haben. Das natürlich Fließende von Werden und Vergehen, Geben und Nehmen, das allem Leben und aller wahren Beziehung innewohnt, findet nicht mehr statt. Der perverse Charakter solchen Begehrens wird *darin* deutlich, dass ‚es' in uns drin unersättlich nach immer mehr schreit und in diesem Eskalieren ethisch nicht mehr in den Griff kommt. In seiner Gier ist der Mensch erlösungsbedürftig, weil in der eigenen Charakterstruktur gefangen. Die Begehrensstruktur ist Merkmal unserer Kultur, unseres Zeitgeistes, des westlichen Durchschnittseuropäers. Sie ist im Spital schon fast Normalfall. Man rühmt sich, die besten Ärzte zu haben, rechnet nach, wer wie viel oder wenig an Aufmerksamkeit von einer Pflegenden erhält. Man will von allen Therapieangeboten profitieren. Überall lauert die Angst, zu kurz zu kommen. Gesund zu sein, lange zu leben, privilegiert zu sein ist zur Normalität, ja zum Menschenrecht geworden.

Was ging uns denn inmitten dieser Existenzweise des Habens (Fromm 1979) verloren? Was soll daran nicht gut sein? Ich frage umgekehrt: Macht dies uns letztlich glücklich? Findet in den gesellschaftlichen Events unserer Tage *das* wirklich statt, was wir ersehnen? Jene beglückenden Begegnungen von Ich zu Du, in denen man sich nichts mehr vormacht und aus denen man berührt und beschenkt von dannen geht? Jenes erfüllende Sein im Augenblick, wo man nicht mehr dem nachgiert, was ausbleibt? Jenes Geben und Nehmen, das nicht mehr rechnen muss, und jene Seelenruhe und Geistesgegenwart, die in echte Kreativität und Tatkraft münden? – Hinter unserem oberflächlichen Leiden am Unerfüllten unseres Lebens und unserer zwischenmenschlichen Beziehungen müssen wir die ursprüngliche Not der abhanden gekommenen Nähe zum Ganzen, zu Gott und damit das Leiden am Paradiesverlust wieder erkennen. ***Die Umwelt und das Du sind uns zur Sache geworden***, man lebt und begegnet dem andern auf der Sachebene. Was uns seither fehlt, ist die Erfahrung von Fülle im Sein, von wahrer Begegnung, von Genug und von Genügen, von einer Gerechtigkeit anderer Art, die mehr und anderes beinhaltet, als was Menschen aufrechnen.[162]

---

162 Auch wenn ich Heil und Gerechtigkeit durchaus als einheitliche Aussage sehe, scheint mir doch gefährlich, in unseren eschatologischen Hoffnungen zu sehr auf eine von Menschen her definierte Gerechtigkeit zu setzen. Das hieße, uns in den Kategorien von Haben, Recht-Haben und Aufrechnen zu verfangen. Himmlische Gerechtigkeit ist etwas vom Menschen gerade nicht Berechenbares. Vgl. II.2.3.3.

Wo uns diese Daseinsqualität des Seins verloren ging, fehlt auch die Selbstverständlichkeit, einfach sein und da sein zu dürfen und darin in Ordnung zu sein. Sich selbst entfremdet, muss der Mensch sich und der Welt beweisen, dass er gut ist. Er muss leisten, um zu genügen, wohlhabend und erfolgreich sein, damit man ihn achtet. In dieser Verunsicherung im Wesen(tlichen) seiner selbst und in der Abgespaltenheit vom nährenden Ganzen scheinen die Wurzeln dieser Prägung zu liegen.

Was in diese Prägung hinein erlösend ankommen müsste, hätte zu tun:

- mit einem ***Genug für alle***, mit Ahnungen von Fülle, erlaubtem und gemeintem Sein, mit einem grundsätzlichen – und nicht erst über Leistung errungenen – Dazugehören[163], letztlich auch mit einer Communio im Heiligen, einem Ort, wo unser Hunger gestillt, unsere Tränen getrocknet sind.[164] Dies ist die Antwort auf eine hinter dem Begehren liegende Urangst vor dem Zuwenig, respektive auf die menschliche Existenzangst (I.3.1-3).
- mit einer ***Rückkehr aus der inneren Entfremdung und Spaltung in ein Sein*** (vgl. biblischer Begriff der Nachfolge), mit einer neuen Bezogenheit auf das Du und die Welt, mit einem als Gnade oder Seligkeit erlebten Dasein.[165]
- mit ***existenzieller Freiheit, (nur) sich selbst zu sein.*** Hier geht es um eine Freiheit von ‚Dämonen' und Fremdbestimmung aller Art (vgl. II.2.3.1). Kessler (2006, 175f) spricht von der „Erlösung als Befreiung vom Bann verabsolutierter Güter".

Wie wird eine Begehrensstruktur manifest? Es folgen Patientenbeispiele:

***Frau Fierz**, Körpertherapeutin, hat ihre Lebensphilosophie aufgebaut über dem Satz: „Was ich gelebt habe, kann mir niemand mehr wegnehmen." Obwohl dieser Satz sie einst anregte, das Leben wirklich zu erleben, entpuppt er sich im Angesicht ihrer Krankheit als Falle des Habens: Leben müsse man ‚haben können'.*

***Herr Grossenbacher** hat sich dieselbe Philosophie zu Herzen genommen und sich frühpensionieren lassen. Seit zwei Jahren genießt er das Leben und bereut keinen so gelebten Tag. All das habe er ‚gehabt'. Ob es ihn aber glücklich gemacht habe, fragt sich nun der kranke Mann. Die Chemotherapie helfe zu wenig. Es sei ihm zu übel. Das sei nicht der Zweck der Therapie gewesen. Er gestikuliert nervös. Ich höre eine Haben-Not heraus. Ob er zu wenig gehabt habe vom Leben, sich ein Mehr im Haben erhofft habe von der Chemotherapie? „Natürlich!" Wie in einem Nebensatz berichtet mir Herr Grossenbacher von einem nächtlichen Erlebnis, er habe sich außerhalb seines Leibes empfunden. Er zittert. Hört*

---

163 Vgl. Gespräch Jesu mit dem reichen Jüngling (Mk 10,17-27), Deutung II.2.3.2.

164 Vgl. „Selig seid ihr ..." (II.2.3.2) und aus der Offenbarung: „Sie werden keinen Hunger und keinen Durst mehr leiden und weder Sonnenglut noch irgendeine sengende Hitze wird auf ihnen lasten. Denn das Lamm in der Mitte vor dem Thron wird sie weiden und zu den Quellen führen, aus denen das Wasser des Lebens strömt, und Gott wird alle Tränen von ihren Augen abwischen" (Offb 7,16-17). „Er wird alle Tränen von ihren Augen abwischen: Der Tod wird nicht mehr sein, keine Trauer, keine Klage, keine Mühsal. Denn was früher war, ist vergangen" (Offb 21,4).

165 Vgl. Seligpreisungen (Lk 6,20-21) in II.2.3.2 und das Gleichnis vom verlorenen Sohn (Lk 15,11-32) in II.2.3.3.

er eine Todesbotschaft heraus? Andere sind ob solcher (spiritueller) Erfahrungen mit Glück erfüllt, für ihn ist dies Bedrohung im Haben. Ich rege an, mit ihm die Stille zu hören. Einfach still zu werden, die hektischen Bewegungen zu lassen. Er wird ‚hörend' und erzählt, wie sich gestern Abend der Regen angehört habe, wie die Stimme seiner Frau klinge. Unmerklich geschieht Wandlung vom Haben zum Sein. Herr Grossenbacher wird ruhig. Er verlässt den Therapieraum mit den Worten: „Eigentlich spielt es keine Rolle, ob lang oder kurz, sondern ‚dass'." Gemeint war: ‚dass Leben stattfindet'.

***Herr Nigg**, fettleibig, liebt es, dass ich komme, mir aber ist er unheimlich. Sein Blick ist begehrend. Ich möchte meine Wahrnehmung nicht ansprechen, stattdessen bete ich still für ihn und für mich. Wir schauen uns an. Möchte er Musik? „Ja und nein, Musik ist zu wenig." Ich versuche im Stillen die zwei Meter Distanz zwischen uns zu markieren, im Übrigen aber seinen Blick auszuhalten und Herrn Nigg sogar bewusst als Menschen anzuschauen. Er trinkt nun Schokolade und stöhnt: „Immer ist alles zu wenig." Dann, anscheinend reif für ein Stück Bewusstwerdung: „Wissen Sie, mein Mund giert nach mehr, wie wenn ich eine Saugmaschine in mir hätte." Und später: „Es ist fast unanständig, wie oft ich an Sie denke." Ich nicke und leihe ihm die Worte: „Nicht wahr, wie wenn man Opfer des eigenen Begehrens wäre." „Genau!" Das wiederum mag der kultivierte Herr auch nicht. Ob ich diese Not, wie sie viele Menschen hätten, vor Gott bringen dürfe? frage ich. Herr Nigg nickt und schließt die Augen. Ich bete: „Vater, wer oder was immer Du bist, Herr Nigg leidet daran, dass er immer zu wenig hat." „Allerdings!", fährt er ins Wort. Pause. Ich fahre fort: „Vater, gib Du ihm Dich selbst, bei Dir gibt es genug an Luft, Substanz, an Dazugehören, an Wahrheit." Herr Nigg hat Tränen. Ich lobe ihn für sein Fühlen und leite ihn an zu atmen und wahrzunehmen, wie der Atem nähre. Er atmet still. Kommentar: „Ich sah einen dünnen und armselig gekleideten Jungen. Wie ein Straßenkind." – Sein verwahrlostes inneres Kind?*

Viele Patienten sind nie fähig zu solch heilmachender Bewusstwerdung ihrer Prägung. Umso mehr muss ich dann versuchen, sie und ihre Prägungen *innerlich* einem Größeren anheimzugeben. Ihnen zwar etwas zu schenken (eine Klangreise, meine Aufmerksamkeit) und doch mich nicht kaufen zu lassen. Therapie bleibt dann vielleicht Methode.

3.4.2 Mangelprägung und Genussprägung

In meinem Spitalalltag bin ich auf zwei gegensätzliche Ausprägungen der Begehrensstruktur aufmerksam geworden: a) die Mangelprägung und b) die Genussprägung.

a) Von ***Mangelprägung*** – unabhängig ob arm oder wohlhabend – rede ich dort, wo Menschen aufgrund eines einst realen oder innerlich erlebten Mangels einfach nie satt werden, nie zufrieden sind, nie zur Ruhe mit sich selbst und in Gott finden. Sie erhalten nie genug an Bestätigung, Anerkennung, Zuwendung und Glückserfahrung. – *Herr Dobler war noch in Todesnähe nicht lebenssatt, nochmals „es Wücheli" (schweizerdeutsche Verkleinerungsform für Woche) und dann nochmals eines wollte er dem Leben abringen.* – Besonders tragisch erlebe ich die Mangelprägung bei Patienten, deren Lebensrechnung, oft belastet durch Kargheit, Gewalt und permanente Überforderung, wirklich nicht aufging. Die Versuchung, dann in die Bewältigung via Macht hineinzugehen, namentlich verhärtet und zynisch zu werden und mit Gott und dem Schicksal zu rechten, ist groß. Das Problem im Haben geht weit über das kärglich ersparte Geld und Gut hinaus. Der Neid verselbständigt sich. Das Zu-kurz-gekommen-Sein wird zur Grundatmosphäre. Die einen werden zu Sklaven ihres Begehrens, andere geizen mit sich und der Welt ob der kleinsten Freuden oder haben wie Magersüchtige das Gefühl, selbst ihr weniges nicht verdient zu haben.

b) Anders und doch ähnlich die ***Genussprägung***! Auch Genussmenschen sind im Haben fixiert, sie möchten genießen und ihr Glück festhalten. Für sie ist bisweilen selbstverständlich, vom Schicksal begünstigt zu sein, es besser zu haben als andere. Ihrer Lebensphilosophie zufolge hat man ein selbstverständliches Anrecht auf Gesundheit, ewige Jugend und einen Platz an der Sonne. Armut, Hunger oder Elend dieser Welt sind dann keine Themen für sie. Das mag vordergründig Arroganz sein, welche Sensibilität und jegliches Schuldgefühl abschüttelt. Meistens verbirgt sich dahinter aber mehr: Auch Genussmenschen sind Gefangene. Sobald weniger im Glück drin, kommen auch sie in *innere* Not, in die Klauen von Neid und Gier. Sie können sich eine Zufriedenheit im Weniger schlicht nicht vorstellen, es löst Panik aus, vielleicht weil auch in diesen Biographien das einstige Kind geprägt war von Mangel, Verlorenheit, Gottessehnsucht. Anders gesagt: Das Pech der Verwöhnten besteht darin, dass man über das Haben nie genug hat. Habenderweise lebt der Mensch am Leben vorbei und beginnt irgendwann an diesem Lebensbetrug zu leiden.

Ob im Mangel oder im Genuss fixiert, der an seiner Begehrensstruktur unglücklich gewordene Mensch wird ein Stück heiler, wo statt der Jagd um das Haben wieder Sein wichtig wird. Wo Leidfähigkeit entsteht und somit die Fähigkeit, wirklich *zu erleben*, zu fühlen, mit anderen zu sein und dabei zu sein im Sich-Ereignenden. Sein ist Fülle, Teilhabe. Wo immer bei Patienten ein Stück Wandlung gelang, geschah auch etwas in Bezug auf Gott: Gott war dann nicht länger Garant guter Lebensqualität, sondern eher ein Hüter allen Seins.

*Die 40-jährige schwerkranke **Frau Manser** wird mir zugewiesen mit der Bemerkung, sie suche eine Therapie anderer Art. Ihr Haben-Müssen kommt über einen Umweg zum Ausdruck. Was sie suche, frage ich. Sie wisse es nicht (!). Bald fühle ich eine Beklemmung in meiner Brust, als könne ich kaum atmen. Ich wittere Gegenübertragung[166] und frage: „Haben Sie Mühe zu atmen?" „Ja, merkt man das?", fragt sie. Alles sei blockiert. Wir sprechen über die Qualität von Blockiert-Sein versus Fließen. Nach einer Weile, mit einer Geste nach oben: Vor allem zu ‚dem da oben' sei Blockade. Wir schweigen. Eine Weile später frage ich: „Meinen Sie, dass man in solcher Lebenslage nicht versteht, wie Gott solches Leid zulassen kann." „Ja, genau, plötzlich ist alles cool und abgeschnitten." Was ich als Theolo-*

166 Gegenübertragung heißt hier, dass ich als Therapeutin an mir selbst wahrnehme, wie mein Gegenüber sich jetzt fühlt.

*gin dazu meine. „Enttäuschung über Gott und Wut müssen herauskommen dürfen", bestätige ich. Wir sprechen über Gott und das Leben. „Die Rechnung geht einfach nicht auf." Redenderweise ändert sich daran nichts. Ob sie eine Klangreise wünsche? Das helfe manchen gegen Atemnot und Blockaden. „Ja". Während der Klangreise geschieht spürbar etwas. Frau Manser scheint offen zu werden für Wandlung. Nachher äußert sie: „Es ist alles offen in einem Ausmaß, wie ich mich selbst fast nicht halten kann." (Wahres Sein ist habenderweise nicht zu fassen.) Seit dieser Stunde, über viele Wochen (!) lebt Frau Manser in einer neu gefundenen Seinsqualität. Jetzt ist sie es, die mich lehrt, worin dieses Sein bestehe. **„Fließen, Beziehung, Freiheit, Frieden."** Sie erzählt von ihrer Schwester, die sie bis zur Stunde habe durchs Leben tragen müssen. Jetzt gehe das nicht mehr. Sie kann ihre Lieben samt ihrer Sorge in Gott hinein loslassen. „Meine Liebsten werden es jetzt selber schaffen – mit Gott", sagt sie. Das ist alles andere als Gleichgültigkeit, sondern Höchstform von Beziehungsfähigkeit. Keinerlei Blockade, keine Atemnot!*

Haben oder Sein, das ist hier die Frage. Zwar sind die Übergänge nahtlos, etwa von der Angststruktur in ein Haben-Müssen (Stichworte: Existenzangst, Altersvorsorge, Versicherung). Doch als Qualität ist Haben-Müssen etwas anderes als Angst: Im Haben-Müssen ist das Glück des Seins verloren gegangen, im Materiellen das Gnadenhafte. Ebenso nahtlos ist der Übergang von der Haben-Prägung zur Machtprägung, ein Phänomen, worüber ich oft erschrecke. So z.B. damals, als mir eine Patientin in anspruchsvollem Tonfall erklärte: *„Meinen Tod will ich dann erlebt haben"* (gemeint als beobachtendes Erleben, das man ‚haben' kann). Sich ergeben gehe nicht. Wo hört das Allzumenschliche einer Haben-Struktur auf, wo beginnt ein eigentlicher Macht- oder Geistkampf, jene Verhärtung, aus der auszusteigen aus eigener Kraft kaum mehr gelingt?

***Herr Oberer** war todkrank. Seine Kinder hatte er mit Hilfe von Bankkonten, geschenkten Luxusautos u.a.m. erzogen. Sie dankten es ihm nicht, waren ihrerseits unglücklich und seelisch krank. Sie taten sich schwer, ihren Vater überhaupt zu besuchen. Dann doch der Wille einer Tochter, die Strapazen einer langen Reise auf sich zu nehmen, um sich und ihm eine letzte Chance einer Begegnung zu geben. Ich solle den Vater darauf vorbereiten, bat sie mich. „Lohnt sich doch nicht, viele hundert Kilometer zu fahren für das", reagierte der Vater und horchte doch auf, als ich nicht klein beigab. Im Laufe dieses Gesprächs fand bei ihm erstmals eine kleine Erweichung statt, erstmals nicht dieser ständige Befehlston. Es gab Momente, da er sich eingestehen konnte, er habe wohl doch nicht immer so gut gehandelt im Gegenüber seiner Tochter. Was er jetzt noch machen könne? Am Schluss der Stunde dankte er. Zum ersten Mal hatte so etwas wie Begegnung stattgefunden. Tags darauf – wieder im alten Geist – deklarierte er erneut, alles gut gemacht zu haben. Im Übrigen lasse er sich von niemandem dreinreden. Ich solle gehen. Ein Du gab es für ihn kaum, alles war Sache, käufliches Objekt, sogar die Liebe.*

3.5 Machtstruktur als Frage: Gewalt oder Beziehung, Macht oder Liebe?

3.5.1 Das Phänomen erkennen

Was ist mit Machtstruktur gemeint? Was kennzeichnet ‚Machtmenschen'? Machtgeprägte Menschen stehen in ***einem ständigen Kampf***. Bewusst oder unbewusst denkt es in ihnen in den Kategorien von ‚Freund oder Feind' statt von ‚Partner' oder einfach ‚Mitmensch'. Sie müssen siegen, um zur Ruhe zu kommen, und verwechseln Sieg mit Frieden, Beherrschen mit Liebe. Nur im Siegesgefühl, in der Position des Mächtig- oder zumindest Unabhängig-Seins sind sie bereit, sich mit anderen Menschen, dem Anderen überhaupt, auseinanderzusetzen. Oder, wenn in der Gegenposition des Verlierers, haben sie sich mit ihrem Opferstatus großartig identifiziert und nehmen ihre Opferrolle vorschnell auf sich. Ob Sieger oder Opfer, das Eigentliche ihrer selbst, das verletzte oder suchende Ich, verbirgt sich hinter einem dicken Schutzwall – oder im Bild von Dornröschen gesprochen: hinter einer hundertjährigen Dornenhecke.

Die Fixierung in der Machtprägung – hier Machtstruktur genannt – ist Wesensmerkmal westlicher Kultur. Sie hat verschiedene Facetten. ***Offensichtliche Machtkämpfe*** finden statt, wo Menschen Dominanz signalisieren und zelebrieren. Sie beherrschen die Szene und wissen, wie die Aufmerksamkeit der Gesellschaft zu gewinnen ist. Die weniger siegreichen Machtmenschen fühlen sich vom Gang der Welt zu wenig ernst genommen und verfallen beleidigt einer Haltung von Resignation und Negativismus. ***Verdecktere Machtkämpfe*** ereignen sich über Projektionen und die Delegation eigener Machtansprüche an Führernaturen oder Ehepartner. Der eigene Ehrgeiz, die aggressive Kampfes- oder Rachelust wird dabei nicht mehr wahrgenommen. Im Außen findet man Idole, und daneben Sündenböcke, gegen die gewaltsam vorzugehen man sich legitimiert fühlt. Über gemeinsame Feindbilder rottet man sich zusammen und erlebt sich stark. ***Bei reifen Machtmenschen*** findet dieser Kampf als Innenszenario statt: Ein ausgeglichener Teil seiner selbst kämpft gegen den machtgierigen bis wütenden, eine reife Lebensbejahung gegen ein resigniertes bis trotziges Machtgehabe.

In all diesen Szenarien befinden sich Menschen innerlich noch immer auf dem Kampffeld einer unerlösten Urbeziehung oder Urbezogenheit: Das heißt, dass überall Angriff, ein *Für-Mich* oder *Gegen-Mich* gewittert werden. Reflexartig hat etwas im Menschen eine äußere Situation – die Laune des Partners, die Fliege an der Wand, den Erfolg als Team – bereits auf sich bezogen, noch bevor das reflektierende Ich die Sache als solche betrachten kann. Selbst dort, wo es um Arbeit oder einen objektiven Vorgang geht, ist bereits ein Beziehungsproblem konstelliert.[167] Dass es Zufälle, Launenhaftigkeiten des Schicksals, andere Themen als nur die seinigen gibt in dieser Welt, ist dem Machtmenschen zunächst fremd. Und schon die Enttäuschung ob einer zu lan-

167 Die Psychologie spricht von Beziehungswahn.

gen Nacht und den zu wenig wirkenden Schmerzmitteln geht nahtlos über ins Gefühl, der Willkür Gottes preisgegeben zu sein. Man ist *grundsätzlich* enttäuscht und erlebt alle und alles gegen sich: „*Entweder ist das Leben lebenswert oder ich bringe mich um.*" Nur schon die Tatsache, nicht gefragt worden zu sein, ob man ein solches Leben wolle oder nicht, kommt einer Beleidigung gleich. Noch auf dem Sterbebett finden geistige Kämpfe statt zwischen Verweigerung, gekränktem Stolz und einer letzten Einwilligung in Leben und Sterben. Es scheint, als könnten Machtmenschen nur hinnehmen, was sie freiwillig bejahen, als hätten sie selbst ihr eigenes Sterben im Griff und könnten über Leben und Tod verfügen. Damit schreiben sie sich in trügerischem Wahn noch einmal eine Macht des Neins und scheinbare Freiheit zu.

Der Machtmensch ist eigentlich ein auf Beziehung angelegter Mensch. Von seinem Wesen her ist er berührbar, bezogen. Sein Ort des Ausagierens ist Beziehung. Macht wird ausgeübt, wo es um Beziehung geht, wobei diese aber schon im Unbewussten als zu bedrohlich gespeichert ist. Reflexartig beginnt ‚es' in ihm zu polarisieren (für mich – gegen mich, gut – böse) und zu projizieren. Entsprechend absolut sind die Emotionen: Irritation, Hass, Rachelust, Zorn und Zerstörungswut, Aversion und Ekel, Angst und Trauer – aber auch Sympathie, Faszination und Begeisterung[168]. Alles Erleben ist ambivalent. Ein Mittelmaß scheint es kaum zu geben.

Von den Ursprüngen einer Urbedrohung im Zuviel her – zu viel an Emotion und Angst, an erlittener Verletzung oder Beleidigung – muss begriffen werden, warum Machtmenschen so funktionieren. Warum ihre Emotionen so intensiv sind, bisweilen gar der Kontrolle des Ichs entgleiten und wie autonom werden können. Wir sagen etwa, ein Mensch sei blind vor Wut. Das heißt, dass in seinem Innern eine Wut sich im Kreise dreht, ohne Chance auf einen Ausweg. Bei anderen reagiert der Körper allergisch. Selbst wo Emotionen kaum mehr sichtbar sind, weil das Lebendige einer Wut übergekippt ist in Lähmung und Resignation, lauert im Hintergrund eine existenzielle Urerfahrung von Bedrohung und Vernichtung. Um sich vor immer neuen Verletzungen zu schützen, begann der Mensch schon sehr früh, sich (narzisstisch) abzukapseln oder in Größenphantasien aufzublähen. – Derweil können im Hier und Jetzt kaum echte, machtfreie Beziehungen und Begegnungen vom Ich zum Du stattfinden. Ständig lauert die Angst, vernichtet zu werden. Noch immer wirft eine ungut erfahrene Urbeziehung ihre Schatten voraus. In der Sprache der Märchen ausgedrückt, ist es, als stünden alle gegenwärtigen Beziehungen unter dem Bann einer primären Verwünschung, der Erfahrung, nicht wirklich sein zu dürfen, der/die man ist.[169]

Die Versuchung zur Macht ist allgegenwärtig und muss als solche häufig erst erkannt werden, in uns allen drin. Nicht nur im heimlichen Beherrschen-Wollen einer Szene,

---

168 Vgl. Kast, Emotionsfelder (1991, 32f).

169 Vgl. hierzu etwa das Märchen von Dornröschen, bei dessen Geburt die 13. Fee nicht geladen ist. Was in der Ordnung der 12 nicht Platz hat und doch zum Leben gehören will, kommt letztlich einer tiefen Beleidigung im eigenen Wesen und dessen göttlichem Entwurf gleich. Vgl. von Franz (1977, 21-51), Waiblinger (1988).

sondern auch in falschen Autoritätsgläubigkeiten, zwanghafter Selbstbeherrschung u.a.m. ***Macht ist eine bestimmte Beziehungsform*** und Lebensgrundhaltung, in der man im Griff haben muss, was – wie die Liebe oder das Leben – einfach fließen würde.

3.5.2 Macht fasziniert und verblendet – die Gefahr der Inflation[170]

Von kaum etwas lassen sich Menschen so blenden wie von Macht. Je größer die Ohn-Macht, umso lauter der Ruf nach Mächtigen, umso näher aber auch die Gefahr, Allmachtsphantasien zu erliegen: Gurus und geisterbeschwörende Rituale haben Hochkonjunktur; Ärzte sollen Wunder wirken und sind ihrerseits bisweilen angezogen von diesem Nimbus. Wem gehört die Macht? Dies wird zur individuellen und kollektiven Schicksalsfrage.

Machtphantasien sind letztlich Allmachtsphantasien. Man ist fasziniert von einem Machtbereich, der das menschliche Maß übersteigt. Wer mehr kann als andere, ist mächtig. Der Hang zur Grenzverwischung wie die Schwierigkeit, sich hinreichend abgrenzen zu können, verweisen auf eine Urnot im Gegenüber eines Zuviel. Grenzen zwischen Ich und Nicht-Ich konnten damals (intrauterin oder als Säugling und phylogenetisch in der Ausdifferenzierung zwischen Ich und Umwelt) nicht klar genug gezogen werden. Oder sie wurden in traumatischen Gewalterfahrungen wieder durchbrochen.

Demgegenüber ist eine hinreichende Abgegrenztheit Voraussetzung für echte Bezogenheit, sowohl im Gegenüber zum Du wie in der Annäherung ans Geheimnis Gott, wo ansonsten die Gefahr der Inflation lauert. Letztere besteht darin, sein zu wollen wie Gott, sich mit dem Faszinosum Macht und mit Mächten zu identifizieren und so Grenzen des Mensch-Seins zu überschreiten. Machtprägung mündet in die Gottesfrage und damit in die Frage, wer/was letztlich heilt. Weit mehr Menschen als gemeinhin angenommen sind unbemerkt bestimmt von der Triebfeder solcher Machtgelüste: Heiler oder Stars im Rampenlicht unseres Zeitgeistes, Künstler, Friedensbringer, religiöse Führernaturen. Unbemerkt sind sie in die Falle eines energetischen Fremdbestimmtseins geraten (vgl. I.3.5.3). Im unbemerkten Größenwahn drin gehen Relationen und Realitätsbezug, eigene Abgrenzung und Eingrenzung, insgesamt die *realistische* Wahrnehmung von sich und der Welt, aber auch die Ehrfurcht im Gegenüber eines Größeren immer mehr verloren. Was obsiegt, sind Projektion bis hin zum Wahn,

170 Inflation im psychologischen Kontext meint Selbstüberschätzung im Sinne einer unbewussten Identifikation mit dem Übermächtigen. Von einer Inflation im Sinne der analytischen Psychologie ist dann die Rede, „wenn das Ich die ihm gesetzten Begrenzungen überschreitet und zu weit in den Bereich des Selbst vordringt. Durch die Identifikation mit dem kollektiven Unbewussten ereignet sich eine Invasion von archetypischen Inhalten in das Ich. Im religiösen Sprachgebrauch heißt dies, dass die Menschen sein wollen wie Gott. In einer solchen Hybris wird die notwendige Unterscheidung zwischen Ich und Gottesbild aufgehoben" (Hark 1988). Nach C.G. Jung ist der Umgang mit dem Thema Macht äußerste Prüfung auf dem Individuationsweg des Menschen.

Misstrauen und darin Beziehungsfeindlichkeit und schließlich ein Zwang zu immer mehr Macht und eigener Größe, der zur existenziellen Unfreiheit wird.

Selbstüberschätzung beginnt schon im Kleinen. Im Spital zeigt sie sich etwa darin, dass Patienten meinen, ihre Krankheit geistig besiegen zu können. Statt ihre Hinfälligkeit für wahr zu halten, wähnen sie sich im Besitz höherer Kräfte oder sie setzen fast blind auf irgendwelche Heilmethoden. Nicht wenige verpassen deshalb den Zeitpunkt einer noch wirksamen onkologischen Behandlung. Im Extremfall sind Patienten wie bestimmt von einem durchgehaltenen Selbsterlösungswahn, als wären sie selbst kleine Gurus oder Heiler[171]. Es sind ferner Zyniker, coole Rationalisten, die keine Ehrfurcht kennen. Der Außenwelt gegenüber sind sie gleichzeitig misstrauisch und haben Angst, von Ärzten oder Therapeuten manipuliert zu werden.

***Frau Carrier**, eine junge Mutter, verdrängte über ein Jahr alle schlechten Diagnosen und war überzeugt, mittels Chemotherapie, Alternativmedizin und einer Heilerin die Krankheit zu besiegen. Ihr Mann glaubte ihr, ihre Kinder blieben in der Illusion, ihre Mutter käme gesund nach Hause. Erst als sie am Todestag nicht mehr sprechen konnte, realisierten die Kinder die Endgültigkeit und fielen entsprechend in Schock.*

***Herr Maag**, Psychotherapeut und Leiter einer Meditationsschule, widersetzte sich jeglicher seelischen Hilfe mit der Antwort: „Selbstverständlich besiege ich die Krankheit. Ich mache das mittels Meditation.“ Noch im schwerkranken Zustand empfing Herr Maag seine Schüler und suggerierte ihnen – was er wohl auch selbst glaubte – er werde gesund. Mit seinem Tod wurden mehrere Schüler psychotisch.*

Im Rahmen des Projektes haben mich solche Fälle mehr als andere erschaudern lassen: Gerade jene Patienten, die sich selbst heilen wollten oder sich irgendwelchen Selbsterlösungsphilosophien verschrieben hatten, blieben mehrheitlich (6 von 7) bis (fast) zum Schluss[172] in ihrer geistigen Verstiegenheit, im Wahn ihrer Selbsterlösung gefangen.

3.5.3 Der hintergründige Dynamismus – die Frage nach dem Bösen

Die sich im Geistigen versteigende Form der Machtprägung ist eine der ausweglosesten aller Sackgassen. Im Bereich der Machtprägung wird eine ***energetische Zuspitzung*** in der Sonderung bis hin zum Dynamismus des Bösen besonders deutlich, wenngleich eine solche hinter *jeder* Prägung – auch in den Gefängnissen extremer Angst oder in den Spiralen von Eifersucht und Gier – untergründig wirksam ist. In der

171 Interessanterweise drei der fünf zum Buddhismus Konvertierten, während mich eine der zwei gebürtigen Buddhistinnen in ihrem unscheinbar gelassenen und friedlichen Zugehen auf den Tod im Gegensatz dazu beeindruckte.

172 Über den Tod und die letzten Minuten und Sekunden davor etwas aussagen zu wollen, dürfen wir uns glücklicherweise nicht anmaßen. Ich will hoffen, dass auch dort, wo wir das nicht mehr nachvollziehen können, schlussendlich doch ein noch Anderes – Gnade – eingebrochen sei. Vgl. Fußnote 171.

Machtfalle zwischen Verblendung im Ich oder Bezogensein auf ein Du wird das Phänomen des Diabolischen so offensichtlich wie nirgends sonst.

Warum sind solche Zuspitzungen so gefährlich? Ich verweise auf ***drei Gefahrenmomente:***

1) Unberührbarkeit, Beziehungsfeindlichkeit: Vorerst ist es die zunehmende Verhärtung, die irgendwann in Ausweglosigkeit mündet. Der Mensch nimmt sich vom eigentlichen Leben, vom nährenden Ganzen und vom Du zurück. Was fließen sollte, fließt nicht mehr. Emotionen verbergen sich hinter Selbstbeherrschung, Gefühle sind wie eingefroren. Der Mensch wähnt, Herr über sich selbst und erhaben über seine einstigen Verletzungen zu sein. Verbarrikadiert hinter den eigenen Abwehrmechanismen, ist er unfähig, sich von einem Du, von etwas anderem berühren zu lassen. Zu groß wären Angst, der Schmerz über das Mehr der anderen oder eigentliche Bedrohung. Mächtig ist, wer nicht mehr fühlt. So aber kann der in sich verkapselte Mensch nicht mehr erreicht werden von dem, was letztlich erlösen würde: wirkliche Liebe, Gnade. Wandlung kann nicht mehr stattfinden.[173]

Herr Nagel*, ein alleinstehender, erfolgreicher Geschäftsmann, war es gewohnt, von seinen Geschäftserfolgen und Hobbyflügen zu erzählen. In der fortgeschrittenen Krebserkrankung kommt er an seine Kindheits- und Ohnmachtserlebnisse heran. Zitternd vertraut er sich mir an mit dem Nachsatz, er sei der Starke und habe das längst hinter sich gelassen: Als Kind war er Verdingbube. Es sei hart gewesen, immer am Donnerstag in den Stall gerufen, um anschließend geschlagen und missbraucht zu werden. Zunächst ist Herr Nagel erleichtert, dass er mir dies erzählt hat. Später bedauert er es: Es nehme ihm seine Macht. Er sei doch der Typ, der über alles erhaben sei. Das Erzählen werfe ihn in die alte Ohnmacht zurück. Meine Würdigung, wie viel er aus sich und seinem Leben herausgeholt habe, hört er und zugleich auch nicht. Etwas in ihm bleibt unerreichbar – bis zum Punkt, wo er sich mit 40 Grad Fieber davon berühren lässt. Einen Moment lang weint er. Dann brechen andere Kindheitseindrücke durch: Wie es sich als Junge angefühlt habe, als er alleine auf der Alp gestanden und die Sonne aufgegangen sei. Wie die Tautropfen geglitzert hätten ... Mit Tränen in den Augen sagt er: „Da habe ich Gott gedankt, dass ich lebe. In diesen Momenten gab es Gott, auch den sachten Gott." Herr Nagel wünscht, mit mir zu beten. Danach bittet er mich, das Ganze zu leugnen. – Die Ambivalenz zwischen Härte und Weichheit blieb. Unsere gemeinsamen Momente der Berührbarkeit mussten uns wohl genügen. Später, als der seiner Ohnmacht vollständig ausgelieferte Patient erfuhr, dass es noch mehrere Wochen gehe und nur bergab, nahm er sich zu Hause das Leben. Er hatte keiner Kirche angehört. Was mit seinem Leichnam geschehe, hatte er offen gelassen. Seine Geschäftskollegen,*

---

173 Nach der Sage des Narziss, der die Liebeswerbungen der Nymphen nicht mehr an sich heranlässt, endet die narzisstische Abkapselung in der Sackgasse von Beziehungsunfähigkeit und tödlicher Selbstliebe. Sugerman (1978, 29f) legt in der Deutung dieses Mythos nahe, dass Selbstliebe nur eine Maske sei, hinter der sich Angst vor dem Nichtssein und Gefühle der Wertlosigkeit verbergen, „dass Stolz, Narzissmus nicht übertriebene Eigenliebe sind, sondern eher ihr Gegenteil, Selbsthass, Selbstzerstörung".

die auch seine Freunde waren, suchten für ihn den Ort der Ruhe, der wohl seinem Wesen entsprach: „Gott sei ihm Heimat, die er nie hatte", stand in der Todesanzeige.

2) Verlust von Relationen und Realitätsbezug infolge der Verabsolutierung im Ich: Sodann geht die Zuspitzung einher mit dem, was ich als Verabsolutierung im Ich (in der eigenen Welt- und Selbstsicht, im eigenen Rechtsstandpunkt) und damit als Irrtum oder als eine andere Form der Verblendung verstehe. Psychologisch gesprochen: jenes Verharren des Ichs in den eigenen Projektionen, Selbst- und Weltdefinitionen, worin es gar nicht mehr offen ist, Dinge zu sehen, wie sie sind oder sein könnten. In verhängnisvoller Konsequenz wird jetzt der egozentrische oder egomanische Zustand als neue Freiheit definiert. Energetisch betrachtet sind die alten Unsicherheiten und Störfaktoren zwar noch irgendwo da, dürfen sich aber nicht mehr zeigen. Umso mehr fließen sie in pervertierter Form ein in Größenphantasien, Selbstbehauptung und Selbstverwirklichung. Hinter Selbstherrlichkeit oder der Identifikation mit irgendwelchen Modetrends verbirgt sich aber ein nach wie vor unsicheres, labiles verletztes Ich.

3) Fremdbestimmtheit und Anfälligkeit für das Böse, das hier verstanden wird als die vom Ganzen abgespaltene Energie: Die Anfälligkeit des Ichs mündet ins dritte Problem, das den Zustand der Sonderung erst wirklich gefährlich macht. In der eigenen Unbewusstheit darüber, wovon er in der Tiefe bestimmt ist (Angst, Gier, Neid, Hass, Rache-Impulse etc), negiert der Mensch nun, wie sehr er manipulierbar und zum Spielball fremder Mächte geworden ist. Statt um seine Anfälligkeit und Erlösungsbedürftigkeit zu wissen, hält er in Naivität oder Leichtsinn Tür und Tor für Fremdeinflüsse offen. Selbst dort, wo er nicht eigens ins Agieren kommt, sondern nur als Mitläufer verharmlost, was letztlich nicht harmlos ist, ist er in einen Sog geraten, der ihn zum willigen Instrument von Machtstrukturen und zum Mitspieler in Verleumdung und Intrige macht. Damit wird hintergründig ein Dynamismus des Bösen in Gang gesetzt, was ich als nochmalige Zuspitzung innerhalb des Dynamismus der Sonderung begreife. Dieser folgt eigenen Gesetzen. Dabei bleibt ausgespart, was zugleich tief ersehnt wird: Fülle, Intensität, Leben schlechthin. Das Böse muss letztlich als das vom Ganzen abgespaltene Energetische, als Endstation des Dynamismus der Sonderung verstanden werden. Ich spreche andernorts vom atmosphärisch Verschatteten (kollektiv und individuell) und von ‚Einbruchstellen', die es dafür im Unbewussten des einzelnen Menschen gibt.[174]

Ist der Mensch also primär böse ... bin ich geneigt zu fragen. Ist er von innen her böse, destruktiv, masochistisch, maßlos, verbohrt, herrschsüchtig, aggressiv, zynisch, sich verweigernd? Nein. Gerade um diese Frage ablehnen zu können, ist wichtig, ein *hintergründig* Wirksames auch im Negativen zu erkennen: den Dynamismus der Sonderung bis hin zum Bösen. Der einzelne Mensch ist dann, selbst wo er real Böses tut,

174 Ausführlich in Renz (1996, 232f).

nicht böse, wohl aber verführbar[175] und diesem Dynamismus mehr oder weniger verfallen. Der Mensch ist anfällig bis überschwemmt oder fremdbestimmt und dies eindrücklicherweise auch dort, wo er das Gute will, sich etwa im Aspekt des Heilers mit dem Göttlichen identifiziert. Der Mensch ist fremdbestimmt, weil seine Energien unbemerkt nicht mehr um das Ganze, um eine Sache kreisen, sondern um sich selbst oder die eigene glorifizierte Idee. Ich erinnere an die Darstellung in I.2.5 und die Frage: Was ist des Menschen Mitte? Eine Grenzziehung zwischen dem Gesunden und dem Pathologischen ist im Konkreten schwierig auszumachen. Umso wichtiger ist es, das Phänomen im Grundsätzlichen zu durchschauen und sich immer wieder zu hinterfragen, ja hinterfragen zu lassen. Die Verführbarkeit des Menschen, der wiederum im Letzten nur Urangst zugrunde liegt, führt *zusammen* mit der abgespaltenen Energie des Ganzen (= das Böse) zu Teufelskreisen von Mimesis und Gier, Rache und Gewalt, Angst und ideologischem Fanatismus. In solchen Teufelskreisen drin, ist der Mensch alles andere als frei, sondern dem kollektiv Verschatteten und dessen Machenschaften ausgeliefert. Er ist ebenso Täter wie Opfer dessen, was man als das übermenschlich Böse, Diabolische oder gar als Teufel[176] bezeichnen mag. Über das Wesen Mensch ist damit theologisch vor allem eines ausgesagt: Er hat seine Mitte grundsätzlich außerhalb seiner selbst. Er ist entweder ein Gefundener in Gott als Ganzem oder anfällig für allerlei Götzen, Affekte, Mächte dieser Welt (vgl. Dämonen in II.2.3.1).

Im Zusammenhang dieser Arbeit ist wichtig, ***neben einzelnen Themen von Erlösungsbedürftigkeit auch eine erlösungsbedürftige oder heillose Dynamik zu erkennen.*** Entsprechend wird in Teil II sowohl nach Erlösung auf *thematisch-inhaltlicher* Ebene wie im Energetischen – in der Dynamik – gefragt. Die Dynamik des Unheilvol-

---

175 Die Unterscheidung zwischen innerseelischen Faktoren des Bösen und dem von außen Einwirkenden spiegelt sich bei Claret (2007, 82) in der Unterscheidung zwischen „spezifisch menschliche(r), resp. teuflischer Gestalt des Bösen: Die spezifisch menschliche Gestalt des Bösen ... besteht darin, dass das menschlich Böse von der Art ist, dass es bei aller Setzung, die vom Menschen her zu verantworten ist, immer zugleich auch *ein provoziertes Böses* ist, das den Menschen zwar nicht entschuldigt, aber ihn gerade dort, wo er böse handelt, als einen sehen lässt, der zum Bösen verführt worden ist und in der Versuchung nachgegeben hat." Wenig später spricht Claret (2007, 84) von der „Unentrinnbarkeit", diesem Bösen auch zu verfallen, und wendet sich damit auch gegen die Einseitigkeit eines moralistischen Sündenbegriffs.

176 Selbst innerhalb der Theologie meldet sich breiter Widerstand gegen die Personalisierung des Bösen. Die theologische Diskussion rund um das Thema des Teufels und um die Begründungsversuche eines Bösen reißt nicht ab. In einer gewissen Absetzung von der Jung'schen Psychologie wird hier eine Interpretation des Bösen als *gleichermaßen* ursprüngliche Gegenmacht zum Guten abgelehnt. Die Frage, was dieses Böse im Kern sei und ‚wo hinaus es wolle', wird nicht zur Ruhe kommen, denn a) bleibt das Böse im Letzten seinerseits Geheimnis, b) zeigt sich dieses in immer neuem Gesicht, das Menschen immer neu zur Reflexion über das Böse zwingt. Man wird es nie ‚in den Griff' bekommen, denn es übersteigt das Fassungsvermögen des Menschen. Vgl. Claret (2007, 107f): „Das Böse ist ... kein zweites metaphysisches Prinzip neben Gott, sondern eine geschichtlich-kontingente und damit eo ipso begrenzte Größe, ... eine kontingente Wirklichkeit, die nicht ihren Ursprung allein im Menschen hat; sie ist ursprünglicher und größer als der Mensch, tritt in gewisser Weise von außen an den Menschen heran, sodass er sich als versucht bzw. verführt erkennt; jedenfalls ist das Böse keine nur anthropologische Größe."

len kann nur durch eine noch umfassender wirksame Gegendynamik überwunden werden.[177]

3.5.4 Was brauchen machtgeprägte Menschen?

Die Einsicht, dass sich in der Machtprägung eine Verhärtung in besonderem Ausmaß zuspitzt und dass in diesem Gesicht von Prägung Erlösungsprozesse schwerer in Gang kommen, bestätigte sich auch in den Zahlen meines Projektes (vgl. I.3.1 und I.4.2). Unter den insgesamt 32 Patienten mit unaufgelöster Fixierung waren 20 mit dominanter Machtprägung. Von den 40 Patienten, bei denen sich eine bewusste Umkehr und eigentliche Wandlung ereignete, gehörten nur gerade 7 der Gruppe Machtprägung an.

Demgegenüber legte eine *qualitative* Beobachtung nahe, dass, wenn einmal Außerordentliches in Richtung Wandlung eines ganzen Lebensentwurfes geschah, solch eine Entwicklung bei Machtpatienten zu beobachten war. Innerhalb des ganzen Spektrums der 171 als erlösungsbedürftig eingestuften Patienten ereignete sich dieses Außerordentliche ausschließlich (!) bei obigen 7 Patienten mit Machtstruktur. Sie fanden – vom Hauswart, über die dreifache Mutter, die Ärztin, den Biochemiker bis zum Bankdirektor – zu eindrücklicher Autonomie, Bewusstheit und Verantwortungsbereitschaft. Die 4 inzwischen Verstorbenen gingen ihren letzten Weg in großer Reife, die 3 Überlebenden kehrten mit tiefer wurzelnder Identität und Motivation ins Leben zurück. Niemand so sehr wie diese drei vermochten, an ihren Ort zurückkehrend, ein Stück weit ‚die Welt aus den Angeln zu heben'. Dank ihrer Gegenwart ging eine neue Qualität von Leben, Bewusstheit und Identität an viele andere weiter. Bei ihnen wurde Krankheit in besonderem Ausmaß zur Chance. Was insgesamt nichts anderes

177 Theologischerseits bringt Greshake (2007, 32-35) den dynamischen Aspekt und das energetische Potential solcher Verfallenheit (und darin auch die Frage nach Freiheit oder Unfreiheit) wie folgt zur Sprache: „Der Mensch ist mehr als er in seiner vorfindlichen Endlichkeit erscheint; in ihm ist die unendliche Energie des ihn auf Gott hin bewegenden Gottesgeistes am Werk. In der verfehlten Freiheitsentscheidung wird nun dieses ‚Unendliche', statt in seiner Ausrichtung auf Gott bestätigt zu werden, auf sich selbst gerichtet, d.h. auf den eigenen ‚monologischen' Freiheitsvollzug. Statt auf Gott wird nun vom sündigenden Menschen die unendliche Energie auf Götzen projiziert, welche die Illusion geben, den Durst nach einem rundherum grenzenlosen Leben zu erfüllen: Macht, Anerkennung, Reichtum, Sex und dergleichen. Diese projizierten Götzen sind eine Wirklichkeit eigenen Ranges: (1) Es sind tatsächlich Götzen, die größer und stärker sind als der einzelne Mensch oder die Menschheit als Ganzes. Denn in ihnen ballen sich die ‚unendlichen Energien', die an sich aus der Beziehung zwischen Mensch und lebendigem Gott stammen, in pervertierter Weise zusammen. (2) Es sind *Wirklichkeiten*, die, wenn auch dem Tun des Menschen entstammend, doch eine selbstständige Aktivität und Logik entfalten. ... Sie (die Götzen) nehmen, indem Menschen alle Energien und Erwartungen auf sie richten, eine eigene übermenschliche Mächtigkeit an, die alle und alles in ihren Bann zieht. Dieses Wirken der Götzen kann mit der traditionellen Rede vom Teufel identifiziert werden: ... (in diesem Sinne) ‚gibt' (es) den Teufel! ... eine Wirklichkeit, die der Projektion pervertierter menschlicher Freiheit entstammt und die ihre ‚unendliche' Macht und Logik den (pervertierten) Energien des Gottesgeistes ‚entlehnt'. ... die Redeweise vom Teufel (hebt) formell den übermenschlichen und selbsttätigen Charakter des Bösen hervor."

heißt, als dass sich hinter der Machtprägung auch das eindrücklichste ***Persönlichkeitspotential*** verbirgt. Auf die Entfaltung dieses Potentials[178] (auf ein Mehr an innerer Freiheit, Authentizität, Überzeugungskraft etc.) zu setzen, ist nicht nur prozess-motivierend, sondern in Reifungsprozessen machtgeprägter Menschen bedeutsam, denn ihre Alternative inmitten von solchen Energien lautet: Hervorbringen oder Zerstören. Über Erlösungswege wird in I.4 näher berichtet.

Zum Umgang mit machtgeprägten Spitalpatienten kann gesagt werden, dass sie häufig vermehrt schwierig sind. Nur schon die krankheitsbedingte Ohnmacht auszuhalten, bringt sie an Grenzen. Ihre Ansprüche sind größer, ihre Geduld im Aushalten ihrer Ohnmacht kleiner. Als Gegenüber fühle ich mich dann diffus unfrei, herumkommandiert oder genötigt, ein Mehr an Einsatz zu erbringen. Umso mehr ist von mir Bewusstheit gefordert, sowohl in eigenen Machttendenzen wie im Gegenüber von Projektionen der Patienten, von unguten Familiendynamiken oder gegenüber dem, was ich bisweilen als ‚in der Luft liegenden Ungeist' wahrnehme. Nicht wegschauen aus Angst, Naivität oder Feigheit, keine Flucht in eine falsche Harmlosigkeit[179], heißt hier die Devise. Vielmehr gilt es, das Böse als existierende Realität und als gegen die gute Sache gerichtete Energie ernst zu nehmen. Ungeist kann seltsam gegenwärtig sein und doch nie klar fassbar. Ihm gilt es, eine entschiedene Absage zu erteilen.[180] Therapeutisch gesprochen heißt dies: zum Mut zu finden, bisweilen Patienten auch zu konfrontieren, deutliche Worte zu riskieren, wo es sein muss, etwa in Bezug auf die Aussichtslosigkeit ihrer Mechanismen. Bisweilen muss ich Patienten in ihrer Verbissenheit auch ins Leere laufen lassen und warten, bis sie vielleicht durch Träume[181] aufgerüttelt oder im Kairos letzter Gnadenstunden weich werden.

Alle Prägung ruft nach Gegenerfahrung. Im Falle der Gewaltprägung beginnt dies mit der Erfahrung von Freiheit, auch wenn Gegenerfahrung mehr beinhaltet, nämlich freimachende Beziehung. So gestehe ich dem einzelnen Patienten ausdrücklich oder nonverbal die Freiheit seiner Selbstbestimmung zu und setze mich gleichzeitig vermehrt dem möglichen Scheitern aus. Ich versuche, in Machtspielen nicht mitzuspielen, nicht auf Schmeicheleien hereinzufallen, nicht zu kontern, sondern Demütigungen Mal um Mal wegzustecken. *„Sie können gleich wieder gehen, bringt eh nichts."* Gegen die eigene Resignation ankämpfend, kann ich dann nur versuchen im Glauben anzukommen, dass Liebe stärker ist als alle Macht.

Innerhalb der machtgeprägten Patienten gibt es eine Gruppe, wo Psychotherapie zum wesentlichen Teil der Krankheits- oder Sterbebegleitung wird: die ***Opfer von traumatisch erlebter Gewalt.*** Dazu gehören – neben den von frühester Gegenüberstö-

178 Vgl. Renz (2007, 48-61): Frühe Prägung, frühe Störung, Ressourcen.

179 Rahner (1984, 99).

180 Mir fällt auf, wie oft mir, etwa von Seelsorgern, die Frage nach dem Umgang mit dem Bösen gestellt wird.

181 Etwa durch eine Stimme im Traum oder Augen, in welchen sich Träumer mit Eindringlichkeit angeschaut erleben. Solche Augenträume sind Gegenübererfahrungen im Positiven. Vgl. hierzu Renz (1996, 178f).

rung Betroffenen[182] – vor allem Kriegs- und Gewaltopfer-Biographien. Kriegsopfer sind als solche bisweilen in Patienten-Anamnesen vermerkt, Opfer sexueller und familiärer Gewalt praktisch nie. Was ein Leben lang im Dunkel lag, kommt im Grenzzustand von Ohnmacht und Sterben bisweilen ans Tageslicht: Der eine weiß noch: *„Da war etwas“*, aber er weiß nicht mehr, was. Der andere weiß es genau und kann nicht vergessen. Dritte reagieren im schwerkranken Zustand traumatisiert auf pflegende Berührung und Nähe oder sie sprechen diffus von einem irgendwie Bösen, einer dunklen Gewitterwolke, vom schwarzen Mann, von Teufel oder Hexe, derweil Ärzte und Pflegende rätseln, was sich hinter seltsamen Körpersymptomen und Verhaltensweisen oder hinter der Symbolik einer terminalen Kommunikation verberge[183]. Gewaltopfer haben oftmals das Gefühl für Körper und Seele wie verloren. Oder sie mussten ein Leben lang hart durchhalten, wurden ausgenutzt und erlitten immer neue Erniedrigung. Sie wissen nicht wirklich, wer sie sind und wie sich Freiheit, Würde und Liebe anfühlen. Können sie etwas dafür, so verhärtet geworden zu sein, dass sie schlussendlich nicht einmal mehr offen sind für Zärtlichkeit und Gnade, einfach so geschenkt? Sie wissen nicht, was Schenken heißt. Beziehung hat für sie immer nur geheißen: benutzt, missbraucht oder überwältigt zu werden.

***Frau Trachsler** hat zu schweigen gelernt. Selbst ihre Nächsten wissen nicht um ihr Kindheits-Trauma. Mir vertraute sie sich mit wenigen Wortbrocken an: „Vater“, „ständig“, „dass ich Sexualität nicht mag, ist nicht neu“, „Ekel“. Die Brocken genügen, um das Unerträgliche zu ahnen. Sonst ist wenig von ihrer Gewaltprägung zu spüren, außer dem Hinweis auf eine langjährige Depression. – Wochen später, nun auf dem Sterbebett, meldet sich das Verdrängte. Sprechen kann sie nicht mehr, da schon zu weit abgetaucht. Doch in ihrem Körper zuckt es ständig, bald hier, bald dort. Ihr Gesicht gibt für mich einen stummen Schrei zum Ausdruck. Ich versuche, meine Betroffenheit zu formulieren. Vonseiten der sterbend Daliegenden kommen Laute der Entlastung. Gatte und Kinder stehen daneben, ohne ganz begreifen zu müssen. Zwei Tage lang dauert dieses Zucken und bringt auch mich in Verzweiflung. „Haben Sie Angst?“, versuche ich zu deuten. „Jahhh.“ Nun erzählte ich der stumm Daliegenden vom Frieden zahlreicher Sterbenden. Friede sei tiefer als alle Angst. Diesmal kam ein „Ahhh“. Wenig später kommt die Ärztin hinzu, ich frage nach dem in Sedation versetzenden Dormikum für die Nacht. All das beruhigt die Sterbende und geht nahtlos über in etwas Erstaunliches: Ihr Körper wird sichtlich erfüllt mit Ruhe, der Kopf dreht sich zur Mitte, irgendwie gefasst liegt sie da. Die Stimmung ist ehrfürchtig. Als hätte sich etwas in ihr ‚entschieden‘, als hätte die Gnade eines letzten Friedens zu wirken begonnen. Wir alle, Angehörige, ich, Ärztin begreifen: Jetzt wird sie sterben. „Tschau Mami, du hast es so gut gemacht“, rufen ihr die Kinder nach. Sie öffnet leicht die Augen, schaut verklärt hinüber in ein Anderes und atmet aus. Gewalt hatte zwar das vorletzte, aber nicht das letzte Wort.*

---

182 Menschen mit starker Prägung durch die meist intrauterin entstandene Erfahrung, im Numinosen bedroht zu sein. Vgl. I. Hinführung (S. 28), *Herr Kamer: „Wissen Sie, in dieser Angst drin bin ich eine Null. Mit Nullwert und Nullexistenz. Ich bin da wie bereits vernichtet vor mir selbst.“*

183 Vgl. Renz (2008b, 40-57).

Die Machtprägung abrundend kehre ich zur Frage zurück: ***Welche Erfahrungen helfen? Was befreit aus der hinter aller Machtstruktur liegenden Urangst vor dem bedrohlichen Zuviel?***

Vorerst muss das Machtproblem als Beziehungsproblem erkannt werden. Und als solches kann es nur ***über Beziehung*** aufgelöst werden. Machtgeprägte Menschen brauchen Beziehungen, wo sie wieder Vertrauen schöpfen können und sich wieder dem Du auszusetzen wagen. Etwas von solch hoher Beziehungsqualität ist bisweilen im Zwischenmenschlichen möglich. Dort etwa, wo ein wirklich liebesfähiger Mensch tiefer begreift, woran sein Gegenüber leidet, Projektionen und überbordende Emotionen stehen lassen kann, nicht zurückschlägt und sich nicht auf der Ebene von Macht und Rivalität mit dem Gegenüber misst. Selbst wenn Machtprägung für beide Teile Zumutung bleibt, kann der Machtgeprägte so doch erfahren, dass er trotz allem nicht aus einer Liebe oder aus dem Netzwerk einer tragenden Gemeinschaft herausfällt. Das volle Maß solcher Erlösung ereignet sich dort, ***wo sich die Urprojektion ‚Gott/alles ist gegen mich' in ihren drei Aspekten wendet:***

- ***Aspekt des Numinosen:***
  dort, wo – hinter der im Menschlichen erfahrenen Liebe – nichts weniger als das Ganze/Gott/Liebe *schlechthin* erkannt wird. Immer und immer wieder. So wird das Numinose in der Erfahrung des Menschen Stück um Stück befreit aus der Position des Tabuisierten (Inbegriff von Bedrohlichem). Die Spaltung zwischen dem bedrohlich Numinosen und dem harmlos gezeichneten lieben Gott wird immer neu etwas überwunden. Gott wird wieder als das Ganze erlebt und zur Erfahrungsrealität für den Menschen: belebend, raumgebend, freiheitspendend. Wo zuvor Angst war, bedroht zu sein, steht nun Vertrauen neben Ehrfurcht. Das Ich kann sich in ein solchermaßen Ganzes loslassen und sich wieder als Teilhabender erfahren. Relativierung des Numinosen bedeutet Überwindung von Spaltung und einseitigen Gottesbildern. Gott als das Ganze.

- ***Aspekt von Gegenüber und Beziehung:***
  dort, wo – hinter der konkret erfahrenen Liebe – das Prinzip Du schlechthin erkannt wird. Wo Gegenübererfahrung wieder positiv besetzt wird, wird am neuen Du auch das Ich neu, wird auch das menschliche Angewiesensein positiv erlebt, wird Beziehungsqualität neu, fließend. Aus der Angst, in der eigenen Erbärmlichkeit und im Angewiesensein vernichtet zu werden, wird die Erfahrung, als Ich im Gegenüber von einem (letzten) Du erlaubt und ernst genommen zu sein. Identität und Dialogik. Gott als Beziehungspartner.

- ***Aspekt von Macht:***
  dort, wo – hinter dem Vielen sich konkret an menschlicher Liebe Ereignenden – auch (höhere) Macht und umfassendes Wirken erkannt wird. Wo Macht solchermaßen neu erfahren und konnotiert wird, ist auch die menschliche Reaktion darauf anders. Statt auf Kampf und Inflation fixiert und ständig gegen die eigene

Ohnmacht ankämpfend, erfährt sich der Mensch von höherer Macht autorisiert (bevollmächtigt). Er wird in sein Potential hineingestellt und erfährt Vollmacht, Sendung, Gott in seinem Geistaspekt, seinem Wirkaspekt.

Zusammenfassung I.3: Urprägung mündet mit fortschreitender Entwicklung in konkrete Gesichter von Prägung. Energetisch betrachtet führt die Entwicklung aus fehlgeleiteter Dynamik (Dynamismus der Sonderung) letztlich in dasjenige, was Menschen als das Böse bezeichnen. Die Erlösungsbedürftigkeit des Menschen wird konkret in Gesichtern von Prägung. Ich umkreise deren drei, die zumindest in unserem Kulturkreis dominant sind: die menschliche Angst-, Begehrens- und Machtstruktur (als Ganzes bisweilen A-B-M-Struktur genannt):

- *Die menschliche Angststruktur* zeigt sich in einem sich ständig wieder verlierenden Vertrauen, in einer Existenzangst, in Fragilität, bisweilen in Zwanghaftigkeit und in einer irgendwie noch vorhandenen Nähe zu Ursprung und Urangst, einer Sensibilität und Sehnsucht bis hin zur Daseinsflucht. Sie bedeutet eine grundlegende Verunsicherung in der Ebene der Urbefindlichkeiten und ruft nach Sicherheit, Nahrung und Vertrauen in derselben Tiefe.
- *Die Begehrensstruktur* wird konkret in der Gier nach immer Mehr, im Mangel und Neid, im Verweilen-Müssen in Genuss und Lust. Das Verhältnis zu den Gütern dieser Welt ist gestört. Die Begehrensstruktur ist treffend beschrieben in der Existenzweise des Habens nach Erich Fromm, sie bewirkt existenzielle Unfreiheit. Sie ruft nach der Existenzweise des Seins und nach einem ‚Genug-für-alle', nach jener Nachfolge, die dorthin führt, nach Heilung aus aller Fremdbestimmtheit und somit nach einer neuen Form des Bezogenseins auf Sache und Welt.
- *Die Machtstruktur* resultiert aus einer Irritation in der Beziehungsebene. Traumatisiert und durch die Urangst vor dem Numinosen existenziell bedroht, traut der Mensch niemandem mehr und hält Ohnmacht und Angewiesensein, wie sie zu jeder dialogischen Beziehung gehören würden, nicht mehr aus. Er verschanzt sich in Abkapselung und Machtverhalten. Ein Grundmisstrauen verzerrt seine Wahrnehmung, Projektionen schleichen sich ein. Nebst der gestörten Abgrenzung und dem gestörten Selbstwertgefühl lauern Selbstüberschätzung und Inflation. In all dem öffnet der machtgeprägte Mensch wie kein anderer dem Dynamismus der Sonderung bis hin zur Energie des Bösen unbemerkt Tür und Tor. Erlösung gelingt nicht ohne neue Beziehungserfahrungen und auch nicht ohne eine neue Erfahrung mit Gott als Inbegriff des Numinosen, des Gegenübers, der Macht.

Erlösung gelingt aber auch nicht ohne eine zumindest ansatzweise vorhandene Offenheit vonseiten des Leidenden, Geprägten, Erlösungsbedürftigen.

4 Der Beitrag des Menschen, der seinerseits Gnade ist

4.1 ‚Umkehr' als Bereitschaft und Gnade

Heilswege sind Prozesse, in die der Mensch seinen Beitrag einzubringen hat, ebenso wie ihm geholfen werden muss[184]. Das in der Theologie vielfach diskutierte Verhältnis von Gnade oder Leistung[185] wird hier gestreift. Sowohl ist Erlösung primär Gnade, als sie auch der menschlichen Bereitschaft – oder Einsicht in die eigene Erlösungsbedürftigkeit – bedarf. ***Im Zusammentreffen von menschlicher Bereitschaft und Gnade geschieht Erlösung.*** Auch wenn hier vom Beitrag des Menschen die Rede ist, so will dieser nicht mit einer Leistung gleichgesetzt werden, geht es doch bei der Umkehr eher um ein tiefes menschliches Wollen und Vermögen, um ein Frei-Werden, wo zuvor Besetzt-Sein war, um Schritte der Bewusstwerdung, insgesamt um einen Prozess hin zu neuem Bezogensein. In einem tiefenpsychologischen Zugang zum biblischen Motiv der Umkehr fällt die sonst befremdende moralische Komponente weg (vgl. Metanoia, II.2.1.3).

Auch im eigenen Beitrag ist der Mensch nochmals auf Gnade angewiesen. Dass ich nach einer Krise wieder die Kraft habe aufzustehen, dass ein Mensch ‚wollen kann', dass er Bewusstwerdung zulässt, Friede will, ist bereits Gnade. Der Gnadencharakter wird als solcher auch erlebt: Menschen schaffen es oft tagelang, monatelang *nicht*, aus einer Krise aufzustehen und hineinzufinden in den Geist guten Kämpfens. Oder sie bringen es nicht übers Herz, zu verzeihen und in einer Sache umzudenken. Plötzlich, nach langem Ringen mit sich selbst, sind Energie und Herzensweite wie geschenkt da. Umkehr kann beinhalten, dass gewisse Abgrenzungen oder Ansprüche nicht mehr zur Diskussion stehen. Die Zeit des Recht-Haben-Müssens ist vorbei, eine neue Offenheit für ein Sich-Ereignendes ist da. Es kann nicht gefragt werden: War *ich* es oder war es Gnade? Braucht es hier menschliche Hilfe oder Hilfe von oben? Geht es um Tun oder Geschehenlassen? Das eine geschieht im andern. Prozesse von Erlösung finden, hart erlitten, schlussendlich einfach statt – jenseits von Rechthaben und Verstehen, jenseits menschlicher Kategorien des Denkens und Leistens.

---

184 Kirchschläger (2000, 46) spricht vom „dialogischen Prinzip von Erlösung". Jesus vermag dort zu heilen, wo Menschen von ihm etwas erhoffen, wo sie glauben.

185 Vgl. Streit zwischen Augustinus und Pelagius.

Im Folgenden frage ich: ***Welche Prozesse innerhalb eines größeren Erlösungsgeschehens sind vonseiten des Menschen wesentlich?*** Was ist *psychologisch* betrachtet für Erlösung notwendig? Muss er erst in den Prozess hinein freigeben, was zur Erlösung ansteht? Muss er erschrecken oder ermatten, um weich zu werden? Es gibt viele Namen für den menschlichen Beitrag im Erlösungsprozess: Umkehr, die menschliche Kooperation, Bewusstwerdung, gefühltes Leiden, Reue, der Wille zum Aufstehen aus Unmündigkeiten, der Wille zum Verzeihen, das schwierige Ja, das Ringen um Hoffnung, was biblisch gesprochen dem Aufrechterhalten der Messiaserwartung entspricht. Und doch genügt all das nicht. Was braucht es denn zum Heilwerden? Im Nachhinein, nach gelungenem Prozess, ist dies oft einfacher zu entschlüsseln. In meinem Projekt stand ich – rückwärts blickend und einen Stapel von Protokollen vor mir – immer wieder vor der Frage, was es schlussendlich gewesen sei, das eine Wende in einem Prozess erwirkte. Was war es, das ein inneres Gefühl von Heilsein, eine Bewusstwerdung, ein neues Daseinsgefühl, eine neue Identität einleitete? Solches Fragen liegt dem ganzen Projekt zugrunde. Ich wollte Erlösungsmechanismen besser verstehen und fragte: Was haben sie mit dem Faktor Mensch und dessen Prozessfähigkeit zu tun und was demgegenüber mit einem Faktor Unbekannt, den ich hier Gott nenne? Und ich begann, ***dieses Unfassbare ähnlich einem therapeutischen Dritten*** zu begreifen. Auch darum geht es im vorliegenden Kapitel: aufzuzeigen, wie Prozesse schon im rein Zwischenmenschlichen nur über ein Drittes gelingen (vgl. I.4.8). Das Dritte wurde und wird erfahren im Sinne eines zunächst realen und später inneren Gegenübers, eines therapeutischen Ortes, wo deponiert und Rat gesucht wird und Menschen sich verstanden fühlen. Dieses geheimnisvoll Dritte ist Beistand in der Not, Bundespartner, Kraftort und Unterbrechung in der Not.

Umkehr, wie sie hier zur Rede steht, meint mehr als Alkoholentzug oder die Umstellung der Ernährung, nachdem man nochmals mit dem Leben davongekommen ist. Der ganze Reifungsprozess eines Menschen kann zur Umkehr werden. Angesichts schwerer Krankheit oder des bevorstehenden Todes wird der Appell drängender. Umkehr wird ferner durch Beziehungskrisen ausgelöst, durch Erschöpfung oder eine immer enger werdende Spirale von Rache und Gewalt, aus der man aussteigen möchte. Träume können zur Umkehr bewegen, und in all dem die Einsicht: So kann es nicht weitergehen. Wenn in der Bibel die Rede ist von Umkehr (Metanoia), so geht es um eine neu zu findende Beziehung zu Gott (vgl. II.2.1.3). Umkehr berührt aber auch die Psychologie: Sie meint ein seelisch geistiges Vermögen, neu zu sehen und neu zu wollen. Die neue Sichtweise ist zugleich neue Erlebnisweise[186] und Verwurzelung. Moderne Begriffe wären Bewusstwerdung und Prozessbereitschaft. Umkehr meint auch die Kehrtwende selbst, die dem Leben eine neue Ausrichtung gibt. Innerhalb einer Psychotherapie geschieht dies vielleicht dort, wo das ‚nur' Therapeutische auf der Strecke bleibt und Patient und Therapeut gemeinsam offen werden auf ein Darüber-Hinaus oder ein Wirken anderer Art. Man mag es Gott nennen oder nicht. Wich-

186 Kassel (1986, 39) spricht von einer „Blickwende nach innen".

tig ist, dass dieses Andere/Gott zur (inneren) Erfahrung wird und zur Sprache kommen darf. Eine solche Öffnung kommt dem Eintreten in eine neue Dimension von Bezogensein gleich, dem Eintreten in einen therapeutischen Raum, der religio[187] meint. Andere Menschen finden zu einer Öffnung über Meditation oder ein Leben aus dem Glauben. Wege der Umkehr mögen unterschiedlich sein und haben doch eines gemeinsam: Die eigentliche Wandlung kann vom Ich her nicht gemacht werden, sondern wird ihm von einem Dritten – von Gott – geschenkt.

187 Zu Deutungsmöglichkeiten des lateinischen Begriffs „religio": a) re-legere als erneut (wieder) lesen, sich immer wieder hinwenden, als gewissenhaft verrichteter Kult, b) re-ligari als gebunden sein, sich binden, c) re-eligere als auswählen, eine bewusste Wahl treffen. (Siebenrock – mündliche Information im Rahmen eines Seminars zur Gnadentheologie Rahners, Innsbruck, WS 2004/2005.)

4.2 Was Projekt-Zahlen über Erlösungswege aussagen

1. Frage: Wie viel an Erlösung und Prozess war möglich?

Insgesamt als erlösungsbedürftig eingestuft. Markante A-B-M-Struktur		*171*
Davon:	Patienten mit intakter Lebenserwartung (Jahre)	80
	Sehr kurze Lebenserwartung / Zugehen auf Tod	91
Fixierung bleibt erhalten		32
Partielle und bewusstseinsferne Aufweichung, ins Fließen kommen		99
Bewusste Umkehr, Wandlung, Reife, 2. Identität, im Leben wie im Sterben		40

Bemerkenswert ist nicht nur die hohe Zahl von Patienten (32), bei denen keinerlei seelische Prozesse in Richtung mehr Heilsein, mehr Frieden mit sich, der Mitwelt, der Krankheit, also keinerlei Aufweichung der A-B-M-Struktur in Sicht waren. Mich beeindruckte die noch höhere Zahl von Patienten, die sich auf bewusste Prozesse von Umkehr und Wandlung, von Loslassen in ihrer A-B-M-Struktur einließen (40) – hin zu einer zweiten Identität (vgl. III).

Unter den insgesamt 32 Patienten ohne Anzeichen einer Veränderung waren viele Menschen mit einer Machtprägung (20), die gewohnt waren, über Macht und selten Gewalt zu reagieren und Verletzungen zu überspielen. Diese 20 fanden auch in der Krankheit nicht aus Verhärtung, Projektion, aus Zirkeln von Rache und Gewalt heraus. Sie wollten dies auch nicht, weil nicht am Punkt des Loslassens. Und dort, wo ihre Verhärtung für unser Auge nahtlos überging in den Tod, scheint mir wichtig, einen Zwischenraum offen zu halten, der unserem Auge entzogen bleibt (Minuten, Sekunden, aber auch das für uns Unsichtbare, Unverstehbare der letzten Tage), und damit jedem Menschen die Möglichkeit einer Wandlung auf den Tod hin und im Tod zuzudenken. Wie in I.3.5 erläutert, zeigte sich innerhalb der Kategorie machtgeprägter Patienten anderseits ein großes Entwicklungspotential bei Einzelnen (7). Die Kategorien von Angst- und Begehrensstruktur bedürfen keiner besonderen Deutung.

Dass Wandlung bei aller Art von Prägung und bei der Mehrheit der Patienten (99) halbbewusst (im Sterben etwa auf symbolische, körpernahe Weise) geschieht, erstaunt nicht. Der Bewusstwerdungs- und Erlösungsdruck ist nicht in allen Biografien und Familienschicksalen gleich groß. Im Normalfall darf vieles im Unbenannten, Halbbewussten bleiben. Bewusstwerdungsprozesse ereignen sich dennoch, über einzelne Menschen hinaus.

2. Frage: Worin wurde Erlösung sichtbar? Welches Gesicht von Prägung wandelte sich?

(Mehrfachnennungen möglich)

Insgesamt: Umkehr und Wandlung zu zweiter Identität fand sichtlich statt	*40*[188]
A: Veränderung in der Ebene der Urbefindlichkeit, Vertrauen/ Friede statt Angst	34
B: Neuer Sach- und Weltbezug: Existenzweise des Seins statt des Habens, Lebensfreude statt Begehren	34
M: Beziehungsebene: Liebe statt Macht/Gewalt, neuer Umgang mit Abhängigkeit	39

Insgesamt trat Wandlung dort am deutlichsten hervor, wo auch die Prägung drückte. Bei Menschen mit dominanter Angststruktur ereignete sich Vertrauen. Bei Menschen mit dominanter Begehrensstruktur entstand ein neues Verhältnis zu den Gütern dieser Welt, eine Akzentverschiebung vom Haben zu mehr Sein. Bei den 7 wandlungsfähigen Macht-Patienten stach neben einem neuen Verantwortungsbewusstsein[189] eine bewusste Liebesfähigkeit hervor. Eigentlich nicht verwunderlich. *Verwunderlich sind eher die vielen Mehrfachnennungen:* So zeigte sich etwa die Qualität ‚neue Liebesfähigkeit' nicht nur im Bereich früher Machtprägung, sondern auch dort, wo Patienten in ihrer Begehrensstruktur zuvor gewohnt waren, sich alles zum Objekt zu machen. Ihr ‚Wunder' des neuen In-der-Welt-Seins war ein doppeltes: Neues Bezogensein auf die Dinge dieser Welt hieß zugleich auch neu liebesfähig zu sein. Und dieser neue Weltbezug wiederum wurde bei vielen zur Basis eines neuen Vertrauens (Ebene der Urbefindlichkeiten).

3. Frage: Wie umfassend geschah Wandlung bei den einzelnen Patienten?

Insgesamt: Umkehr und Wandlung zu zweiter Identität fand sichtlich statt	*40*
Wandlung auf allen *drei* Ebenen (Angst, Begehren, Macht)	31
⇢ darunter bei 5 der 7 machtgeprägten Menschen	
Wandlung auf *zwei* der insgesamt drei Ebenen	3
Wandlung betraf *eine* der insgesamt drei Ebenen	6

Fazit: Es entspricht dem Wesen von Wandlung, dass eine solche kaum partiell ist.

---

188 Für diese zweite Frage wird ausgegangen von den 40 Patienten, wo eigentliche Umkehr oder Reifung in eine 2. Identität – ob im Leben oder vor dem Sterben – geschah. Zur Frage der Messbarkeit: Erfasst wurde, was deutlich hervortrat. Bei den 40 Patienten war ihr Ankommen in neuer Identität klar sichtbar. Es ist anzunehmen, dass Ähnliches auf unsichtbare Weise oder in Ansätzen bei einigen der verbleibenden 131 Patienten auch geschehen ist, auch wenn hier nicht erfasst. Die diesbezügliche Dunkelziffer ist groß.

189 Ein Parameter, den ich nicht zu erfassen beabsichtigte, der sich mir aber bei den 7 Persönlichkeiten aufdrängte.

4. Frage: Ereignet sich Wandlung der A-B-M-Struktur vor allem vor dem Tod?

Insgesamt: Umkehr und Wandlung zu zweiter Identität fand sichtlich statt	*40*
Auf den Tod hin	26
Mitten im Leben	14

Diese Zahlen müssten erschüttern und doch wissen wir es: Umkehr, Wandlung zu einer neuen Identität findet bei zwei Dritteln unter Druck des nahenden Todes und nur bei einem Drittel bei Menschen mit intakter Lebenserwartung statt. A-B-M-Strukturen sind zäh, ursprünglich, tief wurzelnd, eingeschrieben ins Fleisch und Menschengeschlecht.[190]

5. Frage: Was half vonseiten der Therapie? Worauf sprachen Patienten an? Frage der ‚Sakramentalität'

(Mehrfachnennungen möglich)

Insgesamt: alle der erlösungsbedürftigen 171, bei denen bewusst (40) oder halbbewusst (99) eine Aufweichung ihrer A-B-M-Struktur geschah		*139*
Reaktivierte *frühere* Erfahrung von Nahtod, 2. Identität, Gottnähe		5
Musik, Musikerfahrung, Raum für Schweigen		84
Körperarbeit, neues Körperbewusstsein, Berührung		38
Träume, tiefenpsychologische Traum- und Symbolarbeit		22
Familienprozesse / Kinder / Kommunikations- und Versöhnungsprozesse		48
Psychoonkologie als Vermittlerin von Erfahrungswerten, Anleitungen		30
Segen, Gebet, Ritus / neu begriffene Bibelworte, Kommunion		40
Bewusst gewährter Raum für ein Ringen mit Gott		30
Beziehung, Empathie, Solidarität, Raum geben für Gefühle		99
davon: Empathie/Liebe extrem erfahren	18	

190 Vgl. Paulus, der das „Fleisch" als Sitz der Leidenschaften und der Sünde betont (Röm 7,5.14.18.25; Gal 5,13.19). Jesus setzte also sozusagen auf ein Wunder in den vielen Menschen, wenn seine Botschaft als Antwort auf die A-B-M-Struktur gelesen werden soll.

Zwei Angaben stechen hierbei hervor:

a) die Chancen musiktherapeutischer Arbeit[191]:
Viele Patienten mögen Klangreisen[192], oft verbunden mit Körperarbeit. Sie tauchen etwa ein in ein tieferes Getragensein, eine größere Teilhabe. Über Musik gelingt vieles im Halbbewussten, auch wo bewusst keine Aufweichung möglich scheint.

b) die Chancen des Faktors Liebe und Beziehung:
Auffallend: Liebe griff nicht einfach als Botschaft „Du bist geliebt", sondern nur, wo sie als solche erfahren wurde, wo der Patient aus der Liebe eines konkreten Menschen (von mir, von Angehörigen oder weiteren Betreuenden) nicht herausfiel. Liebe kann also nicht nur gepredigt werden. Liebeserfahrungen lösen aus. Die Frage, wie umfassend oder grundsätzlich eine solche Liebe erlebt wurde, ob/wann hinter der Liebe einer konkreten Person ein Mehr, die Liebe des großen Mütterlichen, die Dimension Gott erkannt wurde, kann nicht absolut beantwortet werden. Ich schätze, dies geschah bei etwa der Hälfte dieser 99 Patienten. Es geschah jedoch bei allen 18, wo die Liebe einer Person derart tragend war, dass es bisweilen war, als hätte die Mutter, die Schwester, der Ehemann, die Therapeutin stellvertretend für den Patienten, die Patientin gelitten (vgl. I.4.8). – Und bei *allen* 40 mit bewusster Wandlung war Liebe – wie auch immer interpretiert – wichtig.

Bei 30 Patienten war zusätzlich heilsam, dass von mir her ein bewusster Raum für ein Ringen mit Gott da war. Diese 30 zeichneten sich dadurch aus, dass sie sich tiefer auf die Gottesfrage einließen. Während fast alle, nämlich 179 der insgesamt 187 Erfassten die Frage nach Gott im Leid stellten (Theodizeefrage), suchten diese 30 darüber hinaus den eigentlichen inneren Dialog mit Gott. Sie prangerten an, beteten und versuchten das Unverstehbare zu verstehen. Ohne Ausnahme geschah bei ihnen auch Wandlung in ihrem Gottesbild und ihrer Beziehung zu diesem Geheimnis. Doch auch dies geschah nicht ohne den Faktor Liebe und die Hilfe mittels Therapie.

Bezüglich der drei Gesichter von Prägung muss gesagt werden, dass es bei der Angst- und Begehrensstruktur möglich war, dass Patienten, ohne spezielle Liebe erfahren zu haben, allein über Musik, Meditation zu einer spürbaren Aufweichung im Halbbewussten fanden, vor allem in Todesnähe (34). Bei den Machtgeprägten hingegen geschah – wenn überhaupt – nur dann etwas, wenn dies *mit* Liebeserfahrung verbunden war (7 bewusst, 24 halbbewusst).

---

191 Wobei diese Zahl auch deswegen hoch ist, weil dies zum expliziten Angebot meiner Dienstleistungen gehört.

192 Auf eine angeleitete körperliche Entspannung und bisweilen auch auf eine bildhafte Anregung folgt eine durch die Therapeutin gespielte archaische Musik. Ihr Sensibilisiert-Sein für unmerkliche Reaktionen (angenehm – unangenehm) sowie Signale aus Übertragung und Gegenübertragung bestimmen, wie lange sie spielt, ob Instrumente gewechselt werden, ob ein Lied oder ein paar Worte einfließen.

Fazit soteriologisch formuliert: Es braucht Dynamik, Botschaft allein[193] genügt nicht! Auch Methoden, die auf Selbstheilung hinzielen, genügen nicht. Es braucht erfahrene Liebe.

6. Frage: Welches war der Beitrag der Patienten selbst?

(Mehrfachnennungen möglich)

Insgesamt: Umkehr und Wandlung zu zweiter Identität fand sichtlich statt	*40*
Bereitschaft, bewusst zu fühlen, einschließlich des Leidens	33
Aufstehen aus Unmündigkeit/Opferdasein/Angst, neue Verantwortung	15
Wille zu verzeihen	23
Ja zu sagen (immer wieder) zu Krankheit/Leben/Umkehr, Wille zur Offenheit	40
Wille zur Hoffnung	23

Fazit: Keine bewusste Wandlung ohne einen bewussten eigenen Beitrag. Fehlte ein solcher, so vollzog sich auch Wandlung nur halbbewusst, partiell, etwa nonverbal auf den Tod hin.

193 Eine interessante Nebeninformation: Während die Botschaft „Du bist geliebt" ohne Dynamik nicht ankommt, kommt die Negativ-Botschaft: „Sie haben Krebs, Metastasen etc." als Botschaft alleine sehr wohl an. (Auch mündliche Aussage von Cerny.)

4.3 Bewusstes Fühlen

Bewusstes Fühlen zeigte sich in meinem Projekt so, dass Patienten weicher und sensibler wurden, dass sie weinten, anders liebten. Ihr Leiden, ihre Krankheit und ihre Schmerzen waren unausweichlicher gegenwärtig und zugleich weniger dominant. Unsere Begegnungen waren weniger bestimmt vom ständigen „Warum?" oder „Wer ist schuld?". Auch Freude und Lebendigkeit wurden intensiver erlebt.

Fühlen heißt auch, dem Abgespaltenen seiner selbst neu begegnen. Im Körper eingefrorene Gefühle werden ins bewusste Erleben zurückgeholt, Sehnsüchte wieder wach. Es ist wie eine Heimkehr aus innerer Entfremdung, eine Wiederannäherung an liebste Menschen oder eine spirituelle Öffnung. Ein Aufbruch in eine neue (und zugleich uralte) Kategorie des Erlebens.

***Frau Niederer**, gewohnt hart zu sein und Schmerzen zu erdulden, lernte ihre Gefühle wieder kennen, vorerst über Klangreisen und später auch unmittelbar: Sehnsüchte, Empfindsamkeit, Wut. Das auszuhalten sei nicht einfach, sagt sie mir nach einer schwierigen Nacht: „Ständig ist die Wut auf meinen Mann präsent gewesen, aber es war nicht wirklich mein Mann." Wir kamen ins Gespräch über ihre Wut und folgten deren leisen Spuren. In der folgenden Nacht träumte Frau Niederer von einem durchfrorenen fünfjährigen Kind. Diesem schaute sie in die Augen. „Der traurige Blick des Kindes macht mich soo traurig", schilderte sie. Was wollte dieser Blick, diese Traurigkeit, dieses – wie sie selbst verstand – innere Kind ihr sagen? Es sei nichts anderes gewesen in ihrer Kindheit als eine strenge Erziehung mit viel Arbeit auf einem Bauernhof, eine kühle Mutter, die früh verstorben sei, Geschwister, die immer etwas wollten von ihr. „Was wären denn die Bedürfnisse dieses durchfrorenen Kindes?", frage ich. „Eine Decke, ein liebes Lächeln, gestreichelt werden", schoss es aus der kranken Frau heraus. Sie weinte und fror. Ich war bei ihr und durfte sie halten. Und sie selbst konnte nun dieses Kind innerlich in die Arme nehmen. In der Folge waren Körper und Seele über Tage weicher, was bedeutete: weniger Schmerzen, mehr Tränen, mehr Freude und viel mehr Zärtlichkeit und Innigkeit mit ihrem Mann.*

***Nora**, eine Patientin Mitte Vierzig, berichtete von ihrer Halbschwester. „Es ist, als hätte ich keine Kategorie des Fühlens mehr für Lisa", bemerkte sie. Wenn ich Lisa vor Augen habe, geschieht in meinem Herzen nichts. Ich habe wie kein Bild mehr von ihr." Und sie musste sich darin verstehen: Jahrelang habe Lisa sie behandelt, als wäre sie Luft. Sie habe abwandern müssen aus jeglicher Verbundenheit. Nur so sei der Schmerz verkraftbar gewesen und habe sie ihr eigenes Leben leben können. Nun aber suche die Halbschwester wieder den Kontakt zu ihr. Sie aber empfinde nichts mehr, nicht einmal mehr Wut. Ihr müsse Gott helfen, erst wieder Gefühle zu haben für Lisa. In der Folge ging es darum, Brücken des Fühlens zur Schwester hin zu bauen. „Da gibt es Lisas Sohn, dem ich Patin bin. Für ihn empfinde ich noch etwas", entdeckt Nora. Immer stärker kommt sie an in ihren Gefühlen für diesen Jungen, bis der Funke springt. Sie kann dem Jungen zuliebe ihrer Schwester schreiben und deren Annäherungsversuche erwidern, sogar etwas Gutes für Lisa tun. Erklärung: „Der Junge ist doch ihr Kind ... sie ist ihm Mutter, eine gute Mutter sogar." Im-*

mer wieder wollte Nora über die Brücke des Patenkindes (über ein Drittes) ankommen im verzeihenden Gefühl für ihre Halbschwester. Und, wenn ihr das gelungen war, war sie selbst froh, weil zur Liebe befreit: „Jetzt hat die Schwester in meiner Seele wieder eine Kategorie und einen Namen."

An solchen Beispielen habe ich das Gebot der Feindesliebe ahnungsweise begriffen: Es geht nicht darum, lieben zu *müssen*, sondern darum, dass in mir selbst Wichtiges geschieht, wenn ich es schaffe, eine innere Brücke zum Feind zuzulassen. Jesus redete m.E. nicht von einem Müssen, sondern von einem Sich-Ereignenden.[194] Eine solche Betrachtungsweise einer nicht primär ethisch verpflichtenden, sondern psychologisch ‚sich auszahlenden' menschlichen Liebesfähigkeit wird hier Stück um Stück näher entfaltet.[195] Nora erging es nach der gewagten Feindesliebe *selbst* wieder besser mit ihrer Liebeskraft. Ein Zweites: Nicht Wut noch Hass sind Gegenteil von Liebe, sondern Gleichgültigkeit oder wie in vielen Fällen Macht. Das Gegenteil von Liebe ereignet sich dort, wo Gefühle abgezogen sind. Dabei ist bewusst zu fühlen alles andere als einfach, Verdrängen geht plötzlich nicht mehr. Aber es ‚lohnt sich'[196], sich selbst und der eigenen Gesundung und Lebendigkeit zuliebe.

Wohin aber mit der Wucht im Fühlen, mit der Bitterkeit, die den Körper vergiftet? Wohin mit der Wut und den immensen, noch immer schmerzenden Verletzungen? Wie gelingt es, aus der Verdrängung herauszuholen, was Körper und Seele noch immer krank macht, und doch der Wucht solcher Urgefühle (Angst, Schmerz, Wut) nicht zu verfallen? ***Wut*** ist primäre, energetische Reaktion auf Verletzung. Gerade in Opferbiografien hat Wut nie einen adäquaten Ausdruck finden können und bleibt zurück als schwelender Konfliktherd, wohl gesichert durch einen Selbstschutz der Emotionslosigkeit. Wie groß ihre Energie sein kann, bleibt kaum vorstellbar. Man argumentiert, es sei alles längst vorbei, und ahnt nicht, wie schwer es sein kann, mit nachhaltig falsch programmierten Energien leben zu müssen. An den *Willen* zu appellieren, kommt bei stark verletzten Menschen an wie ein Hohn. Der Körper vergisst nicht, er somatisiert, hat seinerseits Wutrückstände gebildet und wird rück-

---

194 Ich deute also den Imperativ etwa in Lk 6,27 (ἀγαπᾶτε τοὺς ἐχθροὺς ὑμῶν; vgl. Lk 6,35; Mt 5,44) nicht im Sinne eines „Du sollst", sondern eines „Du wirst" und folge damit der entsprechenden Deutung des damals bekannten Dekalogs (Ex 20,1-17; Dtn 5,6-21). Auch bei den dortigen Geboten wird m.E. die Befehlsform „Du sollst nicht" besser wiedergegeben mit: „Du wirst nicht", d.h. es ist undenkbar, dass du ... tun wirst. Vgl. Anmerkung zu 2.Mose 20,3 in der Elberfelder Bibelübersetzung (2000), die sich um Worttreue und Genauigkeit des hebräischen Textes bemüht. Mehr zum Thema Feindesliebe vgl. II.2.4.1; II.2.4.2; II.3.

195 Vgl. I.4.8; II.1.4; II.1.5; II.2.1; II.2.4 und II.3.

196 Vgl. Lk 6,35: „Ihr aber sollt eure Feinde lieben und sollt Gutes tun und leihen, auch wo ihr nichts dafür erhoffen könnt. Dann wird euer Lohn groß sein, und ihr werdet Söhne des Höchsten sein." Zum Lohn im Himmelreich vgl. I.4.8 und II.2.1.2.

fällig mit jeder an das einstige Geschehen erinnernden körperlichen Erschütterung oder Emotion.[197]

Frau Inauen *(ca. 60 Jahre alt) gesteht schon in der ersten Therapiestunde, sie sei Opfer von Gewalt in der Schule. Der Diagnose-Schock der Metastasen und das ohnmächtige Daliegen hätten alles hervorgeholt, was sie niemandem erzählt habe: „Mir ist, als stünde ich jetzt in jenem Schulzimmer.“ Ihre Knie zittern, ihr wird schwarz vor den Augen, die Ohnmacht von damals ist wieder da. – In späteren Sitzungen kommt eine ungeheure Wut hoch. Frau Inauen gesteht, dass sie sich in solchen Situationen zu Hause selbst habe Verletzungen zufügen müssen, um nicht einer noch schlimmeren Zerstörungswut zu erliegen.*

Wut kann nur schubweise ausgehalten und in ein Größeres abgegeben werden. Im Umgang mit der Wut hilft meines Erachtens nur der Gedanke: „Genau diese ist mein Potential.“ Wut, so gesehen, verpflichtet, im Konstruktiven zu bleiben. *Eine Patientin, die krankheitsbedingt nicht mehr an Potentiale denken konnte, sagte: „Meine Wut ist meine tägliche Kraft.“ Ein anderer Patient meinte: „Meine Wut wird meine Würde sein vor Gott. Ich werde im Sterben nicht kriechen, sondern stehen!“*

Angst in ihrem archaischen Ausmaß zu fühlen, kommt auf ihre Weise einer existenziellen Erschütterung gleich. Auch in der Angststruktur sind Energien falsch programmiert, etwa in Richtung Starre statt Lebendigkeit. – ***Herr Kamer*** *hatte plötzlich das Gefühl, er sterbe gleich jetzt. Nicht weil es die Zeit war zu sterben, sondern aus Angst. Er erklärte mir später: „Sie haben keine Ahnung, was Angst ist.“ Auf seinen Brustkorb zeigend: „Da drin wurde es immer angefüllter und enger, Hitze schoss ein. Ich meinte zu ersticken. Dabei lag kein physischer Grund zur Atemnot vor. Zum Glück haben die Pflegenden prompt mit einer Spritze reagiert. In solcher Angst ist man einfach ‚drin‘.“*

Für ***Herrn Dalferth****, einen schweigsamen, 65-jährigen kultivierten Mann heißt Fühlen: den Gedanken der Kreatürlichkeit zulassen. Er ist aufgrund der Diagnose Metastasen nahezu zusammengebrochen. Zitternd und weinend sitzt er neben seinem Bett. Noch nie habe er so bewusst erlebt, wie ohnmächtig und klein man als Mensch sei. Nichts mehr zähle von all dem, was gewesen sei – von einer Minute auf die andere. „Nichts als Staub.“ Herr Dalferth mag nicht an einen Gott glauben. Das passe nicht zu seiner Biografie. Doch ihn interessiert, wie religiöse Menschen mit Gefühlen solcher Hinfälligkeit und Scham umgehen. Bisweilen reden wir von einem Darüber-Hinaus als etwas Sinnhaftem außerhalb der Hinfälligkeit. Im Innern dieses Menschen scheint sich ein neues Verhältnis zu sich und dem Welt-Ganzen anzubahnen. Er starb schließlich jäh und still. Ob das Stille ein Verweis war auf dieses Darüber-Hinaus?*

Bewusstes Fühlen macht menschlich, authentisch und reif, auch wenn es sich bisweilen beschämend anfühlt. Es macht den Menschen zur Persönlichkeit.

---

197 Zum Thema Wut und Opferbiografie vgl. Brinton Perera (1987) in ihrer archetypischen Deutung von Asasel und Sündenbock im Sündenbock-Mythos. – Zum Umgang mit Wut bei den Wüstenvätern und heute: vgl. auch Grün (2006, 83-104).

4.4 Aufstehen aus Unmündigkeit, Opferdasein, Angst

Wann braucht es Mut, wann Demut? So werde ich bisweilen gefragt. Wann den Mut zum Auf-Stand und Wider-Stand, wann die Demut zum Schweigen, zur Verzeihung oder Einordnung? Mut und Demut schließen sich nur im ichhaften Denken und Wahrnehmen aus. Etwa dann, wenn es darum geht, dass das Ich sich entweder mutig durchsetze und emanzipiere oder bescheiden hintanstelle. Aus größerer Perspektive gehören Mut und Demut aber zusammen: Dort geht es darum, sowohl das zu leben oder zu sagen, was ich in tiefer Rückgebundenheit sagen *muss* (Mut), als auch darum, dabei nicht mich im Blick zu haben, sondern die Sache, ein Größeres, Gott (Demut). Um dieses Aufstehen in Mut und gleichzeitiger Demut geht es nachfolgend. – *Eine junge Frau in beruflich schwieriger Situation musste eine lähmende Lebensangst hinter sich lassen. – Eine andere ihr ständiges Gefühl: „Das kann ich nicht, das darf ich nicht."*

Herr Ulmi *musste aufstehen aus falschen Abhängigkeiten und unmündiger Team- und Sippen-Verhaftung und aus seiner Neigung zum Klatsch. Im Traum musste er heraustreten aus den Schatten, die seine Arbeitskollegen im Lichte der Sonne auf ihn warfen. Das Gepäck, das nicht das seine war, musste er zurücklassen. Und ins Wirtshaus, wo er gewohnt war, mit andern einzukehren und zu klatschen, durfte er im Traum nicht eintreten. Nachdenklich empfing er mich am nächsten Morgen. Den ganzen Tag über war er schweigsam. Es leuchte ihm ein, er sei zu sehr ein Gewohnheitstier. „Kein Tier, Mensch will ich sein", schießt es, sich selbst kommentierend, aus ihm heraus. An diesem Tag hatte er trotz heftigen Abwinkens seiner Frau den Mut, den Oberarzt anzusprechen und ihn zu bitten, dass er sich persönlich seiner annehme für die Knochenmarkpunktion, denn seine Ängste seien groß. Eine Initialerfahrung mit Wirkung: Mehrmals übte Herr Ulmi die seelische Eigenständigkeit.*

Biblisch gesprochen, ziehen solche Menschen aus sie ‚versklavenden' Zuständen aus. Für das Volk Israel war das Aufstehen aus der Sklaverei von Ägypten *das* Ereignis, welches Geschichte schrieb und das Volk sammelte (Ex 3,8-10). Psychologisch betrachtet, stimmt das: Aller Auszug aus Unmündigkeit und Unbewusstheit befreit, macht stark und autonom und in solchem Sinne heil. Auch in den Wunderheilungen Jesu kommt dem Motiv des Aufstehens – etwa aus einem Zustand der Lähmung oder einem invaliden Randdasein[198] – eine eindrückliche Bedeutung zu. Es muss – im Unterschied etwa zu einer Selbstverwirklichung im falschen Sinne – erkannt werden als ein Aufstehen in Mut und Demut, hinter dem Gott selbst steht. Übersetzt auf ein heutiges Aufstehen: Wo Aufstehen zur Umkehr wird, hat es eine existenzielle Dimension, d.h., es geht dabei um etwas, das von innen her unbedingt sein will (Wesensimpuls), und nicht um einen Zwang, einen Überich-Impuls oder um das bloße Lustprinzip. Das Aufstehen wird genau darum möglich, weil Gott selbst oder ein Unbedingtes dazu ermächtigt. In moderner Formulierung heißt das: „In Gottes Namen: Steh auf und

198 „Steh auf, nimm deine Bahre und geh!" (Joh 5,8). „Steh auf und stell dich in die Mitte!" (Mk 3,3).

wage zu leben, statt dich aus Angst zu verkriechen. Wage Profil anzunehmen, statt unbewusst zu bleiben. Übernimm Verantwortung, statt Kind zu bleiben." Was dabei entsteht, ist eine Qualität von Freiheit, die sich nicht länger versklaven lässt, weder von Bequemlichkeiten (die Fleischtöpfe Ägyptens) noch von neurotischen Schuldgefühlen oder der Meinung der Masse. Ein solches Leben lässt einen masochistischen Opferstatus hinter sich und hört auf, sich von der Vergangenheit her zu definieren.

Im Falle einer Patientin, die aufgrund einer erschütternden Mobbing-Geschichte arbeitslos geworden war und nun Krebs hatte, hieß Aufstand: Tag für Tag einer umfassenden Resignation eine Absage zu erteilen. Als ich mit ihr die Möglichkeiten, sich selbst zu helfen und helfen zu lassen, durchdachte, sagte sie alle zwei Minuten: „Das hat eh keinen Sinn." oder: „Ich habe die Kraft nicht." So leid mir die Frau tat, drückte mir dies doch auf die Stimmung, bis ich bestimmt sagte: „Ich bin bereit, Sie in drei Wochen nochmals zu treffen, aber nur, wenn Sie bis dahin irgendeinen Schritt in Richtung des Sich-aktiv-Wehrens getan haben. Ideen haben Sie jetzt genug." Gemeint war ein inneres Aufstehen. Sie verstand, dass es nicht darum gehe, mir – Monika Renz – kindlich zu gehorchen, um nochmals kommen zu dürfen, sondern darum, gegen ihre Resignation anzutreten. Ich lobte sie für die Größe, dies so zu verstehen. – Drei Wochen später kam sie erneut. Sie habe angerufen. An jenem Tag sei es ihr besser gegangen, doch nachher sei die Resignation wiedergekommen. Mal um Mal, mit jeder neuen Aufsteh-Erfahrung wurde ihre Lebenskraft stärker.

4.5 Der Wille zur Verzeihung

Der Beitrag des Menschen im Erlösungsprozess heißt oft ‚loslassen und verzeihen': andern, sich selbst, ja Gott verzeihen. Die meisten Menschen erleben sich irgendwo als Opfer: Opfer von Prägung oder Zeitgeist, Opfer dessen, was andere ihnen bewusst oder unbewusst angetan haben oder schuldig blieben, Opfer von Projektionen. Die einen müssen verzeihen, um sterben, andere um leben und gesunden zu können. Warum fällt das so schwer? ***Wege des Verzeihens sind meist einseitig, zeitlich gerade nicht koordiniert.*** Dass sich beim einen Aufweichung und eine Sehnsucht nach Frieden einstellen, heißt noch lange nicht, dass auch der andere an diesem Punkt ist. Und doch darf es nicht sein, dass der Einsichtige die innere Last so lange unbereinigt weiterschleppen muss, bis auch der Uneinsichtige sich auf einen Prozess einlassen mag. Das hieße, dass Verletzungen andauern und alte Opfer-Täter-Abhängigkeiten sich fortsetzen würden. Nicht-Verzeihen-Wollen kann auch zur Waffe werden. Und umgekehrt kann das Verzeihen niemandem befohlen oder abverlangt werden.[199] Drewermann (1989, 200) schreibt: „Es ist möglich zu sagen: ‚Ich vergebe dir', wenn uns der Schmerz nicht zu sehr drückt; dann bedeutet ‚Ich vergebe dir' wirklich nur: ‚Es war nicht so schlimm'. Aber wenn etwas sich tief in die Seele eingefressen hat und weh tut, ist Ehrlichkeit wichtiger als sogar die Nächstenliebe ... Ohne Wahrhaftigkeit in allen Herzensdingen finden Menschen nicht zueinander, auch nicht unter der Deckformel der Vergebung." So wertvoll und aktuell Friedensarbeit im Großen und Kleinen ist, sind sich doch verschiedenste Autoren unserer Tage[200] dahingehend einig, dass es hierzu langer Prozesse bedarf und dass die Unmöglichkeit, verzeihen zu können, legitimer Bestandteil einer Wahrheitsfindung und Befreiung sein kann.

Seinerseits Theologe, tut ***Claude*** *sich noch immer schwer mit seiner Vergangenheit als missbrauchtes Kind. Auszüge aus einem Gespräch: „Ich bin nicht bereit zu verzeihen, wenn nicht der andere genau sieht, was er mir angetan hat. Die Theologie geht zu harmlos um mit den großen Tätern." Darauf antworte ich: „Ich erlebe auch, dass die theologische Rede vom Gott der Liebe, wenn es um Täter und Tyrannen geht, zu schnell und zu harmlos dahingesagt wird. Das muss wie ein Betrug bei allen Opfern ankommen." Claude fühlt sich verstanden. -Später fahre ich fort: „Was du forderst, sage ich dennoch anders. Du verlangst, dass Opfer genau sehen, und zwar sehen, wie du fühlst. Ich fordere, dass sie einfach umfassend fühlen. Das Fühlen bewirkt Wandlung. Nur ist Fühlen keine theologische Kategorie. Und mir fällt auf, wenn ich deinen Stimmtonfall höre, dass etwas in dir noch immer gefangen zu sein scheint in dem, was einst war. Das willst du doch nicht." Ein bis in die Nacht hinein geführter Diskurs über das letzte Gericht und die Qualität des Fühlens wird, wie ich später erfahre, seinem Leben und seiner Theologie eine neue Richtung geben. Sein*

---

199 Huber (2004, 143) aus der therapeutischen Arbeit mit Gewaltopfern: „... vorzeitiges ‚Verzeihen' ist eher ein manchmal sozial oder therapeutisch erzwungenes ... manchmal auch selbst herbeigesehntes Anpassungsritual. Echtes Verzeihen ... wird natürlich erst möglich sein, nachdem die Betroffene ausreichend zornig sein konnte, da sie sich sonst erneut selbst verleugnen ... muss."

200 Vgl. hierzu: Kast (2005), Ley (2005), Wiederkehr (2005).

Problem mit der göttlichen Gerechtigkeit entschärft sich. Claude begriff: Es gehe nicht um Gerechtigkeit, wie er sie definiere (bzw. wie die Täter sie sehen müssen!). Er müsse nicht länger selbst Richter, noch Rächer sein. Die biblische Aussage meine eine Gerechtigkeit anderer Art, ein Fühlen (oder auch Schauen), in dem Wahrheit sich von Gott her ereigne. Das bedeute für ihn, dass nicht er – Claude – länger darum besorgt sein müsse, dass hier Recht geschehe. Sondern das Wesentliche finde von Gott her zu seiner Zeit statt.[201] *„Ich habe etwas von der Botschaft der Juden und der Christen begriffen und fühle mich freier", sagte er fröhlich beim Abschied.*

Was war die therapeutische oder theologische Logik hinter dieser Wandlung? ***Psychologisch gesprochen, findet Erlösung über ein therapeutisches Drittes***, über Prozesse von Wandlung statt (vgl. I.4.8). Feinde können sich in ihrer Urgestalt nicht mehr begegnen. So direkt wird Verzeihung nie möglich. Und endlos warten zu müssen (und derweil nicht vergessen dürfen, was war), würde das Opfer in seinem Opferstatus fixieren. Menschen blieben an die Vergangenheit gebunden. Stattdessen wird in der neuen Sichtweise möglich, die zugefügten Verletzungen in ein zeitüberdauerndes Drittes hinein loszulassen und ab sofort dort deponiert zu wissen, auf dass das angetane Leid zur gegebenen Zeit vom Täter auf seine Weise gefühlt werde. Solches Loslassen geschieht nicht ins Leere hinaus, sondern in der Vision eines Recht schaffenden Gottes.

Mir klingt noch immer die Stimme einer Bosnierin, Mitglied einer Selbsthilfegruppe von im Krieg vergewaltigten Frauen, in den Ohren: *„Verzeihen? Nie, nie werde ich verzeihen können. Keine von uns wird verzeihen."* Aus der Perspektive menschlicher Identität betrachtet, ist das verständlich. Im Missbrauch erlebt sich das Opfer in seiner Identität wie ausgelöscht, nur mehr als Dreck oder Abfall.[202] Jahrzehntelang sich durchs Leben schleppend, bauen Gewaltopfer auf ihren Trauma-Erfahrungen mühsam eine neue (Opfer-)Identität auf: Ihr Gewordensein, ihre Wut, ihre Tapferkeit haben darin eine Legitimation, vielleicht sogar ein Stück Würde gefunden. So können sie vor sich und der Welt einigermaßen bestehen. Sollen sie nun verzeihenderweise dieses mühsam Errungene wieder loslassen? *„Ich käme mir furchtbar dumm vor, wenn selbst dies nicht mehr wahr sein dürfte. Es hieße für mich, dass ich mir selbst das Leben so schwer gemacht hätte"*, formulieren sie etwa. Doch darum geht es nicht. Die Frage lautet: ***Warum überhaupt verzeihen?*** Wiederum höre ich Bosnierinnen – andere diesmal – sagen: *„Frieden, nur noch Frieden."* Kein Tonfall der Rache, noch der Verbitterung schwingt mit. Ob es diesen Frauen nicht besser ging als den andern, die nicht verzeihen konnten?

Es gibt für mich also nur eine Antwort in der Frage solchen Warums: Sich selbst zuliebe verzeihen, der eigenen Integrität oder dem eigenen inneren Im-Fluss-Bleiben zulie-

---

201 Der hebräische Begriff *schafat*, der als einer von acht konstituierend für unseren Erlösungsbegriff war, bedeutet: Gott ist der Richter. Vgl. II.1.5.

202 So bisweilen von Opfern formuliert in der therapeutischen Arbeit mit Gewaltopfern (Huber 2003). Stichwort Selbstwert als Teilproblem einer Persönlichkeitsstörung (ebenda, 117).

be. Oder vielleicht einem Dritten zuliebe, einem Kind, einer Mutter, einer Sache zuliebe. Selten, wo Menschen in ihrem Herzen Gott sehr nahe sind, stimmt auch die Aussage: *„Ich kann Gott zuliebe verzeihen."* Insgesamt wird daraus die Erfahrung, dass Verzeihung befreit.

***Frau Müller** ist sterbenskrank und kann doch über Wochen nicht sterben. Ein Geheimnis liegt über der wortkargen, korpulenten Patientin mit verwirrtem Blick. Ihre erwachsenen Kinder, zwei Töchter und ein Sohn, kommen sie besuchen, die eine nachmittags, die andere abends, der Sohn am Wochenende. Ein zufälliges Zusammentreffen der Schwestern bringt Licht ins Unverstehbare. Ich höre von einem jahrelangen Geschwisterstreit. Ich rede mit jedem der drei Kinder einzeln. Der Sohn bleibt neutral, die Töchter ohne jegliche Aufweichung. Derweil registriert die Pflegerin, der Muskeltonus der Sterbenden sei anhaltend hart. Sie rede seit Tagen kein Wort mehr.*

Heute bin ich mit der Mutter allein und erlebe die Stimmung nicht so bleiern schwer wie sonst. Ich spreche Frau Müller an: „Ihre beiden Töchter sprechen nicht miteinander. Das muss schwer sein für Sie. In solcher Familienspannung können Sie doch nicht sterben." Der Atem der Sterbenden wird heftig, die Augen werden nass. Die eben hinzugetretene Tochter scheint etwas mitbekommen zu haben und sagt: „Mutti, du weinst." „Ja, und sie kann so nicht sterben, sie ist die still Leidtragende", füge ich hinzu. Die Tochter schweigt, dann: „Versöhnen mag ich mich trotzdem nicht. Zu viel hat die Schwester mir und Mutti angetan!" Gespannte Stimmung. „Möchten Sie denn, dass Ihre Mutter noch lange stumm vor sich hin leiden muss? Ich glaube, dass sie wartet." Derweil wird die Sterbende unruhig. „Warum soll ich verzeihen, wo ich doch nicht will?", wiederholt die Tochter. Ich antworte: „Sie müssen nicht, das ist Ihre Freiheit. Doch Sie müssen wissen, dass Sie damit das Leiden Ihrer Mutter vergrößern. Wollen Sie es nicht versuchen, Ihrer Mutter zuliebe? Sie werden sehen, dass das auch Sie lebendiger macht. Ihre Schwester und Sie müssen ja nicht Freunde werden, sondern nur einfach wissen, dass Sie Schwestern sind und bleiben." „Jahhhhh." Das war seit Wochen das erste Wort der Sterbenden. Das berührt die Tochter. Ich verlasse den Raum und sage, mich verabschiedend: „Wenn Sie möchten, übernehme ich es, Ihre Schwester anzurufen. Und wir wären dann zu dritt am Bett Ihrer Mutter. Kommen Sie auf mich zu, wenn Ihnen das hilft." Stunden später ist es so weit. Die zwei Schwestern und ich stehen am Sterbebett. „Ich freue mich, dass Sie beide es geschafft haben, der Mutter zuliebe hier zu sein", eröffne ich das Gespräch. „Sie müssen nicht Freunde werden, aber darum wissen, dass Sie Schwestern sind und bleiben und vielleicht dann und wann einander ein Lebenszeichen schenken." „Jaaaah", sagt Frau Müller leise. Die Töchter sind berührt. Der Bann ist etwas gebrochen. „Nehmen wir diese Stunde als Stunde des Segens, Sie werden sie nicht mehr vergessen. Der Wille von Ihnen beiden geht in Richtung Verzeihung. Nicht mehr, aber auch nicht weniger." Die Schwestern drücken sich kurz die Hand. Dann verabschiedet sich die eine, die andere bleibt allein mit der Mutter zurück. Frau Müller stirbt alleine, noch diese Nacht.

4.6 Ja oder Nein: das Nadelöhr[203] des Loslassens

Der Weg aller 40 Patienten (!), die sich auf Bewusstwerdungsprozesse existenziell einließen, mündete in die zentrale Frage „Nein oder doch Ja". Im Hindurch durch dieses enge Tor des Einwilligens gaben sie – in welchem Thema auch immer – etwas Zentrales ihrer selbst preis, hinein in einen Prozess, dessen Ausgang sie nicht länger bestimmen konnten. Oft ging es darum, eine Angst loszulassen, ohne zu wissen, wie es weitergehe. Oder einen Rechtsstandpunkt loszulassen, derweil Friedenslösungen noch nicht in Sicht waren. Das Kreative, Künftige erhält erst dort eine Chance, wo Altes ‚geopfert' ist und die eigenen Verdienste anheimgegeben sind. Menschen mit großen Verletzungen müssen überdies ihre durch Leid und Kampf errungene Identität im Heroischen loslassen. Menschen, die sich verausgabt haben für andere, müssen das Aufrechnen ‚lassen'[204], Dritte müssen Vorurteile oder kostbares Erfahrungswissen hinter sich lassen. Für unser selbstbewusstes Ich kommt das einer narzisstischen Kränkung und unverdienten Demütigung gleich. Da willigt man nur ein, wenn es anders nicht mehr geht. Denn Zukunftsperspektiven sind noch nicht in Sicht, das Neue ist mit der Preisgabe des Alten noch nicht da. Vielmehr müssen die leeren Hände und das Nicht-Wissen-wie-Weiter irgendwie ausgehalten werden.[205] Warum also Ja sagen? Weil Ja-Sagen innerlich befreit!

***Frau Barth**, Ehefrau eines Krebspatienten und ihrerseits suchend, wollte sich nicht abfinden mit dem Schicksalsschlag. Unsere Gespräche über ihre Wut auf Gott waren für sie wichtig. Sie musste hören, dass Wut erlaubt und ehrlich sei und sogar zur Beziehung mit Gott gehören könne, im Gegensatz zur Gleichgültigkeit. Einmal begann Frau Barth neu zu beten, indem sie Gott ihre Wut zeigte. Kurze Veränderung ihres Lebensgefühls. Und schon waren Bitterkeit und depressive Müdigkeit wieder da. Nach Wochen konfrontiere ich sie: „Sie haben nicht nur die Möglichkeit ‚Nein' zu sagen', sondern auch ‚Ja'. Im Nein ist es bitter und müde. Im Ja ist vielleicht etwas Neues möglich." Und der Leidtragende sei schlussendlich nicht Gott, sondern ihr Mann. Ob sie das wirklich wolle? Der Mann daneben nickt ständig. Erschütterung. Frau Barth reagiert gut auf eine angeleitete Entspannung und lässt sich auf das Abenteuer des Ja's ein. Tage später bestätigt sie: „Wir haben nicht nur die Möglichkeit, ‚nein' zu sagen, sondern auch ‚Ja', das ist meine Freiheit. Das ist der Entscheid."*

Nicht immer ist Ja-Sagen so bewusst möglich. Erstaunlicherweise hilft bei vielen Schwerkranken allein schon die Übung, ausatmenderweise ein Ja zu denken, ohne weiter darüber nachzustudieren. Häufiges Resultat sind weniger Schmerzen, weniger Unruhe. Schon inmitten des Ringens ergänzen sich hart erkämpftes Wollen und Gna-

---

203 Mk 10,25.

204 Vgl. das Lassen nach Helga Modesto, in: Renz (2007, 21).

205 Biblisch gesprochen geht es bei diesem Prozess um jene Selbstentäußerung, in welcher der Mensch bereit wird, dass Gott an ihm wirke. Vgl. z.B. Joh 21,18.

de. Sölle bezeichnete dieses Wollen als eine „spirituelle Grundkraft"[206]. Rahner, der dieser Entscheidung für Gott eine große Bedeutung zumisst, spricht von einem „Grundakt des Menschen, in den hinein er sein ganzes Wesen und Leben restlos hineinversammeln kann, der alles umfassen, alles in sich begreifen kann ... Lachen und Weinen, Seligkeit und Verzweiflung ... Zwang und Freiheit, Sünde und Erlösung, Vergangenheit und Zukunft".[207] Das große ‚alles entscheidende Ja' schließt die alltäglichen kleinen Entscheidungen nicht aus, sondern ein.

Ich mache in der Begleitung heutiger Menschen und vor allem in deren Zugehen auf den Tod die Erfahrung, dass das umfassende Ja sich erst spät, im letzten Augenblick eines Prozesses oder eines Lebens einstellt. Es ist zugleich hart erlitten, erkämpft und gnadenhaft geschenkt. Nicht selten ereignet es sich erst dann, wenn Patienten wahrnehmen, wie jemand in ihrem Umfeld sehr traurig darüber geworden ist, dass sie das Ja nicht zu schaffen scheinen.

---

206 Dorothee Sölle, mündliche Aussage, Vortrag Batschuns 2001.

207 Rahner (2004, 144). Das ist ein Grundakt, der sich etwa im Weihegebet vollziehen kann. Rahner (2004, 142) spricht von einer totalen Selbstverfügung als Akt der Freiheit, die so oder anders sein könne, Ja oder Nein. Ob sich dies im Tod vollziehe oder irgendwann im Leben, lässt Rahner offen. Er erkennt darin jenes entscheidende Ereignis unseres Lebens, in dem der Mensch sich der Liebe Gottes öffnet und sich ihr anheimgibt. Diesen Grundakt formuliert er abschließend mit den Worten: „Lieber Vater, ich – ja ich wage es – ich liebe dich" (ebd., 151).

4.7 Der Wille zur Hoffnung

Hoffnung ist nicht dasselbe wie Vertrauen, es ist, theologisch gesprochen, ein nachösterliches Wort, das die Kraft des ‚trotz allem' in sich enthält. Gerade dort, wo Menschen umfassend verziehen und zurückgelassen haben, werden sie erstaunlich frei, ihr kurzes Leben intensiv zu leben. Oder mitten in einem bedrohten Leben lebendig zu bleiben.

„Was kann ich tun?", fragt mich ***Frau Andermatt*** *verzweifelt, nachdem sie im Diagnoseschock versunken ist. „Werde ich geistig wieder normal?" Wir reden lange, nichts kommt an, auch nicht Entspannung. Bis ich sage: „Lassen Sie sich vom Tag abholen. Vielleicht gibt es eine Begebenheit, die Sie überrascht und wieder in eine kraftvolle Grundstimmung hineinführt." „Das ist eine gute Idee. Ich warte, bis mir geholfen wird. Das habe ich auch schon erlebt." Drei Tage dauerte dieses Warten, dann wird die Patientin durch ein unerwartetes Geschenk der Nachbarin aus dem „Loch" heraus und zu sich selbst (in ihren Realitätsbezug und ihre Lebendigkeit) zurückgeholt.*

Wenn es *etwas* gibt, das vom Ich her ehrlicherweise nicht machbar ist, so wahre Hoffnung. Phasen oder Stunden des nicht mehr Hoffen-Könnens gehören zu jeder ernsthaften Krise. Wo ist dann jener äußerste Punkt, von dem her neue Hoffnung entspringen kann? Hoffnung beginnt mit der Offenheit dafür. Es gibt jenen Willen zur Hoffnung, in dem die Türe einen Spalt weit offen gehalten wird für ein Sich-Ereignendes. Und damit für Hoffnung. Solange diese Grundhaltung da ist, bleibt etwas im Menschen weich, berührbar und gerade nicht fixiert. Um diesen Spalt der Offenheit geht es, wenn von Hoffnung die Rede sein soll. Und um den wachen Blick für die Zeichen der Gnade, welche die Gegenwart – selbst noch die Sterbestunde – bisweilen bereithält für jene, die ‚sehen'.

Patienten, die sich hartnäckig auch der kleinsten Öffnung verweigern, sind für mich als Therapeutin strapaziös. Unbewusst möchten sie mir beweisen, dass Therapie nichts tauge. Manchmal kommt dann in mir ein positiver Widerstand auf und die Kraft zur Konfrontation – manchmal sacke ich aber auch selbst zusammen, bin angesteckt vom Wurm der Hoffnungslosigkeit. Dort, wo im Kleinen oder Großen die Zeichen der Hoffnung versiegen oder immer neu zunichte gemacht werden, sind Leben und Lebendigkeit bedroht. So gesagt über das heutige Palästina von einem Mann, der das Heilige Land über alles liebt und immer dort weilte. Er halte es dort nicht mehr aus. Die Hoffnungslosigkeit lähme so sehr, dass sie ihn anstecke. Hoffnungslosigkeit greift aufs Kollektiv über, Hoffnung auch.

Mit der Hoffnung ist es wie mit dem Ja-Sagen. Es geht dem Menschen seinerseits besser, wenn er in der Hoffnung angekommen ist. Dies auch, wenn Hoffnung manchmal nur die Kraft für den kommenden Tag meinen kann. Eine Patientin formulierte, im Moment könne es nur darum gehen, der Verzweiflung für die nächste Stunde nicht das letzte Wort zu geben. Hoffnung ist die Grundhaltung des *glaubenden* im Unterschied zum *wissenden* Menschen. Als Hoffender lebt er im Heute aus dem, was noch aussteht. Darin liegt das Geheimnis, dass genau dies ihm Boden geben wird, um zu stehen, heute schon. Biblisch gedacht heißt hoffen: Messias-Erwartung. Nur in der offen gehaltenen Hoffnung kann sich Neues konstellieren. Heilsvisionen von Altem und Neuem Testament sind gleichsam jene (therapeutischen) Räume, wo Menschen aufblühen können in die Kraft neuen Hoffens hinein.

4.8 Liebe heilt, aber wie wird Liebe möglich?

4.8.1 Das therapeutische Dritte: der Liebesüberschuss gelingt über das ‚Dreieck'

Kann Menschenliebe bewirken, dass Gnade ankommt? Und von welcher Qualität muss solche Liebe sein? In diesem Kapitel geht es um Fragen nach dem menschenmöglichen respektive menschübersteigenden Maß an Liebe und Hingabe, um Fragen, die Erlösungsprozesse umgeben. In meinem Projekt bin ich dem Faktor Liebe und extremer Liebe und deren Einfluss auf Erlösungsprozesse speziell nachgegangen (vgl. I.4.2 und zweiter Anhang). Doch zunächst stellt sich die Frage, wie werden begleitende Menschen ihrerseits fähig zu jener Liebe, die zu einer größeren Erlösung beiträgt? Zu Anfang der Reflexion darüber eine Erfahrung aus meiner Praxiszeit:

Frau Brunner *suchte mich auf, weil sie ihren Mann nicht mehr lieben könne, zu unmöglich verhalte er sich, zu neurotisch, ekelerregend, peinlich. Trennung stand zur Diskussion. „Und doch", sagte sie im entscheidenden Moment: „Es in mir will sich nicht trennen. Das ist nicht das Richtige. Eigentlich will dieses Es, dass mein Mann ein anderer werde. Dass unsere Ehe ein Geben und Nehmen werde. Aber bei uns ist es so, dass immer nur ich gebe. Und das, was er mir geben will – etwa eine Autofahrt oder sein peinliches Mich-Umsorgen –, hat für mich keinen Wert. Das mag ich nicht und will ich nicht. – Unlösbar ...", schließt sie ihren Gedankenfluss und möchte die Stunde abbrechen. „Nein", insistiere ich. „Es gibt noch einen dritten Weg. Dieser entspricht weder dem, was für Sie dieses ‚Unmöglich' beinhaltet, noch dem, was Sie als Gegenseitigkeit wollen. Der Weg, den ich meine, führt über ein Drittes." Das interessiert Frau Brunner. Ich zeichne ihr eine Skizze mit einem Dreieck: ihr Mann, sie und das Dritte. Und ich erkläre: „Sie vermögen Ihren Mann dann auszuhalten, ja ihn sogar aus einer gewissen inneren Distanz zu stützen, wenn Sie selbst genügend genährt sind. Wenn Sie Kraft und im übertragenen Sinne einen ‚Lohn' erhalten[208] für diese Arbeit. Diesen Lohn müssen Sie nicht notwendigerweise durch Ihren Mann erhalten, er ist dazu nicht in der Lage. Doch ein Drittes kann dies stellvertretend tun. Dieses Dritte kann ich als Therapeutin ein Stück weit sein, es kann Gott sein, es kann auch sein, dass Ihre Kinder oder weitere Personen so froh sind, wenn Sie diesen Prozess wagen, dass Sie von ihnen beschenkt werden." Frau Brunner, eine einfache Frau, ist berührt. Sie versteht zwar nicht ganz (rational) und versteht doch (intuitiv). Und sie will dies probieren, sich zwei Jahre Zeit geben dafür. Nach neun Monaten des Aushaltens und Kämpfens kommen erste Signale neuer Liebe zurück: Ihr Mann sei immer noch „daneben", aber er sei auch berührt.*

---

208 Vgl. der ***Lohn im Himmelreich.*** Hier begriffen als Lohn, der einem über das Dritte zukommt: „Freut euch und jauchzt an jenem Tag; euer Lohn im Himmel wird groß sein. Denn ebenso haben es ihre Väter mit den Propheten gemacht" (Lk 6,23). – „Freut euch und jubelt: Euer Lohn im Himmel wird groß sein. Denn so wurden schon vor euch die Propheten verfolgt" (Mt 5,12). – „Hütet euch, eure Gerechtigkeit vor den Menschen zur Schau zu stellen; sonst habt ihr keinen Lohn von eurem Vater im Himmel zu erwarten" (Mt 6,1). – „Dein Almosen soll verborgen bleiben, und dein Vater, der auch das Verborgene sieht, wird es dir vergelten" (Mt 6,4).

Er habe gemerkt, dass ihr diese Therapie guttue und bringe ihr Blumen, nachdem sie bei mir gewesen sei. Wiederum Monate später soll der Mann gefragt haben: „Was würde Frau Renz mir raten? Ich will es doch auch besser machen.“ Ihre beiden Kinder unterstützen sie ihrerseits, ‚hüten‘ den Vater und leiten ihn zur Autonomie an. Die Mutter schicken sie derweil in die Stadt. Buchstäblich habe ihr Mann während eines solchen Ausgangs einmal alleine die Wohnung geputzt. Obwohl die Ehe Brunner einseitig blieb, kam eine neue Dynamik zum Tragen. Und obwohl die eheliche Beziehung ein Lehrverhältnis blieb, war Frau Brunner tieftraurig, als ihr so komplizierter Mann nach Jahren friedlich starb. Sie habe ihn gerne bekommen, an ihm sei sie gewachsen. Er sei ihre Lebensliebe gewesen, die sie aber ohne mich und ‚das Dreieck‘ nie entdeckt hätte.

Erlösung bahnt sich an, wo ins Lineare eines Konfliktes oder einer menschlichen Sichtweise eine neue Dimension einbricht. Mein Bild dafür war das Dreieck, in dem nun ein Drittes da ist und ein (therapeutischer) Raum sich öffnet. Menschen in ernsten Krisen und Konflikten brauchen dieses Dritte als neutrale Ruhezone, als Therapeuten, als Beistand oder Richter und schließlich als solchermaßen Liebenden, dass sie überhaupt motiviert sind zum Prozess, Leiden inklusive. Das Dritte kann eine Person oder Instanz dieser Welt sein, in den langen Nächten der Patienten ist es häufig ein innerer Zufluchtsort. Warum hilft das Dritte so sehr? Einseitigkeiten des Gebens oder Auf-sich-Nehmens können eher bejaht und ausgehalten werden, wenn irgendwo Verletzungen beklagt und Frustrationen deponiert werden können. Und wenn von außerhalb geholfen wird, zu Klarsicht und Gelassenheit zu finden.

Kann auch Gott dieses Dritte sein? Theologisch wäre hier fürs Erste die Bedeutung des ‚Alten‘ Bundes aufzuarbeiten. Doch ein solches übersteigt den Rahmen dieser Arbeit und kann meines Erachtens nur aus dem Jüdischen heraus oder in großer Kenntnis desselben gelingen.[209] Ich frage hier der Person Jesu nach: Will die Menschwerdung Gottes in Jesus Christus, will sein Leben und Sterben für uns (jenes schwer fassbare ‚pro nobis‘) genau solches aussagen? Ein Gott, der sich dem Menschen zuwendet und in seinem Sohn eine Liebe lehrt und lebt, die in letzter Konsequenz aus Prägung und Sonderung herauslöst? Will Gott ein Dritter sein? Geschieht dann aber Erlösung vor allem durch Hingabe? Für viele Menschen unserer Tage ist das im Christentum allgegenwärtige Symbol des Kreuzes zum Ärgernis geworden. Schneider-Flume (2004, 267) stellt einer anstößigen Deutung, welche das Kreuz als Symbol von Gewalt und Opfer versteht, ein Kreuzesverständnis entgegen, das Hingabe und Versöhnung ins Zentrum von Jesu heilendem Wirken rückt. Erlösung hat für sie zu tun mit einer göttlichen Logik des Erbarmens, mit einer ‚Ohnmacht der Hingabe‘, die auf eine Macht verweist, die stärker ist als die Macht der Gewalt: auf Liebe und Erbarmen (vgl. II.3.2.3). Eine solche Deutung ist m.E. dann verstehbar, wenn Erfahrungen im Zwischenmenschlichen vorliegen, dass eine sich verschenkende Hingabe tatsächlich ‚wirkt‘.

209 Fragen dieser Art mit Blick auf andere Religionen vgl. im ersten Anhang.

Wo das Kreuzessymbol nicht länger mit einer unakzeptablen Aufopferung, sondern mit erlösender Hingabe assoziiert wird, führt das auch im rein Zwischenmenschlichen zu einer neuen Wertung menschlichen Daseins für andere. Einseitige Liebe oder Liebe über das übliche Maß hinaus sind dann – auch psychologisch betrachtet – nicht von vornherein neurotisch und masochistisch, sondern können im Rahmen gesunder Liebe auch als lebensrettend empfunden werden. Dann wird unser Blick offen für eine in Bewusstheit und Freiheit gelebte Form der Liebe, die sich darin erfüllt, dass sie sich an die Welt verschenkt. Ob Schneider-Flume (2004, 267f) dieses Umdenken im Kopfe hat, wenn sie von einer (anstehenden) Revolution der Anthropologie spricht: „Das Lebenskonzept der Geschichte Gottes ... ist ... Einladung zu gutem Leben, das sich auf Erbarmen verlassen kann. Das muss nicht mit der Kategorie des Opfers gedacht werden. Schwerlich kann das aber ohne so etwas wie Stellvertretung oder Eintreten ‚für' gedacht werden. Menschen leben davon, dass jemand für sie eintritt. Das bedeutet eine Revolution der Anthropologie. Deshalb ist der Realismus des Erbarmens eine Anfrage an das Verständnis menschlicher Autonomie. Begründete Autonomie lebt davon, dass sie sich auf zuvorkommendes Erbarmen einlässt. Menschen leben von zuvorkommender Hingabe Gottes und anderer Menschen."[210]

Wo eine solche Liebesqualität da ist, spreche ich hier von ***‚existenziellem Mitsein bis hin zur stellvertretenden Liebe'***. Diese zeichnet sich dadurch aus, dass da mehr ‚durchfließt', als was ein Mensch in seiner Begrenztheit einbringt. Es ist Liebe innerhalb eines Dreiecks, in welcher eine rein zwischenmenschliche Liebestat auf eine Liebe schlechthin verweisen kann. Gott selbst kann darin erfahren werden. Und es ist ferner eine Liebe, die sich von anderswo her genährt erfährt. Man ist beflügelt in dem, worin man ‚aufgeht'. Wo mir bei einem Menschen eine auf Dauer nicht zerstörbare, sich wider die Resignation der Vernunft aufbäumende Liebeskraft entgegenkommt, scheint mir genau dieses ‚Mehr' am Werk zu sein, das schlussendlich Erlösung will – und auch mitbewirkt. Im Prinzip geht es immer um dasselbe: Vermeintlich grundlos will es aus uns heraus nicht aufhören zu lieben und zu hoffen, nochmals und nochmals. Warum? Damit auch dieses andere Leben gelinge, ein abgeschobener Mensch eine Chance habe, damit eine Idee zum Durchbruch komme, eine Wahrheit siege etc. Unter verschiedensten Vorzeichen können Menschen in ein Stück Hingabe hineingerufen werden, vorerst im natürlichen oder geistigen Mutter- oder Vater-Dienst: Menschen, die einfach hinstehen und spenden, wo andere seelisch oder körperlich krank, invalid oder irgendwie lebensuntüchtig sind. Das sind Aufgaben, die oft grenzenlos überfordern und auch abgeschüttelt werden möchten, zugleich aber den, der durchträgt, anbinden ans Leben und ans Geheimnis der Liebe. Man kommt nicht los davon. Bei Patienten sind es vielfach die Kinder, ein Sorgenkind, seltener ein Enkel, eine Schwester, ein behinderter Bruder, ein Partner, eine Partnerin, die kranke Mutter, für die irgendwie ‚alles' versucht wird. Im Geistigen geht es vielleicht um die Hingabe an eine Sache,

210 Zum Kreuzestod Jesu vgl. II.3.2.3.

um ein Haus oder geistiges Erbe, um ein karitatives oder umwelterhaltendes Projekt, das lebenslang eines Förderers bedarf.

Fazit: Erlösung wird zwar im Konkreten meistens über Menschen erfahren, liegt aber dennoch nicht in Menschenhand. Sie ist immer schon Gnade[211].

4.8.2 Menschen brauchen Menschen

Im Spital wird viel Liebe verschenkt und doch ist sie von unterschiedlicher Qualität. Liebe ist auch hier nicht gleich Liebe. Bei 99 von 171 Patienten wurde über Liebe etwas in Richtung Erlösung in Bewegung gesetzt. Bei davon 59 Patienten durfte von einem Liebesengagement Angehöriger im Sinne eines ‚existenziellen Mitseins'[212] gesprochen werden. Bei 18 Patienten (davon bei 10 über Angehörige, bei 8 über mich oder jemanden vom Personal) war es jenes Außerordentliche an Liebe (vgl. stellvertretende Liebe, I.4.8.1), das dann in der Erfahrung der Patienten überging in eine Gnadenerfahrung größerer Art. Mütter, Väter, Töchter, die scheinbar alles hinzugeben schienen für ihren Kranken, daneben Höchstleistungen des Verstehens oder liebenden Daseins vonseiten medizinischer Dienste.

Was wurde durch solche Hingabe ausgelöst? Zunächst vielleicht Verlegenheit, ein solches Übermaß an Liebe überhaupt annehmen zu können, bis hin zu Widerstand und betonter Coolness. Das ging dann aber ausnahmslos – bei sämtlichen Patienten! – über in ein Berührt-Sein von diesem Unglaublichen. In ein allmähliches, mehr oder weniger holperiges Erwidern der Liebe. Im Letzten bewirkte solche Liebe, dass Patienten und Patientinnen staunten, dankten, priesen und selbst das Bedürfnis hatten, zu lieben oder Liebe zu erwidern. Da kam etwas in Bewegung. Eine Angst-, Begehrens- und Machtstruktur wurde aufgebrochen, etwas blieb unvergesslich ... und in all dem die Erfahrung: Da war Wirkung.

Ich begriff: Menschen brauchen Menschen. Sie brauchen andere, die stellvertretend und grenzensprengend lieben, bevor sie selbst lieben können. Andere, die den längeren Atem haben und oft über Jahre oder Jahrzehnte durchhalten in diesem Tragen oder Ertragen. Aus der Sicht egozentrischer Selbstverwirklichung geht es klar um ein frag-würdiges Übermaß, das nur dann auf gesunde Weise wirken kann, wenn Menschen sich selbst ihre Begrenztheit und eine gesunde Selbstliebe erlauben und dem andern seine Abgrenzung. Und – neben aller Psychohygiene – geht solches Sich-Verschenken nicht ohne eigene Rückbindung an ein nährendes Drittes, wie immer man es nenne. Über das Eigene hinausweisend und in Freiheit geschenkt, ist menschliche

---

211 Wenn ich in meiner Spitaltätigkeit so viel an sich ereignender Gnade miterleben darf, so deshalb, weil unter großem Leidensdruck auch ein äußerstes an Liebe sowie an Umkehr gewagt wird. Man bedenke ferner, dass ich nur Patienten betreue, die Therapie oder Entspannung nicht a priori ausschlagen.

212 Zum existentiellen Mit-Sein vgl. Renz (2003, 83-88, 211-222). Vgl. I.4.8.1 und II.3.2.3.

Hingabe aber nicht neurotisch. Dabei versteht sich von selbst, dass eigene Motivationen und Reaktionen immer wieder kritisch infrage gestellt werden müssen.

Wo sich Liebe – und auch Psychotherapie – auf dem Hintergrund eines größeren Eingebettet-Seins ereignen, können sich gnadenhafte Erfahrungen von Erlösung und Sinn einstellen. Grenzen zwischen Geben und Nehmen weichen sich auf. Hilfe und Hingabe annehmen zu können ist Größe und beschenkt seinerseits. Ich habe Familien kennengelernt, in denen solches Geben und Nehmen stattfand (vgl. I.4.8.3) – und daneben leider auch jene tragischen sieben Fälle, wo eine stellvertretende Liebe, von Schwerkranken oder Sterbenden jahrelang gelebt, bei den Angehörigen nicht ankam (vgl. I.4.8.4).

4.8.3 Familie Pfister

Frau Pfister, eine streng katholisch erzogene, etwa 55 Jahre alte und herb wirkende Frau mit metastasierendem Brustkrebs, kommt in großen Intervallen ambulant in die Therapie. Sie liebt Klangreisen und erfährt sich darin tief berührt. Danach ist sie jeweils weich und äußert oft: „Da ist eine ‚Licht-Oase im Wald', ‚eine einsame Kapelle auf einem Hügel'." Immer bricht etwas in ihre Finsternis ein: ein Licht oder eine Heiterkeit. Und immer ist da ein eigenartiges Berührtsein. Ob sie mir mehr dazu erzählen könne? Frau Pfister setzt stockend an: „Wie wenn ich einen Menschen als inneres Gegenüber hätte, der mir Antwort gibt – Mut macht – tröstet. Er ist kein wirklicher Mensch, aber so lieb, dass es mich berührt." Ich erzähle Frau Pfister von dem, was ich das Dritte nenne. Ob sie so etwas erlebe? Frau Pfister schaut mich intensiv an und nickt: „Das könnte sein." Dieses innere Gegenüber helfe ihr im Verkraften der schwierigen Diagnose und ... – sie stockt – bei Problemen mit ihrem Mann.

Das nächste Mal bringt sie ihren Gatten mit. Ein feinfühliger, schweigsamer Mann mit liebevollem, hilflos wirkendem Stimmtonfall. Er möchte ihr behilflich sein beim Hinsetzen. Unwirsch winkt sie ab: „Hör auf, du kannst das nicht." Er sagt kein Wort und ist doch sichtlich getroffen von dieser Äußerung in meiner Gegenwart. Ich schaue ihn wohlwollend an. Er wird wohl spüren, dass ich ihn mag. Zur Paardynamik sage ich nicht viel, wohl aber einiges über die Krankheit und den Umgang damit, für sie als Betroffene ebenso wie für ihn als Angehörigen. Er stellt Nachfragen, sie blockt ab. Sie sei schließlich die Patientin, er wisse nicht, was krank sein bedeute. „Das stimmt – und stimmt auch nicht", unterbreche ich: „Sie sind die Kranke, Sie haben Schmerzen, Gehbehinderung, dieses Gefühl von Scham. Was Sie darin leisten an Aushalten ist enorm." Frau Pfister horcht auf, intensiver Blick. „Aber", so fahre ich fort, „ihm ist sein gutes Leben auch genommen. Weil nur indirekt betroffen, ist er abhängig von Ihnen. Er hat in sich weder die körperliche Krankheit noch das Gefühl für das, was gut tut. Er kann nur versuchen, es Ihnen recht zu machen. Bei Ihnen kommt das an als Unbeholfenheit und regt Sie auf. Ich aber spüre in seinem Schweigen auch Persönlichkeit." Bewusst würdige ich beide. Frau Pfister hat die Größe, das so stehen zu lassen – er, zu schweigen. Ich lade nun beide ein zu einer Klangreise. Erneut wird Frau Pfister weich.

Monate später ist Frau Pfister hospitalisiert, schwerkrank und zwischendurch bereits komatös. Und doch kann sie nicht sterben. Ihr Mann und das einzige Kind, eine erwachsene Tochter, umsorgen sie eindrücklich. Und doch scheint deren Liebe die Patientin nicht zu erreichen. Die Mutter sei immer schon herb gewesen, speziell im Umgang mit dem Vater, gesteht die Tochter. Und er sei in all dem nie fremdgegangen. Sie habe sich oft gefragt, wie er das schaffe. Der Vater, eben hinzugekommen, ist berührt ob dieser Wertschätzung der Tochter. Ja, er habe seine Frau geliebt … und beginnt zu weinen. „Woher nahmen Sie denn die Kraft zu solcher Liebe, all die Jahre hindurch?", frage ich. Er weiß es nicht. Die Kraft sei einfach da, und seine einsamen Spaziergänge frühmorgens seien wichtig gewesen. Da habe er mit Gott gestritten und sei dann in dieser aufwachenden, stillen Natur ruhig geworden. Ich bin beeindruckt und verstehe doch das Rätsel dieser Familiengeschichte nicht. Drei Tage später lüftet sich etwas vom Geheimnis. Frau Pfister ist hellwach und möchte mit mir über ihre Tochter und deren jahrelange Rebellion sprechen. Mir sei diese Rebellion verständlich als Reaktion auf ihre mütterliche Herbheit, wage ich zu formulieren. Und: Ob sie wisse, dass sie herb sei ihren Liebsten gegenüber? „Ganz so, als würden diese Ihnen auf die Nerven gehen?" „Ja", gesteht sie. Diese Ehrlichkeit beeindruckt mich, ich lobe Frau Pfister. Die Gelegenheit scheint mir gegeben, um ihrer Kindheit nachzufragen: „Was hat Sie denn so herb werden lassen?" Ein hartes Kriegsschicksal tritt zutage, eine ihrerseits unbeugsame Mutter, die sie arbeiten ließ bis spät in die Nacht hinein. „Und … ." Näheres sagt sie nicht. Ich erhalte den Eindruck einer ihrerseits überforderten Mutter. „Meine Mutter will ich nie mehr sehen", schießt es aus der Patientin heraus. Die Schmerzen eskalieren. Wir müssen das Gespräch abbrechen und um Schmerzmittel bitten. Deshalb fasse ich kurz zusammen: „Ich habe gehört, dass Sie Ihre Mutter nicht sehen wollen. Und: Sie müssen sie im Moment auch nicht sehen." Ich rufe den Priester an und bitte ihn, bei Gelegenheit zu kommen für eine Krankensalbung.

Drei Tage später: Noch immer kann Frau Pfister nicht sterben. Die Pflegenden sind überfordert ob der zunehmend gehässigen Patientin. Herr Pfister und die Tochter ziehen sich etwas zurück. Ich versuche es mit einer Klangreise, aber ohne nennenswerte Reaktion. Es sei schon gut, es geschehe ohnehin nichts, kommentiert sie unvermittelt. „Sind Sie wütend, weil Sie nicht sterben können?", frage ich. „Ich wäre das an Ihrer Stelle." Verschwommener Blick. „Plagt Sie das Thema Ihrer Mutter?" Kurzer erschrockener Blick. Die Chance ergibt sich: Die alte Mutter ist angereist, um die Tochter zu besuchen. Ich nehme sie mit in die Küche nebenan und erzähle zaghaft. Sie versucht sich zu erklären. Sie wisse, dass ihre Tochter sich von ihr abgewendet habe, aber sie habe doch nichts verbrochen. So sei das Leben gewesen. Ich erläutere die Sichtweise der Tochter und frage, ob sie die Größe habe, sich zu entschuldigen. Ja, doch, was sie denn sagen solle? Sie habe schon oft um Verzeihung gebeten und sich gerechtfertigt … . Ich unterbreche: „Genau darum geht es nicht. Nichts verlangen, keine Verzeihung erbitten, welche der Patientin nicht möglich ist. Keine Rechtfertigung, denn diese würde nur einmal mehr schmerzen. Stattdessen nur eine Entschuldigung, nur der Satz: ‚Es tut mir leid'." Ob sie das sagen könne? Die Mutter insistiert: „Aber ... ." Ich bleibe entschieden. Die Patientin habe sie nicht mehr sehen wollen! Das erschüttert die Mutter. „Was?" Stille. Mir gegenüber sitzt jetzt eine erschrockene, erweichte alte Frau. Nochmals frage ich: Ob sie mit mir zur Patientin gehen wolle und in meiner Gegenwart ehrlicherweise sagen könne: „Es tut mir leid"? Nur das! Ich verspreche ihr, die Verantwortung zu übernehmen, dass sie, von mir begleitet, nochmals ihre sterbende Tochter sehen könne. „Oh ja!"

Schon stehen wir gemeinsam vor der Tür des Zimmers. Ich habe Herzklopfen und spüre: So kommt das nicht gut an. Dann der Impuls, für uns alle jene Engelfigur in gelben Schleiern, die in meinem Therapieraum steht, zu holen und in die schwierige Begegnung mitzunehmen. Diese Engelfigur aus Stoff mag für einen Engel schlechthin stehen. Mit der Figur in der Hand trete ich ins Krankenzimmer. Wie getroffen vom Gelb der Schleier, öffnet Frau Pfister die Augen – und sieht ihre Mutter neben mir stehen. Gleich schließt sie die Augen wieder, scheint sich erschrocken abzuwenden. Ich bleibe bei meinem Entschluss und sage: „Frau Pfister, ich, Monika Renz, bin da. Ich habe es mir gut überlegt. Und ich habe den Engel mitgebracht, damit er Sie schütze. Er steht jetzt dazwischen." Wieder öffnet sie die Augen und scheint ganz zu hören. „Frau Pfister, Ihre Mutter möchte sich entschuldigen, nicht mehr und nicht weniger." Auf meine Anweisung hin tritt nun die Mutter heran und möchte die Patientin gleich küssen. Ich hindere sie daran: „Nein, das ist zu viel, nur die Hand berühren." Die Mutter folgt meiner Anweisung – eindrücklich auch dies – und sagt nun in weichem Tonfall: „Liebe Rita, es tut mir leid. Ich war nicht feinfühlig zu dir. Es tut mir leid." Die Spannung ist groß, die Patientin schaut zum Engel hin, er ist da. Ich lobe beide. Insbesondere die Patientin, dass sie dies aushalte. Aber auch die Mutter, dass sie die Größe habe, nur diesen Satz zu sagen. Die Mutter verabschiedet sich, wiederum angeleitet von mir. Sie ist ihrerseits beeindruckt, betrübt, aber auch dankbar. Die Patientin taucht innerlich ab.

Später, nun in Anwesenheit ihres Mannes, taucht sie nochmals auf und umarmt mich heftig – auf eine Weise, wozu sie nach meiner Einschätzung die körperliche Kraft und Beweglichkeit gar nicht mehr haben kann. Und doch scheint sie damit Wichtiges ausdrücken zu wollen. Dann dankt sie für den Engel, wörtlich: „Der Engel musste da sein!" Auch zu ihrem Mann ist sie warmherzig. Ich sage, sie sei vom Engel und letztlich von Gott her geschützt. Dann segne ich sie, um dieses Geschützt-Sein zu verstärken. Und ich würdige auch das jahrelange, stumm liebende Durchtragen vonseiten ihres Mannes. Friedliche, annehmende Atmosphäre. Nochmals später, wie ich wieder alleine bin mit ihr, wünscht sie die Kommunion. Andächtig feiern wir im kleinen Rahmen dieses Zeichen der Gegenwart Christi. Monochordmusik begleitet uns. „Wie damals ...", sagt nun Frau Pfister. „Meinen Sie, Ihr inneres Gegenüber sei da?", frage ich. „Ja – Engel – da." Mehr sagt sie nicht. Es ist spürbar, dass der Engel für das Dritte, von dem wir so oft sprachen, steht, gleichsam Verweis auf ein noch Größeres, auf Gott. Im Engel ist Gott selbst ihr nahe. Schützend und weisend ist er die innere Instanz in ihr, die sie würdigt und bald in den Tod hinein begleitet[213]*. Nach diesem Tag wird sie terminal. Ihr Muskeltonus wird weich, ihre Reaktionen sind sanftmütig, wenn auch teils traurig, die Pflegenden sind erleichtert. Wenige Tage später stirbt Frau Pfister einen eindrücklichen, friedlichen Tod.*

Dieses Familienschicksal hat mich bewegt. Alle brauchten einander und alle brauchten – ausgesprochen oder unausgesprochen – *ein Drittes:* Die Patientin, um weich zu werden und sterben zu können. Der Mann, dem Tag um Tag die Kraft geschenkt sein musste, um in der liebenden Dynamik zu bleiben. Die Tochter brauchte den neutralisierenden Vater, um sich ihrerseits nicht durch Verhärtung schützen zu müssen. Die alte Mutter brauchte den therapeutischen Schonraum, um Erschütterung zuzulassen und sich die richtigen Worte sagen zu lassen. Ob der Gatte – seinerseits ein Dritter – ‚dazwischen stand', ob ich am Sterbebett in dieser Funktion stand, ob ein Engel da war, letztlich war und ist ein Inneres – und in ihm Gott selbst – dieses Dritte, über das sich Prozesse von Aufweichung und Versöhnung anbahnen.

4.8.4 Sinnlose Liebe – sinnloses Leiden?

Wie aber im umgekehrten Fall, wenn vonseiten eines Patienten eine Höchstform von Liebe da ist, die aber scheinbar nichts bewirkt und nicht auslöst, worauf sie angelegt ist. Bleibt solche Liebe sinnlos? Ich denke hier an sieben Patienten, die irgendwie stellvertretend für andere etwas auf sich nahmen und mehr oder weniger bewusst austrugen. Ihr seelisches (und oft auch körperliches Leiden) konnte nur verstanden werden, wenn in einen geheimnisvollen Liebeskontext hineingestellt. Stellvertretend für etwas Ungutes im ganzen Familiensystem litten sie und trugen wortlos etwas aus, bisweilen in Höchstleistungen von Hingabe oder Verzeihen. Sie leisteten so – jenseits masochistischer Opferhaltungen – einen eindrücklichen Erlösungsbeitrag. Ich will davon ausgehen, dass auch sie Spuren über sich selbst hinaus hinterlassen haben. Innerhalb des Projektes waren dies vereinzelte, man könnte sagen: zu übersehende Schicksale. Mit Blick auf die Weltgeschichte ist die Zahl solcher unerkannten Zeugen von Liebe aber nicht zu übersehen! Im Kleinen wie im Großen stellt uns solch stumm bleibendes Leiden vor eine letzte Sinnfrage.

Im Spital waren es nicht weniger als fünf junge Menschen, die an den Unbewusstheiten ihrer Eltern litten, Bewusstwerdung wagten und starben, bevor die Eltern ihr Liebeswerk und dessen Aussage begriffen. Und es waren eine über 50-jährige Mutter und ein Vater in ähnlichem Alter mit verhärtet gebliebenen Kindern und/oder unverständigen Partnern. Was, wenn eine Tochterliebe, wenn eine Mutter- und Vaterliebe scheinbar ins Leere läuft und sich in deren Umfeld nichts bewegt, etwa in Richtung Friede? Oder mit Blick in die große Welt: Wozu das Leiden und qualvolle Sterben von Millionen politisch Verfolgter, von Hungernden, Heimatlosen, Straßenkindern und vielen andern von der Geschichte Vergessenen? Metz (2006), der die memoria passio-

213 Vgl. hierzu die Deutungen des Engelsymbols in Drewermann (1986, 37-39) und Renz (2007, 73-76).

nis fordert, würde sagen: Haltet den Blick offen für die Toten und die politischen Opfer der Weltgeschichte.

Ein Krankenhaus ist keine Bühne großen Weltgeschehens und stellt uns doch vor die Frage, was wir der Sinnlosigkeit solchen Leidens und Sterbens entgegenzusetzen haben. Ein Unterfangen, das bestenfalls theologisch und spirituell einzuholen ist. Soll es dabei bleiben, dass Menschen, die oft in heroischem Leiden und Sterben sich hingegeben haben für andere, einfach verstummen? Es gab jene, die noch zu Lebzeiten die Worte verloren, mir blieben Worte bisweilen im Hals stecken.

Eine junge Frau, eingebunden in ein offenbar krank machendes Familiensystem, ist auf den Tod krank. Ihr Körper scheint, je näher der Tod rückt, die einzige Sprache für ihr Leiden zu sein. Aus dem krank machenden Familiensystem auszusteigen gelang ihr nicht, sie leidet aber seit Jahren daran. Der Zufall will es, dass ich sie und ihren familiären Hintergrund seit Langem kenne: ein Familientabu, das ihr selbst bewusst ist, den andern aber nicht. Noch im Spital kämpft sie dagegen an, sucht den Dialog, hat keine Chance, irgendetwas in Gang zu bringen. Schließlich fällt sie in eine große Wortlosigkeit. Sie stirbt schlussendlich friedlich. – Ihr Tod geht mir dennoch nahe: War das ein sinnloses Leben und Sterben? Im Familien- und Angehörigenkreis blieben Fragezeichen zurück, in mir war ein Hoffnungsschimmer, dass eine offene Frage mehr sei als ein kollektives Schweigen.

Ich möchte also werben dafür, den Blick offen zu halten für das stumme Leiden derer, die genau das ‚auf sich genommen haben' im Dienste eines höheren Wertes, einer Bewusstwerdung. An Sterbebetten werbe ich um Würdigung. Menschen im Umfeld können dazu beitragen, dass ein Leiden nicht ohne Nachhall bleibt. Zumindest dürfen wir nicht zu glauben aufhören, dass solche Hingabe irgendwann/irgendwie Wirkung hat und Beitrag sein wird in einem größeren Bewusstwerdungs- und Erlösungsgeschehen. Was Einzelne stumm und stellvertretend auf sich nehmen, kann irgendwann über andere ins Wort und Bewusstsein finden, im Begrenzten eines Familiensystems oder im Großen ganzer Religions- und Gesellschaftssysteme. Die Themen, um die es geht, heißen etwa: Beleidigung für sich behalten statt zurückschlagen, schweigen und auf Rache verzichten, sich selbst anstelle eines Kindes zum Sündenbock machen lassen, Sühne leisten für Vergehen früherer Generationen. Psychologisch formuliert geht es darum, ***Projektionen stehen zu lassen***, ohne selbst ins Agieren zu kommen, Vorwürfe oder Sündenbockrollen notfalls auf sich zu nehmen, um andere zu schützen. Bei den einen geschieht das schlicht und intuitiv, andere Wege zeichnen sich aus durch hohe Bewusstheit. (Vgl. Motiv des Lammes, Schenker 2001.)

Aussteigen aus Zirkeln von Rache und Gewalt ist kollektives Thema im Großen wie im Kleinen. Rache sitzt tief im Menschen drin und prägt auch den Kampf zwischen den Geschlechtern. Die Wut z.B. über den untreuen Ehepartner wird am ohnmächtigen Kind ausgelassen. Reflexartig (vorbewusst) hat man schon zurück- oder weitergegeben, was man selbst erlitt. So – scheint es zumindest – wird das energetische Gleichgewicht wieder hergestellt. Rachezirkel sind endlos und bleiben ohne Lösung. Rache zielt auf Sieg und Rechthaben statt auf Friede. Rache geht häufig von einem falschen Verständnis von Würde und damit von einem beleidigten Stolz aus. Er-Lösung fragt aber nach einem Aufbrechen von Rachemechanismen und ereignet sich meist nicht, bevor dem Menschen jene Würde, die er sich fälschlicherweise als Attribut des Ichs zuspricht, gerade genommen ist:

Namenlos soll auch der junge Patient auf Zimmer 302 bleiben. Mit schwerem Krebsleiden liegt er vor mir, seine Frau steht, um ihre Frisur besorgt, ohne spürbare Empathie daneben. Alles habe mit dem ‚Wüten einer Mutter' zu tun, entnehme ich den wortkargen Reaktionen des Patienten. Sie habe sich jeweils selbst vergessen und dann an ihm vergriffen, als er ein kleiner Junge gewesen sei. Ausgerechnet in der krankheitsbedingten Ohnmacht kommt das wieder hoch. Es sei jeweils einfach wie eine schwarze Wolke über ihn hergefallen, und dann ein stechender Schmerz im Genitalbereich. Heute heißt das Leiden: metastasierender Krebs beim Darmausgang.[214] *Die Schwester des Patienten, der ich ein andermal begegne, sieht das ähnlich. „Es war ausweglos für ihn. Er war immer schon ein stiller Held", sagt sie. Ja, sie wisse um die böse Seite ihrer Mutter, einer frustrierten begabten Frau, die als Frau in ihrer Generation und Situation keine Chance gehabt habe. Vital und karrierefähig, habe sie nur das Haus hüten müssen. Sie als Mädchen sei besser behandelt worden. Mit Blick auf ihren Bruder, der nebenan schläft, schließt sie kopfschüttelnd: „Das war Rache an meinem Bruder – er war Mann, wenn auch klein." Auch den eigenen Gatten habe die Mutter links liegen lassen, ihm die Sexualität verweigert. „Und jetzt haben wir die Misere."*

Die Wutdynamik schien in ihrer Unbewusstheit noch weitere Kreise zu ziehen: Die 10-jährige Tochter des Patienten habe zu Hause immer wieder unerklärbare Wutanfälle. In ihrer Wut ob der gespannten Familienatmosphäre habe sie einmal so etwas wie einen Fluch gegen den Vater ausgesprochen: „Entweder bist du zu Hause oder ich. Hau ab ins Spital, ich hasse dich." Seither leide das Kind unsäglich an Schuldgefühlen und komme sich wie ausgestoßen vor, während der Vater, den es eigentlich liebe, im Spital vielleicht sterbe. Es meine, schuld daran zu sein. Mit vereinten Kräften vermochten wir das Kind für den Moment von diesen Gefühlen zu entlasten. Es kam zu guten, geführten Begegnungen zwischen Tochter und Vater. Der Patient starb dann friedlich. Wie mochte das Kind seinen Tod schlussendlich aufgenommen und verkraftet haben? Wird im Kind, in der Mutter und im Familienganzen etwas von dieser Rachedynamik fortleben? Ich fand zur Ruhe und zu einem Gefühl von Würde für den Verstorbenen am Gedanken, dass zumindest ein Teil dieses unheilvollen Systems über ihn aufgelöst worden sei. Erlöst?

214 Krebs als Folge von Gewalt? Es geht hier nicht darum, einfache Kausalzusammenhänge zu erkennen. Das verbietet sich eine moderne Psychoonkologie. In der Regel sind seelische Ursachen von Krebs nicht auszumachen, zum Glück. Zu schnell wären Schuldzuweisungen und Sündenbockmuster zur Stelle. Doch ist es im Einzelfall mit dem Negieren solcher Zusammenhänge auch nicht getan. Patienten ahnen bisweilen um solche Zusammenhänge. Allein aus meiner 10-jährigen Tätigkeit muss ich leider von mindestens 50 Patientinnen und Patienten sagen, dass sie ihren Krebs im Zusammenhang mit früher erlittener Gewalt deuteten und ich mir dies durchaus so vorstellen konnte.

Rache ist nicht nur Tat, sondern Dynamik, oftmals über Generationen hinweg. Sie ruft nicht nur nach Gleichgewicht und Gegentat, sondern nach einer auflösenden Gegendynamik. Was der Patient von Zimmer 302 als diffuse Rache des (individuell und kollektiv) unterdrückten Weiblichen erlitt, geschieht in anderen Familien, Stämmen, in Kulturen und Religionen aufgrund anderer Motive. Immer ist eine halb bewusste, ‚blinde' Reaktion da, in welcher Bewusstwerdung für die darin Gefangenen wie verunmöglicht scheint. Wo ganze Familien generationenübergreifend in Gewalt verstrickt sind,[215] genügt Bewusstwerdung allein nicht, damit Auflösung gelinge. Hier braucht es mehr: positiven Widerstand, Sühne, Stellvertretung und in all dem und darüber hinaus Gnade, eine auch im Positiven dem Menschen entgegenkommende Dynamik: Erlösung (vgl. II.3).

Ich persönlich kann solches Leiden nur dem Geheimnis Gott anheimgeben und für die Sinnhaftigkeit solchen Daseins einstehen. Wer weiß, ob diese Menschen etwas bewirkt haben, was sich unserem Auge entzieht? Ob sie irgendwie neutralisiert, etwas ausgelöst haben, was uns heute zum Segen gereicht? Erlösung in ihrer großen Dimension bleibt Teil eines Mysteriums, auch in dem, was Menschen dazu beitragen. Persönlich fand ich an diesen sieben Menschen und ihren unerträglichen Schicksalen zurück zu meiner Überzeugung – die mir von Theologen bisweilen geflissentlich auszureden versucht wird –, dass nicht nur der Mensch Gott braucht zu seiner Erlösung, sondern dass auch Gott des Menschen bedarf, damit Erlösung gelinge.[216]

Zusammenfassung I.4: Heilung ereignet sich nicht ohne das Ja des Menschen, theologisch gesprochen, nicht ohne die menschliche Kooperation. Das Finden zum Ja ist Akt von höchster menschlicher Reifung und doch Gnade: ein Prozess, der durch Trauern und Fühlen, Aufstehen aus Unmündigkeit und Verzeihen hindurchführt. Der Mensch erfährt sich so auch selbst mehr ganz, lebendig, angeschlossen an Freude und Friede.

Erlösungsprozesse brauchen Menschen als Liebende. Und es braucht das (therapeutische) Dritte: den ‚Lohn vom Himmelreich' oder die Möglichkeit zur Katharsis durch ein Drittes und dies als inneres Geschehen *im* Menschen, ferner *zwischen* Menschen und letztlich vor allem *mit Gott*. Und es braucht den unverstellten Blick für die Opfer dieser Welt. Die Sinnfrage kommt letztlich nicht zur Ruhe ohne die ahnungsweise formulierte Weitsicht, dass Gott im Erlösungsgeschehen auch des Menschen bedarf (vgl. These 4, S. 30).

215 Vgl. etwa die biblischen Aussagen zur Zeit vor Noah (Gen 6,5-12).

216 In der Theologie ist diese, meine Überzeugung etwa vertreten im Marianismus, der besagt, dass es das Ja von Maria bei der Empfängnis Jesu brauchte. Maria steht hier für viele weitere Menschen in ihrem Ja. In der Einwilligung Marias liegt ein bemerkenswerter Unterschied zwischen der Bibel (Lk 1,38) und dem Koran, der von keinem Ja Marias weiß. – Zur Frage nach dem Menschenbild in den Religionen vgl. „3. Parameter" im ersten Anhang.

Den anthropologischen Teil I abschließend, ist uns die Frage mitgegeben: Was befreit

- aus Urangst, Urprägung und der Ur-Projektion (Gott/alles ist gegen mich),
- aus dem Dynamismus der Sonderung bis hin zum Bösen,
- aus Angststruktur, die in diversen Ängsten und Absicherungen manifest geworden ist,
- aus Begehrensstruktur, dem Sog der Gier, des Neides und des darin Gefangenen, aus der Existenzweise des Habens,
- aus Machtstruktur, aus dem Agieren in Macht und Rache und dahinterliegend aus der entsprechenden Verletzung?

Im folgenden *bibeltheologischen Teil II* wird es darum gehen, wie die Bibel und insbesondere das Neue Testament auf diese Erlösungsbedürftigkeit antwortet und inwiefern es, zahlreichen Texten und biblischen Motiven zufolge, Gott *selbst* ist, der (aus Prägung) herauslösen will und herauszulösen vermag. Erlösung bleibt dabei Vision. Und doch findet sie in Ansätzen schon zu Lebzeiten statt: nämlich dort, wo Menschen einander in neuem Geiste – zwischen Liebe und zugelassenem Angewiesensein – begegnen.

Teil II:

Erlösung aus Prägung – befragt bezüglich der christlichen Religion

Hinführung und Thesen 5-7

Jesus Christus sei der Erlöser, sagt die christliche Lehre. Was kann diese Aussage für mündige Menschen von heute bedeuten, die nicht nur das Bedürfnis haben, in ein Mysterium einzutauchen, sondern auch, etwas von dem zu verstehen, was sie glauben?

In Teil I war die Rede vom Menschen und seiner Erlösungsbedürftigkeit verstanden als Prägung (vgl. I.1-3); und daneben von der Notwendigkeit eigener Prozessbereitschaft und zwischenmenschlicher Prozesse in Richtung Erlösung (vgl. I.4). In Teil II stehen nun das Jesus-Programm und die ***Frage nach der Erlösung durch Jesus Christus*** im Vordergrund. Kann die christliche Religion einlösen, was sie verspricht, nämlich Erlösung?[217] Vermochte und vermag Jesus Christus Menschen zu erlösen? Gab und lebte er Antworten, welche Menschen aller Zeiten in ihrer Urprägung[218] erreichen, in ihrer Angst-, Begehrens- und Machtstruktur und den dahinter liegenden Sehnsüchten? Löste Jesus eine Dynamik des Heils aus wider den verhängnisvollen Dynamismus der Sonderung? Die vorliegende Arbeit bejaht diese Fragen. Sie versucht, die Brisanz dieses Jesus, seiner Botschaft und seines Lebens bibeltheologisch und psychologisch zu erläutern.[219] Wenn das Christentum im Dialog der Religionen am Je-

---

217 Das schließt ähnliche Fragestellungen anderer Religionen an ihr Gedankengut nicht aus. Vielleicht aber kann die vorliegende Arbeit gerade in ihren psychologischen Herleitungen andere Religionen anregen, in dem für sie wichtigen kulturspezifischen Kontext die Frage nach ‚Erlösung aus Prägung' zu stellen. Das Heilmachende der Religion muss sich aus den verschiedenen Religionsprogrammen auf je eigene Weise herauskristallisieren, was vorrangiges Anliegen im interreligiösen Dialog sein dürfte (vgl. erster Anhang). Wenn im Vorliegenden bisweilen auf die dem Christlichen zugrunde liegenden jüdischen Wurzeln und auf das Alte Testament Bezug genommen wird, so geschieht dies hier mit dem christlichen Blick. Das will andere Deutungen derselben Texte und eigene Antworten der jüdischen Religion und Kultur auf die Anfrage ‚Erlösung aus Prägung' in keiner Weise schmälern. Im Gegenteil: Diese bereichern den interreligiösen Dialog.

218 Wenn Jesus Christus (in Röm 5,14; 1 Kor 15,22.45) mit Adam in Verbindung gebracht wird, so ist damit Erlösung aus der Urprägung (= seit Adam, seit der Subjektentwicklung überhaupt) in Aussicht gestellt.

219 ***Zu meinem Umgang mit der Bibel:***

1) Bibeltheologisch betrachtend, stütze ich mich ab auf den heutigen Stand der historisch-kritischen Exegese, inbesondere gehe ich aus von der *Zweiquellentheorie.* D.h., die drei synoptischen Evangelien stehen in einem Zusammenhang. Das Markusevangelium war das ursprünglichste, verfasst um 60-70 n.Chr., jedenfalls *vor* der Zerstörung Jerusalems. Ihm zugrunde muss eine uns nicht mehr zur Verfügung stehende Fassung der Passion Christi gelegen haben. Lukas und Matthäus haben sich je und unabhängig voneinander, sowohl auf Markus wie auf dieselbe (ihrerseits nicht mehr zugängliche) Quelle Q abgestützt. Jeder Autor – und dies gilt auch für Johannes – bringt überdies sein Gepräge ein sowie Charakteristika seines Adressatenkreises, seiner Gemeinden (z.B. Juden oder Griechen).

2) Entsprechend der anthropologischen Fragestellung in Teil I muss hier auch die entwicklungs- und tiefenpsychologische Betrachtungsweise von biblischen Texten Raum erhalten. Das heißt fürs Erste, dass Texte und Motive auch auf ihre therapeutisch brisanten Aussagen hin bedacht werden. Es gibt aber auch Texte – etwa Gattungen wie narrative, dem Midrasch nahe Texte wie Kindheitsgeschichten Jesu, zahlreiche Gleichnisse, Wundererzählungen, Legenden, aber auch Sagenkränze und Riten um archetypische Motive und um das schlicht Wunderbare herum –, die anders als unter Einbezug des Symbolischen nur unzureichend entschlüsselt werden können. Dies entspricht dem damaligen, weniger im Abstrakten beheimateten Denken und Erzählen (vgl. Sprache von Märchen oder Träumen). Symbolik ist mehr als einfach eine individuell zugedachte Analogie (σύμβολον). Die Symbolsprache kann – damals wie heute und in verschiedenen Kulturen teilweise verblüffend ähnlich – als Versuch des mensch-

sus-Programm festhält (vgl. erster Anhang), dann muss es in heutiger Sprache begründen können, weshalb. Was daran macht Menschen heil? Warum oder worin darf es in Aussage und Konsequenzen nicht verwässert werden? Und wodurch wird eine Botschaft des Heils selbst für leidende Menschen glaubwürdig?

Mir gegenüber liegt ***Frau Ruckstuhl.*** *Ihr Blick ist an die Wand gerichtet. Unwirsch sagt sie: „Wenn Sie biblisch sind, dann gehen Sie am besten gleich wieder. Die tun alle fromm und reden vom lieben Gott. Wenn es Gott gibt, so ist er nicht so lieb!" Ich sei Mensch, sei hier als Monika Renz und sei auch schon enttäuscht gewesen von Gott, erwidere ich. Erstaunt wendet sie ihren Blick zu mir. Ein Lächeln huscht über ihr Gesicht, dann starrt sie erneut in die Wand hinein. Zwei Wochen später, wie unsere Beziehung freundschaftlich geworden ist und ihr Starren aufgeweichter, spricht mich Frau Ruckstuhl erneut auf die Bibel an. Diesmal anders: Sie habe das Vaterunser verlernt und nun habe ihr davon geträumt. Ob ich sie das wieder lehren könne. „Gerne", erwidere ich und erzähle ihr von diesem Gebet, bevor wir es beten. Frau Ruckstuhls Kommentar: „Danke, ich muss darüber nachdenken." Wie sie Wochen später wieder ins Krankenhaus kommt, sieht sie mir an, dass ich leide. Meine Nächsten seien krank, erwidere ich. Diese persönliche Antwort berührt die an jeder Unechtheit leidende Person. Sie schaut mich an, nimmt meine Hand und sagt: „Jetzt beten wir das Vaterunser. Jedes Mal für einen andern Menschen, den Sie oder ich gerne haben. Ich habe dieses Gebet entdeckt. Ich kann das nicht erklären, aber es tut gut, zu beten und dabei, wie Sie erzählten, zu denken: Gott möchte uns wie ein Vater sein. Er ist zwar manchmal brutal, etwa wenn ich diesen Krebs habe. Doch vielleicht hat er diesen Krebs auch nicht gewollt und möchte eigentlich Vater sein. Dann will er aber auch nicht, dass Sie leiden." Und andächtig beginnt sie: „Vater Unser ... ."*

Von Erlösung, heilem Sein und Liebe Gottes darf nicht nur geredet werden. ***Nebst der Botschaft braucht es eine ihrem Inhalt entsprechende Dynamik.*** Liebe berührt nur

---

lichen Bewusstseins bezeichnet werden, einer bestimmten Energie (z.B. „Schlange"), einer emotionalen Verfassung (z.B. „Wüste") oder einem Sachverhalt, einer Weisheit (z.B. „die besonderen Attribute eines göttlichen Kindes") etc., die anders als symbolisch (noch) nicht ins Wort gefunden haben, *Bild* zu geben. Ganz ähnlich, wie der Traum an der Grenze des Verstehbaren Bild gibt und nebst dem Alltäglichen auch tief Unbewusstes verarbeitet. Zu Tagesbewusstsein, Traumbewusstsein, Schlafbewusstsein als kollektive Befindlichkeiten oder Strukturen im Menschen verweise ich auf Renz (1996, 110), Teichmann-Mackenroth (1992, 252), Gebser (1986), Neumann (1992). Für die Bedeutung mitunter auch des symbolischen Zuganges zur Bibel spricht, dass Jesus selbst oft in Gleichnissen gesprochen hat, und insbesondere der Tatbestand, dass den Evangelisten und weiteren Verfassern, nebst den schriftlichen Quellen, *ein Wissen über den Weg der mündlichen Überlieferung* zur Verfügung stand.

3) Ich gehe zum Dritten davon aus, dass wesentliche Teile der Evangelien und Briefe in großem Angeschlossensein an Gott, an den Vater, entstanden sind. Sie sind von ihrem Entstehen her bedacht im Kern „geistinspiriert", genial. Damit bin ich dem nahe, was die Theologie Offenbarung nennt, und doch wird deutlich, wie vorsichtig mit diesem Credo der Geistinspiration umgegangen werden muss. Weder wissen wir mit Sicherheit, wo genau Offenbarung beginnt und wo indes die menschliche Prägung und Projektion etwas verändert wahrnimmt und verfälscht. Noch berechtigt uns der Glaube an Offenbarung zum Anspruch von etwas Absolutem, Alleingültigem. Aber wir haben es zu tun mit etwas wahrhaft Heiligem, Menschübersteigendem.

dann, wenn sie auch gelebt wird und wenn darin auch Wut und Enttäuschung wahr sein dürfen.

Im Falle Jesu Christi umfasste die gelebte Liebe noch viel mehr: seinen eigenen Prozess im Leiden und im Glauben, das eigene Sich-Drangeben, sein letztes Setzen auf Gott und das Gute. Das war Höchstform von authentischer Botschaft und Dynamik. Und in all dem zugleich ein unsichtbares (Mit-)Wirken Gottes. Hätte Jesus Erlösung nur gepredigt, so wäre seine Botschaft untergegangen, wie viele andere Botschaften auch. Da war aber mehr, wie die Wirkungsgeschichte dieses Jesus von Nazareth lehrt. Paulus, die Evangelisten und andere versuchten nachträglich zu fassen und einzuordnen, wer dieser Mensch war, was er lehrte und woraus er lebte und heilte. Jesus *sprach* nicht nur von einem Gott der Beziehung und der Liebe, er *lebte* diese Liebe auch und schöpfte selbst Kraft aus der Beziehung zum Vater. Die Wirkung des Jesus von Nazareth war – so meine Annahme – zum einen so groß, weil in ihm Botschaft und Dynamik glaubwürdig und bis zur äußersten Konsequenz zusammenfanden.

Hinzu kommt ein Drittes (oder eher Erstes, Grund-Legendes): ***die Beziehung Jesu zum Vater.***[220] Was machte es Jesus möglich, sich jenseits von neurotischem Altruismus derart zu verschenken? Und wie kam er zu seiner Botschaft? Woher wusste er so zielsicher, was heilt? Aus sich allein sicher nicht. Hier musste ein Mehr an Grund und Begründet-Sein vorliegen, das den heilenden und leidenden Menschen Jesus seinerseits zu all dem befähigte. Jesus gelang das Unerhörte – so die Antwort des vorliegenden Buches – *kraft der Beziehung zum Vater.* Vom Vater her war Jesus genährt, geliebt, beflügelt und getröstet, der Vater war ihm jenes Dritte, das als letzter Grund nicht wegzudenken ist. Die schwierige theologische Aussage, dass ‚Jesus Gottes Sohn und das Band zwischen Vater und Sohn der Geist ist', kann nicht einfach selbstredend als Erklärung für das Erlösungswerk genommen werden. Vielmehr haben wir es hier mit einem *Geheimnis von Beziehung* zu tun, von dem eine solche Kraft ausgeht (δύναμις, πνεῦμα), dass es dem Sohn auch wirklich danach zumute war, von Erlösung und Liebe zu künden und selbst in einem sich verschenkenden Ausmaß zu lieben. Aus dieser Beziehung wurde bezogen, geschöpft und gespendet. Sie muss als Alpha und Omega in Jesu Leben, als etwas Zeitloses, Überzeitliches, Grundsätzliches begriffen werden: Sie ‚war' schon vor der Zeit und wird nach ihr sein (Johannesprolog, Joh 1,1-18). Auch mitten in der Not hat Jesus an diese Beziehung appelliert. Die Vater-Beziehung war Ort, wo er Angst, Tränen und auch Zorn[221] hinbrachte und wo ihm das Verschmerzen von Erlittenem ohne Verhärtung gelang. In diese Beziehung hat Jesus am Schluss

220 In der großen Bedeutung, die Jesu Beziehung zum Vater zugemessen wird, findet sich diese Arbeit mit dem Grundanliegen des Jesus-Werkes von Papst Benedikt XVI., dessen erster Band „Jesus von Nazareth" mir derzeit vorliegt (Ratzinger 2007).

221 Beispiele Zorn: „Ihr Schlangenbrut" (Mt 12,34; 23,33). „Er sah sie der Reihe nach an, voll Zorn und Trauer über ihr verstocktes Herz" (Mk 3,5). Tempelreinigung als Ausdruck seines Zornes (Mk 11,15-17; Lk 19,45-46; Mt 21,12-13), bei Johannes insbesondere die Worte „Der Eifer für dein Haus verzehrt mich" (Joh 2,14-17). Stichwort Weherufe (Lk 11,42-52) u.a.m. – Beispiele Tränen (Lk 19,41), beim Tod des Lazarus (Joh 11,33-35). – Passion: „Da ergriff ihn Angst und Traurigkeit" (Mt 26,37).

seines Lebens alles wieder hinein- und zurückgegeben: „In deine Hände lege ich meinen Geist“ (Lk 23,46).

Auch über Jesu eigene Person hinaus kommt der Vater-Beziehung eine zentrale soteriologische Bedeutung zu[222] (vgl. II.2.1). Die neue Beziehung zum ***Vater als Mitte schlechthin*** heilt ganz allgemein aus dem Zustand der Sonderung. Und sie führt heim aus der Urnot menschlichen Verlorenseins, aus aller Spaltung und Urangst. Zu dieser (emotionalen) Erfahrung ‚Gott als Mitte‘ will Jesus hinführen. Sie ist es, die aus dem menschlichen Kreisen ums eigene Ego und aus der Anfälligkeit für alle Fremdbestimmtheit erlöst. Über den Vater als neue Mitte ereignet sich nicht nur ein Heimfinden des Einzelnen zu Gott und zum Kern und Wesentlichen seiner selbst[223], sondern auch eine Zentrierung des Kollektivs um dessen Mitte[224] und ein Erkennen des Vaters als Mitte aller Evolution und Motivation. Konkret heißt dies, dass selbst generationenübergreifende Verwünschungen und Fehlentwicklungen sich auflösen können. Erlösung ist Herauslösung aus den Irrwegen und Sackgassen menschlicher Entwicklung, an deren Ursprung die verloren gegangene Beziehung zu Gott/zum Ganzen stand. Das gilt für alle Kulturen, deren Entwicklung vermehrt der Subjekt-Werdung diente und die sich durch eine vermehrte Abspaltung von Gott/vom Ganzen auszeichnen (vgl. Darstellung in I.2.5 und erster Anhang). ***Erlösung durchbricht den Kreislauf des falschen Ausgerichtet-Seins*** und stellt den Menschen in eine neue Rückbindung an Gott/ans Ganze als Mitte von allem Sein und Werden.

In und mit Jesus fand dieses Durchbrechen in verschiedener Hinsicht statt:

1. Der Durchbruch von Gottnähe ***in Jesus als Person***: Es war Jesus möglich und vergönnt, von Anbeginn an und zunehmend um die wahre Mitte des Menschseins, um Gott als den Vater zu kreisen. Jesus war selbst ein Mensch, wie er angeschlossener nicht hätte sein können. (Vgl. II.1.)
2. Der Durchbruch ***in Lehre und Wirken Jesu***: Die Vaterbeziehung als Grunderfahrung und menschliche Mitte ist zentraler Inhalt von Jesu *Lehre*. Jesus hat erkannt, dass es bei der menschlichen Erlösungsbedürftigkeit nicht primär um ein moralisches Problem geht, das über den Weg von Gebot und Gesetz zu lösen wäre, sondern um eine emotionale Realität. Jesus wollte den Menschen zum ethischen Verhalten befähigen, auch emotional. Darum hat Jesus nicht nur verkündet, sondern vor allem *geheilt* und darin vorab Menschen am Rande des Gesetzes erreicht. Zahlreiche Heilungen, so meine ich, stehen auf je eigene Weise für eine ‚Ur-Heilung‘. ***Aller Urprägung steht also gleichsam eine Urheilung gegenüber***,

222 Kessler (2006, 173) schreibt: „In seiner ureigenen Relation zu Gott (dem Vater und der Mutter) gründet die soteriologische Relevanz Jesu Christi.“

223 Mt 12,44: „Ich will in mein Haus zurückkehren, das ich verlassen habe.“

224 Vgl. Ex 29,45-46. Diese sehr bedenkenswerte Stelle der Priesterschrift erkennt letztlich darin das Heil, dass Gott in die Mitte des Volkes kommt und von diesem als dessen Mitte erfahren und verehrt wird. Vgl. auch Lev 26,11-12: „Ich schlage meine Wohnstätte in eurer Mitte auf und habe gegen euch keine Abneigung. Ich gehe in eurer Mitte; ich bin euer Gott und ihr seid mein Volk.“

die als solche in den zahlreichen Bildern seiner Rede und in Nuancen biblischer Heilungen[225] überhaupt erst erkannt werden muss. Urheilung findet statt, wo Menschen aus Angst ins Vertrauen, aus Gottferne und abgenabeltem Dasein ins Angeschlossene, aus dem narzisstisch Egomanischen ins Liebende, aus der Fixierung im Haben ins fließende Sein, aus Macht und Gewalt in ein lebendiges Sich-Einlassen zurückfinden. In all dem geschieht ein Immergleiches: der Mensch in seinem Fremdbestimmt-Sein (biblisch gesprochen: durch Dämonen, vgl. II.2.3.1; psychologisch gesprochen: durch Prägung und den Dynamismus der Sonderung) findet heim zum Vater als Urgrund und Wahrheit. So wird er frei, auf wahrere Weise zu leben, sich selbst zu sein und zu werden[226]. Was am Ursprung der Prägung verloren ging, ist logischerweise zugleich Inbegriff dessen, was als letzt-heilend gefunden wird: Gott als Mitte. Erlösung ereignet sich im neu gewonnenen emotionalen Rückgebundensein an den Vater. (Zu Jesu Lehre und Wirken vgl. II.2.)

3. Immer neu geschieht das Durchbrechen von Teufelskreisen oder ***Umwenden von Dynamik*** in Jesu gelebtem Leben. Dies beginnt mit der Eindeutigkeit seines Wollens und der Standhaftigkeit im Gegenüber von Versuchung. So ist Jesus geistig nicht nur einmal herausgefordert (erzählt in den Versuchungsgeschichten der Evangelisten), sondern ständig in Entscheidung und Geistkampf drin.[227] Jedes entschiedene ‚Wollen' im Sinne des Vaters, jedes gelungene Widersagen bedeutet einen Durchbruch im Geist. Hinter den verschiedenen Gesichtern von Versuchung muss die eine ***Urversuchung, sich abbringen zu lassen von der Nähe zum Vater/vom Willen des Vaters***, erkannt werden. Das gesamte Leben Jesu kann bedacht werden auf diese Urversuchung hin, sich gemäß dem Dynamismus der Sonderung aus Auftrag und Leiden herauszunehmen. Das stärkste und äußerste Widerstehen ereignete sich in Passion und Kreuzestod und galt genau dieser Urversuchung, etwas anderes zu wollen, als was der Vater wollte.[228] Hier spitzte sich auch die Machtdynamik dieser Welt zu, welche Jesus bewusst nicht mit Macht erwider-

---

225 So etwa Heilung von Besessenheit, Blindheit, Krankheit, Isolation, Tod. Als zeit- und kulturübergreifende Erfahrung vgl. Kessler (2006, 162f.): „Dieses alles entscheidende (erlösende) Gottbezogensein kann kontextuell unterschiedlich expliziert (M.R.: und erfahren) werden: z.B. als Sündenvergebung und Versöhnung ... als Befreiung vom lähmenden Bann dämonischer Mächte und Götzen wie Schicksal, Mammon ... hin zu Handlungsfähigkeit ...; als Befreiung von der Daseinsangst um sich selbst ... zur Annahme seiner selbst und des andern ...; als Anschluss an die göttliche Lebenskraft ...; als Befreiung zu eigener Würde ...; als Befreiung aus Individualismus hin zu gelebter Solidarität" (vgl. II.2.3.1).

226 Biblisch formuliert: finden zu seiner Berufung. Vgl. dazu etwa die Berufung Jesajas (Jes 6,5-8).

227 Vgl. Mt 16,23: „Jesus aber wandte sich um und sagte zu Petrus: Weg mit dir, Satan, geh mir aus den Augen! Du willst mich zu Fall bringen; denn du hast nicht das im Sinn, was Gott will, sondern was die Menschen wollen." Vgl. auch Mt 17,1-9; Jesus geht nicht auf Petrus' Vorschlag ein, drei Hütten zu bauen. Vgl. auch Lk 10,25-37: Im Gespräch mit einem Gesetzeslehrer weist Jesus ein sicheres Leben zurück, indem er ihm das Gleichnis vom barmherzigen Samariter erzählt. Nicht ein korrektes Rollenverhalten (hier des Priesters und des Leviten) ist gefragt, sondern ein Sich-Betreffen-Lassen, ein Danach-Handeln und Sich-Riskieren.

228 Damit ist nicht gesagt, dass der Vater den Tod des Sohnes wollte, wohl aber, dass der Sohn sich nicht abbringen lassen wollte vom Konzept des heilenden Vaters als Mitte seiner selbst und als Mitte schlechthin. Jesus hat jener geistigen Macht, die von Gott abbringen will, endgültig eine Absage erteilt. Von Jesus her ist es damit „vollbracht" (Joh 19,30).

te.[229] Warum Machtprägung nicht mittels Macht überwunden werden kann, hat psychologische Gründe (vgl. I.3.5; II.2.4; II.3). Die Mächtigen dieser Welt behielten vorerst das letzte Wort, während Jesus sich nicht abbringen ließ von der Dynamik der Liebe. So war es, von Jesus her betrachtet, irgendwann „vollbracht" (Joh 19,30). Als Erlösungsgeschehen insgesamt aber noch nicht; denn was wäre von Jesu Botschaft und Leben geblieben ohne jenes Zeichen von Gott dem Vater her, das wir Ostern nennen? Wären wir auch ohne Ostern erlöste Menschen? Kann allein schon ein so schmählicher Tod erlösen, kann ein solcher Untergang Menschen motivieren? Nein. Was aber muss geschehen, damit sich in Menschen Erlösung ereignet, damals etwa in Maria von Magdala oder Thomas? – Damals wie heute ***muss(te) die Erfahrung einbrechen, dass es Gott gibt.*** Und dass sich Liebe lohnt. Und in all dem die ehrfürchtig stimmende Erfahrung, dass ein Anderes das letzte Wort hat. Auch wenn Auferstehung nie bewiesen, sondern nur geglaubt und erfahren werden kann, geht die Rede von Erlösung ohne diese Erfahrung nicht auf. Wenn von Erlösung durch den Tod Jesu Christi gesprochen werden darf, so nicht im Sinne falscher Verherrlichung von Kreuz und Tod, sondern weil an diesem Punkt alles Leben nochmals neu beginnen kann. Erst mit der Auferstehung kann gesagt werden, dass das Angebot zur Erlösung, das wir Christus nennen, steht (vgl. II.3).

Dem Teil II und seinem Aufbau liegen drei Thesen zugrunde, die insgesamt besagen, ***dass Erlösung sich ereignet innerhalb der Dreiheit von Jesu Vater-Beziehung, heilender Botschaft und konsequent gelebter Dynamik der Liebe:***

***These 5:* Vater-Beziehung Jesu**

Der Vater war das Dritte für Jesus selbst: Urgrund, Beziehungsraum und Rückbindung; insgesamt Ort, wo die Botschaft Jesu entspringt. Aber auch das (Katharsis ermöglichende) Dritte, das in der Konsequenz aller Liebesdynamik unsichtbar im Leben Jesu dabei ist. Inwieweit Jesus – psychologisch betrachtet – seinerseits einer Urprägung unterworfen war (wahrer Mensch), inwieweit hingegen von einem ‚apriorischen Dasein aus Gnade' gesprochen werden muss (Sohn des Vaters), entzieht sich menschlichem Verstehen. Das Material der Evangelisten zur Vorgeschichte Jesu erlaubt Vermutungen, ändert aber nichts am letztlichen Geheimnis Jesus. Die Vorstellung von Gott in der Funktion eines sog. Dritten muss Jesus bekannt gewesen sein aufgrund des Erlösungsdenkens des Alten Testamentes.

229 „Oder glaubst du nicht, mein Vater würde mir sogleich mehr als zwölf Legionen Engel schicken, wenn ich ihn darum bitte?" (Mt 26,53).

***These 6:* Botschaft Jesu**

Die Botschaft Jesu ist Inbegriff von Antwort auf eine hier entfaltete Prägung. Auch beim einzelnen Menschen beginnt alles mit der Beziehung zum Vater. Heilung wird verstanden als Umpolung (Umkehr) des Menschen: *weg* aus dem Dynamismus der Sonderung und *hin* zum Vater als Mitte. Auf der Ebene der Urbefindlichkeit lautet die jesuanische Botschaft: Vertrauen statt Angst. Im Verhältnis des Subjekts zu Sache und Welt heißt sie: Sein statt Haben. Auf der Beziehungsebene: Sich-Einlassen statt Sich-Herausnehmen, Liebe (einschließlich des Leidens) statt Macht und Gewalt. Von Jesus selbst so erfahren, verkündet und gelebt, ist das eine Botschaft, die lebendig macht und nicht verdorrt, frei macht und nicht besetzt.

***These 7:* Leben Jesu als Liebesdynamik**

Es ist die Dynamik der Liebe – und dies in Rückbindung zum Vater –, die hinter dem Leben Jesu wirkt und schließlich aus dem Dynamismus der Sonderung und dessen Radikalisierung im Bösen befreit. Die Liebesdynamik macht Jesu Botschaft glaubwürdig und vermag verstockte Herzen und Mauern narzisstischer Isolation aufzubrechen. In Anlehnung an Schwager (1996) und im Sinn einer Verstehenshilfe wird das Dynamische des Erlösungsgeschehens betrachtet als ‚Heilsdrama' mit fünf Akten (vgl. II.3.2.1-5).

Wo dieses Jesus-Programm auf ‚fruchtbaren Boden' menschlicher Prozessfähigkeit fällt, wo – zugleich gnadenhaft und vom Empfangenden her – auch Öffnung geschieht (vgl. I.4) und wo Menschen ihrerseits, soweit sie es vermögen, der Liebesdynamik Jesu folgen und andere Menschen lieben, da überall ereignet sich Erlösung. Wo die menschliche Bereitschaft zum inneren Prozess fehlt oder die Stunde des Kairos (noch) nicht gekommen ist, oder wo es an liebenden Menschen schlicht mangelt und Menschen es nicht vermögen, anders als nach dem Muster des Dynamismus der Sonderung zu reagieren, überall da bleibt Gott – in Vater und Sohn – Wartender, Angewiesener, Leidender und ein in Richtung Erlösung Drängender, Bewegender. Ganz entsprechend dem Prinzip Liebe, das nicht gewaltsam einholt, was sich ihm nicht freiwillig öffnet[230], und das nicht aufgibt, was sich ihm (noch) verschließt. In diesem ‚Prinzip Liebe', das per se nicht aufgibt und worin wir Gott *selbst* erkennen, gründet die eschatologische Hoffnung des Christlichen: dass dereinst alle – unter welchem Namen auch immer – hineingenommen seien in ein neues Umkreisen der einen Mitte, welche das Christentum ‚Gott' nennt.

230 Nach Pannenberg (1988, 456-483) ist die Einheit Gottes (nach innen und außen) durch die Liebe bestimmt. Ein Gott der Liebe (1 Joh 4,8.16), der auch als solcher beim Menschen ankommen will, kann nur so handeln, wie er wesensmäßig ist, d.h. er kann nicht gewaltsam handeln. Dies ergibt sich aus dem trinitätstheologischen Axiom der Einheit von immanenter und ökonomischer Trinität (und ist m.E. rein psychologische Konsequenz).

1 Der Vater als das Dritte auch für Jesus

1.1 Fragestellung: Was befähigt den Menschen, heilend zu wirken?

Menschliches Heilen ist begrenzt. Aus sich selbst gelingt es dem Menschen da und dort, zu helfen, sich liebend zu verschenken, und vielleicht nicht einmal das. Der helfende Mensch ist bald am Ende seines Wissens und seiner Kraft angekommen oder unsicher und wankelmütig in seinem Wollen. Woraus schöpft der hilflose Helfer Kraft? Woher nimmt er die Sicherheit, über den Kampf ums Nächstliegende hinaus zu wissen, was wesentlich ist? Woher die Motivation, so zu lieben? Drewermann formulierte in einem Radiointerview im Nachgang seines Buches über die moderne Biologie und die Frage nach Gott (1999): „Die Liebe kommt durch den Menschen in die Welt." Ja, aber wie kommt die Liebe in den Menschen hinein? Was befähigt Mütter und Väter, ihre Kinder so sehr zu lieben, dass diese ihrerseits wieder andere Menschen wahrhaft zu lieben vermögen? Ist Liebe einfach bewegt durch einen natürlichen Kreislauf der Liebe oder gibt es darüber hinaus und darin ein Mehr?[231]

Im Falle des Jesus von Nazareth liegt die Antwort nahe, dass sein Heilen und seine Liebesfähigkeit unbegrenzt seien, weil er Gottes Sohn sei. Doch was ist damit gesagt? *„Ist seine Seele von anderer Beschaffenheit?", fragte einmal ein Patient.* Die Aussage ‚Gottes Sohn' sehe ich als *Beziehungsaussage:* die Beziehung zwischen Gott und Jesus war wie jene zwischen Vater und Sohn. Angelpunkt für Jesu Fähigkeiten und Attribute ist seine Beziehung zum Vater. Zu helfen, zu heilen, zu lieben und zu wissen, was wesentlich ist, gelingt Jesus über die Beziehung zum Vater. Nachfolgend wird anhand der Bibel der Person Jesu nachgegangen. Inwiefern war Jesus seinerseits ein auch von Prägung betroffener Mensch? Inwiefern war er (von Anbeginn an) begnadet?

---

231 Drewermann (1999, 848): „Ich entwerfe eine ‚Welt', in der nicht länger mehr der ‚Erfolg' bei der Weitergabe der Gene entscheidet, sondern in der eine Liebe möglich wird, die einen anderen Menschen als einen *absoluten Selbstwert* im Dasein entdeckt." – Meine Rückfrage: Wie kann ein begrenzter, in seiner Subjektivität befangener Mensch einen andern als absoluten Selbstwert entdecken? Solches ist nur von Gott her möglich. Nur von Gott her kann ein Mensch sich *absolut* gemeint, gewürdigt, angenommen, wie er eben ist, und geliebt erfahren.

1.2 Synoptische Evangelien: Jesus ist in die Beziehung zum Vater immer bewusster hineingewachsen

1.2.1 Gedanken zu Jesu Kindheit und seiner Mutter und was dies über seine Urprägung aussagen kann

Der Weg Jesu beginnt mit einer Einweihungszeit in die Beziehung zum Vater. Gemäß den drei synoptischen Evangelien (Markus, Matthäus, Lukas) wächst Jesus in seine Verkündigung und Heilertätigkeit allmählich hinein. Dies geschieht, indem er immer tiefer in seiner Verbindung zum Vater ankommt. Was von Anfang an ‚ist', nämlich die Sohnschaft Gottes und der besondere Auftrag, scheint Jesus – so meine Annahme – immer bewusster zu werden. ***Schwager*** (1996, 41) ***spricht von einem längeren Reifungsprozess Jesu***, in welchem die spätere Botschaft sprachliche Gestalt gewinnen konnte[232]. So will es beispielsweise Aussage sein, dass wesentliche Ereignisse aller Verkündigung und Heilungstätigkeit Jesu bereits *vorausgehen.* Was wiederum nahelegt, dass Jesus in einer gewissen Einweihungszeit innerlich auf seine Sendung vorbereitet wird. In solchermaßen eigenem Hineinwachsen kommt uns Jesus auch als Mensch nahe. Was sagen die einzelnen Evangelien dazu?

Bei ***Markus***, dem kürzesten und nach heutigem Wissensstand ältesten Evangelium, finden wir eine Erläuterung zu Johannes dem Täufer und die bereits bei Jesaja angedeutete ‚Stimme in der Wüste' (Mk 1,1-8)[233]. Sodann werden Taufe Jesu und Versuchung in der Wüste erzählt.

Ähnlich und anders ***Matthäus.*** Auch in seinem dramatisch gezeichneten Evangelium, das nach heutigem Wissensstand *nach* der Zerstörung Jerusalems entstand, gehen das Wirken des Johannes, die Taufe Jesu und die Versuchung in der Wüste aller Verkündigung Jesu voraus. Darüber hinaus finden wir hier eine Kindheitsgeschichte. Offenbar hatte der Autor des Matthäusevangeliums mehr als Markus das Bedürfnis, das Christusgeschehen zu verorten: ihm historische Eckdaten[234] und Wurzeln in Tradi-

---

232 Schwager (1996, 41) bezieht sich u.a. auf Heinz Schürmann (1983, 29), der sagt: „Jesu Gleichnisse werden schwerlich alle erst in den wenigen Monaten auf den wenigen Quadratkilometern um Kafarnaum herum gefunden worden sein; sie waren gewiss keine genialen Augenblickseinfälle, sondern sind überlegt geprägte ‚Behalteformeln'."

233 Zur Stimme in der Wüste vgl. Lk 3,4; Mt 3,3; und auch Joh 1,23.

234 Gattungsmäßig muss bei den Kindheitsgeschichten nach Ernst (1993, 101) ein „Ineinander von historischer Fragestellung, kerygmatischer Zielsetzung und volkstümlich-erbaulicher Erzählweise in Rechnung gestellt werden". Nach ihm „kann von exakter Berichterstattung nicht die Rede sein" (101), „trotz einiger auffälliger profanhistorischer bzw. geografischer Details" (wie Herodes der Große; Kaiser Augustus; Quirinius, Statthalter von Syrien; die Schätzung; Nazaret in Galiläa; Bethlehem in Judäa; Jerusalem). „Wir haben es mit religiöser Geschichtsschreibung auf der Basis zahlreicher atl. Motive zu tun" (etwa die alttestamentlichen Geburtsverheißungen Gen 17,15-22; 18,9-15: Isaak; 1 Sam 1,1-20: Samuel; Göttliche Sendungen: Ex 3,4-12: Mose u.a.m.). Nach Ernst wollte man die heilsgeschichtliche Perspektive des Christusgeschehens betonen. Die Religionsgeschichte (E. Norden u.a.) und die klassische Formgeschichte (R. Bultmann u.a.) verwenden den Gattungsbegriff der Legende. Ernst ist hier vorsichtig, ebenso beim

tion und Schrift[235] zu geben. Und mittels eines Stammbaumes möchte er Jesus in die Nachfolge Davids hineinstellen. [236]

Auch bei ***Lukas*** gehen ähnliche Motive wie bei Matthäus dem eigentlichen Auftreten Jesu voraus[237]. Überdies finden wir hier den Hinweis auf die Beschneidung (Lk 2,21) und auf die Heiligung Jesu (ein jüdischer Brauch, wonach alle männlichen Erstgeborenen dem Herrn geheiligt werden sollen: Lk 2,22-24), gefolgt vom Zeugnis des Simeon und der Prophetin Hanna und der Geschichte vom zwölfjährigen Jesus im Tempel[238].

So viel zu einem ersten historisch-kritischen Blick in die Kindheits- und Vorgeschichte Jesu. Für unsere Fragestellung: Woher bzw. wie konnte Jesus so herausragend wirken, wie sehr war er von Anbeginn an begnadet?, muss auch die tiefenpsycholo-

---

Vergleich mit der literarischen Gattung des Midrasch. „Wir haben es in den biblischen Vorgeschichten mit einem Redetyp zu tun, der jeden profanen Vergleich sprengen muss“ (vgl. 101).

235 In der Tradition wichtig war etwa das Motiv des Königskindes. Luz (2002, 101) erkennt in der „*Mosehaggadah*“ eine religionsgeschichtliche Analogie: Astrologen und Schriftgelehrte „weissagen dem Pharao die Geburt des Mose; dieser erschrickt und fasst den Plan des Kindermords“. Die Mosegeschichte hat nach Luz die Jesusgeschichte befruchtet. – Im Matthäusevangelium ist aber auch der ständige Bezug zur Schrift etwa über die *Erfüllungszitate* auffallend. – *Für die Juden bedeutet es eine Vereinnahmung ihrer Schrift*, wenn in Jesus das Lamm, der Messias, und wenn insgesamt im Neuen Testament die Erfüllung der alten prophetischen Verheißungen gesehen werden (Max Küchler, mündliche Aussage im Rahmen der Vorlesung zum Lukasevangelium, SS 2006). Vgl. auch Textstellen wie Lk 24,25-27 oder 1 Kor 15,3-4 u.a.m. Ich meine, der jüdische Vorwurf geschieht zu Recht. Und zugleich ist eine gewisse Verbindung zwischen Altem und Neuem Testament für die christliche Botschaft unumgänglich. Wo von Erlösung aus einer Prägung gesprochen wird, welche ihrerseits schon den alttestamentlichen Schriften zugrunde liegt, und wo Jesus selbst – wie hier angenommen wird – auf Propheten und ihre Verheißungen Bezug genommen hat, würde das Christliche verleugnet ohne diesen Bezug. Gemäß Paulus und den Evangelisten hat sich Jesus in dieser Erfüllungsposition gesehen, und es wäre ein Stück Verrat am Kern und der heilenden Bedeutung der christlichen Religion, diesen Glauben zugunsten eines einfacheren interreligiösen Dialoges aufzugeben. Wie kann damit verantwortungsvoll umgegangen werden? Ich meine: im Aufrechterhalten der Spannung zwischen zweierlei religiösen Verständnissen, auch zwischen zweierlei Auslegungen derselben Zeit. Daran muss gelitten werden (vgl. erster Anhang). Letztlich kann eine solche Spannung – psychologisch betrachtet – nur ihrerseits an ein Drittes – an den für Juden und Christen gemeinsamen und doch verschiedenen Gott – abgegeben werden. Über Recht und Unrecht entscheidet nicht der Mensch. Vielleicht, so wage ich zu hoffen, führen die beiden Leidensbewegungen, die jüdische und die christliche, am Ende doch zusammen, wird das Jüdisch-Messianische hervortreten, wenn das Christlich-Messianische ausbuchstabiert und in unserer Welt spürbar wird.

236 Interessanterweise folgt der Stammbaum Jesu (Mt 1,1-17) nicht logischen Gesetzmäßigkeiten. Vgl. etwa den Widerspruch: Jesus, der andernorts nicht wirklicher Sohn Josefs ist (Mt 1,20), wird über Josefs Genealogie hergeleitet. Nach Luz (2002, 139) will der Autor des Matthäusevangeliums damit sagen: „Jesus ist Davidsohn“. Weitere Widersprüchlichkeiten ergeben die im Stammbaum genannten Frauen, die wie aus der Regel gefallen sind und also wohl aus anderem Beweggrund eingebaut wurden. Diese Frauen waren wichtige Außenseiterinnen: Tamar, Rahab, Rut, die Frau des Urija, Maria.

237 Wobei die konkreten Berührungen, etwa zwischen den beiden Geburtsgeschichten, minimal sind. Gemeinsam ist die bethlehemische Geburt, die Jungfrauengeburt und das Wissen um die Verlobung Marias mit Josef. Nach Luz (2002, 125) „gilt geradezu die Regel, dass das, was Mt berichtet, bei Lk nicht steht, und umgekehrt“.

238 Das Motiv des Tempels ist nach Ernst (1993, 103) nicht zu unterschätzen: „Alles strebt in der Lk-Kindheitserzählung von Anfang an zum Tempel, dem Haus Gottes.“

gisch-symbolische Deutung hinzugezogen werden, was übrigens dem narrativen Charakter der Kindheitsgeschichten entspricht. Ich betrachte hier einzelne Motive:

Das ***Motiv der Zeugung aus dem hl. Geist***[239] verstehe ich als Weise, wie vom Christusgeschehen erfasste Menschen – hier die Evangelisten – das Unfassbare, das sie hinter diesem wirkmächtigen Menschen spürten, ins Wort zu bringen versuchten: Sie konnten nicht anders als eine direkte Verbindung zu, ja sogar Herkünftigkeit von Gott erkennen. Die Rede von der Jungfrauengeburt verweist für viele ins Geheimnis Gottes. Dazu kann hier nichts gesagt werden. Hier einbringen möchte ich die symbolische Bedeutung des Motivs Jungfrau, die – unabhängig von der sonstigen Diskussion – Wesentliches über Jesu Ursprünge besagt und umso ernster zu nehmen ist, als das Jungfrauenmotiv damals bekannt war[240]: Psychologisch bedeutet das ***Symbol der Jungfrau***, „nicht verheiratet zu sein mit den Werten dieser Welt und darum offen für das Göttliche" (Renz 1996, 277f). Als Symbol taucht es in Träumen auch heutiger Menschen (Männern wie Frauen) auf und verweist auf ein geistiges Kind, das in großer innerer Autonomie, befruchtet durch ein höheres geistiges Prinzip, entstehen will. Wo Menschen etwa träumen, ‚Jungfrau' oder jenseits des biologisch Möglichen ‚schwanger' zu sein, heißt das, dass von ihnen in einer wichtigen Sache eine radikale Autonomie (Unabhängigkeit von allem Weltlichen, dem normativen Denken) und eine ebensolche Hingabe gefordert seien: Mut zum Außergewöhnlichen und Demut zur Einordnung in ein Größeres, Mut zur Demut. Über dem Anfang von Jesu Leben stehend, ist dies eine geniale Aussage, über die nicht biologisch diskutiert werden sollte, sondern die losgelöst davon bezeugt, dass hier die mensch-übersteigende Dimension Jesu erkannt worden ist.[241]

Diese aus dem Symbolischen abgeleiteten Aussagen über Jesu Hintergründe stimmen überein mit ***biblischen Aussagen zur Mutter Jesu***: Bei der Ankündigung des göttlichen Kindes durch den Engel Gabriel fragt Maria nicht wie Zacharias nach Beweisen (Woran soll ich erkennen? Lk 1,18), sondern nach der Konkretisierung (Wie soll das geschehen? Lk 1,34). Wo jemand um das Konkrete kreist, hat er im Grundsätzlichen bereits Ja gesagt.[242] Ein Ja zu etwas derart Unglaublichem, das zunächst nicht etwa Faszination, sondern Erschrecken auslöste, braucht große Autonomie einerseits und Bereitschaft zur Hingabe andererseits. Es darf angenommen werden, dass Maria in al-

---

239 Zum Symbol des göttlichen Kindes vgl. Drewermann (1986, 100f), Asper (1988, 100-119), Waiblinger (1986, 31-35).

240 Luz (2002, 144) schreibt: „Geburt ohne Zutun eines menschlichen Vaters findet sich oft in hellenistischen und vor allem in ägyptischen Berichten, die von der göttlichen Zeugung von Königen, Heroen, Philosophen usw. sprechen. ... Religionsgeschichtlich schwierig zu beantworten ist die Frage, wie weit solche Vorstellungen auch ins Judentum eingedrungen sind." Luz (2002, 145) nennt das Beispiel Platons, der angeblich durch den Gott Apollon gezeugt wurde.

241 Die oftmals gestellte Frage, ob Josef der biologische Vater von Jesus war, würde ich gerne offenlassen.

242 Bibeltheologisch wird von einer überbietenden Parallelität zwischen den Anfängen des Johannes und Jesu gesprochen (vgl. Ernst 1993, 102), was auch heißt: Die beiden Herkünfte, Elternpaare und Situationen wollen bewusst verglichen werden. Jesus wurde nicht ins priesterlich angesehene Geschlecht des Zacharias hineingestellt, sondern ins Einfache und in diese radikal bejahende Reaktion Marias hinein.

ler sonst gezeichneten Einfachheit eine seelisch starke, innerlich eigenständige Frau war, welche ihrerseits in tiefer Verbindung zu Gott gestanden haben muss. Auch spätere Reaktionen dieser Frau weisen auf Persönlichkeitsstärke und Demut hin, auf eine letztliche Offenheit, ja ein Ausgerichtet-Sein auf Gott als ihren Grund. So etwa das Bewegen des Großartigen in ihrem Herzen (Lk 2,19.51) oder das vorbehaltlose Sich-Einlassen, auch wenn es Schmerz bedeutet (Lk 2,35). Es gibt eine einzige Reaktion von Unverständnis vonseiten Marias: Sie verstand nicht, dass der zwölfjährige Jesus im Tempel zurückblieb (Lk 2,48). Ansonsten schien Maria geleitet zu sein von einem unausgesprochenen Wissen und Angeschlossensein.

In der Logik dieses Buches heißt ein solches, dass auch Maria nur wenig vom Dynamismus der Sonderung bestimmt gewesen war oder zumindest so von den Evangelisten gezeichnet worden ist. In ihrer Biografie sind Verweigerung oder narzisstischer Anspruch nicht auszumachen. Das wiederum lässt aufhorchen, wenn wir die Frage der irdischen Anfänge Jesu bedenken. War da, wenngleich von den politischen Realitäten her eine schwierige Zeit[243], doch aufgrund der Vorgaben von Jesu Mutter (und auch von Joseph als ein auf Träume und Führung Gottes achtender Pflegevater) viel an tragendem Urvertrauen, an Gottnähe im Raum (in der Schwingungsumgebung)? Wird so vielleicht eine irgendwie heile (von Angst kaum überschattete) Ausgangslage Jesu inmitten einer unheilen Welt ein Stück weit psychologisch nachvollziehbar? Ein Licht inmitten von Finsternis? Jesu heilende Kraft scheint mit einer ungebrochenen Nähe zu Gott als Ursprung/Vater und mit einer primären Angstlosigkeit, einer gerade nicht ausgeprägten Prägung zusammenzuhängen. Wenngleich Mensch wie wir, war er nicht gleichermaßen von Urangst bestimmt. Zu dieser Deutung einer irgendwie heilen Atmosphäre über Jesu Herkunft passen spätere biblische Aussagen im Zusammenhang mit den Ängsten Jesu[244]. Diese waren situationsadäquat und nicht überzeichnet, nicht genährt von Traumata und Prägung. Auch von einer sog. Begehrensstruktur kann bei Jesu nicht die Rede sein. Nirgends sind Reaktionen von Gier, Neid oder Haben-Müssen, und erst recht kein Impetus zur Macht im Ich auszumachen.

Zusammengefasst: Jesus wird in den Kindheitsgeschichten zugleich menschlich (bedürftig, angewiesen, arm und sogar bedroht) wie auch göttlich geschildert. Er ist Mensch, aber (zumindest weitgehend) ohne den Stempel jener verhängnisvollen Prägung, die den Weg in die Abgespaltenheit von Gott (biblisch gesprochen in die Sünde) vorprogrammiert hätte. Seine Beziehung zum Vater war von Anbeginn gegeben. Und doch spricht gemäß den drei synoptischen Evangelien nichts gegen die Annahme, dass Jesus in aller Begnadung in seine besondere Sendung und Gottbezogenheit immer bewusster hineingewachsen ist (vgl. Aussage, dass er an Weisheit, Alter und Gnade zunimmt[245]). Im Zwölfjährigen ist bereits das instinktiv klare Wissen um den

---

243 Motiv Volkszählung (Lk 2,1-5) und Flucht (Mt 2,13-15).

244 Mk 14,33-35; Mt 26,37-38; Lk 22,44.

245 Vgl. Lk 2,40.52 in der revidierten Fassung der Lutherbibel von 1984.

Vater und den Ort, wo dieser wohnt, da[246]. Das schließt nicht aus, dass Jesus uns nahe gebracht wird als Mensch, der seinerseits einer Beschneidung, Heiligung (vgl. Lk 2,22-40), ja sogar der Taufe (Lk 3,21-22) bedarf.

1.2.2 Taufe: die sich ereignende Himmelsstimme

Warum eigentlich bedarf Jesus der Taufe? Es ließe sich auch argumentieren, dass der Sohn Gottes als ausgereifter Heiler einer Initiation nicht bedürfe. Diesen Gedanken nimmt Matthäus auf: Bei ihm, und nur bei ihm wehrt sich Johannes der Täufer und sagt: *Er* müsste durch Jesus getauft werden und nicht umgekehrt (Mt 3,14). Jesus antwortete: „Lass es jetzt geschehen! Denn so gebührt es uns, alle Gerechtigkeit zu erfüllen."[247] Hier geschieht eine geheimnishafte Bejahung vonseiten Jesu. Er will getauft werden und etwas offenbar Gewichtiges zulassen. Er will eintreten in dasjenige, das von Gott her ‚erfüllt' sein muss. Gemäß Ernst (1993, 119) ist die *Erlösungsthematik* im Motiv der Taufe Jesu durch Johannes angesprochen: „Jesus nahm die Schuld aller Menschen auf sich und macht in der Bußtaufe deutlich, dass er wie der Gottesknecht für alle einstehen will." Es versteht sich von selbst, dass ich bei der hier gegebenen Thematik (*Erlösung aus Prägung*) nicht so weit gehen kann; in solcher Formulierung tritt nicht hervor, was denn da und wie erlöst werden soll. Hingegen ist auch für den vorliegenden Ansatz wichtig, die Unbedingtheit, mit welcher Jesus offenbar in etwas eintritt, hervorzuheben. Es geht hier um ein „Muss", um „Erfüllung"[248], die anders offenbar nicht geschieht, in der Terminologie dieses Buches gesprochen um eine *psychologische Notwendigkeit*, damit Jesu Sendung gelinge. Auch bei Markus und Lukas will Jesus eine Taufe: Er „ließ" sich taufen (Mk 1,9; Lk 3,21). Hier wird die Taufe Jesu ganz selbstverständlich erzählt, ohne Rückfrage, bei Lukas sogar fast nur als nebensächliches Geschehen. Hauptsache ist hier ein Anderes, das auch Markus und Matthäus auf ihre Weise aufnehmen[249]: ein Sich-Ereignendes, das schlicht überwältigt. „Während er betete öffnete sich der Himmel ..." (Lk 3,21-22). Im Akt des Taufens *geschieht* (γίνεται) eine Erfahrung, eine Himmelsstimme, etwas Außerordentliches: die Bezeugung von oben, dass Jesus der vielgeliebte Sohn (Gottes) ist![250]

---

246 Lk 2,49: „Wusstet ihr nicht, dass ich in dem sein muss, was meinem Vater gehört?"

247 Mt 3,15 gemäß der revidierten Fassung der Lutherbibel von 1984. Die Einheitsübersetzung lautet: „Lass es nur zu! Denn nur so können wir die Gerechtigkeit (die Gott fordert) ganz erfüllen." Ratzinger (2007, 43f) übersetzt: „Lass es für jetzt zu. Denn so geziemt es sich, dass die ganze Gerechtigkeit erfüllt werde."

248 Zum Zusammenhang zwischen Erfüllen und Gerechtigkeit verweise ich auf den gewichtigen Text im selben Evangelium Mt 5,17-20 (Deutung in II.2.3.3, Fußnote 365) und auf die schwierige, letztlich unauslotbare theologische Diskussion um das „*musste*"-Jesus-sich-so-oder-anders-verhalten, II.3.2.3.

249 Mk 1,10-11; Mt 3,16-17.

250 „Das Zitat selbst ist eine Mischung aus Ps 2,7 („Er [der Herr] sprach zu mir: ‚Mein Sohn bist du'"), Jes 44,2 („der Erwählte Israels") und Jes 42,1 („an ihm finde ich Gefallen") (Ernst 1993, 119). Der genaue Wortlaut der Himmelsstimme ist textkritisch umstritten (118).

Psychologisch betrachtet, ist die Taufe Jesu folgerichtig. Sie bedeutet: Selbst Jesus durchläuft, ja erfährt ***Initiation*** und dies genau gemäß jenen Evangelien, bei denen zuvor von einem Einweihungsweg Jesu gesprochen werden kann.[251] Alle Sendung bedarf der Nähe zum Vater. Sich taufen zu lassen heißt im Falle von Jesus, bewusst in diese Beziehung und Sendung einzutreten.[252] Und dies geschah im doppelten Sinne: in Jesu Wollen und in der Folge im Sich-Ereignenden. In der Himmelsstimme geschieht Antwort von Gott her. „Er ist mein Sohn"[253] heißt dabei auch: „Er hat teil an meinem Reich." Die ***Himmelsstimme*** offenbart uns Jesus als Hörenden, Erfahrenden. Er weiß nicht nur, dass es den Vater gibt, er erfährt ‚Vater' und damit seine Berufung als ‚Sohn'. Das ist von psychologischer Brisanz: Wo immer man intensiv Hörender (Horchender) ist, ist man angeschlossen an Gott und seine Führung.[254] Horchen und Gehorchen gehören etymologisch zusammen.

Wesentlich über das *Ohr* geschieht nach dem vorliegenden Ansatz auch Urerfahrung (Stichwort: intrauterines Hören). Hörenderweise mehr als sehender- oder denkenderweise tritt der Mensch später wieder in Verbindung mit den entsprechenden Tiefenschichten der Seele. Über das horchende Eintreten in die Nähe Gottes *geschieht* bisweilen auch heute noch Himmelsstimme. *So bei einem Schwerkranken, dem nichtsahnend träumte: „Du bist mein geliebter Sohn, noch heute darfst du heimkommen." Und er starb unvermittelt in der Nacht darauf. Oder bei jener 20-jährigen Krebspatientin, die ich hier Irene nenne.* Wohl wissend um die kategoriale Differenz zwischen Menschen und Jesus, war ich doch, wenn ich an ihrem Bett stand, erinnert an Jesu eigene Initiationserfahrung:

Mit krankheitsbedingten Lähmungen liegt ***Irene*** *da, kann weder Arme noch Beine heben, keine Glocke bedienen. Geistig ist sie voll da. Ein Schrecken ohne Ende, denke ich, und bin umso erstaunter ob ihrer Gelassenheit: „Ja", versucht sie sich zu erklären: „Es gibt wie zwei*

---

251 Vgl. II.1.2.1. – Die fehlende Taufe beim Evangelium nach Johannes deute ich so, dass die Vater-Beziehung dort so stark gewichtet wird, dass Jesus ständig darin lebt, *schon immer* (vgl. II.1.3). Dann ist Taufe nicht notwendig. Wobei auch bei diesem vierten Evangelium vom herabkommenden Geist vom Himmel in der Gestalt einer Taube berichtet wird (Joh 1,32f).

252 Taufe wird biblisch mit Umkehr gleichgesetzt (Mt, 3,1-12; Mk 1,2-8; Lk 3,2-9). Bei Jesu selbst ist nach dem Gesagten zwar nicht von Umkehr als Rückkehr aus einem Zustand der Sonderung auszugehen, wohl aber von einem Akt, der als Bewusstwerdung verstanden werden kann. Johannes der Täufer (Mt 3,2) und nachher Jesus (Mt 4,17) verkünden: „Kehrt um! Denn das Himmelreich ist nahe". In der Verbindung von notwendiger Umkehr und nahendem Himmelreich (vgl. Mk 1,15) hat Jesus der Verkündigung des Täufers zugestimmt. Zu Parallelitäten und Unterschieden in deren Verkündigung vgl. Schwager (1996, 42) und vgl. Kapitel II.2.1.2-3.

253 Der Ausdruck Sohn darf an dieser Stelle bei Lukas durchaus im doppelten Sinne verstanden werden: Jesus ist sowohl *außerordentlich* Gottes Sohn als auch so, wie wir alle Söhne und Töchter Gottes sind. Lukas schließt an die Taufperikope den Stammbaum Jesu (Lk 3,23-38) an. Dieser führt zurück in die Aussage „Adam; (der stammte von) Gott". Jesus wird so zur Verbindung vom Menschen zu Gott, er ist Vorbild und Weg.

254 Vgl. Gottesknecht als Hörender Jes 50,4-5. Der Gottesknecht nahm die Schmerzen anderer auf sich, nicht aus Resignation, sondern weil ihm Gott jeden Morgen das Ohr öffnete und ihn so zum neuen Verhalten befähigte. – Vgl. Deutung in Schwager (1996, 39). – Zur Bedeutung des Hörens bei Rahner vgl. Batlogg u.a. (2003, 89-105). Vgl. auch Schenker (2001).

Ebenen. Oben lachen wir, weinen wir, ärgere ich mich, sind Eindrücke von Radio und Politik erdrückend und versetzen mich in Ohnmacht. Oben gibt es gute Abwechslungen, etwa wenn meine Schwester zu Besuch kommt. Doch ...", und nun wird Irene andächtig, „es gibt noch eine untere Ebene. Da ist ...", sie stockt, ... „da ist Gott". Den Weg dahin wies ihr vorerst ein Traum: „Irgendwann – in einem Traum – war da einfach ein Satz ‚Gib uns heute unser tägliches Brot'. Ich kannte diesen Satz nicht und fragte meine Mutter, ob sie ihn kenne. So kam es, dass ich das Unser-Vater-Gebet entdeckte. Seither betet es in mir auf einer unteren Ebene ständig ‚Unser Vater' und ‚danke für das tägliche Brot'. Das macht mich soo glücklich." Ich bin überwältigt und meine doch zu verstehen, wovon sie spricht: von Sinneseindrücken, Liebe, Beziehung zu Menschen oder zu Gott, in denen sich eine unbeschreibbare Dichte ereignet. „Genau", bestätigt Irene und fährt fort: „Wenn du mich jetzt anlächelst, ist das für mich wie wenn die Welt lächeln würde. Oder wenn ich einen Schluck Frappé trinken kann, ist das köstlich, wie man das kaum beschreiben kann. Zu essen ist so etwas Schönes! Oder eine Stimme, eine einfache Musik!" Irene wünscht nun eine Klangreise. Schon mit den ersten Harfentönen ist sie in ihre untere Ebene eingetaucht. Sie strahlt Friede aus. Fast zögere ich, weiterzuspielen. Musik geht über in Stille – bis Irene die Augen wieder öffnet und Worte sucht: „Da war wie ein Dornbaum, aber voller Rosen. Überall blühte es. Aus dem Dornbaum kam Licht, es blendete. Und dann sprach eine Stimme: ‚Du bist meine Tochter, ich habe dich gerne.'" Irene weint. Ich bin berührt und erzähle ihr von Mose beim brennenden Dornbusch und von der Himmelsstimme bei der Taufe Jesu. Sie staunt und bestätigt, das sei klar der Ruf von Gott gewesen. Diese Stimme sei oft da. Und weil die Stimme ihr sage, dass sie eine Chemotherapie machen müsse, mache sie diese. Auch sei es noch nicht Zeit zu sterben, also bleibe sie. – Widerstand gibt es in diesem jungen Leben kaum. Genau das wird Irene zum Geschenk. Sie kann immer wieder in den Frieden – in ihre untere Ebene – abtauchen und sei, wie sie sagt, Gott eigentlich ständig nahe.

1.2.3 Versuchungsgeschichte gedeutet als Prüfstein der Initiation

Unmittelbar nach der Taufe (danach) „trieb der Geist[255] Jesus in die Wüste. Dort blieb Jesus vierzig Tage lang und wurde vom Satan in Versuchung geführt. Er lebte bei den wilden Tieren, und die Engel dienten ihm" (Mk 1,12-13). Diese kurze Schilderung über eine 40 Tage währende Versuchung ist nach Markus die letzte Etappe des Weges Jesu vor seiner Verkündigung und Heilungstätigkeit. Die Versuchungsgeschichte ist für das vorliegende Buch von besonderer Brisanz: Ich deute die Versuchung in der Wüste als Prüfstein und Abschluss im Einweihungsweg Jesu, die zeigt, dass Jesus genau über die hier relevanten Gesichter der Urprägung, also über die menschliche Angst-, Begehrens- und Machtstruktur erhaben und also befähigt ist, zu

255 „Erfüllt vom Heiligen Geist" (Lk 4,1). Der Geist trieb (Mk 1,12: ἐκβάλλει) oder führte ihn (Mt 4,1: ἀνήχθη; Lk 4,1: ἤγετο).

verkünden und zu heilen.[256] Ich möchte dieser Deutung nun nachgehen anhand der ausführlicheren Texte in Mt 4,1-11 und Lk 4,1-13.

Zuerst fällt auf, dass Jesus vom Teufel als „Sohn Gottes" angesprochen und gerade darin infrage gestellt wird.[257] „Wenn du Gottes Sohn bist, so befiehl, dass aus diesen Steinen Brot wird." ... „Wenn du Gottes Sohn bist, so stürz dich hinab". Der Begriff Sohn (Gottes) stellt überdies – nebst demjenigen des Geistes – die Brücke zum vorangehenden Text dar. Das ist bereits Aussage, noch bevor wir in die Details der einzelnen Versuchungen gehen: Vor allem in seiner *Vater-Beziehung* wird Jesus in Prüfung genommen. Fragen lauten: Was heißt es für Jesus, Gottes Sohn zu sein? Wie geht er um mit seiner Teilhabe am Vater? Wie konkret geht er um mit den sich daraus ableitenden Möglichkeiten von Existenzabsicherung, wie mit den Reichtümern des Vaters, wie insbesondere mit der väterlichen Macht? Die ***Versuchung hinter den Versuchungen*** liegt darin, die Sohnschaft und all das, was sie erschließt, für eigene Zwecke zu missbrauchen. Damit sind wir auch der *energetischen Dimension*, um die es immer geht, wenn von Teufel oder Dämonen die Rede ist, nahe. Die Alternative heißt: „Im Sinne des Vaters" oder „dem Dynamismus der Sonderung folgend". Noch pointierter lautet sie: „Gott (als Mitte) oder Ego." Warum?

In der Konsequenz des in Teil I Dargelegten ist es folgerichtig, dass die Macht des Satans dort beginnt, wo Sonderung stattfindet, d.h. wo der Mensch sich für sein Ego entscheidet. Zwar ist der Mensch damit nicht zwingend dessen Gefangener, respektive im Banne von kollektivem Ungeist, aber verführbar ist er alleweil. Denn um sein Ego kreisend, fehlt ihm die tiefere Mitte. Die Antworten Jesu zeigen gleich dreimal, dass es darum geht, ***Gott als alleinige Mitte anzuerkennen.*** Beim genauen Hinsehen fällt auf, dass es genau die drei Gesichter der menschlichen Urprägung sind, welche der Versucher als Einfallstore benutzt: Anfällig sind Menschen nicht einfach so und irgendwie, sondern weil und insofern sie geprägt, traumatisiert, ja gottverlassen sind: in unserem Kulturkreis in ihrer Angst-, Begehrens und Machtstruktur. Ich betrachte nun die drei Versuchungen näher:

1) ***Die erste Versuchung handelt auf der Ebene der Urbefindlichkeiten*** (vgl. I.3.3). ***Worin liegt die Attraktion, aus Steinen Brot machen zu können?*** Und

---

256 Folgerichtig beginnt bei den synoptischen Evangelien Jesu Heilungstätigkeit gleich nach der Versuchungsgeschichte. Das Johannesevangelium kennt keine Versuchungsgeschichte, was ebenso folgerichtig ist, weil dort auch nicht von Einweihungsweg gesprochen werden darf (vgl. II.1.3). Auf andere Deutungsansätze der Versuchungsgeschichte wird hier nur hingewiesen (vgl. Luz 2002, 222f). Formal erinnert die Geschichte an Versuchungen durch den Teufel aus rabbinischen Erzählungen, welche im Anschluss an Gen 22 von der Versuchung Abrahams durch den Teufel sprechen. Die Aufforderung des Teufels an Jesus, Wunder zu tun (Deutung hier: der *Macht*struktur zu erliegen), hat nach Luz (2002, 220) „keine Parallelen in jüdischen Texten, sondern erinnert an die Versuchung Buddhas durch Mara", wobei ein indischer Einfluss auf die Jesustradition ausgeschlossen werden kann. Umso offensichtlicher haben wir es mit einem allgemein menschlichen (psychologischen) Problem zu tun.

257 Ganz ähnlich wie in späteren Heilungsberichten sind es die Dämonen, die zuerst wissen, wer Jesus ist und sich entsprechend bedroht benehmen (Bsp. Lk 4,33 oder Lk 4,41 u.a.m.).

dies nachdem Jesus 40 Tage nichts gegessen und Hunger hatte (Lk 4,2)! Das Problem der primären Nahrung und der menschlichen Bedürftigkeit schlechthin würde dann mittels Macht (scheinbar) behoben. Ebenso die menschliche Angst, die im Zuge anhaltender Entbehrung unweigerlich aufkommen muss. Stünde hinter dem realen Hunger zusätzlich eine Prägung des Mangels oder der Angst, so wäre ein Mensch seiner Prägung wohl ausgeliefert und im Angesicht eines solchen Angebotes einfach schwach. Jesus scheint trotz Hunger Herr zu sein über seine Bedürfnisse. Trotz Wüstendasein – oder vielleicht gerade deshalb[258] – bleibt er im Vertrauen und reagiert treffsicher. Er ist offenbar angeschlossen an dasjenige, was tiefer nährt und an eine tiefere Wahrheit. Die Alternative lautet: ***Angeschlossensein oder existenzielle Angst.*** Er sagt: „Der Mensch lebt nicht nur von Brot" (Lk 4,4), sondern – wie Matthäus ergänzt – „von jedem Wort, das aus Gottes Mund kommt" (Mt 4,4). Hier kommt ein Zweifaches zum Ausdruck: Auch Jesus hat Hunger, kennt Bedürfnisse. Er ist Angewiesener und weiß um sein Kreatursein, was je von seinem Mensch-Sein zeugt. Und doch ist er kaum einer Urprägung unterworfen. Er kann anders mit seinem Kreatursein umgehen und sich Gott anvertrauen. Darin erweist er sich als Sohn Gottes. Nachdrücklich weist Jesus schon in dieser ersten Versuchung die Urversuchung, den falschen Umgang mit seiner Sohnschaft, zurück, ebenso wie ein einseitig materialistisch orientiertes Weltbild.

2) ***Die Sachebene*** (vgl. I.3.4)***: Vom Haben und von den Reichen dieser Welt mit ihrer Pracht*** (πάσας τὰς βασιλείας τοῦ κόσμου και τὴν δόξαν αὐτῶν) spricht die nach Lukas zweite und nach Matthäus dritte Versuchung. Ihr zu erliegen würde heißen, sich blenden zu lassen von den Reichtümern dieser Welt und (damit) wohl den Teufel selbst anzubeten. Die Alternative lautet ***Gott oder Götze.*** Jesus weist die Versuchung von sich. Er steht nicht im Banne einer ihn überwältigenden Begehrensstruktur. In seiner Nähe zum Vater weiß er: Allein Gott ist der Herr und verdient, angebetet zu werden. In dieser Versuchung geht es um die Sachebene: Wie gehe ich um mit den Gütern dieser Welt? Reiße ich an mich, was Eigenwert hat? Wem gehören sie letztlich? Sind sie Teil der Schöpfung und bin ich Verwalter darin? Oder wähnt das Ich, Herr[259] über alles zu sein, derweil es fremdbestimmt ist von der Eigendynamik des Begehrens, biblisch gesprochen vom Satan?

3) ***Die Beziehungsebene*** (vgl. I.3.5)***: Die Zuspitzung zur eigentlichen Machtfrage*** ereignet sich in der dritten Versuchung bei Lukas, der zweiten nach Matthäus, in Jerusalem auf dem Tempel, ***wo Jesus aufgefordert wird, sich herabzustürzen.*** Wem gehört im Letzten die Macht und Gewalt, über die Geschicke dieser Welt zu bestimmen? Darf, ja soll Jesus – der Sohn Gottes – eigenmächtig Gott provozieren, indem er sich hinabstürzt? Darf er am eigenen Leib den Wundertäter spielen? Die

---

258 Zur symbolischen Dimension von Wüstenerfahrung als Grenzerfahrung, die zugleich Ausgesetztsein und kosmische Geborgenheit beinhaltet, vgl. Kast (1986, 27-36).

259 Nach der Priesterschrift erhält der Mensch den Auftrag, ‚Hirte der Tiere' (Gen 1,28), ‚Herr der Tiere' (Gen 9,2) zu sein, nicht im Sinne eines Beherrschens, sondern um das bedrohte Leben zu schützen, zu verteidigen und in Vollmacht zu ordnen. Vgl. Zenger (1987, 118-120).

Alternative lautet ***(Voll-)Macht oder Eigenmacht.*** Jesus antwortet: „Du sollst den Herrn, deinen Gott, nicht auf die Probe stellen" (Mt 4,7; Lk 4,12). Er weiß: Dies zu tun wäre Inbegriff menschlicher Machtgier, die sich in der Hybris menschlicher Selbst-Herrlichkeit mit Gott auf eine Ebene setzt und ihn zum Machtduell herausfordert (Machtstruktur). Hier geht es um die Beziehungsebene und darin um die Frage: Liebe oder Macht. Wo es um Sieg und das Erproben des Stärkeren geht, kann wirkliche Bezogenheit und Liebe nicht stattfinden. Letzteres hieße: menschliches Angewiesensein zuzulassen und sich in aller Verletzlichkeit auf ein Gegenüber einzulassen. Die Frage – Macht oder Liebe – ist äußerste menschliche Prüfung, weil Anfrage an Beziehungsfähigkeit schlechthin. Und sie hat wirklich mit Gott zu tun, weil es darin um die erste und letzte Beziehung, ja Urbeziehung des Menschen geht. Jesus widersagt der Versuchung, sich aus seinem Angewiesensein und Verwiesensein herauszunehmen und indirekt Gott zu spielen. Das ist Absage an die menschliche Machtstruktur, Herausforderung im Geistigen. Dass Jesus diese Prüfung besteht, spricht dafür, dass er gefestigt ist in der Fähigkeit der Unterscheidung der Geister und dass er Ja sagt zu seiner Geschöpflichkeit. Gerade so wird er in wahrer Vollmacht reden und mit Erfolg und Scheitern umgehen können.

Auch der Ort ***„Wüste"***, wo alle drei Versuchungen stattfinden, sagt als Symbol menschlicher Grenzerfahrung Wichtiges aus. Wüste ist ein Ort, wo Entbehrung und Verlust wehtun, bisher Erreichtes wie Sand zwischen den Fingern zerrinnt und kein neuer Horizont, keine Perspektive sich abzeichnen. In Versuchung ist der Mensch nicht dort, wo er getragen ist von seinen Aufgaben und Tagesrhythmen, und auch nicht dort, wo er beschenkt wird von Leben und Liebe. Wohl aber dort, wo Leerräume entstehen, Sehnsüchte hochkommen, Trockenzeiten durchzustehen sind. Versuchung kann heißen: Kampf durchzustehen, zu warten und zurückgeworfen zu sein auf die innere Urverletzung und auf das Unerlöste seiner selbst. Wüste als Grenzerfahrung kann aber auch zum Ort einer neuen Erfahrung von Angeschlossensein werden. Auch Jesu Weg führte in die Wüste. Selbst er, der Sohn Gottes, musste durch solche Prüfungen hindurch. Er war Mensch, aber konnte aufgrund seines Angeschlossenseins anders mit Wüstenzuständen umgehen. Wüste, weil in ihrem Versuchungscharakter bestanden, konnte bei ihm dazu führen, dass er bei „den wilden Tieren leben konnte" und ihm Engel dienten. Symbolisch verstanden bedeutet das: Er wusste umzugehen mit den inneren wilden Tieren (intensiven Emotionen und Triebhaftigkeiten). Und es waren (innere, spirituelle) Kräfte da, die ihm hilfreich und schützend zur Seite standen.

1.3 Johannesevangelium: Die Beziehung zum Vater ist bleibender Hintergrund von Jesu Wirken. Seit jeher und für alle Zeit ...

Sonderfall Johannesevangelium. Dieser Evangelist hat wie kein anderer sein Evangelium aus der Optik der Beziehung zum Vater geschrieben: Alles, was Jesus ist und wirkt, verdankt er dem Vater, ist aus dem Vater und ist auch der Vater. Jesu Begründung, Grund und Anfang, ist im Vater. „Im Anfang (ἐν ἀρχῇ) war das Wort (λόγος), und das Wort war bei Gott, und das Wort war Gott" (Joh 1,1). Noch bevor das Wort in der Person Jesus Fleisch geworden war, grundsätzlich schon war/ist es bei Gott.[260] In solcher Schau einer ewig zeitlosen Verbindung zum Vater braucht es keinen Einweihungsweg, keine Begründung etwa über eine Kindheitsgeschichte oder einen Stammbaum. Denn aus der Sicht des Johannes ist Jesus schon dort, seit jeher und für immer. In solch selbstverständlicher Beziehung zum Vater (Zwei-Einheit) bedarf es auch keiner zu bestehenden Prüfung oder Versuchung.

Was bei Johannes der eigentlichen Sendung Jesu vorausgeht, nämlich der Prolog, das Zeugnis des Täufers über sich selbst und über Jesus, erlebe ich eher als ein Offenbar-Werden, dass dieser Jesus wahrhaft Christus ist. So erzählt der Autor dieses Evangeliums etwa, dass Jesus den Täufer aufsuchte und dass der Geist wie eine Taube vom Himmel herabfuhr und auf Jesus blieb, aber ohne Hinweis, dass Jesus getauft wurde. Auch die ganze Mission des Täufers steht in diesem Evangelium unter dem Vorzeichen des Verweises, dass Jesus Gottes Sohn und Gottes Lamm[261] ist. Der Täufer, von Gott gesandt, kam als Zeuge, um Zeugnis abzulegen für das Licht (1,6-7). Und der Täufer sagt nicht wie bei den Synoptikern: Dieser wird mit dem Heiligen Geist taufen[262], sondern „Der ist es, der mit dem Heiligen Geist tauft" (1,33). Die Tauftätigkeit des Täufers scheint sekundär zu sein, ebenso der Ruf zur Umkehr[263]. Primär lebt hier der Täufer seine Verweisposition. Er verweist auf Jesus als den schon Da-Seienden: „Mitten unter euch steht der, den ihr nicht kennt" (1,26). Oder er spricht auf eine Weise von Jesus, dass zwei seiner eigenen Jünger ohne Widerstand oder einladende Geste vonseiten Jesu diesem unbekannten Jesus nachfolgen (1,29-37).

Insgesamt scheint das Johannesevangelium von einem Autor geschrieben worden zu sein, der Gotteserfahrung und innere Nähe zu Gott kennt. Wohl darum hat sein Werk den Namen des – wie er selbst sagte – geliebten Jesu-Jüngers Johannes erhalten.[264] Die

---

260 Zum Zeitlosen vgl. auch das Zeugnis des Täufers, der von Jesus sagt: „Er, der nach mir kommt, ist mir voraus, weil er vor mir war" (Joh 1,15); oder gemäß der Lutherbibel: „Nach mir kommt ein Mann, der vor mir gewesen ist; denn er war eher als ich" (Joh 1,30).

261 Sohn Gottes (Joh 1,34; 3,27-34). Gottes Lamm (Joh 1,29.36).

262 Mk 1,8; Mt 3,11; Lk 3,16.

263 Im Unterschied zu Mk 1,4; Mt 3,1-2; Lk 3,3.

264 Es wird heute infrage gestellt, dass der Autor des Evangeliums wirklich Johannes geheißen hat; jedenfalls ist das Evangelium nicht vom Jünger Johannes verfasst worden, sondern deutlich später. Man vermutet, dass der Verfasser des Evangeliums ein Schüler oder jüngerer Vertrauter des Lieblingsjüngers ist. Man wird also

in diesem Evangelium spürbare Gottnähe bewirkt eine ***besondere Atmosphäre***, als Musiktherapeutin würde ich sagen: einen besonderen Klang. Von Anfang an ist Jesus – und mit ihm der Leser – eingeweiht in die Geheimnisse von Leben und Sterben, in besonderem Ausmaß vertrauensvoll, aber auch mit-leidend. – *Ein bibelkundiger Patient sagte dies so: „Bei Texten dieses Evangeliums kann ich besser einschlafen, es gibt mir das Gefühl, alles komme in Ordnung. Oder aber ich muss weinen, wo ich bei den anderen Evangelien nicht weinen muss. Als Kind liebte ich dieses Evangelium sehr und jetzt als kranker Mann auch, doch dazwischen (als Berufstätiger) war es mir fremd."* ***Das Spezielle des Johannesevangeliums resultiert aus der hier geschilderten Vater-Beziehung,*** der darin begründeten Verbundenheit von allem mit allem. Etwas, das dem nüchternen Auge des mitten im Leben stehenden Menschen tatsächlich fremd ist! Ich lasse Textstellen wirken:

- „Ich und der Vater sind eins." (10,30)
- „Ihr werdet erkennen, dass ich nichts im eigenen Namen tue, sondern nur das sage, was mich der Vater gelehrt hat. Und er, der mich gesandt hat, ist bei mir; er hat mich nicht allein gelassen, weil ich immer das tue, was ihm gefällt." (8,28-29)
- „von Gott bin ich ausgegangen" (8,42)
- „Noch ehe Abraham wurde, bin ich." (8,58)
- „Dann werdet ihr erkennen und einsehen, dass in mir der Vater ist und ich im Vater bin." (10,38)
- „Denn was ich gesagt habe, habe ich nicht aus mir selbst, sondern der Vater, der mich gesandt hat, hat mir aufgetragen, was ich sagen und reden soll." (12,49)
- „Glaubst du nicht, dass ich im Vater bin und dass der Vater in mir ist? Die Worte, die ich zu euch sage, habe ich nicht aus mir selbst. Der Vater, der in mir bleibt, vollbringt seine Werke." (14,10)
- „Denn Gott hat die Welt so sehr geliebt, dass er seinen einzigen Sohn hingab, damit jeder, der an ihn glaubt, nicht zugrunde geht, sondern das ewige Leben hat." (3,16)
- „Der Vater liebt den Sohn und hat alles in seine Hand gegeben. Wer an den Sohn glaubt, hat das ewige Leben ... ." (3,35-36)
- „Der Sohn kann nichts von sich aus tun, sondern nur, wenn er den Vater etwas tun sieht. Was nämlich der Vater tut, das tut in gleicher Weise der Sohn. Denn der Vater liebt den Sohn und zeigt ihm alles, was er tut ... ." (5,19-20) (vgl. auch 5, 30)
- „... Die Werke, die mein Vater mir übertragen hat, damit ich sie zu Ende führe, diese Werke, die ich vollbringe, legen Zeugnis dafür ab, dass mich der Vater gesandt hat." (5,36)
- „Ich bin im Namen meines Vaters gekommen, und doch lehnt ihr mich ab. Wenn aber ein anderer in seinem eigenen Namen kommt, dann werdet ihr ihn anerken-

sagen können, dass das Johannesevangelium *indirekt* auf Johannes den Apostel zurückgeht. Vgl. Einleitung zum Johannesevangelium, in: „Neue Jerusalemer Bibel" (2000, 1510).

nen. Wie könnt ihr zum Glauben kommen, wenn ihr eure Ehre voneinander empfangt, nicht aber die Ehre sucht, die von dem einen Gott kommt?" (5,43-44)[265]

- Insgesamt sei auf die vielen ***Ich-bin-Worte*** im Johannesevangelium hingewiesen: „Ich bin der Weg und die Wahrheit und das Leben." (14,6); „Ich bin der wahre Weinstock, und mein Vater ist der Winzer." (15,1); „Ich bin das Licht der Welt." (8,12); „Ich bin die Tür." (10,9); „Ich bin der gute Hirt." (10,11)
- Der vom Vater geheiligte Sohn (vgl. 10,36)
- „Ich lebe von einer Speise, die ihr nicht kennt." (4,32); „Meine Speise ist es, den Willen dessen zu tun, der mich gesandt hat." (4,34)
- „Ich bin das Brot des Lebens; wer zu mir kommt, wird nie mehr hungern, und wer an mich glaubt, wird nie mehr Durst haben." (6,35)
- Jesus, der aufgrund seiner Beziehung zum Vater „weiß": Die Szene mit Natanaël, welchen Jesus unter dem Feigenbaum gesehen hat und als „ohne Falschheit" bezeichnet. Jesus weist sich damit schon am Anfang dieses Evangeliums als Eingeweihter aus und bezeichnet sich als Menschensohn (1,48-51). Vgl. auch 3,13-21 und 4,26. Die Voraussicht, dass die Menschen die Finsternis mehr lieben als das Licht (vgl. 1,9-10).

In diesen und weiteren Beispielen wird deutlich, dass gemäß dem Johannesevangelium für Jesus Selbsterfahrung und Gotteserfahrung identisch sind in dem Sinn, dass das Eigene ganz Gott dient.

---

265 Diese Stelle verrät im Speziellen, dass auch der Autor des Johannesevangeliums bewusst oder instinktiv um die Alternative „Gott als menschliche Mitte" (und zwar der *eine* Gott) versus Verirrung im Ego/Narzissmus/ Begehrensstruktur/kollektiven Strömungen gewusst hat. Die kollektiven Strömungen – im Text das „ihr" – liegen auf der Seite derjenigen, die im eigenen Namen/Interesse auftreten. Entsprechend groß – nämlich von kollektivem Ausmaß – ist der Heilungsbedarf.

1.4 Der Vater als der Dritte ermöglicht Jesu Sendung und Liebe

Synoptische und johanneische Aussagen über Jesus ergänzen sich. Erstere stellen mehr den *Menschen* Jesus in den Vordergrund. Letztere zeichnen stärker den von Anfang an Begnadigten. Ab jetzt folge ich in der Regel den Spuren von ***Lukas***[266] und frage: Was ermöglichte Jesus seine Sendung und radikal gelebte Liebe? Meine These lautet: Vom Vater her war Jesus befähigt. Viele Textstellen, in denen Jesus „erfüllt vom Geist" oder „in Vollmacht"[267] handelte, in denen er Kraft über die Dämonen hatte[268] oder in denen ein Wissen der Dämonen um Jesu Vollmacht durchsickert[269], legen dies nahe. Ohne ein Band des Geistes zwischen Vater und Sohn wären ***Jesu Ausstrahlung, Sendung und heilendes Wirken*** nicht zu denken. Das unterschied ihn – in damaliger Sprache gesprochen – von einem falschen Propheten. Aufgrund der Wirkung haben Jünger, Gemeinden, Evangelisten im Nachhinein erkannt, dass in Jesus ein Mehr – Gott selbst – am Werk gewesen sein musste[270]. Nach Schwager (1996, 41) hat Jesus sein öffentliches Wirken im Gebet vorbereitet[271]. Ich gehe davon aus, dass Jesus, wie wir sagen würden, Gott ‚erfahren' hat. Daraus ging seine Botschaft hervor. Schwager (1996, 42): „Er hat nicht in irgendeiner Schule eine Lehre empfangen, die er dann weitergebildet und weitergegeben hätte, sondern er verkündete, was sich ihm ‚zugeschickt' hat." Andernorts spricht Schwager von der Abba-Erfahrung als Quelle der Botschaft Jesu (vgl. 1996, 45). Seine „neue Gotteserfahrung" muss „von einer hohen Intimität" gewesen sein, aus der seine Verkündigung entsprang (1996, 45).

Auch Jesu Liebeskraft und auslösende ***Liebesdynamik*** ist ohne Verbindung zum Vater nicht zu denken. Woher, wenn nicht aus der Vaterbeziehung, schöpfte Jesus immer neu die Kraft zum Glauben ans Gute, zum Durchstehen seiner Angst und zur konsequent gelebten Liebe? Der Vater war wie ein Katalysator. Des Öfteren wird berichtet, dass Jesus einen einsamen Ort suchte (Lk 4,42), „um zu beten" (Lk 5,16.), oder dass er, wie vor der Feldrede, sogar auf einen Berg stieg, um zu beten (Lk 6,12). An anderer Stelle[272] wird Jesus vom aufgebrachten Mob zur Stadt hinaus bis an den Abhang des Berges getrieben, um hinuntergestürzt zu werden. „Er aber schritt mitten durch die Menge hindurch und ging weg." Ist ein solch gelassenes Verhalten ohne stil-

---

266 Es sei denn, ein Text eines andern Evangelisten dränge sich thematisch auf. Die Wahl ‚Lukas' erfolgt, weil er die Heilungstätigkeit Jesus besonders hervorhebt und weil die später aufgezeigte Dynamik im Leben Jesu mit den fünf Akten auch durch Schwager besonders an diesem Evangelium erläutert worden ist.

267 „Erfüllt vom Geist" (Lk 1,15; 4,1.14; 10,21); „in Vollmacht" (Lk 4,32.36; 9,1; 10,19).

268 Vgl. Lk 4,33-37; 8,1-2.26-39; 9,37-43a; 11,14-22; 13,10-17.32.

269 Vgl. Lk 4,32.41; 8,28.

270 Jesus selbst verweist darauf: „Jeden Baum erkennt man an seinen Früchten" (Lk 6,44). – Ähnliches kann in bescheidenem Rahmen über die spirituellen Erfahrungen von Patienten ausgesagt werden. An der Wirkung einer Erfahrung wurde begriffen, dass hier ein Drittes – Gott – mitwirkte, Leid minderte oder als Inbegriff von stiller Präsenz irgendwie da war. Vgl. hierzu Projektergebnisse der Studie Grenzerfahrung Gott, Renz (2003).

271 Vgl. Lk 3,21; Mk 1,35; 6,46; Lk 11,1; Mk 14,32-39.

272 Lk 4,28-30. Vgl. auch Joh 10,39.

les Mitwirken des Vaters überhaupt denkbar? Ein solches wird uns als Leser oder Hörer der Botschaft erst beim tieferen Hineinhorchen bewusst, dann etwa, wenn wir uns ausmalen, was da unerwähnt an Gefühlen und Affekten mitgeschwungen haben muss: der Neid der Schriftgelehrten, die Wut der Menge, die Enttäuschung Jesu. Von Gefühlen ist in biblischen Texten selten die Rede.[273] Zusammenfassend lässt sich sagen: Der Vater ist für Jesus Inbegriff des (therapeutischen) Dritten (vgl. I.4.8), Kraftquelle und Ort von Regeneration, Orientierung und Mitte, Schützender, Richter, Letzter.

---

273 Ähnlich werden in Märchen, die einer mündlich gewachsenen Sprache und Form folgen, Gefühle der Menschen selten geschildert. Es geht dramatisch zu und her, doch der Verlauf ist sachlich. Gefühle oder Lebendigkeit entnimmt man indirekt der in diesem Sprachtyp wichtigen Symbolik (vgl. Fußnote 219).

1.5 Jesu Wurzeln im Erlösungsdenken des Alten Testaments – Gott als das Dritte

Jesus war nicht nur Kind gottesfürchtiger Eltern, sondern auch Kind seiner Religion und Kultur.[274] Er war vertraut mit der Schrift und konnte sie schon in jungen Jahren auslegen. Er kannte die Psalmen und Propheten, fühlte sich hingezogen zum Haus, das seinem Vater gehört (Lk 2,49). Jesus hatte seine emotionalen und rationalen Wurzeln im Jahwe-Glauben und in der Weisheit Israels. Daraus erschließt sich einiges, sowohl über die Begrifflichkeit, in welcher damals Erlösung gedacht wurde, als auch über die Tiefe von Erlösungsbedürftigkeit und menschlicher Unfreiheit, die im Alten Testament eindrücklich zur Sprache kommt.[275]

Der Gedanke eines zugunsten seines Volkes in die Geschichte eingreifenden, Heil und Gerechtigkeit schaffenden Gottes war Jesus nahe. Schon in der *Berufung des Mose* (Ex 6,7: „Ich nehme euch als mein Volk an und werde euer Gott sein") und im *Bund am Sinai* (Ex 20,2: „Ich bin Jahwe, dein Gott, der dich aus Ägypten geführt hat") ist die erlösende Bedeutung einer lebendigen Beziehung zu Jahwe verankert. Ebenso die Orientierung menschlichen Handelns an einer gottgegebenen Weltordnung (Die Zehn Gebote: Ex 20,1-17; Dtn 5,6-12). Die Erfahrung, dass Gott aus der Knechtschaft Ägyptens herauslöst und befreit, wird zur Grundlage von Geboten[276] und israelitischem Denken. Im Alten Testament hat sich das Bild eines Gottes der Treue (Ex 2,24), des Mitfühlens (Ex 2,23-24) und Mitleidens (Ex 3,7) durchgesetzt, längst bevor sich in Jesus die Botschaft von der heilbringenden Beziehung zu einem gütigen Vater verdichtet. Bis in unsere Tage hinein bewegen diese Aussagen und Bilder des Alten Testaments viele auch im Christlichen groß gewordene Menschen. So erfahre ich in meiner Kurstätigkeit zwischen Tiefenpsychologie und Religion immer wieder, wie aussagereich und symbolisch treffend alttestamentliche Erzählungen sind, gerade auch dort, wo sie Erlösung aus Urprägung thematisieren. Was am Beispiel des Volkes Israel berichtet wird – über dessen historische und kulturschaffende Hintergründe

---

274 Schwager (1996, 41): „Jesus ist in einer Welt herangewachsen, die entscheidend von der mosaischen und prophetischen Überlieferung bestimmt war. Es gab aber zu seiner Zeit recht unterschiedliche religiöse Richtungen innerhalb des Judentums. Pharisäische und zelotische Strömungen waren damals auch in Galiläa wirksam, desgleichen dürften apokalyptische Erwartungen mindestens Teile des Volkes bewegt haben."

275 Es wäre einseitig, Gott als erlösenden Hintergrund vom Geschehen Jesu aufzuzeigen, ohne nicht zumindest anzudeuten, was an ähnlicher Aussage im Alten Testament und den Schriften der Juden hervortritt. Es ist mir ein Anliegen, diese beiden Testamente sowohl als Einheit zu sehen, wie es die Christen tun, sowie als zwei verschiedene Entwürfe, die um dasselbe Geheimnis von Erlösung kreisen. (Vgl. Fußnoten 217, 219, 235 und ersten Anhang.)

276 Der Basistext für die „Bundes(schluss)formel" – „Ich will euer Gott sein und ihr sollt mein Volk sein" – ist Dtn 26,17-19. Vgl. hierzu Zenger (1995, 98).

hier keine Aussagen gemacht werden –, gilt innerseelisch betrachtet auch für das bedrohte anfangshafte Ich[277].

Nachfolgend werden ***drei Motive in ihrer archetypischen Aussagekraft*** erläutert:

1) ***Noah, die Sintflut***[278] ***und das Eindämmen des Numinosen durch Gott im priesterschriftlichen Bund*** (Gen 9,9-17), gelesen als Antwort auf die Urangst des Menschen vor dem Zuviel und als Antwort auf die dadurch irritierte Gottes-Beziehung des Menschen. Ich hebe zwei Aussagen hervor: Erstens: Der Bund Gottes mit Noah kann im Rahmen der priesterschriftlichen Grundschrift[279] gedeutet werden als innere Erfahrung eines von Gott errichteten und im Zeichen des Regenbogens[280] bestätigten Lebensraumes, als innerer Raum der Freiheit. Sintflut stünde dann, symbolisch betrachtet, für ein inneres Überschwemmt-Sein durch das Numinose. Eine neue Zukunft entsteht dort, wo dem Menschen von Gott her wiederum fester Boden unter den Füßen gegeben ist, und überdies ein geschützter Lebensraum (Schutz vor dem Numinosen), wo Ich-Werdung auf neue Weise möglich wird. In diesem Raum erlaubten Seins kann Leben und Schöpfung – nunmehr von der ich-tötenden Urangst geschützt – nochmals von vorn beginnen. Zweite Aussage: Auf Gott bezogen hieße dies: Gott nimmt sich in der Erfahrung des Menschen in seiner Numinosität zurück (!). So befreit er den Menschen aus dessen Urnot im Zuviel/Zunahe. Nach der Priesterschrift besteht schöpferisches Handeln darin, Ordnung zu setzen (Gen 1,1-2,4a) und später (Gen 9,15) den Lebensraum des Menschen vor einem erneuten Überfluten zu bewahren. In beidem klingt die Erfahrung eines für den Menschen nunmehr ‚berechenbarer' gewordenen, die Grenzen des Ichs respektierenden Gottes an.[281]
2) ***Der Auszug aus Ägypten als Erfahrung von Befreiung aus Knechtschaft***, damals wie heute, kollektiv wie individuell.[282] Dieser zentrale Teil alttestamentlichen Denkens antwortet – psychologisch ausgedrückt – auf die Not des Menschen in Unfreiheit sowie auf seine Angst vor einem Leben in verantwortetem Eigenstand. Gefangen ist der Mensch im Erstarrten der Über-Ich-Prägung und in seinen (ora-

277 Drewermann (1988a, 485): „Wenn man von Israel spricht, so meist im Sinne des bekannten religionshistorischen Faktums, dass dieses Volk den Monotheismus ins Leben gerufen hat. Aber die Wahrheit ist, dass jeder Einzelne von uns dieses Stück Religionsgeschichte, das Israel als Volk durchlebt hat, für sich selbst durchmachen muss, wenn er überhaupt zu einer eigenen Geschichte finden will, dass es also gar nicht um etwas Historisches, sondern um etwas Typisches geht und dass man überhaupt erst dann als Mensch ins Leben gerufen wird, wenn man seinen Gott gefunden hat."

278 Zum mythologischen Motiv der Sintflut, auch schon bei den Sumerern und Babyloniern, vgl. Zenger (1995, 74f).

279 Die Priesterschrift stammt aus der Zeit des Exils und liegt der Noah-Geschichte zugrunde. Der Bund Gottes mit Noah wird hier nur symbolisch betrachtet. Zum Historisch-Bibeltheologischen verweise ich auf Zenger (1987), seine Ausführungen zur priesterschriftlichen Urgeschichte, zu deren Komposition, Bildersprache und ihrer Bedeutung als hermeneutischer Schlüssel zum Verständnis der weiteren Heilsgeschichte des Volkes Israel.

280 Zur Deutung des Regenbogens vgl. Zenger (1987, 124-131).

281 Vgl. Zenger (1987, 96f, 124f).

282 Vgl. hierzu v.a. Drewermann (1988a, 483-502); zum historischen Kern vgl. Zenger (1995, 66).

len und anderen) Hörigkeiten. Es ist – psychologisch betrachtet – in der Tat so, dass der Mensch, wenn Strukturen der Angst, des Begehrens und der Macht (biblisch die Gewalt-Verfallenheit) sich verhärtet haben, von sich aus kaum mehr auszubrechen vermag. Knechtschaft wird zur Sackgasse. Von sich aus findet er nicht zu einem neuen, von Gott geleiteten und wahrhaft freien Dasein (zurück). „Wage Auszug, Exodus. Frage nicht länger um Erlaubnis aufzustehen, sondern habe den Mut, in einer letztlich in Gott wurzelnden Identität du selbst zu werden. Vertraue! Dann wird Gott mit dir sein und in deiner Mitte wohnen." So etwa kann die Exodus-Geschichte im Symbolischen gedeutet werden.

3) ***Um Auszug aus Land, Verwandtschaft, Vaterhaus*** (Gen 12,1) und damit um Befreiung aus einem Verhaftet-Sein im Naturhaften des Ursprungs geht es in ***Abrahams Exodus.***[283] Diese ihrerseits ‚volks- und kulturbildende' Erzählung ist psychologisch betrachtet umso eindrücklicher, als Gottes Anruf, auszuziehen, verbunden ist mit der Vision eines verheißenen Landes. Kann auch hier von Erlösung gesprochen werden? Man vergleiche Abrahams Ausziehen mit Genesis 3, wo Vertreibung aus dem Paradies als Schuld und Fluch erlebt wurde. Bei Adam und Eva bestand, psychologisch betrachtet, die ‚Schuld' darin, den Mut gehabt zu haben, das unhinterfragte paradiesische Dasein und Eingebundensein in die Ureinheit zu verlassen und das verlockende Leben anzutreten (vgl. primäres Schuldgefühl I.2.6.1). Dieser negativ besetzten ‚Urschuld', die zur Vertreibung aus dem Paradies führte, aber nichts anderes als eine entwicklungspsychologische Notwendigkeit umschreibt, steht bei Abraham ein positiv besetztes, von Gott gesprochenes „Zieh aus" gegenüber. Das heißt, dass ein Volk und seine Geschichtsschreibung hier anders über seine Ursprünge, anders über die menschliche Ich-Werdung denkt: Ich-Werdung ist seit Abraham ein gottgewollter Auszug in die erwachsene Eigenständigkeit. Gott selbst setzt dem einstigen Fluch nun die Verheißung von Segen, Fruchtbarkeit und gottgeschenktem Land (Gen 12,1-3) entgegen. Er bietet sich dem Menschen als Bundespartner an (Gen 15,1-21), will selbst Mitte seiner als ‚tam'[284] beschriebenen Persönlichkeit (Gen 17,1) sein.

---

283 Vgl. hierzu die tiefenpsychologische Deutung bei Kassel (1980, 209-257).

284 Abraham war wie Noah, Jakob und Ijob das Attribut *‚tam'* zugesprochen. *Tam* bedeutet je nach Übersetzung rechtschaffen, untadelig oder ganz. Persönlich habe ich den Begriff verstanden an der persönlichen Erläuterung durch Adrian Schenker: *Tam* ist jenes Lamm, das zur Schlachtbank geführt wird und dort ganz sich selbst, untadelig, ohne unnötige Zusätze und ohne fehlende Teile ist, ein Lamm also, das ganz so ist, wie es geschaffen wurde, wesensmäßig sich selbst. *Tam* ist Persönlichkeitsaussage oder Reinheitsaussage ohne moralischen Unterton. – Zu bedenken ist hier auch die im Jüdischen wichtige präzisierende Gegenüberstellung von *Tam* und *Jaschar* (der Gerade). Ein mit mir befreundeter Jude umschrieb das wie folgt: „*Tam* ist derjenige, der auf vollkommene Art dem Regelwerk der Halacha akzeptierend folgt. Der *Jaschar* versucht darüber hinaus, innerhalb des Regelwerkes der Halacha seine eigene Aufgabe zu finden. Ein Suchen schlechthin. Er sagt *„hinein"* – hier bin ich, ich bin bereit für eine Aufgabe, was kann ich tun? Er ist der Initiative, der zur Führung und anderen großen Aufgaben Geeignete. *Tam* ist eine Voraussetzung für *Jaschar* und idealerweise nicht Endstation. Es gibt (im jüdischen Umfeld) keinen *Jaschar*, der nicht zuerst eine (lange) Zeit als *Tam* verbracht hat. Die Tauglichkeit als *Jaschar* (für große Aufgaben) muss auf einer Praxis als *Tam* basieren."

Worauf wollen diese drei wichtigen alttestamentlichen Motive, wenn man sie tiefenpsychologisch betrachtet, hinaus? Subjektstufig gedeutet, geht es je um Ich-Werdung jenseits von Urangst und falscher Abhängigkeit. Um das Herauslösen aus der Unfreiheit einer alle Entwicklung bedrohenden Urumgebung. Und es ist jedes Mal Gott selbst, der diese Entfaltung in Freiheit will. Ohne den drei Erzählungen auch andere, große religions- und geschichtsstiftende Bedeutung abzusprechen, ist für mich allein schon diese tiefenpsychologische Aussage brisant. Sie wird übrigens von Menschen selbst unserer Tage, von Kursteilnehmern wie Patienten, unmittelbar als Lebenshilfe verstanden. Die drei Motive legen nahe, wie alt die Anfänge dessen sind, was wir Erlösung nennen. Und sie besagen, dass ***Gott in diesem Erlösungsgeschehen schon damals als Dritter und Partner im Bund dabei*** war.

Die alttestamentlichen Begriffe, aus denen der spätere Begriff Erlösung hervorging, weisen in dieselbe Richtung. Sie zeigen in ihrer Vielfalt, in welch breitem Spektrum der Mensch sich als erlösungsbedürftig erlebte und wie zuverlässig er sich von Gott Hilfe erhoffen durfte. Ein eindeutiges hebräisches Wort für Erlösung gibt es im Alten Testament nicht, sondern acht Begriffe, die nachfolgend umkreist werden. Erlösung hat, wie diese Begriffe illustrieren, auch im alttestamentlichen Kontext längst nicht immer mit Schuld zu tun, sondern mit einem Herausgelöst-Werden aus einem umfassenden Unfreisein.[285]

1) ***gaal/go'el:*** erlösen, lösen, seltener auslösen (im Gegensatz zu padah) (Ex 6,2-13; Jes 43,1-8; Ijob 19,25; Ex 4,22-23; u.a.m.). Gott wird hier als Löser im familienrechtlichen Sinne bezeichnet. Das Wort wird auch für den Rückkauf von Immobilien verwendet (Lev 25,25-34). Es geht also auch darum, etwas zurückzuerhalten und einen Gegenwert dafür zu geben.
2) ***yaza:*** herausführen/hinaufführen. Häufiger Begriff etwa in Ex 1-15 (Herausführung aus Ägypten). Auch: hinausgehen, weggehen (ohne Begleitung und ohne Ziel) (Gen 4,16; 8,7; u.a.m.).
3) ***schafat:*** richten. Gott als Richter (Ex 22,6-10; Lev 5,20-26; u.a.m). Damit Recht unter den Menschen gesprochen werden kann, muss Gott durch Eid an den Rechtsgeschäften beteiligt werden. Zur Veranschaulichung: Die jüdische Gerichtsbarkeit (inklusive talmudische Auslegung der Tora) beruht darauf, dass das Gericht nicht in allen Fällen urteilen kann (Beweislage etc.). Unter Umständen kann ein Gericht einen Fall ‚nach oben delegieren', d.h. es fällt kein Urteil und überlässt dem Himmel die Vollstreckung.
4) ***padah:*** loskaufen (Ex 6,2-13; Ps 130,8). Dieser Begriff ist zivilrechtlich: Einem Sklaven kann man die Freiheit erkaufen, was nicht identisch ist mit ihn loskaufen,

285 Die Erläuterungen zu diesen Begriffen verdanke ich Adrian Schenker im Rahmen einer Vorlesung an der Universität Fribourg zum Thema „Vom Alten zum Neuen Testament – Kontinuität und Bruch" (2003/2004) sowie einem anonym bleibenden jüdischen Kollegen. Ich bin mir bewusst, dass viel Brisanz der hebräischen Sprache in den Feinheiten liegt, die den Rahmen dieser Arbeit gesprengt hätten und nicht wiedergegeben werden können.

um ihn der Familie zurückzugeben (gaal), sondern ihn vom Besitzer freikaufen, damit er dann freigelassen wird. Wenn ein Mensch seinen Wert für das Heiligtum versprochen hat, muss er sich auslösen (padah), aber nicht erlösen, z.B. Lev 27,27; Num 18,15.

5) ***kipper:*** sühnen, versöhnen, abwischen, reinigen, weniger auslösen. Yom Kippur – Versöhnungstag. Lösegeld: Ex 30,12; sühnen: Ex 30,15-16; Lev 5; Lev 23, 28.
6) ***nazal:*** herausreißen. Eine metaphorische Wendung, die aufgenommen worden ist etwa im Vaterunser: „Erlöse uns von dem Bösen", wörtlich: ‚Reiße uns heraus aus dem Bösen, in dessen Fängen man bereits steckt'. Auch retten (Ex 6,6; Dtn 25,11) oder (ent-)leeren (Ex 12,36).
7) ***yascha:*** (Eigenname Jesu nimmt darauf Bezug): retten. Etymologisch: ‚in die Weite führen'. Bekannt durch etwa ‚hosanna' = hoschi'a-na („rette doch!") oder hoschi'a (Ps 118,25 u.a.m., vor allem Psalmen). Josua (Joschu'a) und Jesus (Jeschu') sind Eigennamen, die bedeuten: Jo (= Jahwe) wird retten.
8) ***azar:*** helfen. Allgemeines Wort für erlösendes und befreiendes Wirken Gottes. Häufig in den Psalmen mit Gott als Subjekt: Gott hilf! Gott hat geholfen. Eigennamen: Azarjah (Jahwe hat geholfen), Joezer (Jahwe ist Hilfe), Eliezer (griech. Eleasar) (mein Gott ist Hilfe). Als interessante Stelle: Die Frau wird vor ihrer Erschaffung ‚eser kenegdo' – Hilfe ihm (dem Mann) gegenüber – genannt (Gen 2,18-20).

Ergänzend zu diesen Begriffen nenne ich die nach dem Exil entstandenen Visionen *künftiger* Erlösung, die mit Heimholen, Sammlung, Umkehr, mit dem Bild einer neuen Gesellschaft zu tun haben. Ebenso die immer stärker gewordene Messiashoffnung.[286] Die alttestamentliche Betrachtung abschließend, hebe ich als Psychologin hervor: So alt die menschliche Urprägung und ihre Folgen sind, so alt und tiefgreifend ist auch das Thema Erlösung. Nicht nur die Prägung, auch die *Erlösung aus Prägung* hat bereits volks- und kulturbildende Auswirkung.

Zusammenfassend II. 1: Jesus ist – wenn wir Symbole wie das göttliche Kind, die Jungfrau, die Himmelsstimme bei der Taufe, aber auch die Reaktionen Jesu und seiner Mutter ernst nehmen –, ein Mensch mit besonders intakter Rückbindung zu Gott. Er scheint wesensmäßig kaum einer Urprägung oder dem Dynamismus der Sonderung unterworfen zu sein, seine Ängste und sein Zorn sind im Gegenteil situationsadäquat, Versuchungen durchschaut er problemlos. Theologisch gesprochen: wahrer Mensch und wahrer Gott. Darüber hinaus ist er im jüdischen Denken verwurzelt; hier umkreist wurde vor allem der damals verbreitete Gedanke von Gott als dem Dritten und Bundespartner.

---

286 Grün, A. (2001, 18): „Im Exil spricht man auf einmal weniger von der vergangenen Heilstat als vom künftigen Tun Jahwes. Jahwe wird seinem Volk Heil verschaffen. Das zeigt sich im Wohlstand und in der Heimholung aller Völker unter die Herrschaft Jahwes in Zion."

2 Botschaft Jesu: Vermag sie aus der menschlichen Angst-, Begehrens- und Machtstruktur zu erlösen?

Nach der vorausgehenden Betrachtung von Jesu eigener Verwurzelung und Initiation frage ich jetzt der Botschaft Jesu nach. Kann diese begriffen werden als eine Befreiung aus Urprägung, als Heimführung aus Sonderung und Einkapselung? Bewirkt sie Aufweichung und Wandlung jener dominanten Angst-, Begehrens- und Machtstruktur, die alles Lebendige zum Erlöschen bringt? Gilt Ähnliches für Jesu Heilungstätigkeit? Liegt gerade darin das ‚Programm' Jesu? Und wenn ja, wohin soll der Mensch geführt werden? „Zum Vater", heißt Jesu erste Antwort.

2.1 Antwort auf die Urprägung Mensch und den Dynamismus der Sonderung: der Vater als Mitte

2.1.1 Antwort auf Urangst und Urprojektion: „Mit Gott ist es wie mit einem Vater!"

Was Jesu als Mitte seiner eigenen Person und seines Lebens erfuhr (II.1), ist auch Mitte seiner Lehre. Eine neue, intakte Vaterbeziehung soll an die Stelle dessen treten, was als Urprägung und tiefe Erlösungsbedürftigkeit den Menschen umtreibt und was, wie folgende Beispiele zeigen, im Menschen diffus weiterwirkt als Not des Abgenabelt-Seins bis hin zur Sucht. Stichwort: Verwünschte Urbeziehung.

***Carmen**, eine junge Frau, erlebte sich, obwohl Nichtraucherin, in ihren Träumen schwer süchtig: Zigaretten, Sexualität, ein – wie sie sagte – verwünschtes Begehren und schwer auszuhaltendes Kreaturgefühl. Einmal fragte ich sie: „Wie fühlt sich Rauchen an? Wie sah es aus? War auch Erfüllung da?" – „Nein, nur Begehren. Wie ein unstillbares Loch in mir drin. Und so eine falsche Nabelschnur." Ich horchte auf und fragte: „Wie sah diese aus? Wohin führte sie?" Sie sei irgendwie verwickelt gewesen, bestehend aus Zigaretten. Aus dem Traumbild ‚Nabelschnur' wurde ein Gespräch über das Wort ‚Urbeziehung'.*

***Frau Izairi** kommt zu mir aufgrund ihres frisch diagnostizierten Krebses. Als Kind einer im Ausland lebenden Schweizerfamilie hat sie, obwohl jung, schon einen langen, von Gewalt und Flucht geprägten Leidensweg hinter sich. Gewalt sich selbst gegenüber und Flucht blieben ihre Themen. Ihre familiären Bindungen, ihre Kultur und Religion hat sie verlassen, einen muslimischen Mann geheiratet und ist heute Muslima. – Es sei schon gut, aber das sei auch Flucht. Und glücklich sei sie nicht, sagt sie weinend. „Im Gegenteil, ein großes Loch habe ich in mir", und zeigt auf ihren Brustraum[287], wo ihr Krebs wuchert. „Der Krebs will mich wohl heimführen. Aber wohin? Wo habe ich Heimat?" Wir reden über ihre Sehnsucht nach Tieren und Musik, nach einer gütig mütterlichen Stimme, wie sie ihre Mutter gerade nicht hatte[288], über ihre letztlich religiöse Sehnsucht nach einem behüteten Sein. In den künftigen Stunden geht es um Beziehung, nicht jene zu ihrem Mann, diese sei gut, es gehe um eine andere, große Beziehung zum Leben, sagt sie. Nur schon Sehnsucht zu spüren, tut ihr gut, auch wenn sie viel weine. Sie schlafe besser. Und sie – Gewaltopfer – entdeckt die Qualität des Kämpfens, die eigentlich zu ihrem Naturell gehört. Kämpfen um Beziehung sei nicht das Gleiche wie Gewalt. Wochen später formuliert sie, bei ihr sei oft etwas schief[289] im Raum gestanden. Unsere Gespräche kreisen um die Frage, wie sie aus einer verwünschten Atmosphäre herausfinde in etwas, was wirklich erfülle (ihr inneres Loch fülle).*

Beide Patientinnen sprangen an auf den Gedanken einer ***„verwünschten Beziehung zu Gott"***, respektive ***„eines von aller Mitte abgespaltenen Zustandes"*** als Hintergrund ihrer Leiden. Psychologisch betrachtet beginnt Erlösung mit der wieder gefühlten Sehnsucht und mit dem Verstehen, dass hinter Sucht und Getriebenheit eine Ursehnsucht nach Gott steht. Damit ist die Heimkehr aus einem Zustand der Flucht und Sonderung in ein rückgebundenes Dasein bereits eingeleitet. ***Jesu Botschaft braucht für diese Heimkehr drei Worte: Vater (abba), Umkehr (metanoia II.2.1.3) und Gottesherrschaft (basileia II.2.1.2).*** „Gott so wie ein Vater" ist zentrale Aussage in Jesu Botschaft. An der Vaterbeziehung und über deren väterliche (und mütterliche!) Qualität wird die menschliche Ursehnsucht gestillt. Hier ereignet sich Erfüllung und Bezogensein, Sohnerfahrung. So kommt der Mensch wieder zu seiner ureigenen Mitte. Wie innig Jesus eine solche Vaterbeziehung dachte, für den Menschen ebenso wie für sich, entnehmen wir dem biblischen Wort ‚abba', das Anrede im Gebet des Vaterunser war, als auch – so Schwager (1996, 44f) – „ursprünglich ein Lallwort".

Abba (ἀββᾶ)[290] ist die Wiedergabe des aramäischen Vokativs abba, das aus der Alltagssprache stammt und die Art war, wie Kinder, aber auch Erwachsene ihren Vater anre-

---

287 Häufig als körperlicher Ort der Sehnsucht nach Gott und nach Fülle bezeichnet, vgl. Renz (1996, 73).

288 Diese Sehnsucht erinnert an ein großes Mütterliches, an Gott erlebt als das Weibliche, was mehr ist als einfach Göttin. Nach Jung gibt es den Archetyp des Großen Mütterlichen, der umfassender ist als die eigene Mutter.

289 Schief besagt in Traumbildern öfters, dass hier ein Not-Ich mühsam um seinen Stand ringt, dass ein Mensch eben gerade nicht von seinem wahren Ich bestimmt ist (Renz 1996, 222).

290 Im Neuen Testament findet sich das aramäische abba in Mk 14,36 und wird hier auf Jesus zurückgeführt (ipsissima vox). Ferner bei Paulus, bezogen auf uns: „Weil ihr aber Söhne seid, sandte Gott den Geist seines Sohnes in unser Herz, den Geist, der ruft: Abba, Vater" (Gal 4,6). – „Ihr habt nicht einen Geist empfan-

den (Papa). „Es war etwas Neues und Unerhörtes, dass Jesus es gewagt hat, diesen Schritt zu vollziehen. Er hat so mit Gott geredet wie das Kind mit seinem Vater, so schlicht, so innig, so geborgen. Das Abba der Gottesanrede Jesu enthüllt das Herzstück seines Gottesverhältnisses" (Jeremias 1966, 63). Nach Schwager (1996, 44) hat sich der Gebrauch des Wortes Abba später ausgeweitet, behielt aber einen familiären und intimen Klang und wurde deshalb von den palästinensischen Juden, soweit wir wissen, nie als Gebetsanrede für Gott benützt. Gemäß Hasitschka (2002, 30) wird im Alten Testament und im antiken Judentum dieses unfeierliche, alltägliche Wort so gut wie nie auf Gott angewendet, es wäre für jüdisches Empfinden Gott gegenüber respektlos gewesen (vgl. Zenger 1995, 33). Wenn Jesus dies dennoch tat, folgert Schwager (1996, 44f), „dann deutet dies auf seine neue Gotteserfahrung hin, die von einer hohen Intimität gewesen sein muss und aus der auch seine neue Verkündigung entsprang".[291] Schwager (1996, 45) erkennt darin eine „feine, aber doch auffallende Verschiebung gegenüber der religiösen Erfahrung Israels". Das heißt, dass Gott nun in neuer Beziehungsqualität erfahren wird: anders, weicher vielleicht. ‚Gott, so wie ein Vater' wird, wo diese leise Verschiebung gelingt, zum Inbegriff von Korrekturerfahrung des einst so erschreckend erlebten Numinosen. Als wolle Jesus dem Menschen in seiner Prägung sagen: „Hab keine Angst, Gott zuzulassen." Ich glaube also nicht, dass es Jesus darum ging, ein weniger respektvolles Bild von Gott gegen ein respektvolleres auszuspielen. Jesus zeigt anderswie – etwa in seinem gottesfürchtig konsequenten Verhalten –, dass er voller Respekt war im Gegenüber des solchermaßen Letzten. Vielmehr geht es Jesus darum, Antwort zu geben auf die menschliche Urangst und Urprojektion! Und hierfür könnte kaum ein entlastenderes Bild gefunden werden als ‚Gott so wie ein Vater'[292].

Jesus lehrt uns auch das Beten und dies recht direktiv. Er leitet uns ***im Gebet des Vaterunsers*** zur selben Intimität und demselben Vertrauen an, in welchem er selbst lebte und betete. Welches Gottesverständnis spricht aus diesem Gebet? Nach Hasitschka (2004/2005, 34) ist das Vaterunser weniger „als formelhaftes Gebet zu verstehen, sondern vielmehr als eine Zusammenfassung zentraler Gebetsanliegen der Christen". – ***Bei Matthäus*** ist es umrahmt durch die Betonung des Unterschiedes zwischen dem Beten der Heiden und dem Beten der Christen (Mt 6,7-8). Ersteres wird als gedankenloses Plappern, als Wortschwall bezeichnet, während in Letzterem die Gewissheit leitend sein darf, dass der Vater die Betenden kennt, um deren Nöte „weiß" (οἶδα): „(Es) weiß nämlich euer Vater, was ihr nötig habt, bevor ihr ihn bittet" (Mt 6,8; vgl. auch Mt 6,32). Das Vertrauensverhältnis ist wesentlich. Der Text des matthäischen Vaterunsers findet sich mit kleinen Abweichungen in der Didache (Anfang 2. Jh, Did

gen, der euch zu Sklaven macht, ... sondern ... zu Söhnen ... den Geist, in dem wir rufen: Abba Vater!" (Röm 8,15).

291 Vgl. auch Schillebeeckx (1976, 236) und Jeremias (1966, 63).

292 Wobei ich das Geschlechtsspezifische als wesentlich zeitbedingt betrachte. Jesu Umgang mit den Frauen war revolutionär. Im Bild des Vaters muss ich, wenn ich das Lallwort abba vor Augen habe, Mütterliches mitdenken.

8,2-3), was heißt, dass es damals Brauch war, ein solches dreimal täglich[293] zu beten. – Bei Lukas geht der Übermittlung des Vaterunsers eine Szene voraus, in der die Jünger Jesus selbst als Betenden erleben (Lk 11,1). Sowohl diese Hinführung, wie auch die ans Gebet unmittelbar anschließenden Motive vom bittenden Freund und vom Vater, der sein Kind nicht enttäuschen wird,[294] zeigen nach Hasitschka (2004/2005, 34), „in welchem Vertrauen und in welcher Erhörungsgewissheit Jesu Jünger beten sollen". Es folgt nun der Gebetstext, übersetzt nach Hasitschka (2004/2005, 36). Jesu Analogie ‚Gott, so wie ein Vater' folgend, muss das Gebet gelesen werden in der Atmosphäre der Zuversicht eines kleinen Kindes seinem Vater/seiner Mutter gegenüber. Imperative sind dann Sicherheit verleihende Elternworte und nicht moralisch unterlegte Drohungen. Dann wird das jesuanische Vertrauen erahnbar:

Das Vaterunser – Mt 6,9-13

9 Unser Vater, der in den Himmeln[295],
geheiligt werde dein Name!
10 Es komme dein Reich!
Es geschehe dein Wille
wie im Himmel, (so) auch auf Erden!
11 Unser Brot, τὸν ἐπιούσιον[296],
gib uns heute!
12 Und vergib uns unsere Schulden,
wie auch wir
vergeben haben unseren Schuldnern!
13 Und bringe uns nicht hinein
in Versuchung, sondern bewahre uns
vor dem Bösen!

Das Vaterunser – Lk 11,2-4

2 Vater,
geheiligt werde dein Name!
Es komme dein Reich!
3 Unser Brot, τὸν ἐπιούσιον,
gib uns Tag für Tag!
4 Und vergib uns unsere Sünden,
denn auch wir vergeben
jedem uns Schuldenden!
Und bringe uns nicht hinein
in Versuchung!

---

293 Der Text in der Didache endet wie folgt: „Denn dein ist die Kraft (δύναμις) und die Herrlichkeit (δόξα) in die Äonen. – Dreimal am Tag betet so!" (entnommen aus Hasitschka 2004/2005, 36).

294 Beispiel vom bittenden Freund (Lk 11,5-8); sodann die Anweisung: „Bittet, dann wird euch gegeben; sucht, dann werdet ihr finden; klopft an, dann wird euch geöffnet. Denn wer bittet, der empfängt; wer sucht, der findet; und wer anklopft, dem wird geöffnet. Oder ist unter euch ein Vater, der seinem Sohn eine Schlange gibt, wenn er um einen Fisch bittet ... Wenn nun schon ihr, die ihr böse seid, euren Kindern gebt, was gut ist, wie viel mehr wird der Vater im Himmel den Heiligen Geist denen geben, die ihn bitten" (Lk 11,9-13).

295 Warum Plural, die Himmel? Vgl. Fußnote 302 in Kap. II.2.1.2.

296 Die Brotbitte ist – so Hasitschka (2004/2005, 42) – auch ohne dass Attribut ἐπιούσιος verständlich. Es geht um Nahrung im materiellen und im übertragenen Sinne (vgl. Mt 4,4; Lk 14,15). Um die Befreiung von allzu großer Sorge um das tägliche Brot (vgl. biblische Gebetsliteratur, Ps 78,20.24-25; 105,40 – Gott gibt Manna, Brot vom Himmel); Ps 104,14-15; Ps 132,15 (Gott sättigt mit Brot die Armen); Spr 30,8. – Wenn nun aber das Attribut ἐπιούσιος mitbedacht wird, so tritt entweder die Übersetzung „das Brot, das ich bin für den heutigen Tag" (εἰμί „ich bin", ὤν οὖσα ὄν „für den betreffenden Tag") in den Vordergrund. Oder aber „das zum Dasein nötige Brot", ἐπί und οὐσία „Dasein, Existenz, Substanz") sowie „das Brot für den anbrechenden Tag". Die Brotbitte will in sich bereits Antwort auf Angst sein, auf Urangst ebenso wie auf die Angststruktur (vgl. II.2.2).

Unabhängig von der exegetisch wichtigen Frage, welches der beiden Gebetsversionen die ursprüngliche ist,[297] ist ***die Anrede ‚Vater‘*** hier Aussage. Das Gebet (auch die Anrede) stammt gemäß Ansicht der meisten Forscher von Jesus selbst, als Ursprache des Vaterunsers wird das Aramäische, selten das Hebräische angenommen (vgl. Luz 2002, 437). Das Anliegen, Gott als einen Vater anzurufen, ist jesuanisch, wenngleich auch nicht völlig neu. Das Bild von Gott als Vater war bekannt aus zentralen Textstellen des Alten Testaments[298] und aus der frühen jüdischen Gebetsliteratur. Vom Vater wurde dort etwa gesprochen in Verbindung mit der Schöpfungsthematik, der Vorstellung von Rettung, Erlösung, Erbarmen und mit dem Erziehungsgedanken. Oder der Vater wurde mit dem zu preisenden König gleichgesetzt.[299] Jesus nimmt dies auf, aber in unvergleichlicher Konsequenz und Innigkeit, als wäre die Dimension Vater gleichsam Urgrund seiner selbst: So wie Gott ihm Vater ist, so ist er Sohn. ***Die Anrede ‚Vater‘ und die Erfahrung ‚Sohn‘ gehören zusammen.***[300] Und die Jünger und Jüngerinnen

---

297 Luz (2002, 436) bringt die oft vertretene These an, dass Lukas in der Zahl der Bitten und in der Anrede, Matthäus dagegen im Wortlaut ursprünglicher sei. – Haben die Evangelisten hier ein in der Gemeindeliturgie verankertes Herrengebet redaktionell verändert? Nach Jeremias hätte kein Autor gewagt, das Herrengebet willkürlich zu ändern (entnommen aus Luz 2002, 435). Nach Luz selbst indes gibt es sehr wohl Anzeichen dafür. Jüdische Gemeindegebete waren in ihrem Wortlaut nicht festgelegt. Luz spricht von einer offenen Frage.

298 Solche sind (aus: Hasitschka 2004/2005, 36f):
Dtn 32,6: „Ist er (Gott) nicht dein Vater, der dich geschaffen hat? Er hat dich gemacht und dich bereitet."
Jes 63,16: „Denn du bist unser Vater. Denn Abraham weiß nichts von uns und Israel kennt uns nicht. Du, Jahwe, bist unser Vater, unser Erlöser von alters her, das ist dein Name."
Jes 64,7: „Aber nun, JHWH, du bist unser Vater. Wir sind der Ton, und du bist unser Bildner, und wir alle sind das Werk deiner Hände."
Ps 103,13: „Wie sich ein Vater über Kinder erbarmt, so erbarmt sich JHWH über die, die ihn fürchten."
Tob 13,4: „Denn er ist unser Herr und Gott, er ist unser Vater in alle Ewigkeit."
Sir 23,1.4: „Herr, Vater und Gott meines Lebens ..."
Sir 51,10: „Ich rief: Herr, mein Vater bist du, mein Gott, mein rettender Held. Verlass mich nicht am Tag der Not ..."
Weish 2,16 (Die Frevler über den Gerechten): Er „rühmt sich, Gott sei sein Vater".
Weish 11,10: Gott hat Israel in den Exodusereignissen „wie ein ermahnender Vater auf die Probe gestellt".
Weish 14,3: „Deine Vorsehung, Vater, steuert" das Schiff durch wilde Wogen.

299 So wurde zur Zeit Jesu etwa wie folgt gebetet (aus: Hasitschka 2004/2005, 37): Achtzehn(bitten)gebet – neben Schema Israel Hauptbestandteil des Synagogengottesdienstes:
(5) Bringe uns zurück, *unser Vater* (abinu), zu deiner Lehre, und lass uns nahen *unser König* (malkenu), deinem Dienst. Und lass uns umkehren in vollendeter Umkehr zu dir.
Gepriesen seist du, Gott, der an Umkehr sein Gefallen hat.
(6) Vergib uns, *unser Vater* (abinu), denn wir haben gesündigt; verzeih uns, *unser König* (malkenu), denn wir haben gefehlt, denn voller Vergebung bist du und verzeihst.
Gepriesen seist du, Gott, Gnädiger, der so oft verzeiht.

300 Als weitere Schlüsselstelle für das Vaterverständnis Jesu gilt, nebst dem Gebet in Gethsemani und den Gebetsworten am Kreuz, das Gebet Jesu in Mt 11,25-27 (aus: Hasitschka 2004/2005, 38):
25 In jener Zeit antwortend sagte Jesus:
Ich preise dich, Vater, Herr des Himmels und der Erde, weil du dieses verbargst vor Weisen und Verständigen und es enthülltest Unmündigen (Kinder).
26 Ja, Vater, weil so Wohlgefallen war vor dir.
27 Alles wurde mir übergeben von meinem Vater, und niemand erkennt den Sohn, außer dem Vater, und nicht erkennt jemand den Vater, außer dem Sohn und wem immer der Sohn (es) enthüllen will.

werden ermutigt, Gott ihrerseits mit Vater anzureden und kindhaft[301] in diese Beziehung einzutreten (vgl. Hasitschka, 2004/2005, 37).

Fazit: Für Jesus ist ‚Vater' ein Beziehungsbegriff. Vater ist Inbegriff von Antwort auf die menschliche Urnot im Gegenüber des Numinosen, vor dem der Mensch einst erschauderte. Der Vater ist Bezugspunkt für den Sohn und wäre die Mitte der Menschen. Das Bezogensein auf ‚Gott so wie ein Vater' muss als erlöster Zustand im Unterschied zu demjenigen der Sonderung (und diesen nochmals umfangend) erkannt werden. Jesus verkündet die dreifache Hoffnungsbotschaft: „Mensch, ich habe dich in der Tragik deiner Prägung verstanden." „Es gibt eine wirkliche Mitte (Vater), ein Ziel, Fülle (basileia)" und „es gibt einen Weg dahin (Umkehr, metanoia)".

2.1.2 Basileia – Himmelreich als Seins-Wirklichkeit im Vater

Jesu Verkündigung handelt – ausgesprochen oder gleichnishaft – von der basileia (das Reich Gottes ist nahe). Der *Begriff* erscheint im Neuen Testament an 162 Stellen, davon 121 mal in den synoptischen Evangelien. Er taucht in mehreren Wortverbindungen auf: βασιλεία τοῦ θεοῦ (Reich Gottes), βασιλεία τῶν οὐρανῶν (Reich der Himmel)[302], βασιλεία τοῦ πατρός (Reich des Vaters).[303] Reich Gottes ist eine typische Wendung der Christussprache, d.h. der Sprache Jesu und der sich an sie anschließenden Gemeindebildungen. Hinweis darauf ist etwa, dass in späteren Texten oft nur von ‚Basileia' gesprochen wird und damit ‚Reich Gottes' gemeint ist (bei Mt, Lk, Hebr und Jak), was jüdisch undenkbar war. Aus dem Jüdischen stammt die Vorstellung der Königsherrschaft Gottes (κύριος), überhaupt die mit Sehnsucht und Enttäuschung überlagerte Geschichte des Volkes Israel mit ‚seinem König', mit Jahwe ebenso wie mit den weltlichen Königen. Im neuen Testament wird die Königsherrschaft Gottes an vielen Stellen, direkt oder indirekt, mit Christus und seinem Vater in Verbindung gebracht. Auch von Basileia Christi ist hier die Rede (Lk 11,20; 17,21). Die neutestamentlichen Belege, in denen Basileia sich *nicht* auf Gott oder Christus bezieht, sind

---

301 Was nicht zu verwechseln ist mit kindisch oder infantil. Zum Kind-Motiv vgl. II.2.2.

302 Warum Plural? Himmel wird nach Gen 1,1ff als der Raum, der sich über die als Scheibe gedachte Erde wölbt, verstanden. Dieser besteht aus mehreren Schichten, aus übereinander gelagerten Räumen; daher wurde im Plural von ‚den Himmeln' gesprochen. Der Wohnsitz Gottes sind ‚die Himmel', von denen aus er seine Herrschaft über die Erde ausübt. Die Aussage ‚Gott ist König' wurde auch ersetzt durch ‚der König der Himmel', schon bei Daniel (Dan 4,34). Das Himmelreich ist die wörtliche griechische Übersetzung des hebräischen Begriffes ‚Königtum der Himmel'. Das Frühjudentum umschreibt das Rezitieren des täglichen Gebets („Höre Israel, der Herr, unser Gott, ist Einer...": Dtn 6,4) mit „das Joch (des Königtums der Himmel) auf sich nehmen", d.h. Gott als König und Herrn über sich anzuerkennen (vgl. Mt 11,29). Auch Matthäus sprach vom „König der Himmel", um verbale Aussagen über Gott zu vermeiden. Vgl. Artikel von Dormeyer (1997, 225).

303 Folgendes ist den Artikeln von Luz (1992, 481-491), Bauer (1988), Klappert (2000, 1487-1497) entnommen.

selten. Dabei wird im Neuen Testament bald mehr die Königs*würde* hervorgehoben[304], bald mehr das beherrschte Gebiet, das König*reich*.[305]

Inhaltlich gefragt, verkündet Jesus das Reich Gottes in vielen Dimensionen und Analogien. Reich Gottes bedeutet ein ***Ereignis***, und zwar eines, das ebenso als Zukunft erwartet wie als nahegekommene Gegenwart erkannt[306] wird. Es meint aber auch einen besonderen ***Raum***, in dem man ‚sein' und in welchen man hineinkommen kann[307]. Gegenüber dem Judentum neu ist, abgesehen von der Verknüpfung der Basileia mit der Person Christi, die Verkündigung von ***Basileia als uneingeschränkte Liebe Gottes zu den Menschen***, vor allem zu den damals Verachteten, Armen, Frauen, Sündern. In meiner Terminologie gesprochen, ist Basileia der erlöste Zustand, sie ist die erfüllende Antwort auf eine menschliche Ursehnsucht, ungeachtet aller Bewältigungsmuster, in welchen vor allem Menschen der maßgebenden Schichten damals gedacht und gelebt hatten. Sie ist eine sich durchsetzende Wahrheit, im Angenehmen wie im Herausfordernden, primär außerhalb von Zeit, Raum und Kausalität und doch – wo es sein darf – auch innerhalb der sich in Zeit, Raum und Kausalität bewegenden Welt.

Basileia wird je nach Kontext mit dem geschenkten Lohn (Mt 5,20) oder mit Gnade, Barmherzigkeit in Verbindung gebracht. In meiner Terminologie gesprochen, ist Basileia eine an sich grenzenlose und bedingungslose Teilhabe an Gott. Und doch ist sie menschlicherseits ***an die Bedingung des Sich-Einlassens geknüpft***. Biblisch gesprochen, zeigt sich das darin, dass die Erfahrung von Basileia den umkehrenden Sündern und Verirrten – also den sich ihres Krankseins Bewussten und Heilsuchenden – und nicht den Erfolgreichen, sich im Recht glaubenden Gerechten zuteil wird. M.E. geht es weniger um Gegensätze wie gerecht-sündig, reich-arm als vielmehr um das, was sich als Einstellung damit verbindet: Ist mir inmitten von einfachem oder wohlhabendem Dasein meine (Erlösungs-)Bedürftigkeit, Hinfälligkeit und eigentliche Armseligkeit bewusst oder wähne ich mich als darüber erhaben? Wenn die *Einstellung* zählt und nicht Leistungsausweise, Schichtenzugehörigkeit oder finanzielle Verhältnisse, so macht es auch Sinn, dass eine Botschaft zugleich bedingungslos (allen zugedacht) und doch an die Bedingung der Prozessbereitschaft geknüpft sein kann (vgl. I.4).

2.1.3 Metanoia – Umkehr als Hinwendung zu Gott

Das Wort Umkehr klingt mühsam in den Ohren moderner Menschen. Man hört dahinter eine moralische Forderung, umzukehren (etwa aus schlechter Lebensführung), empfindet Drohung oder ein Spiel mit der Angst (Angst vor dem Rauchertod bis hin zur Angst vor dem kommenden Weltgericht). Umkehr wird dann moralisch bewertet und zielt auf mehr Willenskraft und besseres Verhalten. Das ist Appell ans Ich und

---

304 Lk 19,12.15; Offb 17,12 u.a.
305 Mt 4,8; Mk 6,23; Offb 16,10 u.a.
306 Als Zukunft erwartet (Mt 6,10; Mk 14,25; Lk 6,20b u.a.), als Gegenwart erkannt (Lk 11,20 u.a.).
307 sein kann (Mt 8,11f; 11,11; Mk 14,25); hineinkommen kann (Mk 9,47; 10,25; vgl. Mt 21,31; Mk 12,34).

Über-Ich. Kirchlich sozialisierte Menschen hören den Appell zur ‚Umkehr aus Schuld' heraus, sind aber eher getroffen in einem irrationalen dumpfen Schuldgefühl (I.2.6) als in dem, was als *echte* Schuld (I.2.7) gutzumachen wäre. Selten, sehr selten wird echte Schuld bereut.

Die Erfahrung zeigt, dass Menschen nicht vorab aus Gewissensangst umkehren, sondern wenn einerseits konfrontiert mit ihrer Wahrheit und darüber hinaus mit neuer Hoffnung. Zahlreiche Raucher und Raucherinnen hören mit Rauchen auf nach der Diagnose Lungenkrebs, aber mit Blick auf die Hoffnung auf ein nochmals gutes Leben. Und sie beginnen erneut zu rauchen, wenn ihre Situation ins Unheilbare überkippt, d.h. wo keine Hoffnung bleibt. „Wozu soll ich mich noch überwinden?", wird etwa gefragt. Ähnliches gilt für Fettleibige und Alkoholgeschädigte. Inmitten schwerer gesundheitlicher Krisen wird generell ein Bedürfnis, das Leben nochmals neu zu beginnen, wach. Krankheit wird so lange als Chance erlebt, als nochmals Hoffnung auf neues Leben besteht.[308] *Fazit:* Nicht primär Drohung und Ausweglosigkeit lösen Umkehr aus, sondern Hoffnung und Perspektive.

Wie klingt das Wort Umkehr in Jesu Botschaft? „Die Zeit ist erfüllt, das Reich Gottes ist nahe" (Mk 1,15). Mit diesen Worten beginnt Jesus seine Verkündigung gemäß dem ältesten Evangelium nach Markus. Sie sind nach heutigem Wissensstand kein Wortlaut Jesu, wohl aber Kurzformel jesuanischer Botschaft und Hoffnung.[309] Im Markusevangelium, das bezüglich dieser Textstelle Basis bietet für den Evangelisten Matthäus (Mt 4,17)[310], wird die Botschaft vom kommenden Reich gekoppelt mit dem Ruf zur Umkehr: „Kehrt um und glaubt an das Evangelium!" (Mk 1,15). Drohung ist hier nicht herauszuhören, wohl aber eine unübersehbare Zusammenschau, eine ***Einheit von Umkehr und Basileia.***[311] Erst wo die Vision von Heilung da ist, kann der Aufruf zur Umkehr greifen! Dem Ruf nach Umkehr stellt Jesus die Verheißung anbrechender Gottesherrschaft und damit die Vision auf Erlösung und heiles Sein voran. Was zur Umkehr (und Taufe) bewegt, ist die Erfahrung, dass von Jesu Botschaft und Leben etwas ausgeht, was heilt und aus Fesseln der Prägung befreit. Weil berührt von Jesus und seinen Worten, erschüttert und mit neuer Hoffnung auf ein Kommendes erfüllt, setzen Arme, Randständige, Kranke auf ihn. ***Das eigentlich Bewegende war die Verheißung:*** für Kranke die Perspektive, gesund zu werden, für Ausgestoßene, dazuzugehören. Jesus bedeutete in Person und Botschaft: Perspektive,

---

308 Dass Sterben, losgelöst von dieser Hoffnung, Schönheiten in sich birgt, weiß ich als Sterbebegleiterin, Doch diese zu sehen ist nur denen vergönnt, die unausweichlich drin oder auf begleitende Weise nahe dabei sind.

309 Vgl. Schwager (1996, 43) und Merklein (1978,33). Letzterer erkennt darin sogar die Zusammenfassung von Jesu Verkündigung. Schwager demgegenüber betont auch das Gericht als wichtigen Teil von Jesu Verkündigung.

310 Lukas baut seinen Anfang der Verkündigung etwas aus (Lk 4,16-19), verweist aber auch auf das Reich Gottes als Inbegriff dessen, was da verkündet werden will (Lk 4,43).

311 Auf diesbezügliche Unterschiede zwischen der Botschaft Johannes des Täufers und Jesu kann hier nicht näher eingegangen, wohl aber darauf hingewiesen werden.

Hoffnung auf Heilung, Gottnähe. Konfrontation lag natürlich auch drin: etwa das Eingeständnis eigenen Krank-, Arm- und (Erlösungs-)Bedürftig-Seins und in all dem die Konfrontation mit einer letzten Wahrheit. Aber dieses Bedrohliche war in Jesus unterfangen von Hoffnung auf Zukunft und nicht von einem Appell an die Angst. „Dein Glaube hat dich gesund gemacht“ muss der Intention nach gelesen werden: „Deine Hoffnung hat dich geheilt.“ Und das wiederum ist psychologische Realität: Hoffnung bewirkt!

Warum aber wirkten dieselben Worte Jesu nicht bei den meisten Menschen der Herrscherklasse, Pharisäern und Schriftgelehrten? Sie hörten aus derselben Botschaft nicht Hoffnung und Perspektive auf neue Zukunft heraus, sondern Bedrohung in Besitz oder Status. Ihre Begehrens- und Machtstruktur wurden nicht aufgeweicht, sondern verstärkt. Aus dieser Position konnten sie nicht anders als der Botschaft Jesu einen moralischen Impetus zu entnehmen, obwohl dieser gerade nicht der ursprünglichen Botschaft entspricht.

Umkehr aus *Angst* würde die Botschaft Jesu nicht nur verkürzen, sondern Jesu Grundanliegen widersprechen, das genau gegenteilig auf Befreiung aus übermäßiger Angst hinaus will. Aus Angst wollen Menschen zwar ‚moralisch gut sein‘, aber sie sind deswegen nicht frei, nicht wirklich anders motiviert. Jesus aber will Letzteres, er versteht Umkehr als Hinwendung zu mehr Gottnähe, Vertrauen, Lebendigkeit. Gott/Fülle soll des Menschen neue Motivation sein. Das heißt in der Konsequenz: ***Angst und Basileia vertragen sich nicht.*** Wo Umkehr praktiziert würde aus Angst, würde auch das Reich Gottes falsch gedeutet: nicht mehr als prozessauslösende hoffnungsträchtige Vision, sondern als einzukalkulierender Lohn (vgl. Mt 5,17-20). Das hieße, das Reich Gottes aus der Ebene kausalen Denkens und aus menschlicher (Haben- und Macht-)Prägung heraus zu betrachten und zu bewerten.

Warum fällt es so schwer, die Botschaft von Basileia und von Umkehr zu verstehen? Weil wir aus der Warte unserer Prägung und des Ichs heraus immer schon ‚falsch hören‘, denn Basileia ist vom Ich her nicht denkbar noch machbar. Biblisch gesprochen, ist Basileia gerade nicht erkennbar (‚nahe‘, aber nicht sichtbar) und nicht nach menschlichen Definitionen von Gerechtigkeit messbar, sondern sie meint etwas kategorial anderes. Verdeutlicht werden kann das etwa am biblischen Satz: „Wenn eure Gerechtigkeit nicht weit größer ist als die der Schriftgelehrten und der Pharisäer, werdet ihr nicht in das Himmelreich kommen“ (Mt 5,20). Wir neigen beim Wort „weit größer“ zur Deutung, dass Jesus ein ‚Mehr an Gerecht-Sein‘ meint, etwas, was die Tora übertrifft. Demgegenüber geht es, den griechischen Text vor Augen, um eine *überfließende* (περισσεύσῃ) Gerechtigkeit, also um eine sich solchermaßen verschenkende Fülle, wie sie in der Kategorie von Rechnen, Gesetz und Haben-Mentalität gar nicht gedacht werden kann. Basileia und Haben oder Rechnen vertragen sich nicht. Basileia, Reich Gottes, bedeutet: Seins- und Liebesqualität fern des menschlich Machbaren und Verstehbaren. Ein Angeschlossensein an Gott.

Bis heute mangelt es dem in kausalem Denken verhafteten Menschen an glaubwürdigen Alternativen zu seiner kausal und moralisch verkürzten Basileia-Deutung. Das ist Grundproblem auch der Theologie: Entweder wird das Jesusprogramm in Verkündigung und Wirkung einseitig an die historische Person gebunden.[312] Das Jesusprogramm ist dann im Wesentlichen eine Sache von damals und bis heute allenfalls *ethisch* motivierend (zu Solidarität, Verzicht), aber nicht wahrhaft heilend, seligmachend oder befreiend. Ein tiefer liegendes Geheimnis von Person und Botschaft Jesu wird gerade nicht mehr erspürt. „Andere Positionen stellen zwar die Frage nach einem Darüber-Hinaus und betonen das Geheimnis von Person und Basileia-Botschaft Jesu, ohne es aber erklären zu können. Die Wirkung des Ereignisses durch Jesus Christus darf weder historisch noch spiritistisch verkürzt werden“, so die Worte von Pesch[313]. Ich verdeutliche dies: Das Christus-Ereignis ist (wäre) auch für heutige Menschen mehr als ethisches Programm und mehr als ein magisch charismatisches Geschehen. Es ist fassbar als Erlösung aus Prägung.

Was bedeutet das ***Wort metanoia***? Das Verb (μετανοέω) bedeutet im Griechischen ‚seinen Sinn ändern‘. Neutestamentlich bedeutet es umkehren, sich bekehren, Buße tun. Das Substantiv metanoia (μετάνοια) meint insgesamt Sinnesänderung, Umkehr, Bekehrung, Buße im Sinne von ‚Hinwendung zu Gott‘. Und als Zeichen solches Sinneswandels wurde der Täufling getauft (vgl. Hasitschka 2002, 7). Umkehr heißt Wende und ist noch einmal mehr als Initiation, eine besondere Initiation. Wo Umkehr als Hinwendung zu Gott begriffen wird, ist vorausgesetzt, dass zuvor ein Zustand des Abgewendet-Seins herrschte. Genau dies stimmt mit der im ersten Teil dargelegten Sichtweise überein, die von einem Bruch zwischen dem Ich und seinem Urgrund spricht. Seit dem Dynamismus der Sonderung ist die Urbeziehung Mensch-Gott gestört, ist der Mensch in sich gefangen. Umkehr bewegt daraus heraus und in eine neue Gottverbundenheit (Sein im Vater) hinein. Basileia ist die Hoffnungsbotschaft, die zur Metanoia motiviert. Man beachte sprachliche Nuancen: Es geht um Wendung und nicht um Weg, um *Hin*wendung und nicht um *Ab*wendung, um Bereitschaft zur Öffnung (zu glauben) und nicht um menschliche Leistung. Jesus macht etwa am Wesen des Kindes[314] klar, was Umkehren heißt: παιδίον, d.h. (sehr) klein sein, der Hilfe bedürfen und dafür empfänglich sein. Wenn ich den menschlichen Reifungsprozess und gleichzeitig das Wesen des Kindes vor Augen habe, dann hat Umkehr mit dem Empfänglich-Werden, und dies im Kindteil unserer selbst, zu tun. Berührt-Werden geschieht demnach dort, wo wir wesensmäßig noch ursprünglich und irgendwie grundehrlich (Kind) sind (vgl. II.2.2). Jesu Rede vom Himmelreich (‚mit dem Himmelreich ist es wie ...‘) ist wie ein immer neues Ansetzen, und zwar bei der *Motivation*

312 Nach Schwager (vgl. 1996, 46) eine Gefahr insgesamt der historisch-kritischen Exegese, die damit die Tendenz habe, das zu eliminieren oder zumindest undeutlich zu machen, was für Jesus selbst das Zentrale war.

313 Mündliche Aussage von Otto Hermann Pesch in einem Seminar zu Trinität, Fribourg, SS 2003.

314 Mt 18,3: „Wenn ihr nicht umkehrt und wie die Kinder werdet, könnt ihr nicht in das Himmelreich kommen.“ Dies ist die einzige Stelle, wo in der synoptischen Überlieferung statt μετανοέω das synonyme στρέφομαι steht. Vgl. Artikel von Behm (1939, 998, Anm. 160).

im Erlösungsprogramm Jesu. Ein Versuch, geprägte Menschen für diesen kategorial anderen und zugleich alles umfangenden Zustand zu begeistern und sie zur Umkehr zu bewegen. In Botschaft und Person war Jesus „Unterbrechung“[315].

Insgesamt scheint die Genialität des Jesus von Nazareth – oder auch der Durchschlag Gottes in diesem Menschen – besonders darin zu liegen, dass Jesus die tiefe Prägung des Menschen (wie sie zumindest unseren Kulturkreis bestimmt) so treffsicher und umfassend begriff wie kaum ein anderer: nämlich als Begleit- und Folgeerscheinung der einstigen menschlichen Subjektwerdung. Die Antwort, die er anbot: 1) Vater als Mitte, 2) Basileia als Perspektive, 3) Metanoia als Konsequenz, wurde auch der emotionalen Dimension menschlicher Urverletzung gerecht. Jesus wurde zwar gehört und gesehen, aber nicht erkannt. Zu sehr traf und trifft diese Botschaft ins Schwarze, übersteigt sämtliche menschliche Kategorien des Denkens.

2.1.4 Was Sterbende über Metanoia, Basileia und letztes Gericht bezeugen

Was Metanoia und Basileia beinhalten, können wir über die Vernunft kaum verstehen. Sterbende haben mich dazu viel gelehrt.

Herr Wandinger*, erfolgreicher Geschäftsmann und Vater einer Tochter und eines behinderten Sohnes (Toni), liegt in Abständen auf der Onkologie. Noch immer denkt er in großen Geldbeträgen und scheint erhaben zu sein über das, was die Benachteiligten dieser Welt bedrückt. Mir diktiert er, wann ich kommen und wann ich wieder gehen solle. Mit Gott, Religion und Pfarrherren will er nichts zu tun haben, an Ungutes in seinem Leben denkt er nicht. Wie es dem Tod entgegengeht und sein Ich das Denken nicht mehr im Griff hat, ändert sich das. Andere Dimensionen treten hervor. Während mehrerer Tage ist er umgetrieben und geplagt, bis sich von innen her eine seltsame Wende ereignet, die ich und seine anwesende Tochter miterleben: Mit inniger Stimme stammelt der Sterbende: „Lieber, lieber Gott. – Ich bin nur ... (unverständliches Gemurmel) ... Sei mir nicht böse. – Toni, Toni ... .“ Erneutes Gemurmel – Stille – ein Schauen in Richtung oben. Dann ein strahlendes: „Praise the Lord“ und unsrerseits das Gefühl, er sei weit weg, da sei etwas Heiliges. Uns erkennt er nicht mehr.*

Was ist da geschehen und wie ist das zu erklären? Es war – wie mir schien – Prüfung, Metanoia und Basileia in einem. Ausgelöst durch den zunehmend bewusstseinsfernen Zustand und das Eintauchen in eine andere Wahrnehmung, ereignete sich Begegnung mit einer letzten Wahrheit (was in sich schon Basileia- und Metanoia-Erfahrung ist). Während es in den mühsamen Tagen des Umgetrieben-Seins um Konfrontation im Unangeschauten seiner selbst gegangen sein mag, taucht er jetzt ein in ein Letztes schlechthin, das Wahrheit und barmherziges Verstehen in einem ist, und hier erfährt

315 Vgl. Metz (1977, 150): „Kürzeste Definition von Religion: Unterbrechung.“

er sich drin und berührt. Erkannt, konfrontiert, gewürdigt. Aus dieser beglückenden (erlösenden) Erfahrung heraus kann/will er Gott preisen.

Doch warum *englisch*? Der Tochter erkläre ich, dass mir das Phänomen des Sprechens in englischer Sprache bekannt sei. In Träumen oder in Todesnähe stehe diese bisweilen für eine heilige Atmosphäre von Gottnähe, Engelnähe. Man sei, symbolisch gesprochen, an einem Ort, wo ‚Engel' zu Hause seien (vgl. Renz 2007). Und wieso das Gemurmel? Und wieso die Not der Tage zuvor, die – wie der Verlauf zeigt – den Sterbenden bald wieder einholen wird? Die Konfrontation mit der letzten Wahrheit, die wir auch ‚Gericht' nennen, ist etwas Intimes zwischen Mensch und Gott, Gegenüber-Erfahrung von Angesicht zu Angesicht. Ein Geheimnis, das zu entschlüsseln Dritte nicht fähig und nicht befugt sind. Wir sind in unserem ich-bezogenen Bewusstsein nicht ‚dort', uns ist diese letzte Wahrheit vorderhand nicht zugänglich. Wir haben den Zugang zu jenem großen Verstehen nicht. Ich erkläre der Tochter, dass ein Gemurmel in solch intimer Situation sinnvoll sei, innere Schutzmaßnahme, die Sterbende auch vor der Neugierde Umstehender schütze. Und wo Angehörige um Schatten aus vergangener Zeit wüssten, helfe es dem Sterbenden, wenn ihm signalisiert werde, dass wir zwar irgendwie darum wüssten, aber alles in eine größere Barmherzigkeit Gottes hineingäben.

Wieder scheint Herr Wandinger innerlich bedrängt zu sein. „Geh weiter", sagt die Tochter, „Gott selbst sagt dir jetzt, dass du in Ordnung bist. Gott versteht auch, wenn da mal etwas nicht gut war. Gott versteht." Stille. Nun schreit der Sterbende: „Hilfe, Hilfe!" Dann Gemurmel. Wir studieren zu zweit, was im Konkreten wohl getan werden könne. Die Tochter sagt: „Papi, wenn du willst, dass wir etwas verstehen müssen, dann musst du es deutlich sagen. Wenn du murmelst, gehen wir davon aus, dass du allein damit fertig wirst." Er horcht auf, erkennt sie, sagt ihren Namen und ist wieder weg. – Panik: „Hilfe!" „Kann Ihnen eine Legion Engel helfen, jene Legion, die Jesus hätte rufen können?", kommt mir in den Sinn. „Jaaah", kommt es jetzt aus dem Sterbenden heraus. Er wird ruhig. Die Tochter und ich beten. Sie schließt mit einem „Bhüet-Di" (Behüte Dich) – er lächelt, ist eine Weile still und sagt dann erneut: „Praise the Lord". Mehrere Tage mit immer neuen Durchgängen wollten noch durchgestanden werden, bis Herr Wandinger ergriffen und ruhig verstarb.

Erfahrungen mit Sterbenden lehren uns, dass das ***Motiv des letzten Gerichtes*** neu bedacht werden muss.[316] In ichhaftem Denken meist als bedrohlich gefürchtet[317],

316 Das Motiv des letzten Gerichts bibeltheologisch zu beleuchten, etwa gemäß der Offenbarung des Johannes, würde den Rahmen der vorliegenden Arbeit sprengen. (Zur Arbeit mit Sterbenden vgl. Renz 2007, 2008b.) Wenn ich die Erfahrung mit Sterbenden als Basis meiner Reflexionen über letztes Gericht nehme, so ist damit nicht gesagt, dass ein solches ‚nur' am Ende des individuellen Lebens geschieht. Wir wissen nichts über ein Außerhalb unseres Lebens. Wir haben aber eindrucksvolle Reaktionen von Sterbenden, die aufhorchen lassen.

317 Warum? Weil in diesem ‚Zwischen' etwas anderes nicht mehr oder noch nicht wahrgenommen werden kann! Die ich-bezogene Wahrnehmungsweise mit ihren Zeitrelationen und ihrer Fähigkeit zur Kategori-

scheint Gericht im Sterben eine Erfahrung total anderer Art und Qualität und darum vom Ich her nicht nachvollziehbar zu sein. Die tradierten Bilder und Redeweisen für diesen Zwischenzustand sind immer noch Aussagen aus der Perspektive des Ichs, das in diesem Zwischenzustand untergeht, sich verliert (sich ‚verloren oder verdammt' erfährt). Nach meinen Erfahrungen wird Gericht selten bewusst durchlebt, öfter hingegen auf symbolischer Ebene oder über Körpersymptome. Immer aber bedeutet es Begegnung mit letzten Wahrheiten. Dieselben Dinge werden jetzt anders gesehen als noch zu Lebzeiten: Die einen erstarren und sind kaum mehr fähig, sich zu bewegen. Andere haben Schweißausbrüche und zittern. Dritte müssen in ihren inneren Bildern ständig putzen und waschen. Andere sehen Feuer, Wasser oder strudelartige Bewegung und rufen nach Polizei oder Feuerwehr. Auf solche Weise findet Läuterung statt. Die Evangelien verwenden für diesen Zwischenzustand verschiedenste Bilder und Aussagen: So etwa das Ausgeschlossen-Sein des Reichen vom Glück des armen Lazarus (Lk 16,19-31), das Draußen-Sein der törichten Jungfrauen (Mt 25,1-13)[318] oder das akustische Motiv vom *‚Heulen und Zähneknirschen'* (Lk 13,28; Mt 22,13), das treffsicher die akustische Dimension dieses Durchgangs aufnimmt.[319] Das Motiv des letzten Gerichts sollte offener, als Annäherungsversuch an ganz andere Gesetzmäßigkeiten (d.h. von der Basileia her) begriffen werden: Es ist ein Berührt-Sein von einer Wahrheit schlechthin. Berührt-Sein ist dabei *mehr* als Läuterung oder Appell, hier *geschieht* Umkehr im Sinne eines Sich-Ereignenden[320], hier geschieht ein neues Fühlen, ein Teilhaben, eine Milde, auch ein Ruf zur Versöhnung noch im Sterben.[321] Die erkannte Wahrheit (etwa das Fühlen von zugefügtem Unrecht) hat nichts zu tun mit moralischer Androhung, ist kein (hinunterfallendes) Damokles-Schwert, sondern ein Prozess. Fühlendes Erkennen ‚läutert' in sich, macht leiden. Und es bedeutet gleichzeitig höchste ***Würdigung.***[322] Hier geschieht Erkannt-Sein (auch in dem, was erlitten oder an Gutem vollbracht wurde) und gleichzeitig ***barmherziges Verstehen.*** Zusammengefasst findet, berührt von einem solchermaßen Letzten – augenblicklich und zugleich zeitlos –, Metanoia *und* anbrechende Basileia statt. In der Praxis sichtbar daran,

---

sierung und Unterscheidung ist an dieser Grenze im Begriffe, sich zu verlieren. Und ein ganz Anderes (Ewigkeit, Sein, Fülle), welches alle Kategorisierung nochmals übersteigt, ist zugleich noch nicht da. So kommt es zu Zwischenzuständen, die umso schrecklicher sind, als sie einhergehen mit einer sich ereignenden Läuterung.

318 Man beachte die Tür als Symbol für einen zu schaffenden Durchgang vom Zustand im Ich zu einem total andern, auf Gott hin offenen (jungfräulichen im wahren Sinn) Zustand.

319 Es ist in der Tat so, dass Sterbende nicht mehr „sehen", zumindest nicht mehr auf unsere Weise. Wohl aber hören sie und reagieren etwa auf die Frage: „Sind Sie hörend?" Manchmal auch auf Musik oder Worte.

320 Was durchaus auch wichtig ist, sichtbar etwa an der oft formulierten ‚Reue', wenn Menschen aus einer Nahtodeserfahrung zurückkommen. Sie haben das drängende Bedürfnis, neuartig zu leben, neu zu lieben.

321 Obwohl innerlich schon weit weg, sagen Sterbende etwa in intuitiver Klarheit: „Ich kann nicht sterben, bevor versöhnt mit meinem Sohn ..." oder reagieren körperlich auf die solchermaßen gestellte Frage.

322 Bei vielen Sterbenden kommt es zu einem Erlebnis *innerer* Würdigung, indem sie eine Stimme hören oder Szenen von Lob, Gesang oder Preisverleihung erleben. Wichtig kann auch die Würdigung durch Angehörige am Sterbebett sein. Nicht selten kann wirklich nicht gestorben werden, bevor nicht Worte fallen in Richtung; „Du hast das gut gemacht", „Du warst tapfer, treu". (Wichtig bei 40-50 Prozent aller, die überhaupt Reaktion geben!)

dass nur schon eine anfanghafte Umkehr, etwa ein im Rahmen einer familientherapeutischen Intervention stattfindender erster Schritt der Versöhnung, bewirkt, dass in Sterbenden Erlösung stattfindet: Muskeltonus und Mimik verändern sich, Sterbende nicken ein oder danken. Und Stunden später sterben viele friedlich.

Und was bezeugen Sterbende über Basileia? Reaktionen weisen auf ein Sich-Durchsetzendes, unsäglich Friedliches, Un-endliches (Zeitdimension) ebenso wie auf Fülle (Raumdimension) hin. Durchgänge, wo sie denn stattfinden, sind als solche nie das Letzte, sondern Beginn einer Öffnung. Wie wenn sich jenseits einer inneren Bewusstseinsschwelle etwas in den Sterbenden öffnet. Menschen sterben nicht verschlossen, sondern – das Ich vollständig verlassend – offen und auf etwas hin; zwar verlöschend, aber zugleich in starker unbeschreibbarer Ausstrahlung. Eine solche spirituelle Öffnung geschieht meist nonverbal: Wo zuvor Unruhe war, tritt Ruhe ein. Wo eben noch angespannte Miene oder Stöhnen war, kommt ein zartes Lächeln oder der Eindruck von Gelassenheit in ein Gesicht. Bisweilen höre ich vereinzelte Worte: *„So schön“, Licht“, „Glanz“, „Blumen“, „Jesus“.* An der Aussage einer letztlichen Öffnung und eines letztlichen Friedens möchte ich festhalten, auch wenn dies nicht an allen Krankenbetten offensichtlich wird. Es gibt jenes Sterben, wo es (fast) bis zum Schluss den Anschein macht, als wäre da nur Kampf oder Leiden. Dennoch möchte ich auch diesen Sterbenden einen letzten Frieden zudenken: Wer weiß, was in letzten Minuten, Sekunden – auch beim plötzlichen Tod – innerlich geschieht? Wer weiß, wie lange der Übergang aus der Zeit in die Zeitlosigkeit dauert? Und was diese Momente an Vorher und Nachher, an Warum und Wozu qualitativ in sich einschließen? Dass es schon im Hier und Jetzt ein Erleben von Gleichzeitigkeit gibt, ist bekannt. Wie viel mehr muss das in den Gesetzmäßigkeiten des Sterbens der Fall sein? Die Zeugnisse vieler Sterbender sind mir persönlich Aussage genug, um an einen letztlichen Frieden, und zwar für alle, zu glauben. In der *Atmosphäre* letzter Stunden, Minuten ist es oft, als wäre Basileia greifbar: zwar Realität von ‚drüben‘ und doch einfließend ins Hier und Jetzt. Sterbend ereignen sich nochmals Identität und Angewiesensein, die wie hinübergehen in ein Anderes, ins Geheimnis. Man mag es Basileia nennen oder nicht: Dieses Andere, auch Ganze erträgt keinen Gegenzustand neben sich, sondern ist ‚Sein / Liebe / Angeschlossensein schlechthin‘. Kategorie außerhalb, und doch inmitten aller Mitte. Begrifflich erklärt: ***Neben Gott als dem Ganzen gibt es kein Außerhalb, kein Vorher oder Nachher; sonst wäre das Ganze nicht ganz. Gott ist.*** Und Basileia umschreibt die menschliche Teilhabe am solchermaßen Ganzen. Hier hat alle Dynamik ihren Abschluss gefunden. Hier ist Erlösung vollzogen, fallen Erlöser und Erlöstes in eins.

2.2 Der Mensch in seiner Angstprägung braucht Vertrauen: der gute Hirte

Bisher wurde das Jesusprogramm bezüglich seiner Antwort auf die ‚Urprägung Mensch' schlechthin befragt. – Was aber erlöst im Konkreten der einzelnen Gesichter, was erlöst aus der menschlichen Angststruktur, aus Angst im engeren Sinn (I.3.3)? Dies sind Menschen mit auffallender Nähe zu ihren Urbefindlichkeiten, mit großen Sehnsüchten bis hin zur Daseinsflucht oder mit Ängsten, die gefangen halten. Im Vergleich zu Menschen der Begehrens- oder Machtstruktur sind sie näher bei ihrem Ursprung geblieben oder dahin regrediert. Jedenfalls sind sie weniger verhärtet, näher bei ihren Urbedürfnissen; oder es sind Menschen, die sich in ihrer Sensibilität und fern von Eden wie ‚verloren' und ‚nackt' vorkommen. Verunsichert im Ganzen ihres Daseins, leiden manche mehr als andere an ihrem Kreatursein, Angewiesensein und an ihrer Fragilität. Ihr irritierbares Ich steht auf wackeligem Boden. Sie suchen bisweilen zwanghaft nach Sicherheit und Bestätigung, derweil ihre Vertrauensbasis immer wieder in sich zusammenfällt. Indirekt hört man sie ständig fragen: „Glaubst du an mich, meine Zukunft, meinen Sinn? Bin ich o.k. und stark genug für diese unwirtliche Welt?" In der Angst – und gerade darin nahe bei der Urprägung – bleibt etwas von diesen Menschen vermehrt ‚Kind', positiv wie negativ. Als Teil unserer selbst (als inneres Kind) geht es hier einerseits um jene gemüthafte Nähe zum Ursprung, andererseits um das Eingeschüchterte, Zarte, das sich seiner Hinfälligkeit bewusst ist, insgesamt um ein leicht verstörbares, aber auch berührbares inneres Kind.

Welches ist Jesu Antwort auf die menschliche Angststruktur? Wie reagiert er mit Blick auf die Ebene der Urbefindlichkeit? Was an seiner Botschaft vermag dem inneren Kind Sicherheit und emotionalen Boden zu verleihen? Was hält dem Verloren-Sein stand? Was – an noch tieferem Grund – vermag das hinfällige Ich in seinem Fall aufzufangen? Und wo hinaus zielt Jesu Weg der Heilung aus Angst? Was ist dem an seiner Daseins- und Existenzangst leidenden Menschen als Verheißung auf den Weg mitgegeben?

Das *Lukasevangelium*[323] scheint, vordergründig betrachtet, kaum Antwort auf das Angstproblem im engeren Sinne anzubieten. Jesus nimmt Stellung zu vielen Themen[324],

323 Das einzige Evangelium, das ich als Ganzes, im gesamten Verlauf, betrachte (vgl. Fußnote 266 in II.1.4).

324 Vom Erfüllen des Schriftwortes und der Bedeutung und dem Weg/Leiden seiner Person (4,21; 7,18-27; 9,18-22; 9,44-45, 13,35; 17,25; 18,31-34; 20,1-19; Passion und Auferstehung), vom Reich Gottes und der wahren Gerechtigkeit (4,43; 6,20-23; 9,27; 9,46-48, 11,2; 13,18-21; 17,20-37; 18,15-17; 18,18-27; 18,28-30; 21,5-28), vom Fasten (5,33-38) und vom Umgang mit Gesetzen und Sabbat (6,1-5; 13,10-17; 14,1-6), von der Nachfolge und den Voraussetzungen dazu (5,27-32; 8,4-15; 9,23-27.49-50.57-62; 14,26-27; 24,44-49), vom Umgang mit Menschen bis hin zur Feindesliebe (6,27f; 10,25-37; 16,18; 16,19-31; 22,24-27), vom Glauben und Hören-Können (7,1-10; 8,22-25; 9,41; 11,28; 17,5-6; 17,19; 18,42), vom adäquaten Umgang mit den Dingen, Gegebenheiten und mit sich selbst im Unterschied zum falsch Motivierten (8,16-17; 11,33-36; 12,15.16 21.33 34; 14,7-11; 16,9-13; 17,33; 18,18-27; 19,11-27; 20,20-26; 21,1-4), vom Vater, vom (angeschlossenen statt eigennützigen oder ständigen) Beten

spricht aber nur selten die menschliche Angststruktur an. Auch von Berufung, Integration und Heilung[325] ist die Rede, aber nicht speziell von Heilung aus Angst. Eine offensichtliche Ausnahme und direkte Antwort auf Angst bildet die ***Begebenheit vom Sturm auf dem See*** (8,22-25). Die Jünger erkennen die Größe Gottes, in dessen Kraft Jesus über Wind und Wasser gebietet. Was hier Angst zu besänftigen vermag, ist der ***Glaube.*** Eine zweite direkte Antwort auf die menschliche Angststruktur gibt Jesus dort, wo es um ***die rechte versus die falsche Sorge*** geht (12,22-32). Gleichsam leicht dahingesagt, spricht er: „Sorget euch nicht um euer Leben und darum, dass ihr etwas zu essen habt, noch um euren Leib und darum, dass ihr etwas anzuziehen habt. ... Sehet auf die Raben: Sie säen nicht, sie ernten nicht, sie haben keinen Speicher und keine Scheune; denn Gott ernährt sie. ... Sehet euch die Lilien an, sie arbeiten nicht und spinnen nicht. ... ängstigt euch nicht (μὴ μετεωρίζεσθε)! Denn um all das geht es bei den Heiden. Euer Vater weiß, dass ihr das braucht. Euch jedoch muss es um sein Reich gehen; dann wird euch das andere dazugegeben. Fürchte dich nicht (μὴ φοβοῦ, ‚habe keine Phobie'), du kleine Herde! Denn euer Vater hat beschlossen, euch das Reich zu geben."

Vermögen solche Worte verängstigte Menschen zu beruhigen? Je nachdem, wie sie gehört und geschaut werden. Gehört als nüchterne Feststellung, kommen sie eher an wie ein Hohn. *Gehört* aber als warme, tröstliche Stimme des Großen Mütterlichen/Väterlichen[326], und geschaut als Bilder schlichten Seins, erfährt man sich genährt, geborgen und erlaubt einfach so. Betrachte ich den Text *inhaltlich*, so sagt uns Jesus darin, dass (nur) das Sein im Vater aus der menschlichen Angst und der Sorge ums Eigene befreit. Weil angeschlossen an den Vater, darf der Mensch aus der Gewissheit leben, dass dieser um all die existenziellen Nöte und Bedürfnisse aller Kreatur weiß (οἶδα, was auch ein erweitertes Sehen meint). Dann ist es müßig, sich um Dinge zu sorgen, die vom Vater her selbstverständlich sind. ***‚Angeschlossen-Sein'*** (an den Vater und sein Reich) heißt Jesu erste Antwort auf die menschliche Existenzangst. Das ist eine zugleich tröstliche als auch radikale Antwort, denn sie verlangt in ihrer Konsequenz nichts weniger, als dass der Mensch hinter sein ich-bezogenes Gewordensein zurückgehe (!) und sich nochmals von Grund auf (von seinem Urgrund her) angeschlossen erfahre. Dem

---

und vom Danken (10,21-22; 11,1-13; 17,7-10; 18,1-8; 18,9-14; 21,36; 22,40) u.a.m. Auch spricht Jesus direkt und indirekt über das Böse (etwa 11,14-26; 11,37-54). Und er lehrt anhand von Negativbeispielen, was sein darf und was nicht und lebt Distanzierung von den Mächtigen.

325 Dämonenaustreibungen (4,33.41; 7,21; 8,2.26-39; 9,37-43; 10,17-20; 11,14), Heilung von Fieber, Krankheit, Aussatz, Lähmung, Blindheit, ja sogar vom Tod etc. (4,38-40; 5,12-16.17-26; 7,1-10.11-17.21; 8,40-56; 13,11-13; 14,1-6; 17,11-19; 18,35-43), Integration von Außenseitern (5,27-32; 7,36-50; 8,1-3; 15,11-32; 19,1-10), Speisung der Menschen (9,10-17; 22,7-20; 24,30), Verklärung von Jesu (9,28-36; Passion und Auferstehung), Berufung von Menschen (5,1-11.27-32; 9,1-6; 10,1-12; 22,31-34; 24,44-49).

326 Vgl. die Wirkung der Worte der Frau Holle: „Was fürchtest du dich liebes Kind?", *wenn in liebevollem Tonfall gesprochen.* Kinder, die eben noch wie die Goldmarie sich fürchteten vor dem ewig Größeren (für welches die Frau Holle steht), werden im Hören einer entsprechenden Stimme beruhigt. Vgl. Drewermann & Neuhaus (1982, 10). Dort wird Frau Holle als das Gute, Mütterliche treffend der ‚Frau Welt' gegenübergestellt.

wohnt bei aller Radikalität eine psychologische Konsequenz inne,[327] die hilft, biblische Sätze wie die folgenden zu verstehen. „Fürchtet euch nicht vor denen, die den Leib töten, euch aber sonst nichts tun können. ... Fürchtet euch vor dem, der nicht nur töten kann, sondern die Macht hat, euch auch noch in die Hölle zu werfen" (12,4-5). Aus der Perspektive radikalen Angeschlossenseins ist der Untergang im Ich, ja selbst der Tod, kein Grund zur Angst. Im Ich umgebracht zu werden, leiblich getötet zu werden, beeinträchtigt das Sein bei/in Gott nicht. Bedrohlich wäre einzig der Verlust der ursprünglichen (und letztlichen) Gottnähe (hier umschrieben im Bild der Hölle), was aber, wenn man die menschliche Teilhabe am Ganzen als ontologisch letztliche Realität ernst nimmt, wiederum nur vom Ich aus so empfunden werden kann. Nicht Gott wirft den Menschen in die Hölle, sondern das *Ich erlebt sich* – als Durchgangsstadium – wie in die Hölle geworfen. Obiger biblische Satz fordert m.E. zur wahren Ehrfurcht und zu wirklicheren Relationen heraus: Nicht einmal die dunklen Mächte und die Menschen, die den Leib töten, sind das wahrhaft Ehrfurchtgebietende, sondern Gott als das nochmals Übersteigende, Wandelnde, Gott als Inbegriff von Macht. Als würde Jesus damit sagen: „Hab keine Angst, hab keine Besorgnis um das Eigene, selbst im Untergang ist Gott noch bei dir." Weiß Jesus also, dass die menschliche Angststruktur sich erst jenseits menschlicher Ich-Bezogenheit, sogar jenseits der tiernah-instinkthaften Reaktionen auflöst? Weiß er tröstlicherweise aber auch, dass sie sich dort wirklich *auflöst?* Hat er die menschliche Angststruktur und was daraus befreit, doch besser begriffen als auf den ersten Blick vermutet? Jedenfalls sind ‚Angeschlossensein an den Vater', ‚Urvertrauen, das tiefer gründet als alle Angst' und daraus heraus ein Loslassen aller Sorge im Ich, psychologisch betrachtet, *die* zentralen Antworten gegen die menschliche Existenzangst. Warum? Weil es den vorambivalenten, seienden, grundsätzlichen und guten Zustand der Teilhabe tatsächlich gibt. Biblisch gesprochen: den ‚Zustand im Vater' außerhalb ich-bezogener Interessen. Die Schwierigkeit der Antwort Jesu liegt also nicht in einer weltfremden Predigt, sondern in der Radikalität geforderten Loslassens. Jesus scheint aus Erfahrung zu kennen, wovon er spricht. Und er scheint zu wissen um die schiere Unmöglichkeit der menschlichen Seele, sich so radikal Gott anheimzugeben. Darum gibt Jesus über die Verkündigung hinaus auch Anleitung, wie die tägliche Sorge Gott übergeben werden kann, nämlich betend (vgl. Brotbitte II.2.1.1). ***Das Gebet*** ist Jesu zweite Antwort gegen die Existenzangst. Es bedeutet zugleich Bitte um das zum Leben Notwendige als auch Bitte ‚zu wollen',

327 ‚Sein im Vater' ist, innerseelisch und entwicklungspsychologisch betrachtet, ein Zustand, der aller Ich-Werdung und aller Ambivalenz vorangeht und tiefer gründet als alle Angst (Renz 1996). Denn Angst gibt es nur in der zumindest reflexartig vorhandenen Besorgnis um ein Eigenes. Auch Tiere sind bereits in dieser reflexartigen Sorge um das Eigene drin. Was befreit, ist das Zurückgehen *hinter* die Angst und das im Zeichen von Angst gewordene Ich, also zurück selbst hinter die instinkthaften (tierhaften) Reaktionen in uns. Spätestens bei Sterbenden können wir ein solches mit-erfahren und erahnen: Jenseits des Ichs gibt es keine Angst! Das ist ein Zurückgehen hinter die Erfahrung von Ambivalenz, ein Angeschlossen-Werden an jenen emotionalen Urgrund, den wir Gott nennen. Hier liegen auch Wurzeln einer – wie ich sagen möchte – vorambivalenten Religiosität, nach welcher sich gerade Menschen mit Angststruktur sehnen: der als reine Güte erfahrbare Gott.

zu vertrauen, zu hoffen und damit die Bitte um die richtige Geisteshaltung, um Gnade. Gegen die Versuchung – auch jene der Angst – helfen biblisch gesprochen Wachsamkeit und Gebet (21,36; 22,40). Offenbar kennt Jesus die innerseelisch stimmige Gesetzmäßigkeit, wonach einem das Vertrauen (irgendwann) geschenkt wird, wenn man darin ankommen ‚will', etwa indem man dieses Ankommen täglich, stündlich betend einübt. Und er weiß, dass das Wollen-Können seinerseits Gnade ist. Jesus plädiert, in moderner Sprache gesprochen, für die Kombination von Verstehen/Bewusstwerdung und Verhaltenstherapie.

Diesbezüglich aussagekräftig ist Jesu eigener Umgang mit Angst, der im Lukasevangelium besonders eindrücklich geschildert ist: Am Ölberg ist seine Angst so groß, dass sein Schweiß wie Blut auf die Erde tropft (22,39-44)! Was tut Jesus selbst dagegen? Er betet, wacht, übt sich in der Disziplin, zu wollen und zu glauben. Er riskiert die Offenheit auf Gott hin, d.h. trotz Angst und Enttäuschung wendet er sich genau an Gott. Ein Mehr oder ein anderes Rezept gegen die Angst hat also selbst Jesus nicht anzubieten. Doch es wirkt! Indem Jesus betet, ‚geschieht' dieses ‚Ankommen', auch bei ihm: „Da erschien ihm ein Engel vom Himmel und gab ihm (neue) Kraft" (22,43). Gnade.

Nebst diesen grundsätzlichen Antworten gegen die Existenzangst (Angeschlossensein und Gebet) gibt es beim genaueren Betrachten der Evangelien doch auch konkrete Bilder wider die Angst. Bilder, die ***Sicherheit*** spenden neben Bildern, die von einem ***‚Genug für alle'*** künden (vgl.I.3.3). Sowohl bei Lukas wie, vertiefter, bei Johannes. So etwa:

- die Speisung der Fünftausend (Lk 9,10-17; Joh 6,1-15). Warum soll der Mensch Existenzangst haben, wo es für alle Nahrung in Fülle gibt?
- das Motiv des verlorenen Schafes (Lk 15,4): „Wenn einer von euch hundert Schafe hat und eins davon verliert, lässt er dann nicht die neunundneunzig in der Steppe zurück und geht dem verlorenen nach, bis er es findet?" Und wenn wiedergefunden ist, was verloren war, herrscht Freude im Himmel. – Zu beachten ist, dass hier der Vater der Hirte ist, womit Gott als das Ganze, als hütend und vertrauenspendend erahnt wird.

Das ***Motiv des Schafes*** (wie auch dasjenige ***des Kindes***) spricht *generell* vom angstgeprägten und darin auch erreichbaren Menschen und vom naturnah empfindsamen Teil in uns selbst. Dies wird im Evangelium nach Johannes (Joh 10,1-16) besonders deutlich. Dort wird auch nachvollziehbar, weshalb das Bild von ***Jesus als dem guten Hirten*** so wirkungsstark ist. [328]

„... Wer in den Schafstall nicht durch die Tür hineingeht, sondern anderswo einsteigt, der ist ein Dieb und ein Räuber. Wer aber durch die Türe hineingeht, ist der Hirt der Schafe. Ihm öffnet der Torhüter und die Schafe hören auf seine Stimme; er ruft die Schafe, die ihm gehören, einzeln beim Namen und führt sie hinaus. Wenn er alle seine

---

328 Vgl. Deutung von Drewermann (1991, 131f).

Schafe hinausgetrieben hat, geht er ihnen voraus, und die Schafe folgen ihm; denn sie kennen seine Stimme. Einem Fremden aber werden sie nicht folgen, sondern sie werden vor ihm fliehen, weil sie die Stimme des Fremden nicht kennen … . Weiter sagte Jesus zu ihnen: Amen, amen, ich sage euch: Ich bin die Tür zu den Schafen. Alle, die vor mir kamen, sind Diebe und Räuber; aber die Schafe haben nicht auf sie gehört. Ich bin die Tür; wer durch mich hineingeht, wird gerettet werden … . Der Dieb kommt nur, um zu stehlen, zu schlachten und zu vernichten; ich bin gekommen, damit sie das Leben haben und es in Fülle haben. Ich bin der gute Hirt … ."

Im Johannesevangelium identifiziert sich Jesus selbst mit dem guten Hirten.[329] Und es wird eine ganz bestimmte ***Qualität von Beziehung*** zwischen Schaf und gutem Hirten gezeichnet, die ich als *dritte* Antwort betrachte in dem, was nach Jesus aus der Angstprägung erlöst. Sie verheißt eine neue Zukunft, öffnet ein Tor (Ich bin die Tür) in Richtung eines volleren Mensch-Seins jenseits instinktnaher Angst. Der Hirte kennt seine Schafe und ruft sie einzeln beim Namen.[330] Sie kennen seine Stimme, wissen um seine Verlässlichkeit und fassen Vertrauen, ihm zu folgen. So wird Jesus selbst zur Tür, die den Menschen aus seinem Angst-Stall hinausführt in ein Leben in wahrer Freiheit und Fülle. „Ich bin gekommen, damit sie das Leben haben und es in Fülle haben" (Joh 10,10). Wahrhaft leben dürfen und teilhaben an jener Fülle, die sich in der ewigen Nähe Gottes ereignet, Schaf in der Herde und zugleich Eigener sein dürfen – an solchen Visionen kommt der von Angst gepeinigte Mensch zur Ruhe. Der Weg aus Angst ins gewagte Leben, wie Johannes ihn zeichnet, führt also über die Erfahrung von personaler Beziehung. Derweil Lukas den Akzent vermehrt auf die Qualität eines vorichhaften Dazugehörens zum Vater setzt, betont der Autor des Johannesevangeliums die Ich-Du-Komponente von Beziehung: Indem Jesus sich selbst identifiziert mit dem guten Hirten und seiner Funktion als ‚Tor', übernimmt er die Verantwortung als Mittler und macht sich selbst zum Garanten. Was wenn nicht dieses entschiedene Mittlersein bürgt für das dahinterliegende Geheimnis vom Vater und seinem Reich.

Die Beziehung, von der Jesus in Joh 10,1-16 spricht, ist trotz des Gefälles zwischen Hirt und Schaf eine ***dialogische***[331] Liebesbeziehung. Das Schaf bringt sein Angewiesensein, seine Fähigkeit zu hören und die Bereitschaft, sich führen zu lassen, in die Beziehung ein, der Hirte sein wahres Hirt-Sein in treuer Sorge und Zuwendung zu jedem Einzelnen in dessen Identität. Personaler könnte Beziehung nicht umschrieben werden, aber auch nicht ‚gegenseitiger'. Liebesbeziehungen müssen nicht a priori in den Kategorien von Gleichberechtigung und Gleichheit funktionieren. Nur in den

329 Vgl. Werbick (1992, 151).

330 In der Kombination von Natur und Instinktnähe (Schaf) und Beim-Namen-Gekannt-Sein ein sehr eindrückliches Bild für das Ursprunghafte und zugleich personal Menschliche, das den Menschen auszeichnet. Vom Ursprung her schon zur Individuation und Freiheit als wahrer Mensch berufen.

331 „Dialogik ist eine Lebenshaltung, in der das Eigene wie das andere gleichzeitig und gleichwertig nebeneinander bestehen. Nicht länger Kampf zwischen Polaritäten, sondern ständiger Einbezug des andern charakterisieren diese Haltung … Widersprüche … Spannungen im Andersartigen gehören dazu" (Renz, 1996, 299). Vgl. Buber (1984); Fischer et al. (1992); Herzka (1989).

seltensten Fällen können sie als Beziehung von Gleich zu Gleich überhaupt gedacht werden. In aller Regel sind Beziehungen auf den ersten Blick einseitig, der eine ‚gibt', der andere ‚nimmt', der eine verfügt über Fähigkeiten, die in dieser Welt zählen, der andere nicht oder im Moment weniger (vgl. Frau Brunner in I.4.8.1). Kommt aber ein Empfangen nicht seinerseits einem Geben gleich? Dialogisch wird Beziehung nicht dort, wo Gleich auf Gleich trifft, sondern wo beide Partner in ihrer Unterschiedlichkeit angewiesen sind auf Prozess und also einem Dritten verpflichtet. Wo sich keiner – wie es der Dynamismus der Sonderung nahelegen würde – aus seinem Verwiesensein herausnimmt. Personale, dialogische Beziehung meint zugleich ‚Verwiesen-Sein' (vgl. auch II.2.4.1).

Übersetzt auf heutige Erlösungswege heißt all das: Der noch immer im Bann seiner (Ur-)Angst lebende Mensch muss, seine Kreatürlichkeit bejahend, sich bewusst werden, wie sehr er nach wie vor von Angst geprägt ist. Die Fähigkeit, Angst, kreatürliche Bedürftigkeit und Sehnsucht fühlen zu können, ist im hohen Maße wichtig. Sie öffnet ihn auf das hin, was letztlich erlöst. Darin lag wohl schon damals ein Unterschied zwischen den Herrschenden und dem Fußvolk der Schwachen. Zwischen den Schriftgelehrten, die zu wissen glaubten, was die Schrift lehrt, und den Menschen einfachen Gemüts, auch vielen der Jünger und Jüngerinnen. Bei Lukas wird gesagt: „Fürchte dich nicht, du kleine Herde! Denn euer Vater hat beschlossen, *euch* das Reich zu geben" (Lk 12,32). Und anderswo: „... denn *euch* gehört das Reich Gottes" (Lk 6,20). Damit waren vorerst zwar die Jünger und Jüngerinnen gemeint, wohl aber ebenso der schlichte, antreffbare und führbare Schaf-Teil unsrer selbst. Das ist Aussage: Antreffbar für das Geheimnis von Erlösung sind wir im führbaren Schafteil, im Kindhaften (vgl.II.2.1.2).

Jesu Antworten gegen die Angst waren schwer verstehbar, damals schon. Joh 10,6: „Dieses Gleichnis erzählte ihnen Jesus; aber sie verstanden nicht den Sinn dessen, was er ihnen gesagt hatte." – Demgegenüber sind die Gesichter von Haben/Gier und Macht und Jesu Antworten darauf direkter verstehbar, was nicht heißt, dass sie emotional einfacher wären, im Gegenteil.

2.3 Der in Begehren und Haben fixierte Mensch und inwiefern Jesus erlöst

2.3.1 Als „Besetzter/Besessener" braucht der Mensch Heilung

Begehrt wird, was man selbst nicht hat. Begehren ist ein Haben-Wort. Davon wird häufig auch in der Sexualität gesprochen: Der andere wird begehrt, was auch positiv erlebt wird im Sinne eines: „Ich liebe dich, ich möchte dich, zusammen sind wir ganz." In der Begierde und im Zustand von Erregung realisiert der Mensch, dass er den andern braucht, um ganz zu sein. Allein ist er nur eine Hälfte. Der Mensch ist ein Beziehungswesen, angelegt auf Ergänzung und Beziehung. Ohne Beziehung und ohne ein größeres Angeschlossen-Sein bleibt der Einzelne Mangelwesen: bedürftig, anfällig, begehrend. Hinter dem Begehren wirken zunächst Mangel und Sehnsucht. Die Begriffe Begehren und Begierde weisen aber daraufhin, dass im Begehren die Energie der Gier am Werk ist. Wo ist die Grenze zwischen gesunder Sehnsucht und krankhafter Gier? Gier ruft nach ‚immer mehr'. Ebenso der Neid: Er verlangt ständig neu nach dem je andern und dem Mehr, das andere vermeintlich haben. Verschiedene Ängste, so etwa die Angst, mitten in einer Wohlstandsgesellschaft nicht genug zu haben, nicht genug zu erreichen (an Reichtum, Ansehen, Lust, Leben, Abenteuer, Freunde ...), gehören hierher.

Wenn ich im Folgenden die Begehrensstruktur in den Blick nehme, habe ich mich von der primären Angst und der Ebene der Urbefindlichkeiten bereits entfernt. Menschen, die gefangen sind in ihrem Begehren, sind nicht mehr gleichermaßen im Eigentlichen ihrer Not anzutreffen wie noch in der Angststruktur. Ein unstillbares (gieriges) Verlangen hat sich gleichsam zwischen das Ich und eine Urnot gestellt. Bei der Begehrensstruktur geht es – inhaltlich betrachtet – nicht mehr um die Erbärmlichkeit des Kreatur-Seins und das Abgenabelt-Sein, sondern um das Nicht-Genug. Energetisch betrachtet, tritt jetzt die Frage in Szene: Wer/Was ist stärker, das Ich oder das Begehren nach Immer-Mehr?[332]

In Teil I.3.4 wurde erläutert, was mit dem Begriff der Begehrensstruktur gemeint ist, sowohl in deren Mangel- wie Genussprägung. Dort wurde gezeigt, wie früh der Reflex zum Haben-Wollen entbrennt und wie unfrei Menschen in ihrem eigenen Begehren schlussendlich sind. Das meint mehr als die vitale Triebhaftigkeit[333], die man vermeintlich mittels Vernunft und Bewältigungsmuster in den Griff kriegt. Bei der Begehrensstruktur geht es um eine ***sog-artige Dynamik*** (um einen Dynamismus): Das Ich hält einen unbewussten Trieb nicht länger in Schach, sondern gerät in den Sog des

332 Ein Ähnliches gilt auch für die Machtprägung.

333 Was Trieb sei, wird unterschiedlich definiert. Rohracher (in: Hehlmann 1968) unterscheidet zwischen 1) vitalen Trieben respektiv Erhaltungstrieben (Nahrungs-, Geschlechts-, Flucht-, Bewegungs-, Schlaf-, Mutter-, Pflege-, Bruttrieben), 2) sozialen Trieben oder Gesellschaftstrieben (u.a. Geltungs-, Machttrieb, ... Habgier, Eifersucht, Gewaltsucht), 3) einer Kategorie der sogenannt hedonistischen Triebe (Genusssucht) und 4) Kulturtrieben.

Begehren-*Müssens.* Sättigung stellt sich nur kurzfristig ein, bevor schon das nächste Begehren aufflammt. Begehrt hat man im Grunde nie genug. Der sog-artige Dynamismus verlangt nach immer mehr und immer Neuem. Aus Sexualität wird Gier, aus dem Beziehungspartner ein Objekt. Sehnsucht pervertiert zur Sucht: Alkohol-, Kauf-, Prestigesucht. Im Sog ist das Ich nicht mehr frei, nicht mehr Herr im eigenen Haus, sondern von irgendetwas rundum besetzt. ***Das Problem liegt im Energetischen.*** Der biblische Begriff für diese ***Labilität im Ich*** lautet ***Versuchbarkeit.*** Ein treffendes biblisches Bild für das energetische Im-Bann-Sein ist die ***Besessenheit durch Dämonen.*** Dämonen sind in den Evangelien definiert als „... Mächte und Gewalten, die den Menschen schaden, weil sie zur Welt des Bösen gehören" (Söding 2003, 523).[334] Lies und Hell (1992, 17) unterstreichen in ihrer Deutung des Textes vom Besessenen von Gerasa (Lk 8.26-39, siehe unten) die Nähe des Wortes Besessenheit zum modernen Begriff des ***Besetzt-Seins*** als Gegenqualität zum Frei-Sein. Ernst (1993, 216) erkennt im Phänomen der dämonischen Besessenheit einen „erschreckenden Gegenwartsbezug: die modernen Zwänge sind vielleicht noch stärker als Hand- und Fußfesseln" (gemeint: jene des Besessenen von Gerasa).

Greift eine solch anthropologische Deutung des biblischen Motives der Besessenheit nicht zu kurz? Und wenn nein, warum nicht? Besetzt-Sein drückt erstens ein menschliches Fremdbestimmt-Sein aus. Das Wovon ist dabei sekundär. Im biblischen Ausdruck des Besessenseins durch Dämonen kommt m.E. aber zweitens genau dieses energetische Szenario des Richtungslosen und des Immer-Mehr zum Ausdruck. Dasjenige, was uns besetzt und wonach der Mensch giert, hat schlussendlich keinen Namen, kein erkennbares Gesicht und kein Ende mehr. Der Mensch ist anfällig auf *alles,* was nach scheinbarer Erfüllung schmeckt,[335] verführbar für alles, was Befriedigung verspricht. Begehrensstruktur meint mehr als nur ein konkretes Begehren. Die Rede von der Beherrschung der Triebe, von der Sucht, welche man doch im Griff habe, trügt. Das Fremdbestimmt-Sein und Verfallen-Sein wird dabei heruntergespielt: Was soll an einem Haus in der Toskana, an diesem oder jenem Genussmittel nicht gut sein? Ungut ist der heimliche Selbstbetrug. Das Ich überspielt seine Anfälligkeit und seine Schwäche. Es macht sich vor, über sein Begehren Herr zu sein, um sich nicht eingeste-

---

334 Das ***Dämonenverständnis in den Evangelien gründet im späteren Alten Testament und in der frühjüdischen Apokalyptik*** (Söding 2003, 519-549). Oegema (2003, 505-518) unterstreicht, dass die Evangelien die Dämonen kaum im Kontext griechisch-römischer *Tradition,* sondern vor dem Hintergrund der jüdischen Literatur der hellenistisch-römischen *Periode* sehen. Die Worte und Taten des historischen Jesus inspirierten aber darüber hinaus eine neue Dämonenlehre christlicher Tradition, wonach Dämonen jene Mächte sind, die dem Menschen schaden und dem Bösen angehören. Moralisch verwerfliches Verhalten wie die *plenoxia* (Geiz, Habgier mit der Grundbedeutung von Mehrhaben, Mehrhaben-Wollen) ist dem Willen Gottes entgegengesetzt (vgl. Finkenrath und Niebuhr 1997, 133-135). Im Frühjudentum kommt damit eine ethisch-psychologische Komponente der Dämonen zum Tragen, die *soteriologisch* und nicht mehr primär kosmologisch geprägt ist; es besteht ein Zusammenhang zwischen Jesu Dämonenaustreibung, Krankenheilung und seiner Basileia-Botschaft, die sich „nicht ohne seine Exorzismen, die Exorzismen nicht ohne den Basileia-Dienst Jesu" verstehen lässt (Söding 2003, 520).

335 Vgl. Ausdruck: Sie/er hat Blut geschmeckt. Was bedeutet, sie/er ist blutgierig geworden, ist auf den Geschmack von etwas gekommen.

hen zu müssen, wie sehr es, gerade umgekehrt, davon geknechtet ist. Trügerisch ist auch die kollektive Bewertung, die uns nahelegen will, dass alles Begehren doch normal sei. Der biblische Begriff der Besessenheit ist schonungsloser und ehrlicher: der besessene Mensch kann sich kein „im-Griff-haben“ vortäuschen. Dämonen hat man (hat das Ich) gerade nicht im Griff. Es geht in der Tat um ***alternative Existenzweisen***: Entweder bin ich frei, mich selbst zu sein, oder ich bin schon im Bann, besetzt und überführt ... Im Sog gibt es kein Mittelmaß, überhaupt kein Maß, sondern nur das Entweder-oder. Bildlich gesprochen ist mit dem Hinreichen des kleinen Fingers bereits der ganze Körper infiziert. Wo beginnt das Umkippen? Sehr früh und immer neu, auch dort, wo wir kein Böses vermuten. Die Frage nach der Grenzziehung taugt nicht, sondern nur die Frage nach der Lauterkeit einer Absicht[336] oder nach der aktuellen Persönlichkeitsstärke inmitten einer allgegenwärtigen Versuchung. Biblisch formuliert: Wer ist Herr im eigenen Haus? Wer verwaltet die Güter? Wen bete ich als das Mich-Bestimmende an: Gott oder den Mammon? Das Neue Testament sagt: Wenn ich nicht ausgerichtet bin auf Gott, so bin ich unbemerkt schon im Banne der Dämonen.

Die Art und Weise, wie die Evangelien von Dämonen berichten, sagt viel darüber aus, wer sie sind. Dämonen sind Ausdruck für das namenlos Böse. Kein Dämon hat einen Namen, ausgenommen Beelzebub als Inbegriff des Dämonischen und als Anführer (in Lk 11,14-23). Die Dämonen sind identitätslos, kontur- und damit grenzenlos. Niemand weiß so genau, wer sie sind und wo sie hausen. Keiner weiß, wo es beginnt, dass er seine Seele als Behausung bereits zur Verfügung gestellt hat. Über die Redeweise von den Dämonen, so meine ich, ist es Jesus vortrefflich gelungen, das ***Wesen der – einer Begehrensstruktur innewohnenden – Dynamik in Worte zu fassen***[337]. Genauso ist es: Noch bevor ich weiß, wem ich da erliege, bin ich schon in dessen Bann, weil zu schwach, zu verführbar und im Grunde Opfer einer unstillbaren (Sehn-)Sucht. Ein psychologisches Lehrbuch könnte es nicht besser umschreiben: Nicht die Dinge und ihre Schönheiten sind das Problem, sondern das menschliche Begehren. Und nicht das Begehren *an sich* ist ungut, sondern die Dynamik des Immer-Mehr, welche alle Kontrolle unterwandert. Nicht das Ich, noch die Welt sind böse, sondern das Gefährliche besteht darin, dass das Ich so schnell in den *Bann* des Bösen gerät, d.h. in den Bann abgespaltener, nicht mehr dem Ganzen dienender Energien (vgl. I.3.5.3). Der eigenen Anfälligkeit erliegend, ist es schon geschehen, weshalb Jesus bisweilen dazu rät, *jegliche* Anfälligkeit aus sich herauszureißen[338]. Die eigene Anfälligkeit also ist schon Einladung an fremde Herren und Mächte. Ob besetzt durch

---

336 „Wer in den kleinsten Dingen zuverlässig ist, der ist es auch in den großen, und wer bei den kleinsten Dingen Unrecht tut, der tut es auch bei den großen“ (Lk 16,10).

337 Ernst (1993, 137) erkennt im biblischen Dämon auch den „Repräsentant einer überindividuellen geistigen Macht“, den „satanischen Gegenspieler des Messias“. Doch was ist damit gesagt? Nichts anderes, als was das vorliegende Buch über die vom Ganzen abgespaltene energetische Dimension als äußerst ernst zu nehmender Dynamismus aussagt.

338 Vgl. Mk 9,47-48: „Und wenn dich dein Auge zum Bösen verführt, dann reiß es aus; es ist besser für dich, einäugig in das Reich Gottes zu kommen, als mit zwei Augen in die Hölle geworfen zu werden, wo ihr Wurm nicht stirbt und das Feuer nicht erlischt.“

einen Geist oder durch mehrere, spielt schlussendlich keine Rolle, weil jedes Besetzt-Sein als solches total ist. Fremdbestimmtheit ist dann nur Folgeerscheinung, damals wie heute.

Es geht also weniger um die Frage, wer die Dämonen sind, als um die Labilität der menschlichen Seele und um die Frage, wann und weshalb das Ich so schwach ist? Auch hierauf antwortet die Bibel treffend: Ohne Ausrichtung auf ein Größeres, auf Gott ist das Ich „herrenlos" und ohne eigene Mitte (vgl. Darstellung in I.2.5). Eindrücklich tritt dies an jener Stelle hervor, wo Jesus die Rückkehr des unreinen Geistes schildert: „Ein unreiner Geist, der einen Menschen verlassen hat (Lutherübersetzung: von einem Menschen ausgefahren ist), wandert durch die Wüste und sucht einen Ort, wo er bleiben kann. Wenn er keinen findet, sagt er: Ich will in mein Haus zurückkehren, das ich verlassen habe. Und wenn er es bei seiner Rückkehr sauber und geschmückt[339] antrifft, dann geht er und holt sieben andere Geister, die noch schlimmer sind als er selbst. Sie ziehen dort ein und lassen sich nieder. So wird es mit diesem Menschen am Ende schlimmer werden als vorher" (Lk 11,24-26).

Wie reagiert Jesus auf diese energetische Dimension der menschlichen Begehrensstruktur, wie auf eine solchermaßen herrenlose und in sich selbst gefangene Seele? Während, wie im vorangehenden Kapitel geschildert, die Angststruktur zwar schwierig zu erkennen, aber, wenn einmal offengelegt, doch auf schlichte Weise zu beruhigen ist, ist der Umgang mit der Begehrensstruktur und menschlichen Anfälligkeit weit anspruchsvoller. Sie überall zu entdecken ist zwar leicht, doch sie fassbar zu machen und Antwort darauf zu finden fällt schwer. Die wichtigste jesuanische Antwort liegt in dem verborgen, was Jesus *tat*: ***Der in seinem Begehren gefangene Mensch braucht: Heilung*** – nichts weniger.

Jesus reagiert also auf mehreren Ebenen auf diesen energetischen Teil der menschlichen Begehrensstruktur:

- ***In der Verkündigung***[340]. Jesus ruft zur Bewusstwerdung auf und bietet Antwort und Gegeninhalt an, für die/den es sich lohnt, das Hab und Gut des Ichs dranzugeben.

---

339 Geschmückt verstehe ich hier als einladend, als „zum Hereinkommen geradezu auffordernd". Für Dämonen einladend ist der nicht in sich selbst und Gott ruhende, getriebene Mensch. Ein solches „Haus" ist nicht ge(er)füllt durch das, worum sich der Hausherr kümmern und dem er dienen sollte.

340 Beispiele im Lukasevangelium, wo Jesus direkt oder indirekt deutlich Stellung bezieht zur Frage des Begehrens und des Umgangs mit Gütern: Versuchung: Wem gehören die Reichtümer dieser Erde? (4,5-8). Hütet euch vor der Habgier (12,15); Seligpreisungen (6,20-23); beispielhafte Reaktion der Frauen im Gefolge (8,1-3); Aussendung der Zwölf (9,1-6) und der 72 Jünger (10,1-12); Gleichnis vom barmherzigen Samariter (10,25-37); im Vergleich Maria mit Marta (10,38-42); Gebetsanleitung: „Führe uns nicht in Versuchung" (11,4); „Bittet, dann wird euch gegeben" (11,9); Gleichnis vom reichen Mann (12,16-21); von der falschen und der rechten Sorge (12,22-32); vom wahren Schatz (12,33-34); „Seid wie Menschen, die auf die Rückkehr ihres Herrn warten ... Selig die Knechte, die der Herr wach findet ..." (12,35-40); das Mahl mit den Verkrüppelten, Lahmen, Blinden (14,12-24); generell sein Umgang mit Zöllnern (15,1-2) oder mit Zachäus (19,1-10); vom rechten Gebrauch des Besitzes (16,9-13); Reaktion auf geldgierige Pharisäer

- ***In der Anleitung zu Gebet und Nachfolge.*** Gebet (Zentrierung auf Gott) und Wachsamkeit (Präsenz im Ich) helfen gegen die Versuchung, wie sie der Begehrensstruktur innewohnt, ebenso wie gegen die Angst (II.2.2). [341] Nachfolge wird später erläutert (II.2.3.2).
- ***Vor allem aber: in der Heilungstätigkeit***[342].

Die Tatsache, dass Jesus heilt, ist bereits Aussage. Bei dem in seinem Begehren gefangenen Menschen genügen offensichtlich – im Gegensatz zur Angststruktur/zum Schaf-Teil und Kind-Teil im Menschen – Erziehung, Führung und Schutz nicht mehr. Auch nicht das alleinige In-Aussicht-Stellen von Perspektiven (Rede vom Himmelreich). Im sog-artigen Dynamismus des Immer-Mehr braucht es Heilung. Heilungsgeschichten umfassen einerseits Bewusstwerdung, das sich Erreichen-Lassen und Umkehr vonseiten des Menschen. Und daneben den Gnadenakt des Heilens, der im Falle Jesus (und dann auch der Wunder wirkenden Jünger) gelingt kraft eines Begründet-Seins im Vater (sprich: in Vollmacht). Man beachte die Wortwahl: ‚Heilung'. Das hat mit einem ganzheitlichen Heil-Werden zu tun und meint etwas anderes als medizinisches Gesund-Sein oder einfach Glücklich-Sein. Heil-Sein hat zu tun mit Nahe-bei-Gott-Sein und ist ein schwer fassbarer Zustand, der auch Schwerkranken möglich ist. – *„Ich bin so frei", äußerte ein todkranker Mann, „es ist, als wäre ich zum ersten Mal frei, einfach mich selbst zu sein. Was andere denken oder was früher wichtig war, ist unwichtig. Nur das Eine zählt ...", er zittert, „das Dasein mit Gott".*

(16,14-15); vom reichen Mann und vom armen Lazarus (16,19-31); von Verführung und Vergebung (17,1-4); „Wer sein Leben zu bewahren sucht, wird es verlieren; wer es dagegen verliert, wird es gewinnen" (17,33; vgl. auch 14,11; 13,30); vom Reichtum und der Nachfolge (18,18-27); vom Lohn der Nachfolge (18,28-30; vgl. auch 14,12-14); das Gleichnis vom anvertrauten Geld (19,11-27); Frage nach den kaiserlichen Steuern (20,20-26); Welches Opfer wiegt mehr? (21,1-4); „Als ich euch ohne Geldbeutel aussandte ... habt ihr da etwa Not gelitten? ... Jetzt aber soll der, der einen Geldbeutel hat, ihn mitnehmen ..." (22,35-36). – Gegeninhalt ist schließlich immer wieder in Jesu Verkündigung vom Vater oder von der Basileia zu finden. – Wenn ich hier die Passion und Auferstehung nicht näher befrage, so weil ich eine gewisse Trennung zwischen Jesu Botschaft (Verkündigung und Heilung) und der Erlösungsdynamik an seinem eigenen Leib, also dessen, was durch Jesu Leben geschieht (Kap. II.3), mache.

341 Gebet hilft ebenso gegen die Versuchung, wie sie der Begehrensstruktur innewohnt, wie – was bereits aufgezeigt wurde – gegen die Angst (II.2.2). Etwa die Bitten des Vaterunsers: „Führe uns nicht in Versuchung" (Lk 11,4). „Gib uns täglich das Brot, das wir brauchen" (Lk 11,3). Aber auch: „Bittet, dann wird euch gegeben" (Lk 11,9). „Betet darum, dass ihr nicht in Versuchung geratet!" (Lk 22,40).

342 Die Wunder und Heilungen Jesu werden heute zwiespältig gelesen. Warum wurden damals Menschen geheilt und heute nicht mehr?, fragen Patienten. Sie denken dabei an *körperliche* Gebrechen und Krankheit und dies nicht zu Unrecht, wenn sie die Lahmen, Blinden, Aussätzigen vor Augen haben. Ohne nun die Heilerfähigkeiten des damaligen Jesus von Nazaret schmälern zu wollen, frage ich doch: Um welche Art von Krankheiten ging es in den biblischen Heilungen? In aller beschriebenen Vielfalt bleiben wichtige Krankheiten ungenannt: Krebs, Altersleiden, Frakturen u.a.m. Sind die Heilungen Jesu vielleicht auf zwei Ebenen zu betrachten? 1) Dass Jesus zwar real geheilt hat, 2) dass sein eigentliches Anliegen dahinter aber ein anderes war: Den Menschen zu zeigen, dass der Zustand des Verbundenseins mit Gott heil macht? Ist demzufolge vielleicht möglich, dass im Neuen Testament vor allem Heilungen an Menschen beschrieben werden, die man auch im übertragenen Sinne deuten soll: dass Menschen seelisch oder energetisch betrachtet krank waren (lahm, tot, verdorrt, stigmatisiert, besetzt, blind) und wieder gesund wurden? Hierzu vgl. die konkreten heilenden Tätigkeiten und Sätze, wie etwa: „Steh auf", „Streck deine Hand aus" und in all dem das Lebendig-Werden durch ein Sich-Berühren-Lassen, Sich-Einlassen auf eine neue Mitte hin.

Wie heilt Jesus? Diese Frage wird hier speziell im Kontext von Dämonenbesessenheit betrachtet. Wie löst Jesus Menschen aus dem Bestimmt-Sein von Dämonen heraus? In kaum einer Frage scheint Jesus so eindeutig zu sein wie in dieser. Bei den Dämonenaustreibungen kommt sein Wirken aus dem Vater ganz zum Tragen. Jesus lehrt den Dreischritt:

1. ***Erkennen***, dass hier Fremdbestimmung vorliegt (immerhin spricht er von Dämonen), eine Reaktion also, die alles andere als Naivität beinhaltet.
2. ***Verbannung der fremden Herren/Geister***[343] und hierzu die ***Festigkeit*** der heilenden Persönlichkeit.
3. ***Umwendung der fremdbestimmten Seele*** zu Gott und zu einem Leben aus dieser inneren Mitte heraus.

... und in all dem das Stehen des Sohnes im Vater, womit sein Begründet-Sein in Gott gemeint ist. Das heißt auch: Es ist schlussendlich *Gott*, Inbegriff von Macht, der heilt. Auf Jesus bezogen ist es die Vater-Sohn-Beziehung, die zum Heilen befähigt. Ihr entstammt das vertrauensvolle Wissen, dass Gott stärker ist als die Dämonen[344], dass es aber auch nur eine wahre Mitte und heilsame Ausrichtung des Menschen geben kann, nämlich Gott. Dies wiederum muss richtig gelesen werden: Der Mensch muss nicht nur im moralischen Sinne gottgefällig sein. Es geht um kein Müssen im Sinne von Drohung, sondern darum, dass nur die Dimension *Gott* Antwort ist und dass nur eine in Gott gründende Gegendynamik stärker ist als Sog und pervertiertes Begehren. Nur in Gott zentriert, findet der in seiner Begehrensstruktur in die Irre gegangene Mensch zur Ruhe. Jesus lebt selbst diese Ruhe, strahlt sie aus, verkündet sie.

Seine Vollmacht im Geiste ermöglicht es Jesus, zu unterscheiden zwischen dem gepeinigten Menschen einerseits und den ihn peinigenden Dämonen anderseits. Ersteren begegnet Jesus zwar bestimmt, aber liebevoll verstehend. Oft spricht er sie zunächst nicht an, ganz so, als wären sie nicht wirklich da.[345] Den Dämonen aber, die namenlos bleiben, wird gedroht. Sie werden ausgetrieben und gebannt; Wichtiges geschieht nonverbal[346]. Die Menschen selbst werden von Jesus zurückgeführt in ihren normalen Zustand, an ihren Wohnort, das Kind zum Vater. Insgesamt findet die herrenlose

---

343 Das geht durchaus in Richtung Exorzismus, stellt aber magische Praktiken auch infrage.

344 Vgl. etwa Lk 11,14-23 und darin die Frage: Mit wessen Hilfe treibt Jesus Dämonen aus?

345 Etwa beim besessenen Mann in der Synagoge von Kafarnaum (Lk 4,31-37) spricht Jesus den Mann nicht an. Dieser hat offensichtlich zu Beginn keinen Namen, keine Identität mehr. Er sagt nur: „Schweig und verlass ihn." Das heißt, er spricht direkt den ihn beherrschenden Dämon an, diesen aber umso deutlicher. – Oder beim besessenen Jungen (Lk 9,37-43a) droht Jesus dem unreinen Geist und heilt den Jungen und gibt ihn dem Vater zurück. Er hat den Jungen nicht angesprochen zuvor oder man fand das nicht nennenswert. Der Junge als Mensch mit eigener Identität schien in diesem Gespräch gar nicht vorzukommen. – Oder beim Stummen (Lk 11,14) wird zuerst der stumme Geist ausgetrieben, bevor die Rede ist vom Menschen, welcher nach der Austreibung reden konnte.

346 In solcher Zeichensetzung, die mehr ist und nochmals tiefer greift als Worte, liegt meines Erachtens die tiefere Wirksamkeit von Sakramenten, Salbung und Segen begründet.

Seele zu ihrer gottgewollten Identität und ihrem In-der-Welt-Sein. Im Folgenden wird ein Heilungsbericht ausführlicher betrachtet:

Heilung des Besessenen von Gerasa (Lk 8,26-39) (vgl. Mt 8,28-34; Mk 5,1-20)

Es wird von der Heilung eines Mannes berichtet, der von Dämonen (δαιμόνια) (Plural) besessen war und schon lange keine Kleider mehr trug. Er lebte im Gebiet Gerasa, auf der anderen Seite des Sees, und zwar nicht in einem Haus, sondern in Grabhöhlen. „Als er Jesus sah, schrie er auf, fiel vor ihm nieder und rief laut: Was habe ich mit dir zu tun, Jesus, Sohn des höchsten Gottes? Ich bitte dich: Quäle mich nicht! Jesus hatte nämlich dem unreinen Geist (πνεῦμα ἀκάθαρτον) (Singular) befohlen, den Mann zu verlassen. Denn schon seit Langem hatte ihn der Geist in seiner Gewalt, und man hatte ihn wie einen Gefangenen an Händen und Füssen gefesselt. Aber immer wieder zerriss er die Fesseln und wurde von dem Dämon in menschenleere Gegenden getrieben. Jesus fragte ihn: Wie heißt du? Er antwortete: Legion. Denn er war von vielen Dämonen besessen. Und die Dämonen baten Jesus, sie nicht zur Hölle zu schicken. Nun weidete dort an einem Berg gerade eine große Schweineherde. Die Dämonen baten Jesus, ihnen zu erlauben, in die Schweine hineinzufahren. Er erlaubte es ihnen. Da verließen die Dämonen den Menschen und fuhren in die Schweine, und die Herde stürzte sich den Abhang hinab in den See und ertrank. Als die Hirten das sahen, flohen sie und erzählten alles in der Stadt und in den Dörfern. Darauf eilten die Leute herbei ... und sahen, dass der Mann, den die Dämonen verlassen hatten, wieder bei Verstand war und ordentlich gekleidet Jesus zu Füßen saß. Da fürchteten sie sich" (Lk 8,28-35). Jesus wurde gebeten, das Gebiet zu verlassen. Den Mann aber, der bei Jesus bleiben wollte, schickte dieser fort: „Kehr in dein Haus zurück und erzähl alles, was Gott für dich getan hat" (Lk 8,39).

Dieser Heilungsbericht, der zu den umfangreichsten der synoptischen Tradition gehört, hat gemäß Gnilka (1994, 200) „in der Forschung recht unterschiedliche Denkkompositionen erfahren. So rechnen manche Autoren mit mehreren vormarkinischen Überlieferungsstufen". Auch für Gnilka scheint es etwas Vormarkinisches gegeben zu haben. Andere sehen – so Gnilka – alttestamentliche Vorbilder oder eine schlichte Exorzismusgeschichte[347] als zugrunde liegend. Gnilka (1994, 200) zieht in Anbetracht der Ausführlichkeit in Erwägung, dass aus diesem Text vieles aus der mündlichen Erzählung spricht.[348] Gemäß Drewermann (1985, 250) ist dies ein Text, wo die historisch-kritische Exegese über eine Reihe von mehr oder minder einleuchtenden

347 Vgl. Mk 1,23-26. – Ernst (1993, 214) spricht von der „Gattung der ‚Dämonenaustreibungserzählung' (Exorzismus) mit der bekannten Topik: Begegnung, Abwehr des Dämons, Apopompe (Austreibung), Epipompe (Einfahrt in neue Behausung), Reaktion der Zuschauer. Die Geschichte wurde ... novellistisch überformt ... ."

348 Hierzu Gnilka (1994, 199-208): Ein Besessener wird zum Verkünder (Mk 5,1-20).

Hypothesen hinaus niemals einen festen historischen Punkt erreichen kann. Umso wichtiger die tiefenpsychologisch-symbolische Deutung.[349]

Persönlich habe ich diese Wundererzählung neu begriffen anhand der von Lies und Hell (1992, 14-23) formulierten Fragen: Wer bin ich? Wer liebt mich? Wer macht mich frei? Wer macht mich heilig? Ich sehe also ahnenderweise einen Menschen vor mir, der zu Beginn ohne Identität und Namen ist, so sehr bestimmt durch die Dämonen oder mit ihnen identifiziert (!), dass er auf die Frage Jesu: Wie heißt du? antwortet: „Legion". Nach der religiösen Überzeugung des Volkes Israel galt ein Mensch, der nicht weiß, wer er ist, als entheiligt. Wir haben es also mit einem identitätslosen, seiner Würde beraubten und gänzlich unfreien Menschen zu tun. Auch wenn im Text kein Name dieses Menschen fällt, so wird doch an anderen Details deutlich, dass Jesus ihm Identität, Würde (Heiligkeit), Liebesfähigkeit und Freiheit zurückgibt: Der zuvor Besessene ist nachher vernünftig und sitzend (frei), Jesus zu Füßen sitzend, aber darin und darüber hinaus auch in sich selbst ruhend. Der Unbekleidete ist nachher gekleidet, wobei hier verdeutlichend zu sagen ist, dass nach alttestamentlicher Vorstellung Kleidung für die Würde des Menschen stand. Der zuvor in Grabhöhlen Wohnende ist nachher imstande, sein Haus für sich einzunehmen. Der Schreiende, der nur mehr Sprachrohr für die ihn Besitzenden zu sein schien, ist nachher Verkündender. Und der Desozialisierte, der jegliche Fesseln immer neu aufgesprengt hatte – wohl auch die Bindungen von Familie, Dorf, Beziehungen –, ist nachher fähig, in städtischen Strukturen zu leben. Insgesamt ist hier aus etwas fast Totem[350] Identität und aus einem Unleben Leben geworden.

Und was heilt hier? Man kann nur mutmaßen: Heilung geschieht über Begegnung und doch braucht es mehr. Heilung geschieht, indem nach dem Namen gefragt wird, also die Un-Identität entlarvt und die wahre Identität zumindest neu gesucht wird. Das Ganze spielt sich ab in der Nähe des Sees, was hier symbolisch gedeutet werden muss als Nähe zum Unbewussten (Wasser), denn die Stadt Gerasa liegt real zwei Tagereisen vom See Gennesaret entfernt. In tiefer Regression oder ‚Wassernähe' und nahe dem, was im Symbol des Schweines[351] Ausdruck findet, ist offenbar eine nochmalige

---

349 Drewermann (1985, 247-277): Die Heilung des Besessenen von Gerasa (Mk 5,1-20). Vgl. auch Drewermann (1985, 239-247): Regeln und Erkenntnisse zur Interpretation der Wundererzählungen.

350 Drewermann (1985, 252) spricht von einem Untoten.

351 Wenn das Umfeld der Heilung, das als Nähe zu einer Schweineherde beschrieben ist, nicht einfach als Zufall hingenommen wird, sondern auch symbolische Aussagekraft haben soll, so stehen wir vor der Frage: Wieso ausgerechnet Schweine? Bei den Juden verachtet als unreines Tier, kam dem Schwein in vielen andern Kulturen große Bedeutung zu als Attribut von Muttergottheiten (etwa von Demeter oder Isis) und Symbol von Fruchtbarkeit: hier also ein eigentlich heiliges Tier. Neumann (1974, 139f) ordnet das Schwein dem Großen Mütterlichen in seinem positiven Elementarcharakter zu. Die Große Göttin ist auch Herrin der Tiere. Im indischen Kulturkreis wird das Schwein als Symbol von Unwissenheit und Unbewusstheit dargestellt (ebd., 224). Voss (1988, 124), in feministisch-kulturkritischer Betrachtung, deutet die Szene mit den Schweinen wie folgt: „Jesus ... befreit von heidnischer Schweine-Religions-Besessenheit. Dieses Heilungswunder findet aber in Gerasa statt, einem Bereich außerhalb des jüdischen Hoheitsgebietes, in dem immer noch das Schwein ein heiliges Tier war und die Göttin des Schweins verehrt wurde."

und neue Scheidung der Geister möglich. Heilung vom Dämonischen meint in der Konsequenz des oben umkreisten Begriffes der Dämonen nichts weniger als eine Umwendung im Energetischen, das Ungerichtete erhält Richtung oder wird zumindest gebannt. Und ein solches geht als energetische Vorgabe einem neuen Ich voraus. In solcher Tiefe kennt sich der Mensch aber gar nicht aus, es ist Gott, der aus der Tiefe heraus einen neuen Anfang setzt. Heilung geschieht hier an der Person Jesu, welche vom Besessenen – und in ihm vor allem von den Dämonen – als Gottes Sohn erkannt wird. Es ist die Begegnung mit Gott in Jesus, die zur wahren menschlichen Mitte, nämlich Gott, führt.

Warum aber erkennen ausgerechnet die Dämonen, wer da gewirkt hat und wer Jesus ist? Auch an anderer Stelle sagen die Dämonen als Erste: „Du bist der Heilige Gottes!" (Lk 4,34), oder: „Du bist der Sohn Gottes!" (Lk 4,41). Das eine Mal sagen sie dies im Gewande und mit der Stimme des (noch) besetzten Menschen, ein andermal davon losgelöst, als bereits Ausgetriebene. Warum erkennen genau sie Gott in Jesus? Die Frage will selbst Antwort sein: Genau sie erkennen ihn. Sie sind offenbar auf eigene Weise der göttlichen Wirklichkeit nahe[352], ihrerseits Geistsubstanz[353]. Darin sind sie – wenn auch anders als der Vater – ‚fähig', ein Haus (eine menschliche Seele) zu besetzen. Worin besteht der Unterschied? Während die Dämonen darauf zielen, zu beherrschen, lässt Gott/der Vater den Menschen frei.

Fazit: Der Mensch ist seinerseits nicht imstande, sein eigenes Haus zu erfüllen, d.h. von sich aus Herr in seinem Hause zu sein. Er kann sich selbst gerade nicht Herr sein, weil er – allein um sich kreisend – automatisch fremdbestimmt ist durch allerlei Begehren und Güter dieser Welt. Der Mensch braucht offenbar wesensmäßig einen *Herrn* über sich, und zwar nur den Einen.[354] Und dieser Eine über ihm ist zugleich seine innerste Mitte (vgl. Ausdruck ‚bei sich sein' als Gegenaussage zu ‚fremdbestimmt sein'). Aus der Mitte im Herrn heraus ist der Mensch frei. Und von dort her erschließt sich ihm der sachgemäße, gottgewollte Umgang mit den Gütern dieser Welt.

Dass die Schweine sich daraufhin freiwillig ins Wasser gestürzt hätten, wird von Voss als „Zurückschicken ins Unbewusste" gedeutet.

352 Vgl. auch Rahmenerzählung von Ijob 1,6: „...da kamen die Gottessöhne, um vor den Herrn hinzutreten; unter ihnen kam auch der Satan."

353 Dämonen scheinen Nachprodukte der gefallenen Engel zu sein (vgl. Gen 6,1-4 und das Äthiopische Henochbuch 15, das auf einem noch älteren Buch Noahs basiert; vgl. TRE Artikel Henochgestalt / Henochliteratur). Sowohl die innere Entwicklung des Judentums wie auch persische und ägyptische Einflüsse führten zu ausgeprägten Dämonenvorstellungen. Dämonen bestimmten die Apokalyptik, sie dämonisierten Welt und Geschichte und wurden dualistisch Gott und seinen Scharen gegenübergestellt. Die Engel sind gefallen, weil sie (die Gottessöhne) mit den Menschentöchtern sogenannte Giganten (Riesen) zeugten. Mit der Tötung der Giganten entwich deren unsterbliche Seele in Form von Geistern. Nicht anders als die Texte des apokalyptischen Judentums bezieht sich Lukas mit seinen Dämonen auf diese ‚Geister' (mündliche Aussage von Max Küchler im Rahmen der Vorlesung zum Lukasevangelium, Fribourg, SS 2006).

354 Niemand kann zwei Herren dienen, vgl. Lk 16,13.

2.3.2 Haben oder Sein? Selig, wer seine Begehrensstruktur hinter sich gelassen hat – Seligpreisungen

Haben oder Sein ist als Kurzformel erst im 20. Jahrhundert zum Slogan geworden, als urmenschlicher spannungsgeladener Gegensatz ist dieser Gedanke aber älter. Mystiker aller Zeiten versuchten, die Erlebnisweise von Sein zu umschreiben und blieben doch in ihren seltsamen Formulierungen dem rationalen Denken unzugänglich. Mönchsväter versuchten dem Geheimnis über Askese nachzukommen. Ob es aber in seiner Komplexität begriffen wurde? Haben oder Sein sind im Kern zwei grundverschiedene Existenzweisen. Im Haben begehrt der Mensch als ein Ich, im Sein erübrigt sich jegliches Begehren, weil tiefer angeschlossen. Der eine Zustand ist ein Ich-Zustand, der andere ist ein Zustand von Sein und Bezogensein jenseits menschlicher Ichhaftigkeit.

Als biblische Gegenüberstellung ist das Thema schon im ***Brüderpaar Kain-Abel*** nachzuzeichnen. Im Volksmund bekannt ist, dass Kain seinen Bruder Abel aus Neid umgebracht hat. Was aber ging dieser menschheitsgeschichtlichen oder mythologischen Urtat voraus? Das Stichwort lautet: Haben statt Sein. Gleich im Anschluss an den Verlust des paradiesischen Seins im Garten Eden wird uns ein Brüderpaar geschildert: Kain ist Ackerbauer und wird später zum Städtebauer, Abel ist Schafhirt. Kain ist näher beim Kulturhaften (Be-ackern!), Abel näher beim Naturhaften (Hüten und Behütetsein). „Nach einiger Zeit brachte Kain dem Herrn ein Opfer von den Früchten des Feldes dar; auch Abel brachte eines dar von den Erstlingen seiner Herde und von ihrem Fett. Der Herr schaute auf Abel und sein Opfer, aber auf Kain und dessen Opfer schaute er nicht" (Gen 4,3-5). Wie ist das zu verstehen? Was menschliche Augen hier als Aktivität Gottes empfinden – als würde Gott in menschlicher Art das eine Opfer bevorzugen und das andere ablehnen – ist im Grunde als natürlicher Sachverhalt der Existenzweise des Habens versus des Seins zu verstehen. Das dargebrachte Opfer ist Bestandteil der Beziehung des Menschen zu Gott. Im Falle des Abel ist diese Beziehung intakt, fließend, die Atmosphäre erinnert an Hüten und Gehütet-Werden. Abel bedeutet Windhauch, sein Ich ist nur Windhauch im Gegenüber Gottes. Es ist nur folgerichtig, dass ein solchermaßen anfanghaftes Ich auch wieder untergeht und sich gerade nicht behauptet. Anders Kain, der sich auch im weiteren Verlauf der Geschichte als begehrend und behauptend entwickelt. Obwohl in diesem Entwicklungsstadium – gleich jenseits des Gartens Eden und damit in den Anfängen des Erlebens im Ich – noch nicht von Ich-Stärke gesprochen werden kann, wird es doch später Kain sein, über den alles Leben weitergeht. Sein Ich überlebt und wird erstarken. Dass auch dies – jenseits von menschlicher Projektion – im Sinne Gottes ist, zeigt das Schutzzeichen, welches Gott schließlich über den Brudermörder Kain setzt (Gen 4,15). Subjektstufig gedeutet, bejaht Gott die Ich-Entwicklung des Menschen, seine Person- und Gegenüber-Werdung so sehr, dass er in Kauf nimmt, dass im Zuge dieser Entwicklung der innere Bruder – das windhauchartige Angeschlossensein an Gott – untergeht, ja umgebracht wird. Und dass der Mensch in der Folge dieses Uranfangs im Eigenen begehrend und neidisch ist, da er sich darüber hinaus ‚abgenabelt' von Gott erfährt (= sein Opfer wird nicht erhört, nicht erkannt). Als bibelliebendes Kind sah ich bei dieser Geschichte zwei Rauchsäulen vor mir und dachte dabei an eine Nabelschnur: beim einen war sie durchgeschnitten, beim andern nicht. Was der Mensch später moralisch unterlegt und wohl auch so erlebt, ist ursprünglich nichts anderes als entwicklungspsychologische Konsequenz. So alt aber ist infolgedessen der Wechsel von der Existenzweise des Seins zum Haben, so alt sind menschliche Erlösungsbedürftigkeit und Neid. Und wie wird dieser Neid bei Kain beschrieben? Das Wort taucht treffenderweise nicht eigens auf, sondern wird körperhaft umschrieben: Es überläuft Kain heiß und sein Blick senkt sich.

Verglichen mit der Urgeschichte, sind wir ***mit Blick auf die Zeit Jesu*** auf einer anderen Stufe menschlicher Bewusstseinsentwicklung: In Jesu Verkündigung ist Erlösung aus dem Reflex des Haben-Müssens zentrales Thema. Jesus hat zwar den Slogan ‚Haben oder Sein' nicht verwendet, aber – wie im Folgenden darzulegen sein wird – den Kern dieser zweierlei Daseinsweisen in ihrer Unvereinbarkeit erkannt. Verglichen mit dem, was wir heute als Existenzweise des Habens (Fromm 1979) bezeichnen, verblüfft es, wie treffend Jesus damals schon die Mentalität des Habens durchschaute. ***„Selig sind die Armen"*** (vgl. Lk 6,20 und Mt 5,3). Dieser Satz muss, wenn wir der Atmosphäre der Evangelien folgen, einerseits ernst genommen werden – er bedeutete nichts weniger als Paradigma und Lebensthema von Jesus –, andererseits ist er uns wörtlich verstanden nicht zugänglich, kann rein ethisch einfordernd so nicht gemeint sein. Schon als Kind dachte ich: Reich zu sein *allein* kann nicht Grund sein für Unseligkeit, und arm zu sein *allein* macht noch nicht selig. Und mich beschäftigte, dass Jesus uns nichts weniger als die Qualität ‚Seligkeit' versprach. Jesus sprach nicht etwa von Glück, Spielfreude oder Angenommen-Sein, wie es Qualitäten in einem Kinderdasein sind. So fragte ich mich, ob er mit Seligkeit wohl etwas meine, das ich kaum kenne. Heute frage ich ähnlich: Wissen wir überhaupt, was die Existenzweise des Seins ausmacht? Momenthaft ist uns zwar eine Berührung mit dem Glückszustand erlaubten Seins möglich, doch *als Existenzweise* ist uns das Sein abhanden gekommen. Wir waren nie Lilien im Felde, Schafe im Stall, Vögel des Himmels. Und wir finden nicht so einfach in ein Kindervertrauen hinein, welches uns schon damals verloren ging. Mir erschließen sich zahlreiche Bibelstellen zum Thema des Habens dann, wenn ich hinter dieser Formulierung nicht materiellen Reichtum *an sich* sehe, sondern dahinter die unselig machende Begehrensstruktur und deren Dynamik des Immer-Mehr. Und wenn ich die zweierlei Existenzweisen betrachte als Aussagen über das Verbunden-Sein mit Gott. Haben bedeutet dann ‚Abgenabelt-sein', Sein ereignet sich im ‚Angeschlossen-sein'. Dieser Deutung wird nun anhand folgender biblischer Texte und Motive nachgegangen:

A Der reiche Mann, der nach dem Himmelreich fragte
B Wie ist Jesu Radikalität zu vereinbaren mit Jesu Lebensfreude?
C Motiv der Nachfolge
D Selig sind die Armen, Hungernden, Trauernden

A Der reiche Mann, der nach dem Himmelreich fragte

„Als sich Jesus wieder auf den Weg machte, lief ein Mann auf ihn zu, fiel vor ihm auf die Knie und fragte ihn: Guter Meister, was muss ich tun, um das ewige Leben zu gewinnen? Jesus antwortete: Warum nennst du mich gut? Niemand ist gut außer Gott, dem Einen. Du kennst doch die Gebote: Du sollst nicht töten, du sollst nicht die Ehe brechen, du sollst nicht stehlen, du sollst nicht falsch aussagen, du sollst keinen Raub begehen; ehre deinen Vater und deine Mutter! Er erwiderte ihm: Meister, alle diese Gebote habe ich von Jugend an befolgt. Da sah ihn Jesus an, und weil er ihn liebte, sagte er: Eines fehlt dir noch: Geh, verkaufe, was du hast, gib das Geld den Armen und du wirst einen bleibenden Schatz im Himmel haben; dann komm und folge mir nach! Der Mann aber war betrübt, als er das hörte, und ging traurig weg; denn er hatte ein großes Vermögen.

Da sah Jesus seine Jünger an und sagte zu ihnen: Wie schwer ist es für Menschen, die viel besitzen, in das Reich Gottes zu kommen! Die Jünger waren über seine Worte bestürzt. Jesus aber sagte noch einmal zu ihnen: Meine Kinder (τέκνα), wie schwer ist es, in das Reich Gottes zu kommen! Eher geht ein Kamel durch ein Nadelöhr, als dass ein Reicher in das Reich Gottes gelangt. Sie aber erschraken noch mehr und sagten zueinander: Wer kann dann noch gerettet werden? Jesus sah sie an und sagte: Für Menschen ist das unmöglich, aber nicht für Gott; denn für Gott ist alles möglich“ (Mk 10,17-27) [355].

Nach diesem Text ist es auch für einen Reichen nicht gänzlich unmöglich, ins Himmelreich zu kommen. Ein solches scheint einfach äußerst schwer zu sein. Thema ist also nur indirekt das Besitzen und nicht die prinzipielle Frage, ob Reichtum gut sei oder schlecht. Jesus liebte den Mann sogar (!). Es geht vielmehr um das ***Thema Loslassen***, wofür uns ein Bild gegeben wird, wie es radikaler nicht sein könnte: das Nadelöhr, durch welches man nach unserer Vorstellung wohl nur kriechenderweise hindurchkommt. Loslassen geschieht durch immer neue Tore der Entäußerung hindurch. Mal um Mal müssen Attribute, die einst Wert und Stand verliehen, Insignien von Würde zurückgelassen werden, wie der sumerische Mythos von Inanna und Ereshkigal erzählt. Inanna durfte schließlich nur mehr nackt und kriechend vor ihre Schatten-

355 Hier wird ausnahmsweise nicht vom Lukasevangelium ausgegangen (Lk 18,18-30; Mt 19,16-30), sondern von der Version des Markus, weil sie ursprünglicher ist und weil sie psychologisch oder emotional betrachtet zwei wichtige Details enthält, die bei Lukas weggefallen sind: „Der Mann lief auf ihn zu und fiel vor ihm auf die Knie“ und „Jesus sah ihn an, und weil er ihn liebte ...“. Am Umstand, dass in der späteren Lukasversion solche emotionalen Beschreibungen wegfallen, kann ersehen werden, dass wir es ansonsten bei Lukas, auf den ich mich in der Regel beziehe, mit jemandem zu tun haben, der *entdramatisiert*. Auch wenn er viel von Besitz und Besitzverzicht spricht: Lk 1,46-55 Magnificat (lukanisches Eigengut); Lk 6,20-23 Seligpreisungen; Lk 6,24-26 Weherufe (lukanisches Eigengut); Lk 9,1-6; 22,35-38 Armut der Zwölf; Lk 10,1-12 Armut der Zweiundsiebzig (lukanisches Eigengut); Lk 12,13-34 Rede über das Besitzen (teils lukanisches Eigengut); Lk 14,7-24 Gastmahlgespräche (teils lukanisches Eigengut); Lk 14,25-35 Bedingungen der Nachfolge (lukanisches Eigengut); Lk 16,1-31 Gleichnisse, Diverses (lukanisches Eigengut); Lk 19,1-10 Oberzöllner Zachäus Schenkung (lukanisches Eigengut). – Umso mehr darf auf ein echtes Anliegen Jesu geschlossen werden.

schwester Ereshkigal treten.[356] Dass es um das Loslassen als übergeordnete Thematik geht, besagt auch die Einbettung des obigen Textes: Eben erst war von den Kindern die Rede, davon, dass *ihnen* das Himmelreich gehört. Und dass nur derjenige ins Reich Gottes kommt, der es annimmt wie ein Kind (Mk 10,13-16 und Lk 18,15-17). Auch im Anschluss an den zitierten Text vom reichen Mann wird vom Loslassen gesprochen. Ein solches sei Bedingung für Nachfolge und Himmelreich: Sogar Haus, Brüder, Schwestern, Eltern, Kinder und Äcker müssen losgelassen werden (Mk 10,28-31 und Lk 18,28-30). Nicht im Besitz *an sich* liegt also das Problem, nicht im Irdischen oder im Ehrenplatz auf der Tribüne des Lebens *an sich*, sondern daran, dass es, je mehr man ‚hat', umso schwerer fällt, loszulassen[357]! Jesus hat das automatisierte Begehren im Menschen im Visier. Er hat die menschliche Begehrensstruktur und ihre Eigendynamik durchschaut. Und Jesus weiß, dass der Mensch nur jenseits einer solchen selig wird. In der Terminologie des vorliegenden Buches gesprochen, findet der Mensch nur loslassenderweise in den Zustand des Seins zurück (vgl. I.2.5.4). Die Existenzweisen von Haben oder Sein und ihre entwicklungsmäßig frühen Ursprünge (Stadium Kain/Abel) vor Augen, stimmt die jesuanische Forderung, dass nur radikales Loslassen öffnet für das Sein.

So wird aber auch verständlich, ***warum man mit Maßstäben der einen Existenzweise die andere nicht begreift.*** Auch das fällt im Text auf: Es ist, als würden der reiche Mann und Jesus aneinander vorbeireden; als wolle Jesus auf etwas hinaus, was sein Gegenüber nicht versteht. Drewermann (1985, 697-709) hebt in einer Deutung dieses Textes (Mk 10,17-31) den seltsam anmutenden Perspektivenwechsel[358] hervor, der zwischen der einleitenden Frage des Mannes und Jesu Antwort liegt: Vom „Was muss ich tun, um das ewige Leben zu gewinnen?" zum „Niemand ist gut außer Gott, dem Einen" (Mk 10,17-18). Es gehe um „eine neue, absolute Entdeckung ..., dass die Grunderfahrung unseres Lebens darin bestehen kann und darf, dass ... Gott ist. Und: Gott ist gut." In der Tatsache, dass Gott ist und gut ist, erkennt Drewermann die Antwort auf die menschliche Angst vor der Unzulänglichkeit, die den Menschen dazu führt, vor sich und der Welt über das Leisten beweisen zu müssen, dass er gut sei. Angst (Lebens- und Todesangst) ist, so Drewermann, Hintergrund allen zwanghaften Sich-Absichern-Müssens mittels Reichtum. – In einer anderen Auslegung hebt Drewermann hervor, dass dem Haben-Menschen alles zur Sache werde. Er spricht von der ***„Verdinglichung unseres Daseins"***, die dort stattfinde, wo alles den Maßstäben von Geld und Besitz untergeordnet sei. „Die Wahrheit ist, dass der ständige Rekurs auf

356 Vgl. Hämmerling (1992), Brinton Perera (1985). Vgl. auch das Traummotiv des engen Durchgangs.

357 Vgl. Beobachtung, dass sich nicht speziell die jungen Menschen voller Lebenserwartung schwer tun, sich sterbend loszulassen, sondern nicht minder die Älteren, Lebenssatten (vgl.I.2.2 und zweiten Anhang). Von sterbenden Kindern gar wissen wir es aus Erfahrung oder vom Hörensagen, dass sie ‚gehen, so wie sie gekommen sind'. Beobachtung auch von Cerny, mündliche Aussage.

358 Drewermann (1985, 702f) spricht von einer „Blickveränderung", die Jesus hier wichtig ist: Auch wenn dem reichen Mann der gute Wille nicht abzusprechen sei, so sei Jesu schroffe Antwort wie darauf angelegt, dass „eine bestimmte Fragestellung, eine Geisteshaltung, eine ganze Lebenseinstellung restlos beendet werden sollte".

das, was wir haben, uns letztlich daran hindert, zu sein und zu leben" (1988b, 123). Von dort her erschließt sich ihm, warum, wer Haus, Eltern, Kinder ... verlässt um der Heilsbotschaft willen, ein Hundertfaches zurückerhält. Das Glück von Gemeinsamkeit und Dazugehören kann erst jenseits der Haben-Mentalität gekostet werden (1988b, 126). – *Fazit:* Jesus geht es um das Sein, um das Angeschlossensein, um Basileia. Man kann nicht in der Kategorie des Habens denken und erreichen wollen, wo es nicht um Haben geht. Ins Sein hinein finden Menschen (nur) loslassenderweise, als Kinder. So deute ich auch, dass Jesus hier seine Jünger als „meine Kinder" anspricht; er möchte, dass ihnen dieser Überstieg von der Kategorie des Habens zum Sein gelingt. Indem er sie als Kinder anspricht, liebt er sie auch wie Kinder.

Dass es sich um zweierlei Kategorien handelt, zeigen auch Hinweise darauf, wie sich Basileia erfüllt: Jenseits eines Denkens in Raum, Zeit und Kausalität (jenseits dessen, was das Ich kann, tut und ausweist) und jenseits aller Schutzmauern und Absicherung gegen die Angst. Dort jedoch ereignet sich ein solches von selbst, ist es bedingungslos und für alle einfach da: ein Sein und Angeschlossensein, biblisch gesprochen: ein bleibender Schatz im Himmel. Der reiche Mann bleibt für unser Ohr dennoch auf der Strecke. Warum? Drewermann (1985, 698) spricht darum von einem erfolglosen Heilungsversuch, einer „gewissermaßen misslungenen Berufung". Ich würde nicht so hart urteilen: Wir wissen nicht, was im reichen Mann nach seinem Weggang in Traurigkeit geschehen ist. Das scheint nicht Thema zu sein. Doch wir ahnen, dass er nicht verstanden hat, worum es Jesus geht. Und wir fürchten mit den Jüngern, die ihrerseits nicht zu begreifen scheinen, wie schwierig es fällt, selig zu werden. Das grundsätzlich Andere der Existenzweise des Seins ist unbegreifbar, jenseits menschlicher Denkkategorien.

B Wie ist Jesu Radikalität zu vereinbaren mit Jesu Lebensfreude?

Jesus hat den Evangelien zufolge fast ständig, direkt oder indirekt, gegen die Begehrensstruktur des Menschen angekämpft, in Wort und Tat. Haben oder Sein ist zentrales neutestamentliches Thema. Dabei sticht immer wieder die Radikalität ins Auge, mit welcher Jesus gepredigt und gefordert hat.[359] Warum diese Radikalität in Forde-

359 Feldrede Lk 6,20-49; Tempelreinigung Lk 19,45-46; „Selig ist, wer an mir keinen Anstoß nimmt" Lk 7,23; in der Zurückweisung von Mutter und Brüdern Lk 8,19-21; in der Aussendung der Zwölf, wo er Bedingungen zur Nachfolge formuliert Lk 9,1-6.23-26.57-62; 10,3-4; 14,25-27. In direkten und indirekten Weherufen Lk 6,24-26; 7,31-35; 10,13-16; 11,29.32.37-44; 13,34; 21,20-24. In der Gegenüberstellung des Leviten mit dem barmherzigen Samariter Lk 10,25-37; in der Beurteilung von Marta Lk 10,38-42; im Vaterunser Lk 11,2-4; im Aufruf zum furchtlosen Bekenntnis Lk 12,4-12. Im Umgang mit dem Besitz Lk 16,9-13; 18,1-27; oder im Gleichnis vom reichen Mann Lk 12,16-21; und vom wahren Schatz Lk 12,33-34. Von der falschen und der rechten Sorge Lk 12,22-32. Wo Jesus Einlassbedingungen für das Himmelreich formuliert Lk 13,23-30; 14,7-11; 17,33-37; 18,14. Im Gleichnis vom reichen Mann und dem armen Lazarus Lk 16,19-31. Im Aufruf, ständig wachsam zu sein Lk 12,35-40; 21,36; in der Verdammnis/im Urteil Lk 12,47-48; 13,3; 20,47; oder im Heulen und Zähneknirschen oder in den Vorzeichen der Endzeit Lk 21,7-19. Wo Jesus vorausschaut: Er bringt Zwietracht Lk 12,49-53; oder was ihm selbst zuteil wird Lk 9,22.44; 17,25; 18,31-33; 20,9-19; und worin er schlussendlich selbst einwilligt: Passion. – Viele dieser radikalen Äußerungen betreffen das Thema Begehren.

rung und Verhalten? Jesu Radikalität kann im Kern nicht Lustfeindlichkeit oder Gewissensstrenge meinen. Das wäre menschenfeindlich gewesen. Ein vollständiger Entzug von allem Haben ist nicht im Sinne des lebens- und menschenbejahenden Jesus von Nazareth, wie dies andere Textstellen nahe legen: So bejahte er etwa das kluge Umgehen mit den eigenen Ressourcen, den wirtschaftlichen Umgang mit Geld (vgl. das Gleichnis vom anvertrauten Geld, im Volksmund bekannt als das Gleichnis von den Talenten: Lk 19,11-27; Mt 25,14-30). Oder die Tatsache, dass ihm manch reicher Zöllner[360] näher stand als die rechthabenden Schriftgelehrten. Auch Jesu Umgang mit dem Fasten (Lk 5,33-39) verweist nicht auf eine grundlos selbstauferlegte Askese. Jesus hielt gerne Mahl (Lk 22,15), sprach gerne von Hochzeit und Fest, auch wenn selbstverständlich nur in bestimmtem, nämlich radikal erlöstem Kontext, also in Kombination mit Basileia oder mit seiner Gegenwart als Menschensohn[361]. Jesus stellte sich den Freuden dieser Welt nicht entgegen, sondern wollte, dass Menschen gesund und auf neue Weise lebendig wurden. Er erachtete dies gar als wichtiger denn das Sabbatgesetz (Lk 6,1-5). ***Ist es erlaubt, am Sabbat Gutes zu tun? Leben zu retten***, ja das Leben zu lieben, oder ist es besser, Leben zugrunde gehen zu lassen (vgl. Lk 6,9)? Die Heilung des Menschen mit der verdorrten rechten Hand (Lk 6,6-10) spricht für sich. Verdorrt-Sein ist Gegenzustand zum pulsierenden Lebendigsein. Verdorrt sind tote Sträucher. Verdorrt ist der Mensch, insofern er wie tot oder kalt ist. Jesus will den verdorrten Zustand nicht. Und er weiß offenbar, was hier heilt: sich erlaubterweise in die Mitte zu stellen, sich selbst wichtig zu sein. Jesus liebte das volle, wahre Leben. Und er konnte durchaus um jene Geduld werben, die es braucht, bis Früchte herangereift sind (Lk 13,6-9). Jesus muss also von seiner Art her als grundsätzlich lebensbejahend vorgestellt werden. Warum dann aber seine Radikalität? Meines Erachtens zeigt Jesus gerade in der Radikalität seiner Forderungen, dass er die Eigendynamik der Begehrensstruktur in ihrer Unersättlichkeit durchschaut hat. Gefangen im Sog der Unersättlichkeit gibt es kein Mittelmaß mehr, keinen gesunden Umgang mit den begehrten Objekten, sondern nur das Entweder-Oder. Aus diesem Zustand heilt nur die grundsätzliche Absage (vgl. II.2.3.1, Fußnote 338). Jesu Radikalität entspricht dem Gesetz, das dem Leben *selbst* innewohnt.

C Motiv der Nachfolge

Vor allem forderte Jesus Nachfolge: Der reiche Mann ebenso wie die Jünger werden dazu aufgefordert. Warum? Jesus sagt damit: „Frage nicht rational: Wie komme ich ins Himmelreich? – sondern folge mir nach." Nachfolge ist dabei nicht Ziel, sondern Weg. Als würde der Jünger erst über eine Nachfolge verstehen, worum es Jesus eigentlich geht. Offenbar geht es Jesus um etwas, das in der Distanz gerade nicht begriffen werden kann. Was heißt Nachfolge, was ist mit diesem wichtigen biblischen Begriff impliziert? Schon vom Wort her heißt Nachfolge fürs Erste, dass einer, der den Weg

360 Das darf nicht zu einfach vorgestellt werden. Auf heutige Verhältnisse übertragen waren das auch korrupte Menschen.

361 Lk 7,31-35; 14,12-24; 15,11-32.

kennt, vorangeht. Und zweitens heißt es: gehen und nicht stehen bleiben, sich entscheiden und nicht zögern. – Auf Jesus bezogen, bedeutet das: Erst gehenderweise, versuchenderweise, ja ***erfahrenderweise*** wachsen Menschen in das hinein, was Jesu Botschaft will. Nicht im Stehen-Bleiben, im Hadern oder im Absichern, nicht im Er-Stehen (erstehen), sondern im Er-Fahren. Was die Qualität dieses Selig-Seins (des Seins wie Kinder oder Lilien) beinhaltet, muss erfühlt, sinnlich gekostet, ‚er-lebt' werden. So gibt es auch Menschen, die erst wirklich er-fahren, was Haus und Garten sind, was ein kostbarer Wertgegenstand, was Materie oder Erde ist, wenn sie solches Gut (vorübergehend) auch besitzen. Die diesbezügliche Anfrage Jesu lautet nicht: Bin ich besitzend oder mittellos? Sondern: ***Welcher Art ist meine Beziehung zu Sache und Kreatur?*** Bin ich – ob mittellos oder besitzend – primär Erfahrender, stehe ich im Dienste der Sache? Oder brauche ich die Güter dieser Welt als Attribute meines Ichs, als Kompensation eines Mangels oder als Objekt meiner Gier? Letztere Motivation macht in der Tat ständig neu unselig. Die Lebensqualität, die einzelne Freude, versiegt sogar, wo ich hinter dem eigenen Begehren herjage und innerlich schon beim nächsten Wunschobjekt bin, derweil die Gegenwart an mir vorbeizieht. Jesu Antwort ist radikal, weil es eine halbherzige oder zögerliche Nachfolge nicht gibt (vgl. Lk 9,57-62), und dies wiederum ist nichts als psychologisch konsequent. Entweder lässt man sich auf Erfahrung ein oder nicht.

Was wird uns erfahrenderweise geschenkt? Was wird dem Menschen in der Jesus-Nachfolge, was wird dem radikal erfahrenden Menschen zuteil? Ich meine, nichts weniger als ***„was Leben ist"***. Was ein Baum ist. Was Wasser ist. Was es bedeutet, zu essen oder geliebt zu werden. Also einfache, momenthafte Erlebnisse von Sättigung, Seligkeit, Fülle, Zärtlichkeit, die unser Leben zum höchsten Gut machen. Sinneseindrücke und Erfahrungen von Sein, wie wir sie fast nur bei Schwerkranken – ihrerseits Armen – lernen können. Selbst die ‚Sache Beziehung' gehört hierher, insofern in ihr Seinsqualität erlebbar wird, etwa in Stunden der bekömmlichen Nähe. Erfahrenderweise erhalten wir geschenkt, was wir uns berechnenderweise nie hätten aneignen können. Warum? Weil es zur Erfahrung gehört, dass ich innerlich *dabei bin*: in dem, was ich tue, und in dem, was geschieht. In der Erfahrung werde ich nicht nur gelebt, sondern *lebe* ich. Das gilt in gewissem Sinne selbst für schwierige Erfahrungen wie Krankheit, Verlust, Stress, Schmerz. Ich habe dann das Schwierige nicht nur durchgestanden, war nicht nur Opfer, sondern habe dieses auch ‚erlebt'. Ich weiß dann um diese spezifische Qualität von Leben, wenn es einmal darum geht, mich und das, was ich gelebt habe, einzubringen in ein Größeres. Im Zusammensein mit Menschen, die auf ihren Tod zugehen, erfahre ich oft, dass genau Formulierungen wie die folgende greifen: „Es gehe jetzt darum, zu sammeln, was ich gekostet, was ich gefühlt, durchtanzt und durchweint habe, um es – wie in einem Korb – einzubringen in die große Ernte menschlicher Evolution." Nicht wenige Sterbende äußern den Wunsch, selbst ihr Sterben zu erfahren, „dabei zu sein" (gemeint geistig dabei und nicht etwa sediert zu sein), wenn es geschehe. Sie möchten – trotz Schmerzen – nicht medikamentös in einen komatösen Zustand hinein sediert werden. Auch Jesu Sterben war ein durchlebtes Sterben, beim Vater deponiert.

D Selig sind die Armen, Hungernden, Trauernden

Erfahrung macht also momenthaft selig. ***Was aber macht unselig?*** Was ist Gegenqualität von ‚Erfahrung', von ‚erfahrener Zeit'? Nicht Besitz oder materieller Reichtum an sich, nicht der Platz in Rang und Ehren, sondern – häufig damit einhergehend – ***die Berechnung, die ‚Gewinnoptimierung' von Qualitäten wie Leben, Zeit, Glück oder Himmelreich.*** Berechnung also dort, wo sie nicht hingehört![362] Als damaligen Prototypus des Berechnenden können die Schriftgelehrten betrachtet werden; sie ‚wussten', wie die Schrift auszulegen sei und wie nicht. Oder die Pharisäer, welche ‚wussten', was rechte Lebensführung ist und was nicht. Jesus durchschaute, dass ein Leben in der Grundhaltung des Rechnens unglücklich macht, während das Wesentliche jenseits von Ansprüchen geschenkt wird und selig macht. Dieser Spannungsbogen leuchtet auf in Aussagen wie: Die Stunde ist nicht berechenbar (Lk 12,35-46); die Ersten werden die Letzten sein (Lk 13,30); wer sein Leben zu bewahren sucht, wird es verlieren – wer es dagegen verliert, wird es gewinnen (Lk 17,33) [363]. Selbst berechnetes Beten, ja ein Beten über das Notwendige hinaus, schafft nicht Glück (Lk 18,9-14), sondern löst nur die Theodizeefrage aus, wenn das Erwünschte dann nicht eintritt. Solche und andere Textstellen sind nicht als Drohung an die Wohlhabenden, Erfolgreichen und auch nicht als Anleitung zu einem weltfremden Lebenskünstlerdasein zu lesen, sondern als tiefe Lebensweisheit an die Adresse *aller*, ob arm oder reich. Jesus will uns sagen: Rechnet nicht in der Kategorie des Habens, wo es nicht um Haben geht: Glücklichsein, Sinnlichkeit, Leben, Liebe, Himmelreich und Sinn sind über das Haben nicht zu gewinnen. Haben ist kein wirklicher Ersatz für das verloren gegangene Sein und Angeschlossensein.

Wenn Loslassen das Nadelöhr oder die enge Türe zum Himmelreich ist, so macht in psychologischer Konsequenz noch ein anderes glücklich, nämlich ***der Trauerprozess, das Verschmerzen.*** Das Ich findet über den immer neuen Trauerprozess zurück ins Sein. Verschmerzt – d.h. aktiv betrauert – werden muss all das viele, das das Ich so gerne hätte und doch nicht haben kann: Was ich infolge Armut nie besitzen durfte, was ich im Karrierenknick nie erreichen konnte, was andere mir verwehrten, was mir im Erfolgsrausch verloren ging, was ich vor lauter Arbeit oder Gier nicht gelebt habe. Hinterbliebene müssen verschmerzen, dass ihnen ihre Liebsten genommen wurden; hier wird im Speziellen von Trauer und Trauerprozess gesprochen[364]. Wieder andere müssen verschmerzen, was ihnen die Liebe schuldig blieb: Kinder oder glückliche Partnerschaft. Schwerkranke Menschen müssen verschmerzen, dass sie ihrer Gesund-

---

362 Womit indirekt gesagt ist, dass Rechnen am richtigen Ort, etwa im Umgang mit den Talenten, normale Sache dieser Welt ist, auch für Jesus. Vgl. hierzu Gleichnis vom klugen Verwalter Lk 16,1-8; und darin die zunächst eigentümlich anmutende Schlussfolgerung: Die Kinder dieser Welt sind im Umgang mit ihresgleichen klüger als die Kinder des Lichtes. Jesus lässt das am richtigen Ort gelten.

363 Vgl. auch Lk 9,24-25: „Wer sein Leben retten will, wird es verlieren ... Was nützt es einem Menschen, wenn er die ganze Welt gewinnt, dabei aber sich selbst verliert und Schaden nimmt?" ‚Leben' gemeint als Erfahrung?

364 Vgl. Kast (1982).

heit und Zukunft beraubt wurden. Verschmerzen heißt bejahen, dass ich (seelische und körperliche) Schmerzen habe, und es heißt zu fühlen statt zu rationalisieren oder abzuwürgen. Wo ich verschmerze, bleibe ich in der Sehnsucht und ihrer Kreativität drin. Der vergleichende Blick zu anderen löst zwar Neid aus, aber auch Solidarität. Im Spital liegt der junge, sterbende Vater Zimmer an Zimmer neben dem aus seiner Karriere herausgerissenen Bankdirektor, die nimmersatte Greisin neben der 20-jährigen Studentin. Schlussendlich ist von uns allen, die wir nicht eigentlich leben noch sterben können, ein Verschmerzen gefordert. Der Zeitpunkt dazu mag da oder dort spät eintreffen. Doch einmal da, ist alles Verschmerzen total: Das Ich muss durch das Gefühl von Lebensbetrug, Wut, Ohnmacht hindurch zurückfinden in jene Geistesverfassung, wo das Leben sein darf, wie es ist. Die Türe zur Basileia öffnet sich jenseits der eigenen Begehrensstruktur, wo der Mensch wieder angekommen ist in seiner Kreatürlichkeit und der ihr zugehörigen Urangst, in seiner seelischen Nacktheit und entsprechenden Empfänglichkeit und Sehnsucht. Selig sind darum die Armen, die Trauernden (Weinenden) und die (noch) Sehnsüchtigen (Hungernden).

Seligpreisungen – Mt 5,3-6		Seligpreisungen – Lk 6,20b-21	
3	Selig die Armen dem Geiste (nach), denn ihrer ist das Reich der Himmel.	20b	Selig (ihr,) die Armen, denn euer ist das Reich Gottes.
4	Selig die Trauernden, denn sie werden getröstet werden.	21	Selig (ihr,) die Hungernden jetzt, denn ihr werdet gesättigt werden.
5	Selig die Sanftmütigen, denn sie werden das Land erben.		Selig (ihr,) die Weinenden jetzt, denn ihr werdet lachen.
6	Selig die Hungernden und Dürstenden nach der Gerechtigkeit, denn sie werden gesättigt werden.		

Ist die nähere exegetische Betrachtung dieser ersten drei respektiv vier Seligpreisungen, übersetzt nach Hasitschka (2004/2005, 15), vereinbar mit obiger Deutung von Haben versus Sein? Die ***lukanischen Seligpreisungen***, als Beginn der Feldrede, stehen im Anschluss an den Bericht von der Auswahl der Zwölf. Die Adressaten sind die Zwölf, aber auch eine „große Schar" von Jüngern und Jüngerinnen. Alle, die Jesu Botschaft „hören" möchten (ἀκούω Lk 6,27.47). Der Feldrede voraus geht eine Nacht, die Jesus im Gebet – und zwar am Ort des Gebetes (auf dem Berg) – verbringt[365]. Die Vollmacht Jesu und die Wichtigkeit der Feldrede werden auf diese Weise verstärkt. Die beiden ersten Seligpreisungen bei Lukas sind kürzer als ihre Entsprechung bei Matthäus. Lukas spricht in der zweiten Person Plural, Matthäus in der dritten Person Plural. Luz (2002, 270-271) sieht eher die gattungs*untypische* Sprache bei Lukas als

365 Auch vor/in anderen wichtigen Texten stellt Lukas Jesus als Betenden dar: Lk 3,21 (bei seiner Taufe); Lk 5,16 (in Verbindung mit Verkündigung und Heilungstätigkeit); Lk 9,18 (vor dem Messiasbekenntnis des Petrus); Lk 9,28-29 (bei seiner Verklärung); Lk 11,1 (bevor er seine Jünger beten lehrt); Lk 22,39-46 (am Ölberg) und Lk 23,46 (in der Todesstunde).

ursprünglich an. Der anormalen griechischen Textform hat vermutlich eine anormale aramäische entsprochen. Auch das Thomas-Evangelium (EvThom log 54) spricht dafür, dass die lukanische Sprache ursprünglich ist. Nach Luz dürften die ersten drei lukanischen Seligpreisungen auf Jesus selbst zurückgehen. Dafür spricht auch der direkte Zuspruch an die Deklassierten.

Matthäus hat gemäß Luz (2002, 270-271) eine erweiterte Liste von sieben Seligpreisungen als Basis vorgefunden. Nur gerade Vers 10[366] wird als „typisch Matthäus" angesehen. In jenen Seligpreisungen, die zusätzlich zur lukanischen Form aufgezählt sind, liegt eine alttestamentlich geprägte Sprache vor (Luz 2002, 270). ***Im Jüdischen*** wurden Seligpreisungen vor allem im weisheitlichen Kontext verwendet. Sie waren Ausdruck des Tun-Ergehen-Zusammenhangs und wurden meist in der dritten Person Plural, also ohne konkrete Adressaten formuliert. In Jesu Seligpreisungen fällt im Unterschied dazu auf, dass er jene Menschen für selig erklärt, von denen man es – gemäß des Tun-Ergehen-Zusammenhanges – gerade nicht erwartet.[367] Jesus verfolgte demzufolge ein anderes Anliegen.

Die Auslegungsgeschichte kennt drei Grundtypen der Interpretation: 1) Seligpreisungen sind Gnadenzuspruch. 2) Sie sind ethische Ermahnung. 3) In den Seligpreisungen kommt die Lebensordnung der Gemeinden zum Ausdruck (vgl. Luz 2002, 273f). Diese drei Grundtypen würde ich ***durch eine vierte – psychologische – Interpretation ergänzen***: Die Seligpreisungen künden von einer Existenzweise des Seins im Unterschied zu derjenigen des Habens. Diese Deutung mag an Bonhoeffer erinnern, der alle Seligpreisungen als eines betrachtet und für den es belanglos ist, ob von einem Tun oder einem Leiden der Jünger gesprochen werden muss. Für ihn ist nur entscheidend, dass hier vom Leben mit Christus in der Nachfolge die Rede ist. „Die Gemeinde der Seliggepriesenen ist die Gemeinde des Gekreuzigten. Mit ihm verlor sie alles und mit ihm fand sie alles" (Bonhoeffer 1971, 89)[368]. Meine Sprache ist weniger biblisch: Ich spreche von einem kategorial Anderen, das gleichermaßen Inhalt des Jenseits ist wie – die menschliche Ichhaftigkeit überwindend – inselhafte Realität im Diesseits. Selig sind gemäß dieser Deutung:

- die Armen, insofern ihnen ein Entsagen von der Begehrensstruktur leichter fällt als den Reichen,
- die jetzt Hungernden als Menschen, die noch in der Sehnsucht nach dem verloren gegangenen Sein leben, die sich noch nicht vom diesbezüglichen Leiden verabschiedet haben, sondern die noch dürsten nach der (himmlischen) Gerechtigkeit,
- die jetzt Weinenden und Trauernden, weil im aktiven Verschmerzen drin.

Ihnen und uns, insofern wir ähnlich fühlen, ist der Zugang zur Existenzweise des Seins offen.

366 Mt 5,10: „Selig die Verfolgten um der Gerechtigkeit willen, denn ihrer ist das Reich der Himmel."
367 Vgl. Luz (2002, 273).
368 Aus: Bonhoeffer, D. (1971, 10. Auf., 89): Nachfolge. München; zitiert nach: Luz (2002, 275).

Was bedeutet ‚arm' im Kontext der Seligpreisungen? Arm meint nach semitischem Sprachgebrauch nicht nur diejenigen, die kein Geld haben, sondern im umfassenden Sinne die Unterdrückten, Elenden, Abhängigen. Zugleich meint arm auch mehr als nur eine von den äußeren Verhältnissen gelöste innere Armut. Das an dieser Stelle verwendete griechische Wort (πτωχός) war der damals stärkste zur Verfügung stehende Begriff für soziale Armut. Luz (2002, 276) schreibt dazu: „Der Penhäs (πένης) muss arbeiten, der Ptochos (πτωχός) muss betteln." Die reale Armut kann also nicht wegdiskutiert werden. Die Tatsache, dass Jesus tatsächlich die bettlermäßig Armen als selig preist, könnte Hinweis sein, dass es in den damaligen sozialen und gesellschaftlichen Gegebenheiten einfacher und real häufiger war, dass Arme irgendwie fern ihrer Begehrensstruktur lebten. Ob dies heute noch so generell gesagt werden darf, möchte ich zumindest anzweifeln. Gerade in der Berührung mit der reichen Welt begehren viele Arme, was Reiche haben, was kollektive Anerkennung verspricht und vor Stigmatisierung schützt. Zu den heutigen Gesichtern der Armut und entsprechenden Unterscheidungen zwischen dem ‚Zuwenig' schlechthin und dem, was in einer Wohlstandsgesellschaft daraus wird, verweise ich auf Renz (Ursula) und Bleisch (2007). Zum Zusammenhang zwischen Armut und Seligkeit vgl. Schnepf (2007). Das ***Stichwort Bettler*** gibt auch Hinweis auf die Tiefe des hier zu Erlösenden: Nicht dort, wo man arbeitet, nicht dort, wo man noch neidisch ist und begehrt, sondern dort, wo man nur von der Hand in den Mund und aus dem Vertrauen in den Augenblick lebt, hat der Mensch seine Begehrensstruktur hinter sich gelassen. Und vor allem dort, wo man durch alle Resignation hindurch nur noch genährt ist von einem Transzendenten. Trost für die Ärmsten der Armen, die Schwerkranken, Verzweifelten! Grund zur Nachdenklichkeit für uns alle, wo uns ein Stück natürliches Begehren selbstverständlich ist. Das Stichwort Bettler holt eine andere Nuance hervor als nur das Wort ‚arm'. Der Bettler steht nämlich nicht nur im Gegensatz zum Reichen, sondern auch zum Berechnenden und Sich-Absichernden. Jesus will an die Wichtigkeit von Gegenwart und Vertrauen erinnern: Selig ist, wer wie der Bettler nur den Tag und die nächste Mahlzeit im Blick hat und wer – wie der Mensch in der Brotbitte – ankommt in der Gewissheit, dass der nächste und übernächste Hunger zu gegebener Zeit schon gestillt wird. Arm muss schließlich ***als Oberbegriff*** betrachtet werden: Luz (2002, 275-276) sieht diese drei lukanischen Seligpreisungen als ein Ganzes. Die erste Seligpreisung hat schon in der jesuanischen Dreierreihe Titelfunktion gehabt; die zweite und dritte Seligpreisung sind Konkretisierungen der ersten. Gesucht ist also der gemeinsame Nenner der Armen, Hungernden, Weinenden. Ein solcher kann tatsächlich im Offensein fern aller Begehrensstruktur erkannt werden.

Und was meint die matthäische Ergänzung ***arm im Geiste*** oder ***arm dem Geiste nach?*** (τῷ πνεύματι) Man kann sie deuten als „durch den eigenen Geist arm", also freiwillig arm. Oder als „durch Einwirkung des göttlichen Geistes arm" (vgl. Luz 2002, 277-278). Luz weist darauf hin, dass es verwandte Ausdrücke im Alten Testament und in den Qumranschriften gibt, so etwa ein Ausdruck, der als der Niedrige, Demütige übersetzt werden kann. Eine Entscheidung bezüglich der Interpretation zu fällen, ist nach ihm schwierig. Hat Matthäus auf seine Weise um das Phänomen der Überwindung der menschlichen Begehrensstruktur gerungen? Demut nicht als moralischer Imperativ, sondern als sich ereignende geistige Wirklichkeit im Loslassen? Hasitschka (2004/2005, 9) deutet: „Die Armen ‚dem Geiste (nach)' wissen sich arm ‚vor Gott' (Einheitsübersetzung). Ihre äußere und innere Lage ist so, dass sie als Bettler vor Gott stehen und sich alles von ihm erwarten. Diese Haltung gegenüber Gott ist nicht selbstverständlich. Armut und Not können ja auch zur Folge haben, dass der Mensch sich gegen Gott auflehnt, sich ihm gegenüber verschließt. Grund für die Seligpreisungen ist nicht der soziale oder sittliche Zustand der Armen (sie haben menschlich gesehen nichts zu lachen), sondern dass sie sich in ihrer Not nicht verschließen und empfänglich sind für Jesu Botschaft und für Gottes Basileia." Das ist psychologisch konsequent: Basileia ereignet sich, wo der Mensch – arm – ganz offen ist für Gott/das Ganze.

Abschließend nochmals zum Begriff Himmelreich, Basileia: Derweil in der als Titelfunktion zu begreifenden Seligpreisung dem dafür Offenen die Basileia zugesprochen wird, wird eine solche in den übrigen Nachsätzen konkretisiert. Basileia bedeutet demnach: „Ihr werdet gesättigt werden", „ihr werdet lachen, respektiv getröstet werden", „ihr werdet das Land erben", „Erbarmen erfahren", „Gott schauen" und „Söhne Gottes genannt werden". Vor allem aber ist Seligkeit offenbar das Attribut, das jener Seinswirklichkeit entspricht. Sie ist nicht nur den Seligen – im deutschen Volksmund Verstorbenen – zugedacht. Selig (μακάριος), ein im Griechischen ursprünglich den Göttern vorbehaltener Ausdruck (!), meint im biblischen Griechisch etwas Ähnliches wie (εὐδαίμων) und kann übersetzt werden als unüberbietbar glücklich.[369]

369 Vgl. Luz (2002, 277).

2.3.3 Gerechtigkeit im Haben versus Teilhabe: der verlorene Sohn und der ältere Bruder

Warum erlöst Basileia vom menschlichen Problem im Haben? Warum ist es auch in psychologischer Konsequenz so, dass der Mensch in der Existenzweise des Seins ‚genug' hat? Und dies gleichgültig, ob er – biblisch gesprochen – als ehemals verschwenderischer[370], verlorener Sohn oder als rechtschaffen Daheimgebliebener ins Himmelreich eintritt? Das Stichwort lautet Teilhabe, vorbehaltloses Dazugehören. Wenn Gott – endzeitlich wie ursprünglich – als das Ganze, als Inbegriff von Fülle vorgestellt wird, erübrigt sich mit der menschlichen Teilhabe an ihm jegliches Begehren. Dann bleibt kein Rest-Begehren zurück. Erfüllung findet in solchem Ausmaß statt, dass es ein Darüber-Hinaus nicht gibt. Die Frage nach dem Haben erübrigt sich: zweifaches Thema im Gleichnis vom verlorenen Sohn (Lk 15,11-32).

Da ist zum einen ***der jüngere Sohn***, der in der Fremde sein Hab und Gut verschleudert hatte (vgl. Genussprägung I.3.4.2). Während einer Hungersnot „ging er zu einem Bürger des Landes und drängte sich ihm auf; der schickte ihn aufs Feld zum Schweinehüten. Er hätte gern seinen Hunger mit den Futterschoten gestillt, die die Schweine fraßen; aber niemand gab ihm davon. Da ging er in sich ..." (Lk 15,15-17a), und kehrte in der Folge zu seinem Vater zurück, wo er in Freude aufgenommen wurde, so sehr, dass für ihn das Mastkalb geschlachtet wurde. Manch einer mag sich fragen: Womit hat dieser Taugenichts das verdient? Die innere Umkehr und Heimkehr in Richtung Himmelreich beginnt im Grunde in der Hungersnot, in der Demut, sich als Schweinehirt zu verdingen. Im Mut auch zur Demut und zum Fühlen. Die Erfahrung, selbst die Schweine haben es besser, muss als äußerste Selbstwertkrise nachgefühlt werden. Er findet sich wieder in einem nicht mehr menschenförmigen Dasein. Dabei fällt ein seltsames Detail auf: Es gibt ihm niemand von den Futterschoten der Schweine, doch er nimmt sie sich auch nicht selbst, was für einen Hungrigen naheliegend wäre. Offenbar geht es hier – tiefenpsychologisch betrachtet – nicht um jene Erlebnisschicht, wo der Mensch bereits tut und für sich sorgt, sondern um jene noch tiefere, in welcher ihm nur gegeben werden kann. Dort stellt sich wie beim Säugling nur die Frage: Ist man angeschlossen oder nicht, teilhabend oder ‚draußen', genährt einfach so oder nicht? Was außen geschieht, ist auch innere Erfahrung. Genau in dieser Erlebnisschicht findet jeder Mensch – sei es in tiefster Regression oder über die Progression eschatologisch – zum Ur-, respektive Endzeit-Gefühl der Teilhabe. Zum Fest, wo das Mastkalb geschlachtet wird. Zum ewig barmherzigen (= mutterschößigen) Vater. Zur Basileia. Das ist nicht Utopie, sondern psychologische Konsequenz.

Und der ältere Sohn? Warum mag er nicht mitfeiern? Anders gefragt: Worin ist er (noch) nicht bereit? Von ihm wird berichtet, dass er zornig wurde und nicht hineingehen wollte. „Sein Vater aber kam heraus und redete ihm gut zu. Doch er erwiderte dem Vater: So viele Jahre schon diene ich dir und nie habe ich gegen deinen Willen ge-

---

370 Vgl. die französische Übersetzung von „verlorener Sohn", die vom „enfant prodigue" spricht.

handelt; mir aber hast du nie auch nur einen Ziegenbock geschenkt, damit ich mit meinen Freunden ein Fest feiern konnte. Kaum aber ist der hier gekommen, dein Sohn, der dein Vermögen mit Dirnen durchgebracht hat, da hast du für ihn das Mastkalb geschlachtet. Der Vater antwortete ihm: Mein Kind (τέκνον), du bist immer bei mir und alles, was mein ist, ist auch dein. Aber jetzt müssen wir uns doch freuen und ein Fest feiern, denn dein Bruder war tot und lebt wieder; er war verloren und ist wiedergefunden worden" (Lk 15,28-32).

Wie kann der ältere Sohn verstanden werden? Er mag stellvertretend stehen für unser Bedürfnis nach Gerechtigkeit, dies selbstverständlich empfunden aus der Existenzweise des Habens heraus, und auch in dieser Kategorie aufgerechnet. Er erwartet für sich den verdienten Lohn und für den anderen die Strafe. Der Vater geht auf diese Art Rechnung nicht ein. Er erweist sich nicht als Vater innerhalb der Existenzweise des Habens, sondern offenbar als Vater in einem anderen Sein. In diesem Zusammenhang muss der biblische ***Begriff Gerechtigkeit*** (δικαιοσύνη) näher bedacht werden. Immer wieder spricht Jesus von Gerechtigkeit, scheint aber damit ein Anderes zu meinen als das vom Gesetz her zu Erwartende. ***Gerechtigkeit und Gesetz sind gerade Gegensätze*** im Neuen Testament. Luz (2002, 283-284) nennt im Zusammenhang mit der vierten Seligpreisung nach Matthäus drei Auslegungen zum Begriff Gerechtigkeit: δικαιοσύνη kann 1) ein menschliches Verhalten, 2) eine göttliche Gabe oder Gottes Macht, 3) Gottes Bundesordnung als Gabe und Aufgabe meinen. Gemäß alttestamentlicher Struktur von Gerechtigkeit ist Gerechtigkeit jenes Verhalten, das der Bundesgott seinem Volk gebietet. Schon hier ist Gerechtigkeit offenbar nicht losgelöst von der Beziehung Gott-Mensch zu denken, ist zuerst Gabe, bevor sie Aufgabe wird. Im Denken der Gesetzeslehrer zu Zeiten Jesu ist ein solches Gnadenverständnis von δικαιοσύνη offenbar verloren gegangen. Das von ihnen vertretene Gesetz – wie von ihnen interpretiert – dient nur mehr der Macht und dem Rechthaben, der Knechtung der Menschen. Psychologisch vergleichbar einer Rechtsprechung aus der Position des von seinem Urgrund abgekoppelten Ichs, das gemäß *seinen* Vorstellungen waltet und Recht spricht. Solchem selbst-gerechten (sich am Ich orientierenden) Verhalten widersetzt sich Jesu, sozial wie innerlich, und ***er bringt auf immer neue Weise Gerechtigkeit in Verbindung mit dem Himmelreich.*** Dass es ihm dabei nicht darum geht, die Gesetze der Väter zu missachten, ja dass ein solches gar nicht sein Thema ist, zeigt insbesondere die Textstelle Mt 5,17-20 der Bergpredigt: eine Schlüsselstelle für die ganze Botschaft der Bergpredigt und insbesondere für das Verhältnis von Gesetz und Gerechtigkeit[371]. – Der ältere Sohn im Gleichnis vom verlorenen Sohn scheint Gerechtigkeit im Sinne des Denkens der Gesetzeslehrer einzufordern.

---

371 Mt 5,17-20: „Denkt nicht, ich sei gekommen, um Gesetz oder Propheten aufzulösen; ich bin nicht gekommen, um aufzulösen, sondern um zu erfüllen. Amen, ich sage euch (an die Jünger gerichtet) nämlich: Bis Himmel und Erde vergehen, wird nicht ein einziges Jota oder nicht ein einziges Häkchen vom Gesetz vergehen, bis alles geschieht. Wer nur eines dieser kleinsten Gebote löst und die Menschen entsprechend lehrt, wird der Kleinste heißen im Himmelreich. Ich sage euch nämlich: Wenn eure Gerechtigkeit nicht die der Schriftgelehrten und Pharisäer weit übersteigt (περισσεύσῃ, „überfließend"), so werdet ihr nicht ins

Trotzdem hat dieser ältere Sohn eine gewichtige Stimme einzubringen, damals wie heute: Er spricht für die ehrlich und redlich das Gesetz Befolgenden, die sich jahrelang abmühen und schlussendlich zuschauen wie andere – Schmarotzer – absahnen. So jedenfalls ergeht es vielen Lesern, ergeht es auch mir in meiner ersten Reaktion auf diesen Text. Bleiben die Gewissenhaften, Fleißigen bei Jesus einfach auf der Strecke? Kommt die Botschaft des ‚Seins für alle' für sie nicht einem Betrug gleich? Kann ihre Rechnung jemals aufgehen?

Aufschluss ergibt erst der tiefere Blick in den Text: Eigentlich ist/wäre dieser Sohn voll und ganz Sohn des Vaters. Alles, was dem Vater gehört, würde auch ihm gehören. Vom Vater her gesehen, eine inhaltlich schöne Antwort, die von Teilhabe schlechthin spricht. Doch der Sohn scheint sie nicht zu verstehen und kann auch vom Glück dieser Teilhabe nichts spüren. Es scheint, als habe er geschmollt, sich vielleicht von der Teilnahme am Fest gedrückt oder halbherzig mitgefeiert. ***Das tiefere Problem dieses Sohnes ist***, wenn wir diese Unfähigkeit zur Teilhabe ernst nehmen, nicht die Ungerechtigkeit, die ihm widerfährt, sondern ***seine Entfremdung vom Vater*** (er versteht ihn nicht mehr ...) und darin seine Verhärtung. Vielleicht befindet sich der ältere Sohn insofern noch mehr in der Fremde (der Gottferne) als sein jüngerer Bruder. Jedenfalls lebt er in der Kategorie von Leisten-Müssen und Aufrechnen („So viele Jahre schon diene ich dir ...") und dies wohl auch sich selbst gegenüber. Darin hat er wohl wenig im eigentlichen Sinn ‚er-fahren', auch kein Fest mit Freunden. Er ist nicht vertraut mit der Seligkeit, die dem Erfahren entspringt, noch mit der entsprechenden Gefühlsintensität. Vor lauter Verhärtung hat er wohl auch den weiten inneren Weg des Bruders gar nicht mitbekommen, ist zu solchem Fühlen und Mit-Fühlen nicht mehr oder noch nicht fähig.

Wie geht das Gleichnis mit der Verhärtung dieses älteren Bruders um? Der Ausgang bleibt offen. Es gibt *eine* Stelle, die mich aufhorchen lässt und wozu ich Parallelen finde in der therapeutischen Arbeit mit verhärteten Menschen. Was mir bei diesen auffällt: Sie können nicht mehr wirklich *hinhören.* Ihre Position ist eh die richtige. Wie sich da verhalten? Der Vater hört zu, lässt sich die unbeglichene Rechnung präsentieren, nimmt die Wut entgegen und antwortet: „τέκνον (Kind)". Er sagt nicht „υἱός (Sohn)", wie sonst im Gleichnis von Sohn die Rede ist. Τέκνον ist ein Liebeswort, das Eltern zu ihrem vielleicht sechs- bis achtjährigen Kind sagen. Die Stelle muss nachfühlend und musikalisch betrachtet/gehört werden, um dem Geheimnis der Auflösung von verhärtetem Dasein auf die Spur zu kommen. Ich gehe davon aus, dass der Tonfall warm, mütterlich war, was noch mehr besagt als das bloße Wort. Der ***Tonfall*** will dann sagen: „Ich habe dich gerne, liebes Kind. Du bist gut, wie du bist, erlaubt einfach

---

Himmelreich kommen" (Übersetzung nach Luz 2002, 304). – Jesus lässt die Wichtigkeit des Gesetzes voll gelten. Kein Jota soll daran verändert werden. Jesus denkt hier auch nicht an die Erfüllung der Weissagungen von Gesetz und Propheten (Luz 2002, 209), sondern an eine andere Erfüllung, aus welcher heraus Gerechtigkeit geradezu überfließend strömt. Jesu Gerechtigkeit erfüllt sich von Gott als dem Dritten her, Jesus denkt im Dreieck (vgl. I.4.8; II.2.4).

zu sein in meiner Nähe. Deine Nähe macht mich glücklich." Genau diese unendlich weite, liebevolle Mütterlichkeit ist erfahrungsgemäß dasjenige, das, wenn es sein darf, den verhärteten Menschen erreicht. Im Fall des älteren Sohnes: Nach *seiner* Rechnung würde eine solche Wutentladung nach einer Gegenreaktion rufen, etwa einem ebenso lautstarken Verweis. Was er aber vom Vater empfängt, ist das Gegenteil: eine sanfte, unendlich große Liebe. Damit wird sein Fassungsvermögen gesprengt und sein Rechnen unterbrochen. Eine Einbruchstelle ist da, wo Liebe, Fülle, Fest auch für ihn ankommen und wahr sein können.

So viel zu den biblischen Antworten auf die menschliche Begehrensstruktur, *zusammengefasst als Existenzweise des Seins statt des Habens.* – Ohne erlebte Liebe aber geschieht nichts, ist alle Verkündigung nicht glaubwürdig. Das war auch wichtiges Projektergebnis (vgl. I.4.2 und zweiter Anhang). Um die Beziehungsebene, um Liebe als Alternative zu Einkapselung, Macht und Gewalt, um dieses Sich-Einlassen mit Haut und Haar geht es in den kommenden Kapiteln.

2.4 Der im Thema Macht fixierte Mensch braucht heilmachende Beziehung

2.4.1 Jesus will den Menschen als Subjekt

Im Thema Macht und Machtprägung gefangen sind nicht nur Menschen, die sich in ihren Positionen selbstherrlich und machtvoll durchsetzen, über andere bestimmen und sie ausnutzen, sondern auch Menschen, die solchermaßen Mächtigen zum Opfer fallen und Verletzungen durch Missbrauch oder kollektive Verachtung in sich tragen. Beiderlei gab es schon zu biblischen Zeiten: auf Rang und Prestige bedachte Pharisäer und Schriftgelehrte und sich eine persönliche Bereicherung erschleichende Zöllner neben Opfern von Gewaltmissbrauch, Verachtung oder Tabuisierung. Täter neben Opfern oder gar beides in einem. Äußerlich und innerlich sind solche Menschen an ihre Rolle in Macht oder Ohnmacht fixiert. Hinter beidem verbergen sich letztlich Urangst und Erfahrungen von Ohnmacht und existenzieller Bedrohung. Solchermaßen geprägt, kann man nur beherrschen oder aber unterliegend sich abfinden mit einem Dasein in Nichtigkeit und Ohnmacht. Wahre Begegnungen von Ich zu Du können gar nicht stattfinden, weil es, wenn solchermaßen geprägt, ein ‚jenseits von Angst oder Dominanz' gar nicht gibt. Immer besteht ein Beziehungs- oder Wertgefälle, eine Abhängigkeit, in welcher ein Gegenüber nicht als Mensch genommen, sondern als Objekt gebraucht und missbraucht wird. Wer der Andere wirklich ist oder was wahre Liebe sei, weiß man nicht. Was hier als ‚Machtstruktur' umkreist wird, meint jene tief im Fleisch sitzende Prägung, die einen Menschen von innen her bestimmt, aber auch ein Kollektiv in dessen Normen, Gesetzen, Zeitgeist und Tabus prägt.

Wie hat Jesus darauf reagiert? Durchschaute er die menschliche Machtprägung? Was hielt er ihr entgegen? Jesus hat treffsicher unterschieden zwischen Vollmacht respektive Macht, wie sie Einzelnen innerhalb einer Gesellschaftsordnung notwendigerweise zukommt, einerseits und Machtmissbrauch andererseits. Letzterer ist Teil der Machtstruktur. Jesus wusste sehr wohl zwischen gesundem und krankhaftem Umgang mit Macht zu unterscheiden und gestand den zur Machtausübung Legitimierten ihre Macht durchaus zu.[372] Auch Selbstverteidigung lehnte er nicht rundweg ab[373],

---

372 Lk 20,25: „Dann gebt dem Kaiser, was dem Kaiser gehört, und Gott, was Gott gehört!" – Oder zu Pilatus sagte Jesus: „... Du hättest keine Macht über mich, wenn es dir nicht von oben gegeben wäre; ..." Joh 19,11.

373 Lk 22,35-36: „Dann sagte Jesus zu ihnen (den Jüngern): Als ich euch ohne Geldbeutel aussandte, ohne Vorratstasche und ohne Schuhe (vgl. Lk 9,1-6 und 10,1-11), habt ihr da etwa Not gelitten? Sie antworteten: Nein. Da sagte er: Jetzt aber soll der, der einen Geldbeutel hat, ihn mitnehmen, und ebenso die Tasche. Wer aber kein Geld hat, soll seinen Mantel verkaufen und sich dafür ein Schwert kaufen." Warum bejaht Jesus hier das Schwert? Die Situation und die Fortsetzung des Textes geben Antwort: Während es früher darum ging, zu verkünden und im Namen Jesu zu heilen und in alldem in jenem Vertrauen zu leben, wonach es weder Geldbeutel noch Schwert braucht, ist die jetzige Situation anders. Jesus ist der Verfolgte. Er und seine Jünger befinden sich – übersetzt – im Krieg. Offenbar ist es *jetzt* den Jüngern erlaubt, ja geboten, sich zu wehren. Jesus will mit diesem Bild des Schwertes auf den Ernst der Situation hinweisen. Es steht so ernst um ihn, dass sogar das Mittragen eines Schwertes geboten ist. Er wird zu den Verbrechern ge-

wohl aber Machtgier. Vor allem erkannte er die Not solcher Prägung als Beziehungsnot. Ich erläutere dies nun anhand des Lukasevangeliums (und mit einem zusätzlichen Blick auf das Johannesevangelium). Dabei erkenne ich ***drei Schauplätze***, wo die Frage nach Macht oder Liebe sichtbar und bisweilen im Kampf ausgefochten wird:

1. Jesus als Person und sein Umgang mit der *eigenen* Macht, was Staunen auslöste und Anstoß erregte;
2. Begegnungen ‚auf gleicher Ebene', aus denen Menschen heil hervorgingen;
3. Unverständnis, Widerstand und Ablehnung dort, wo Jesus den Mächtigen dieser Welt begegnet, insgesamt durch Menschen, die in ihrem Machtdenken fixiert sind.

Erster Schauplatz: ***Die auffallende Autonomie in Jesu eigener Person*** ist erste Antwort auf den Umgang mit Macht. Tabus (etwa das Sabbatgebot) durchbricht er mit Selbstverständlichkeit, aber nicht theatralisch. Er pflegt Umgang mit ausgegrenzten Menschen und lässt angstlos Berührung mit Aussätzigen und Unreinen zu (Lk 5,12-14). Falsche Machtausübung (Lk 9,51-56), Schmeichlerei und Heuchelei[374] weist er zurück. Was seine eigene geistige Macht und Sendung betrifft, fällt Jesu bewusster, ja auf gesunde Weise selbstbewusster Umgang damit auf. Er bekennt sich dazu von Anfang an und begreift sie als Vollmacht.[375] Psychologisch gesprochen, hat Jesus die Falle der Inflation (vgl.I.3.5.2) längst hinter sich gelassen. Die Person Jesus ist ein Schauplatz, der in seiner polarisierenden Wirkung nicht unterschätzt werden darf.

Zweiter Schauplatz: ***Begegnungen von Ich zu Du:*** Es gibt in Jesu Umfeld nicht nur einzelne herausragende Fälle von Heilung aus Gewaltprägung wie Maria von Magdala, sondern auch andere Ereignisse, die exemplarisch zeigen, wie Jesus auf Machtprägung und unnötige kollektive Machtvorgaben reagierte, nämlich indem er Begegnungen jenseits von Macht suchte und sich auf gleicher Ebene auf sein Gegenüber einließ. Nichts weniger als *geheilt* gingen einzelne Menschen aus solcher Begegnung hervor:

- ***Zachäus, der Zöllner*** (Lk 19,1-10) (Zöllnerstatus als Macht betrachtet);
- ***der auf der Bahre herbeigetragene Gelähmte*** (Lk 5,17-26), ***der tote Sohn der Witwe*** (Lk 7,11-17) u.a., zu denen Jesus sagte „Steh auf" (Lähmung, Tod als Ohnmacht betrachtet);
- ***die geächtete Sünderin***, die Jesu Füße salbt und küsst (Lk 7,36-50);
- ***die Samariterin am Jakobsbrunnen*** (Joh 4,1-26);
- ***die Ehebrecherin*** im Diskurs zwischen Jesus und den Schriftgelehrten (Joh 8,2-11).

---

rechnet werden, das Schreckliche muss sich erfüllen (vgl. Lk 22,37), was die Jünger nicht zu begreifen scheinen. Sie sagen: „Herr, hier sind zwei Schwerter. Er erwiderte: Genug davon!" (Lk 22,38).

374 Ablehnung von Schmeichelei (Lk 18,18f; 20,20-26) und Heuchelei (Lk 12,1-3; 13,15-17; 20,45-47).

375 Nachvollziehbar etwa im Satz „Heute hat sich das Schriftwort, das ihr eben gehört habt (vom Gesalbten des Herrn), erfüllt" (Lk 4,21). Vgl. auch Joh 4,26; überhaupt die „Ich-bin-..."-Worte bei Johannes.

Jesu Intention ist immer dieselbe: Jesus nahm diese Menschen ernst als Subjekt und Person und sah sie nicht nur als Täter oder als Objekt kollektiver Verurteilung, auch nicht nur als Gefangene ihrer Rolle und Prägung. Man bedenke ***die vielen Randständigen, Kranken, Frauen***, die von Jesus aufgerichtet wurden; die Verachteten, die an Jesus zu neuer Würde fanden. Intuitiv und treffsicher gelang es Jesus, zum erlösungsbedürftigen, heilsuchenden (glaubenden) und darin offenen Teil in diesen Menschen in Beziehung zu treten. Alle diese Begegnungen ereigneten sich jenseits von Macht und Machtgefälle, von wahrem Ich zu wahrem Du.

Das heißt: Jesus fand und findet sich mit den Menschen auf gleicher emotionaler Ebene, in gleicher menschlicher Bedürftigkeit. Er bittet um Wasser, um Gastrecht, kann sich freuen über eine geschenkte Zärtlichkeit. Und er begreift, wessen sein jeweiliges Gegenüber bedarf. Dem (von Gestalt) Kleinen gibt er Größe, der Sünderin verleiht er Sinn in ihrem Liebesdienst. Der des Ehebruchs Überführten öffnet er einen neuen Daseinsraum jenseits von heuchlerischem Vorurteil. Allen schenkt er Achtung und gibt ihnen ihre menschliche Würde und Identität zurück. Der Gelähmte steht aus krank machenden Fesseln auf. Die Samariterin am Jakobsbrunnen, am Quell ihrer Sehnsucht (ihres Durstes) erkannt, tritt aus den Schatten ihrer Vergangenheit heraus. Sie alle werden durch Jesus nicht nur frei *von* etwas, was sie gefangen hielt, sondern auch frei *für* etwas: für eine Arbeit in stimmigerem Gerechtigkeitsempfinden[376] und (Gast-)Freundschaft, für ein neues Leben, das sich selbst verschenkt, für Eigenständigkeit und wahre Anbetung, für echten Liebesdienst statt bezahlten. Solche Begegnung heilt.

Begegnung, wie Jesus sie lehrt, ist dialogisch (Begriff vgl. II.2.2). Sie öffnet die Herzen von Menschen für Beziehungen jenseits von Macht. Doch wer kann sich überhaupt einlassen? All jene, die sich – unabhängig von Besitz und Rang – die eigene Bedürftigkeit und zwischenmenschliche Abhängigkeit eingestehen, wie schon erläutert auch der Kindteil im Menschen. Die in Stolz und narzisstischer Abkapselung Verhärteten hingegen fühlen sich in solcher Begegnung bedroht und antworten auf das Liebesangebot mit Angst und mit noch mehr Macht, womit wir uns bereits auf dem dritten Schauplatz befinden.

2.4.2 Macht oder Liebe: Vom vergeblichen Versuch, Macht im Wort zu überwinden

Dieselbe Botschaft, welche die dafür Offenen heilt, trifft andere im Kern ihrer Bedrohung und verstärkt Abwehr und emotionale Verhärtung. Pharisäer, Schriftgelehrte, Hohepriester bangen um ihre persönliche Macht und Ehre. Einfach Mensch zu sein unter Menschen ist ihnen zu wenig und würde sie zurückwerfen auf eine tiefe Verunsi-

---

376 Vgl. Lk 19,1-10: Im Kontakt mit Jesus weiß der Zöllner Zächaus von selbst den richtigen Umgang mit Geld.

cherung und Urerfahrung eigener Nichtigkeit im Gegenüber eines (letztlich) Numinosen. Seither ist für sie alle Gegenüber-Erfahrung angstbesetzt. Offen zu werden auf etwas Erlösendes, was sie nicht *selber* sind, ist darum für Machtmenschen kaum zu bewältigen, noch heute. Machtgeprägte Menschen sind nur selten bereit, sich auf seelische Prozesse, die sie nicht selbst definiert haben, einzulassen und sich zu übergeben (vgl. Projektergebnisse, I.3.5.4). Heilsame Begegnungen, wie von Zachäus oder der Sünderin erfahren, können sich bei ihnen gar nicht ereignen, weil sie sich von allem, was sie nicht selbst beherrschen, bereits bedroht fühlen. Hinzu kommt eine Not des Verstehens, seinerseits ein primär nicht rationales, sondern emotionales Problem. Wofür das Ich keine Kategorie hat oder wovor es sich tödlich fürchtet, kann in der Logik menschlicher Machtstruktur gar nicht begriffen werden. Wenn Jesus von Liebe als Verbundensein und Sein-im-Vater spricht, bleibt das für solche Menschen Worthülse.

Was würde denn der Botschaft Jesu zufolge aus Machtprägung erlösen? Seine Antwort ist vorerst die von ihm gelebte Kombination von wahrer Rückbindung, Autonomie und Liebe. Sie befähigt Jesus, angstfrei Beziehungen zuzulassen, berührbar zu sein, sich auf nicht neurotische Weise zu verschenken, zu dienen, Machtstrukturen oder Beziehungsstrukturen (etwa Verwandtschaftsverhältnisse) von Grund auf neu zu denken. Weil rückgebunden, braucht Jesus weder Schutzmauern noch Vorrangstellung. Er lebt sein Leben als ‚***Karriere nach unten***', nicht auf Mitleid erregende Art, sondern erfüllt von der Gewissheit, dass sich so im Gegenüber aufweicht, was verhärtet ist, und wahres Menschsein sich ereignet. Auf diese Weise zu leben würde, psychologisch betrachtet, tatsächlich Strukturen von Macht oder eine ‚Gier nach immer mehr' ad absurdum führen. Werte würden umgekrempelt.

Was Jesus selbst lebte, lehrte er auch und verlangte es von seiner Umgebung:

- ***Jesu Rede von den wahren Verwandten***, die nicht einfach Blutsverwandte sind (Lk 8,19-21). Verwandte Jesu sind die, „die das Wort Gottes hören und danach handeln".
- ***Die Qualität ‚Dienen'*** und Jesu revolutionäre Stellungnahme zu Rangstreitigkeiten: „Unter den Jüngern kam die Frage auf, wer von ihnen der Größte sei. Jesus wusste, was in ihrem Herzen vorging. Deshalb nahm er ein Kind, stellte es neben sich und sagte zu ihnen: Wer dieses Kind um meinetwillen aufnimmt, der nimmt mich auf; wer aber mich aufnimmt, der nimmt den auf, der mich gesandt hat. Denn wer unter euch allen der Kleinste ist, der ist groß" (Lk 9,46-48). – Später antwortet Jesus auf dieselbe von den Jüngern nochmals gestellte Frage (Lk 22,24-27): „... der Größte unter euch soll werden wie der Kleinste, und der Führende soll werden wie der Dienende." Jesus ist selbst der Dienende – vgl. ***Fußwaschung*** (Joh 13,1-17) und das Gleichnis vom rechten Platz als Gast (Lk 14,7-11).
- ***Das Gleichnis vom barmherzigen Samariter*** (Lk 10,25-37). Ein Schriftgelehrter stellt eingangs die Frage: „Was muss ich tun, um das ewige Leben zu gewinnen?" Eine leistungsorientierte Frage also. Stattdessen verweist Jesus auf das Lie-

besgebot, das den Schriftgelehrten zur nächsten Frage führt: „Wer ist mein Nächster?" Jesus versucht nun über ein Gleichnis, sein Gegenüber auf der Ebene emotionaler Betreffbarkeit – also hinter den Mauern von Abwehr – zu erreichen. Er stellt Barmherzigkeit als Beziehungsgeschehen dar. Zur Nächstenliebe fähig ist, wer berührbar ist und Mitleid empfindet. Doch genau dies fand er in den Denkmustern der stolzen Priester und Leviten nicht vor, wohl aber in der verachteten Menschengruppe der Samariter.

- ***In der Liebe bleiben***, das wirkt offenbar wie von selbst (Joh 15,9-17). Wessen der machtgeprägte Mensch zu seiner Erlösung bedarf, findet in den Abschiedsreden des Johannesevangeliums gleichsam in einer Kurzformel ins Wort: ***Als Freunde und nicht als Knechte*** dürfen die Menschen sich in ihrer Beziehung zu Gott fühlen. „Wie mich der Vater geliebt hat, so habe auch ich euch geliebt. Bleibt in meiner Liebe. ... Ich nenne euch nicht mehr Knechte; denn der Knecht weiß nicht, was sein Herr tut. Vielmehr habe ich euch Freunde genannt, denn ich habe euch alles mitgeteilt, was ich von meinem Vater gehört habe ... Dies trage ich euch auf: Liebt einander!" (Joh 15,9-17). Freund Gottes zu sein heißt, an allem teilhaben, was des Freundes ist. Das ist mehr als Schaf-Sein in einer Herde. Freunde stehen in personaler Beziehung zueinander und sind – weil im Vater begründet – Liebende jenseits von Angst und Absicherung.

- ***Liebt eure Feinde.*** So lautet dieselbe Liebesbotschaft – anders formuliert. Von Jesu Vision einer Liebe in vollständigem Angeschlossensein her (wie eben nach Johannes geschildert) wäre Feindesliebe nachvollziehbar; denn Bedrohung – sprich Feinde – gibt es dort nicht mehr, wo alle in einer ‚Liebeseinheit in Gott' eins sind. So gesehen ist die von Jesus geforderte Feindesliebe nicht moralischer Imperativ, sondern Folge jenes seligen Zustandes und Weg dahin (vgl. I.4.3). Wo aber der Mensch real Feinde erlebt und in den Projektionen seiner Machtstruktur allerorts ‚Feind' wittert, tönt dieselbe Formulierung anders. „Liebet eure Feinde" wird dann zum *Gebot* der Feindesliebe (Lk 6,27-30) und überfordert, ja neurotisiert den Menschen. Dieser müsste primär von Urangst und Urbedrohung erlöst werden, was er aus sich allein gerade nicht vermag. Eine neue Ethik *allein* macht noch keinen erlösten und liebenden Menschen, sondern ist, genau umgekehrt, Folgeerscheinung von innerer Heilung. (Zur Feindesliebe vgl. I.4.3 und II.3.2.3.)

Modern gefragt: ***‚Was bringt es', wenn Menschen in der Liebe leben?*** Es ist Gott als das Dritte (vgl. I.4.8), der es dem Menschen lohnen wird, wenn er sich liebend oder dienend verhält. Im Anschluss an genau obige Textstellen tritt dies mehrfach hervor: Als Dank für gelebte Feindesliebe etwa wird dem Menschen nichts weniger als Lohn im Himmelreich, Kindschaft des Höchsten (Lk 6,35) in Aussicht gestellt. Oder gemäß dem Gleichnis vom rechten Platz als Gast wird der Bescheidene erhöht werden (Lk 14,11). Und nach der gleich anschließend thematisierten Frage, wer denn die rechten Gäste für das Mahl seien, nämlich auch Arme, Lahme ... wird dem weitherzigen Menschen gar Seligkeit versprochen (Lk 14,14): „Du wirst selig sein, denn sie (die

Beschenkten oder Eingeladenen) können es dir nicht vergelten; es wird dir vergolten werden bei der Auferstehung der Gerechten." Und nach obigem Johanneswort der Liebe (Joh 15,9-17) geschieht Lohn im Geliebt-Werden durch den Vater, in der vollständigen Teilhabe am Vater und seinem Reich, als „vollkommene Freude". In Jesu Antwort auf obige Rangstreitigkeiten ist genau ihnen – den dienenden, liebenden, ausharrenden Jüngern – das Himmelreich versprochen: „In allen meinen Prüfungen habt ihr bei mir ausgeharrt. Darum vermache ich euch das Reich, wie es mein Vater mir vermacht hat: Ihr sollt in meinem Reich mit mir an meinem Tisch essen und trinken ..." (Lk 22,28-30). Mit anderen Worten: Liebe ‚lohnt' sich, was aber zugleich nicht zu kurz – von der Logik des Ichs her – begriffen werden kann.

Liebe und Autonomie, je in radikaler Rückbindung! So lautet also Jesu Alternative zur Machtstruktur und seine generelle Antwort in der Beziehungsebene. Konnte/kann eine solche Botschaft überhaupt verstanden werden? Wie haben Menschen von damals auf Jesus reagiert? Nirgends so sehr wie auf der Beziehungsebene – und damit in der Frage Machtstruktur – wurde Jesus zum Ärgernis bei den Etablierten. Obwohl Jesu Antwort auf die Begehrensstruktur nicht weniger radikal war (Besitzverzicht, Warnung vor Habgier), stieß er dort – gemäß Lukasevangelium – nur selten auf Widerstand (Lk 16,14), in seinem neuen Beziehungsverhalten jedoch geradezu ständig. ***Ich erkenne drei Momente des Anstoßes:***

1. Jesu Autonomie im Gegenüber von kollektiven Tabus und Wertmaßstäben. Jesu Umgang mit Gebot und Sündenvergebung löst auf vielfältige Weise Unmut aus.[377]
2. Jesu Integration der unreinen oder ausgegrenzten Menschen, etwa der Zöllner, löst Empörung und Murren aus.[378]
3. Vor allem aber löst Jesu Vollmacht und seine selbstverständliche Begründung im Vater, insgesamt sein Umgang mit sich selbst und seinem Charisma Wut aus bis hin zur Tötungsabsicht.[379]

---

377 „Wer ist das, dass er eine solche Gotteslästerung wagt?" (Lk 5,21) im Anschluss an eine Sündenvergebung durch Jesus. – Oder bei der Heilung der Sünderin fällt der Vorwurf: „Wer ist das, dass er sogar Sünden vergibt (Lk 7,49). – „Was tut ihr da? Das ist doch am Sabbat verboten!" (Lk 6,2). – „Die Schriftgelehrten und Pharisäer gaben Acht (Lutherübersetzung: lauerten darauf!), ob er (Jesus) am Sabbat heilen werde" (Lk 6,7). – Die Pharisäer wunderten sich, dass er (Jesus) sich vor dem Essen nicht die Hände wusch (Lk 11,38). – Die Pharisäer und Schriftgelehrten begannen Jesus mit Fragen auszuhorchen und zu belauern, nachdem Jesus deren Raubgier und Bosheit, respektive deren Berechnung durchschaut hatte (Lk 11,37-54) – „Der Synagogenvorsteher aber war empört darüber, dass Jesus am Sabbat heilte" (Lk 13,14).

378 Vgl. Lk 5,30. – Als alle Zöllner und Sünder zu Jesus kamen und er mit ihnen isst (Lk 15,1-2). – Vgl. auch Lk 19,7.

379 Im Anschluss an Jesu Deutung, dass er selbst das Schriftwort erfülle: „Kein Prophet wird in seiner Heimat anerkannt" (Lk 4,16-30). – Im Anschluss an die Frage, wer Johannes der Täufer sei, nämlich Bote von Jesus selbst, spricht Jesus von den Gesetzeslehrern und Pharisäern, die den Willen Gottes missachteten (Lk 7,30). – Im Anschluss an die Tempelreinigung (die ich hier als Reinigung seines Vaterhauses begreife) trachteten seine Feinde zum ersten Mal danach, ihn zu töten (Lk 19,45-47). – Im Anschluss an das Gleichnis von den bösen Weinbergpächtern, darin der Sohn – gleichsam als Bild für Jesu selbst – umgebracht wurde, und im Anschluss an das daraufhin zitierte Schriftwort: „Der Stein, den die Bauleute verworfen ha-

Wie ist diese Ablehnung psychologisch zu verstehen? Der in der Folge einer Urbedrohung ständig um sein machtgieriges und zugleich verletztes Ich kreisende Mensch kann sich ein letztes Bezogensein gar nicht vorstellen und heilende Verbundenheit gar nicht zulassen. Er sieht nur ans Geschehen heran und sieht alles nur durch seine Brille ständigen Bedroht-Seins hindurch. Aus seiner Sicht würde er mit den neuen Wertmaßstäben nur ‚verlieren', in seiner Macht relativiert (erster Punkt, der Anstoß erregt). Er würde zum Dienenden degradiert und auf die gleiche Ebene mit den Randständigen gestellt (zweiter Punkt). Vor allem aber kann der machtgeprägte Mensch nicht wirklich unterscheiden zwischen wahrer Größe und menschlicher Selbstaufblähung, zwischen Menschensohn und ‚Guru', er kann gerade nicht umgehen mit Jesu Größe und Sendung, sondern gerät in blinde Wut (dritter Punkt). Im eigenen Innern kann der größeneuphorische Mensch eine letzte Abgrenzung zu wenig scharf ziehen. Eine wahrere Grenzziehung würde seine Größen-Kompensationen umstürzen und ihn der Erfahrung von Nichtigkeit preisgeben. So wird Jesu Vollmacht projektionsverzerrt gedeutet und seine wirkliche Demut gar nicht gesehen. Was dann von diesem Jesus bleibt, ist reine Bedrohung.

Und Jesu Freunde? Im Verlaufe der verschiedenen Evangelien wird die Frage nach der Person Jesu zunehmend zum eigentlichen Thema: „Für wen halten mich die Leute? ... Ihr aber, für wen haltet ihr mich?" (Lk 9,18-20). „Für den Messias Gottes", bekennt Petrus. Diese Antwort ist einer der stärksten Momente dieses anderswo durchaus verunsicherten, voreiligen bis anfälligen[380] Petrus. Was den allgemeinen Tenor anbelangt, wage ich dennoch zu behaupten, dass selbst Jesu Jünger und Freunde nicht wirklich begriffen, worum es Jesus in seinem neuen Beziehungsverhalten ging. Jesus wurde zwar in seiner Vollmacht bestaunt, aber kaum verstanden und ausgehalten. Letztlich blieb Jesus alleine. Die Jünger schliefen in Getsemani, statt zu wachen, derweil ihr Herr Angst durchstand (Lk 22,39-46). Im Johannesevangelium, dessen Autor vielleicht am ehesten das aus dem Vater genährte Liebesverhalten Jesu erahnte (vgl. II.1.3; II.2.2), wird bereits früh beschrieben, wie es in der Jüngerschaft aufgrund der Jesusbotschaft zu einer Spaltung kam (Joh 6,60-65). „Daraufhin zogen sich viele Jünger zurück und wanderten nicht mehr mit ihm umher. Da fragte Jesus die Zwölf: Wollt auch ihr weggehen?" (Joh 6,66-67).

Weil exemplarisch für ein Unverständnis der Jünger, bleibe ich bei der Gestalt des ***Petrus.*** Auch er erkennt bis zum Schluss nicht eigentlich, worin das heilende Geheimnis von Jesu Liebe in Rückbindung besteht. Jesus richtet als bereits Auferstandener an Petrus folgende Frage und dies im Zusammenhang mit dessen Sendungsauftrag (Joh

---

ben, er ist zum Eckstein geworden", trachteten sie zum zweiten Mal danach, ihn festzunehmen (Lk 20,9-19).

380 Etwa als Petrus im Anschluss an einen wunderbaren Fischfang sagte: „Herr, geh weg von mir; ich bin ein Sünder" (Lk 5,8). – Oder als Petrus nach Jesu Verklärung nichts verstehend drei Hütten bauen wollte (Lk 9,33). – Als Petrus dem Diener des Hohenpriesters das Ohr abhieb (Joh 18,10; die übrigen Evangelisten sprechen hier nicht von Petrus, sondern von einem Begleiter). – Als Petrus Jesus verleugnete (Lk 22,54-62).

21,15-19): ***„Simon, Sohn des Johannes, liebst*** (ἀγαπάω) ***du mich mehr als diese?*** Er antwortete ihm: Ja, Herr, du weißt, dass ich dich liebe" (φιλέω). (φιλέω meint ein weniger explizites ‚Lieben' und kann auch übersetzt werden mit: „Du weißt, dass ich mit dir befreundet bin"). Jesus sagte zu ihm: Weide meine Lämmer! Zum zweiten Mal fragte er ihn: Simon, Sohn des Johannes, liebst (ἀγαπάω) du mich? Er antwortete ihm: Ja, Herr, du weißt, dass ich dich liebe (φιλέω). Jesus sagte zu ihm: Weide meine Schafe. Zum dritten Mal fragte er ihn: Simon, Sohn des Johannes, liebst du mich?" (Diesmal kommt Jesus begrifflich dem Petrus entgegen, indem auch er den Begriff φιλέω verwendet: Hast du mich lieb, bist du mit mir befreundet?) „Da wurde Petrus traurig ... Jesus sagte zu ihm: Weide meine Schafe! ... Folge mir nach!"

Ich frage: Warum wurde Petrus genau jetzt traurig? Weil er – wie Johannes schreibt – zum dritten Mal gefragt wurde? Weil Jesus seiner besten Absicht nicht traute? Oder geschah hier noch ein anderer Prozess, eine emotionale Annäherung? Fühlte sich Petrus (erst) jetzt, wo in *seiner* Sprache und *seinem* Verstehen angesprochen, auch emotional abgeholt? Fühlte er sich jetzt in seinen tiefen Gefühlen für Jesus erkannt, ja gefunden? Löste das Rührung und Traurigkeit aus? War Petrus zuvor mit der jesuanischen Intensität überfordert? Ein anderes Detail weist in diese Richtung: Jesu erste Frage (auf seine Herkunft und Identität angesprochen) hätte verbindlicher nicht sein können. Lag darin für Petrus ein emotionales Zuviel, das er als solches ‚nicht verstehen', d.h. Emotion und Verstand nicht zusammenbringen konnte? Der Text lässt es offen. Es ist nur ersichtlich, dass sich Jesus (sprachlich) Mal um Mal in der Radikalität seiner Frage zurücknahm, bis er Petrus erreichte. Psychologisch ist ein solches stimmig: Der Mensch muss innerlich abgeholt werden, um emotional zur Liebe – jenseits von Gebot und blosser Absicht – fähig zu sein. Wem schaudert es nicht ob der gleich darauf folgend und zu Ende gedachten Konsequenz: „Amen, amen, das sage ich dir (Petrus): Als du noch jung warst, hast du dich selbst gegürtet und konntest gehen, wohin du wolltest. Wenn du aber alt geworden bist, wirst du deine Hände ausstrecken und ein anderer wird dich gürten und dich führen, wohin du nicht willst" (Joh 21,18). Das ist letzte Konsequenz von Liebes-Nachfolge, das ist Gegenteil vom Dynamismus der Sonderung, denn nach dieser Konsequenz soll sich der Mensch gerade nicht herausnehmen. Ein solches kann aber von Menschen, die nicht voll in Jesu Liebesgeheimnis eingeweiht sind, nicht anders denn als Drohung oder Selbstaufgabe empfunden werden. Das Nicht-Verstehen-Können setzt sich fort und zeigt sich darin, dass nun in Petrus der unseligmachende Drang des Vergleichens entfacht ist, die Frage nämlich, wen Jesus mehr liebe, ihn oder den geliebten Jünger. Die Antwort Jesu ist knapp, aber deutlich: „... was geht das dich an?" (Joh 21,22). Das heisst: Petrus muss dieser Art zu denken eine Absage erteilen. Im Himmelreich, im Angeschlossensein gibt es nicht mehr ein Mehr oder ein Weniger an Liebe, dort ist jedes Maß an Liebe voll, jede Teilhabe ganz. Liebe verschenkt sich selbst. Petrus hat bei allem guten Willen nur halb begriffen.

... und wir, verstehen wir? Der Mensch in seiner Prägung und Abgespaltenheit von Gott kann Liebe, wie sie Jesus lehrt, nicht fassen. Rational geht eine solche anders als neurotisch oder naiv nicht auf. Das Ich ist für solches Begreifen zu klein. Die Frage muss anders gestellt werden: Wie gelingt es, dass das menschliche Ich ein Ergriffen-Sein zulässt? Was braucht es, damit sich der Mensch ergreifen lässt? Wie geschieht es, dass Liebe nicht ein Wort bleibt, das es zu fassen gilt, sondern zur Dynamik wird, die erfasst? ***Jesu Leben als Ganzes***, seine gelebte Liebe und damit er selbst werden hier zur Antwort.

Zusammenfassung II.2: ***Jesu Antwort auf die Urprägung Mensch***, auf Urangst, Urverletzung und den daraus resultierenden ***Dynamismus der Sonderung*** lautet „Heimkehr zum Vater", Rückbindung zu ‚Gott so wie ein Vater' und zur Fülle seines Reiches: Abba, Basileia, Metanoia. Das ist Inbegriff von Jesu Botschaft und bedeutet Relativierung der Urangst in ihren beiden Facetten (Urangst vor dem Zuwenig/Verlorensein ebenso wie Urangst vor dem Zuviel/Numinosen, der Gewalt). Biblisch gesprochen „am Vater" – das Mütterliche eingeschlossen – relativiert sich die Ur-Projektion (Gott/alles ist gegen mich).

Jesu Antworten auf die menschliche Angststruktur bauen auf der Vater-Botschaft auf:
- Angeschlossensein an den Vater und sein Reich als Qualität jenseits von ‚Ich' und dessen Tod, ein Genährtsein für alle, was vertrauensstiftend ist;
- Gebet als Hilfe zur Vertrauensfindung und zum Wollen-Können. Disziplinübung;
- Bild vom sicherheitsspendenden Hirten. Jesus – der Sohn – als Mittler und Garant;
- ... in allem: Beziehung, gelebte Verwiesenheit. Im Kindteil ist der Mensch erreichbar.

Jesu Antworten auf die Begehrensstruktur lauten:
- Sein statt Haben. Angeschlossensein, Fülle, Himmelreich. Das Genug für alle;
- Überfließende Gerechtigkeit, die nicht im Sinne von Gesetz zu greifen ist;
- Gebet gegen die Versuchung und mehr noch Ruf zur Nachfolge, was bedingt, dass Jesus vorausgegangen ist. Nachfolge als Erfahrung dessen, was Leben ist. Seligkeit im Sein (Arme), Seligkeit in der offen gehaltenen Sehnsucht (Hungernde), Seligkeit im aktiven Verschmerzen (Trauernde). Loslassen als Weg dahin;
- Heilung aus (dämonischem) Fremdbestimmtsein, Grenzsetzung zwischen dem Menschen und dem Energetischen und eine nur im Geheimnis Gott anzusiedelnde Umwendung fehlgeleiteter Energien;
- ... in allem wirken die Beziehung, der „Tonfall", eine Mütterlichkeit und Liebe zu jedem einzelnen Menschen. Eine Liebe trotz allem. Beziehung lässt erweichen, macht kindhaft berührbar.

Jesu Antwort auf die Machtstruktur meint eigentlich ein dialogisches Beziehungsverhalten, das möglich wird über Gott als das nährende und Katharsis bewirkende Dritte. So ereigneten sich viele Heilungen von Kranken und ‚Wunder' der Integration Randständiger *über Jesu neuartiges Beziehungsverhalten*, über das radikale Zulassen von Angewiesensein und Verwiesensein. Jesu Antwort wäre vielfältig, aufrichtend, würde aber damals wie heute eine größere Berührbarkeit, Ungeschütztheit und ein stärkeres menschliches Verwiesensein, eine Korrektur menschlicher Größenvorstellungen erfordern. Doch das überfordert Menschen, insbesondere die Mächtigen und die in ihrer Machtstruktur Gefangenen. Das heißt, dass die menschliche Machtstruktur, ja genau sie, über das Wort allein *nicht* aufgelöst werden kann, damals wie heute nicht (vgl. Projektergebnisse). Es war das Machtproblem in den Menschen, das Jesu Botschaft zum Scheitern brachte und noch einmal ein Darüber-Hinaus erforderte ...

3 Erst Dynamik löst wirklich aus: Jesus wird selbst zur Antwort

3.1 Das Geheimnis erlösender Dynamik – Liebesdynamik

Was holt den Menschen aus dem Bösen heraus? Was holt ihn aus Fixierung, Rangstreit und Rechthabern, aus tiefster Erstarrung und Resignation, ja aus den Gräbern seiner Prägung heraus? Herausholen, herausgelöst werden verweist schon von den Begriffen her auf eine Dynamik und deren Sprengkraft. Es muss also etwas geben, eine Gegenbewegung, welche selbst die Dynamik des Bösen durchbricht, eine Kraft, welche Erstarrtes aufbricht, welche auslöst, herauslöst, erlöst. In der Musik ist es der Rhythmus, im Leben vieler Patienten ist es der Morgen und die ihm innewohnende Chance des Tages, im Grau der Welt sind es die großen Verheißungen („Weihnachten", „Friede", „das ewige Jerusalem"), im verkorksten Zusammenleben von Menschen ist es die schier unbegreifliche Kraft der Liebe, welche Steine wegzuwälzen vermag von Gräbern toter Hoffnung. Und hinter allem ist es eine ***Grundkraft schlechthin***: Gott als Energie, als Schöpfer und Leben schlechthin, als Geist, Auferstehung und Ziel. Im Folgenden geht es also um die *dynamische* Perspektive von Erlösung. Dieselben Inhalte, die teils schon als Botschaft dargelegt worden sind, wirken als Dynamik. Das gilt am meisten für die beiden Qualitäten Liebe und Leben.

So besagt etwa die christliche Liebesbotschaft von ***Weihnachten*** und Menschwerdung Gottes, ***wenn als Dynamik gedeutet***: Gott, der Allmächtige, freundet sich so radikal mit mir kleinem Menschen an, dass er mir sagt: „Ich teile deine Menschlichkeit und Nichtigkeit. Du bist erlaubt, ja wichtig." Auch Jesu ***Passion*** heißt, dynamisch gedeutet, Anfreundung, und zwar so radikal, dass Gott *mit* mir fühlt, auch wo ich ohnmächtig leidend bin, gefangen in vernichtenden Umständen oder Strukturen. In beiden Ereignissen nimmt sich Gott aus jeglicher Sonderstellung oder Erhabenheit heraus! Was aus der Sicht anderer Religionen, aber auch mancher Christen, auf den ersten Blick anstößig sein mag, wird – dynamisch verstanden – zum Kern unserer Religion, welcher ***ein geheimnisvolles Mit-Sein Gottes mit dem Menschen*** umkreist. Es geht dabei nicht einfach um schnell dahingesagte Liebe oder Solidarität, sondern um eine sich letztlich wider alle Sonderung durchsetzende Liebesdynamik. Während Sonderung den Menschen von Gott und seiner eigenen Mitte abspaltet und Abkapselung, Projektionen und Mechanismen von Macht und Gewalt erzeugt, geschieht in der Liebesdynamik Gegenteiliges: Heimführung, tiefere Identitätsfindung, Sammlung, und all das um ein geheimnisvoll Größeres – Gott – herum. In Weihnachten und in Passion und Ostern bekennt sich der Christ zu dieser Liebesdynamik und dazu, dass eine solche von Gott ausgehe. Aus frommen Bildern von Weihnachten und Passion werden dann berührende, eben auslösende Aussagen wie: „Du – Mensch – bist nicht alleine." „Ich teile deine Zumutung, ich steige ein in den Fluch, der dich umgibt." „Ich wohne mit dir zusammen in deinem Dreck." Und sie verweisen, so gedeutet, auf ein Darüber-Hinaus, denn sie besagen nichts weniger, als dass Gott selbst sich mit hineinsetzt ins Spiel, dass also auch ER in gewisser Hinsicht ‚auf dem Spiel steht' und wir Menschen Partner sind. Er sagt: „Ich zähle auf dich", „Du bist Partner im Bund" und: „Es gibt ein Mehr, über das Elend und die Gräber dieser Welt hinaus."

Deshalb lautet eine wichtige, psychologisch einsichtige These des vorliegenden Buches:

Erst dieses Setzen Gottes auf den Menschen, ja sein Sich-Hineinsetzen in die menschlichen Vorgaben und Abgründe erlöst. (Vgl. These 7, S. 166.)

Wo dies solchermaßen personal und total ankommt, horcht der Resignierte auf, öffnet sich der Fixierte. Sie erfahren staunend, dass selbst auf sie – hoffnungslose Fälle – noch immer gezählt wird. Ins Schwarze ihres Daseins bricht ein Licht ein; im Mechanismus ständiger Projektion entsteht die Leerstelle eines „Könnte ja sein, dass ... ." Der zuvor gefangene und befangene Mensch staunt vielleicht über die Größe des Guten, das die alten Projektionen in ein anderes Licht rückt. ***So vermögen sich Energien zu wenden***, von Sonderung zu Sammlung, von letztlich böse zu gut, und dies selbst in zerstörerisch gewordenen Menschen. Wo zuvor Nichtigkeit oder Gleichgültigkeit war, entsteht die gegenteilige Erfahrung: „Auf mich kommt es an. Gott und Welt sind auf mich und meine konstruktiven Energien angewiesen." ***Die Dynamik der Liebe meint genau das: Gott macht sich selbst zum Angewiesenen.*** So sehr, dass der in sich gefangene Mensch nicht anders kann als freiwillig Verstockung, Allergie, Widerstand und Narzissmus zu verlassen, der Dynamik im Bösen zu widersagen und künftig schöpferisch, helfend (mit)zuwirken. „Das größte Potential liegt in den Terroristen." Dieses Aufsatzthema aus meiner Mittelschulzeit (Zeit nach der „Roten Armee-Fraktion") beginne ich allmählich zu begreifen. Und zwar so: Dort, wo wir/dort wo Gott (stellvertretend für uns) sogar auf die Kraft des Terroristen in uns drin setzen/setzt, ereignet sich eine Wende im Energetischen. Auf diese Wende im Energetischen scheint es Gott anzukommen, auf jene Sprengkraft, die letztlich Liebe heißt und bewirkt. Damit aber eine energetische Wende gelinge, ist Gott letztlich auf *alle* Menschen angewiesen. Durch Wende wird Liebe und durch Liebe wird neues Leben.

Dynamik beginnt aber nicht erst in diesem äußersten (Wende-)Punkt. Dynamik ist generell das In-Bewegung-Setzende, das einbricht, drängt und sich vom Ende her offenbart als das, was sie ist: Liebesdynamik statt Dynamismus, von Gott her kommend, statt egozentriert und spaltend. Auch in Jesu Auftreten begann Dynamik nicht erst am

Kreuz, sondern war schon immer wirksam, in seinem Dasein, Heilen, seinen Worten. Mit Schwager (1996) erkenne ich:

Fünf Stationen in der Dynamik des Jesus-Geschehens:

1. Akt: Jesu Botschaft und Auftreten beginnt mit Verheißungen, mit gelebter Sanftmut, mit Verzeihen, Integrieren, Großherzigkeit und Menschenfreundlichkeit. Bereits die Atmosphäre mancher Textstellen kündet davon.[381] *Ein siebenjähriger Junge sagte dies so: „Wenn Jesus heute leben würde, hätte er weiche Hände. Er wäre nie grob zu mir.“* Diese rundum menschliche, bekömmliche Dynamik erreicht alle, die nicht schon anderweitig gesättigt oder verschlossen, sondern in ihrer Sehnsucht noch offen sind – damals wie heute. Damals waren dies offenbar vor allem Arme, Randständige, Menschen, die nichts mehr zu verlieren hatten und nicht festgelegt waren auf Machtpositionen und Werte dieser Welt. Diese Atmosphäre zusammenfassend, spreche ich von der ***Dynamik der Einladung*** (II.3.2.1).

2. Akt: Dynamik ging sodann aus von den Heilungen, die Jesus bewirkte, von Geheilten und Zeugen, von der offenkundigen Tatsache, dass da ein Wundertäter aus einer unerklärlichen himmlischen Kraft heraus wirkte. Das warf Fragen auf und forderte zur Stellungnahme heraus: *für* diesen Jesus oder *gegen* ihn. Auch Polarisierung ist Dynamik, Nachfolge und Fans auf der einen Seite, Feindschaft und Verhärtung auf der andern. Wie zu zeigen sein wird, hat ein solches zu tun mit einer ***Dynamik der Macht als unvermeidliche Zuspitzung*** (II.3.2.2).

3. Akt: Was aber blieb, wo die Botschaft nicht (mehr) verstanden wurde, weder von den Freunden und erst recht nicht von den Feinden? Was bleibt, wo Botschaft als solche keine Chance hat anzukommen und der Bote verstummt? Schicksalsfrage des Christentums, damals wie heute! Wie kann an jenem äußersten Punkt von Ohnmacht nochmals etwas in Bewegung kommen? Jesus gab uns dazu wie ***einen Geheimcode*** mit, vorerst ins Leere, Unverstehbare hinaus bezeugt. Thematisch formuliert, hieß dieser: Begegnung von Ich zu Du, Verzeihen, Mahlgemeinschaft, eine im Vater begründete Liebe bis zum Äußersten ... Doch niemand verstand. Genau da aber beginnt ***reine Dynamik.*** Die Dimension des Begreifens fehlt vorerst, denn sie führt durch den Tod des in dieser Welt Gewordenen hindurch. Jesu Liebesprogramm des Nicht-Zurückschlagens ist vorerst tödlich (!). Als Dynamik formuliert, geht es hier um ein solches Ausmaß an Liebe, das selbst den Tod in Kauf nimmt, um einer Sache willen, um der Weitergabe von Leben willen – ***Dynamik der Hingabe*** (II.3.2.3).

4. Akt: Und trotzdem ereignete sich Wirkung. Gerade durch Tod und äußerste Erstarrung hindurch war das Feld frei für ‚Wirkung schlechthin‘. Wie kam/wie kommt

381 Beispiele im Lukasevangelium: Heilung eines Aussätzigen (5,12-16); Berufung des Levi und Mahl mit den Sündern (5,27-32); Auferweckung des Sohnes einer Witwe in Naïn (7,11-17); die Begegnung Jesu mit der Sünderin (7,36-50); die Frauen bei Jesus (8,1-3); Zachäus (19,1-10).

es dazu, dass Gräber sich öffnen? Woher diese Dynamik? Im Geheimnis von Auferstehung erkenne ich die ***Dynamik von Leben, von Gott schlechthin*** (II.3.2.4).

5. Akt: Auferweckung – auch aus *inneren* Gräbern – ist zugleich nur der *Anfang* einer Wende im Energetischen. Gerade weil als Dynamik von Leben/Gott schlechthin begriffen, hört eine solche nicht mit dem Einzelfall auf. Jesu Auferweckung weist über sich hinaus, bewirkte Reaktion in den Umstehenden: Ergriffensein, Ehrfurcht, die Bereitschaft zum Leben in neuer Identität und Liebesfähigkeit und damit Sammlung in einer neuen Weise von Gemeinschaft: ***Geisterfahrung oder die Dynamik von Innen her*** (II.3.2.5).

Dynamik steht gerade nicht still. Dem Dynamischen, das weht, wo es will, und ergreift, wen es erreicht, einerseits und den dafür offenen Menschen andererseits verdanken wir, dass das Erlösungsgeschehen Jesu über die damalige Zeit hinaus greift und auch uns in unserer noch immer selben Prägung – vielleicht – erreicht. Es wird zur Anfrage des Glaubens, ob Menschen momenthaft und immer wieder in dieser Verheißung ankommen und sich einem tieferen Geheimnis von Liebe anvertrauen. Ob sie, soweit sie es vermögen, zur Nachfolge willens sind. Denn nur über Erfahrung, erfahrene Liebe noch heute, wird eine Botschaft, wie sie Jesus lehrte, lebendig. Und es wird zur Grundfrage von Religion und Religionen, ob sie hinter konkreter Liebe auch eine Liebes*dynamik* erkennt und erkennen, hinter Liebesdynamiken nicht einfach Zufall und auch nicht nur einen partikulären, göttlichen Aspekt, sondern Gott oder das wirkmächtig Ganze, Eine. Ähnliches gilt für das immer neu aufkeimende Leben jenseits von Gräbern oder innerhalb derselben. Man mag es christlich nennen oder auch nicht: Im Wesentlichen geht es um die Prinzipien Liebe und Leben und deren innewohnende Dynamik eines Größeren. (Zur Frage der Religionen vgl. ersten Anhang.)

Dynamik (mehr noch als die Botschaft) wird hier als *die* Dimension von Erlösung begriffen. Wo wir nach der Dynamik fragen, haben wir das Ganze von Jesu Leben und Person im Blick: Warum war das, was dieser Jesus verkündete und tat, mehr als nur Botschaft? Was daran vermag Teufelskreise von Rache und Gewalt bis heute aufzubrechen? Ich frage ganz konkret, auch im Sinne psychologischer Folgerung: Was wird zur Kraft, die wirklich erreicht? Warum ist Verhärtung (schon jene der Pharisäer und Schriftgelehrten) zwar eine nachvollziehbare Reaktion, die aber doch nicht das Letzte sein kann? Und in welcher Sichtweise ist sie nicht das Letzte? Wo ist jener archimedische Punkt, der eine Welt voller Gewalt und Selbstsucht (und in ihr die vielen Menschen in ihrer Prägung, Erstarrung und Fixierung) aus den Angeln hebt? Ich orientiere mich im Folgenden am Heilsdrama nach Schwager (1996, 1997) und setze gleichzeitig auch eigene Schwerpunkte, gebe den fünf Akten eigene Namen.

3.2 Ein Mysterium – *fünf* Akte

3.2.1 Erster Akt: Dynamik der Einladung

Die wichtigste jesuanische Einladung lautet: „Das Reich Gottes ist nahe. Kehrt um, und glaubt an das Evangelium" (Mk 1,15; vgl. dazu II.2.1.2). Das will Freudenbotschaft sein, die von einer neuen Zuwendung Gottes zum leidenden und sündigen (= gesonderten) Menschen spricht, was schon in sich Auslöser höchsten Ausmaßes sein kann. Kam sie an? Ist allein schon die Tatsache, dass mit Weihnachten Gottes Handeln auf neue Weise in unsere Zeit und Welt einbricht, auslösendes, heilbringendes Ereignis? Die sich durch die verschiedenen Akte von Schwagers Heilsdrama hindurchziehende Grundfrage wird lauten, ob Menschen für dieses Heilsereignis und das, was es bewirken wollte, offen waren. Und generell: Wie geschieht es, dass Menschen offen werden für den Kairos solcher Erfahrung?

Schwagers erster Akt des Heilsdramas „Die anbrechende Gottesherrschaft" (1996, 43-75) betrachtet dieses „dramatische" Einbrechen Gottes in die Zeit als Anstoß zu einer neuen Erfahrung mit einem Gott, der dem Menschen auf neue Weise nahekommt und der auf neue Weise handelt. Auch wenn Jahwe sich seinem Volke immer schon als Handelnder zeigte, erkennt Schwager doch sowohl in der Botschaft von der nahen Gottesherrschaft wie in der Gebetsanrede (abba) eine „feine, aber doch auffallende Verschiebung gegenüber der religiösen Erfahrung Israels" (1996, 45). Die Beziehung Mensch-Gott wird intimer und persönlicher, Gott ist in Jesus auf neue Weise gegenwärtig (vgl. II.2.1.1).

Ob und inwiefern dies neu oder nicht neu sei, darüber streiten sich die Religionsexperten. Zenger (1995, 23) betont, dass Gott schon immer, „seit den Erzvätern in der Geschichte Israels (ein) handelnde(r) Gott" war. – „Die im Alten Testament vielfach erzählte und bezeugte Bundestheologie ist deshalb zutiefst die Botschaft vom barmherzigen Gott, der aus Treue zu sich selbst und dem einmal geschlossenen Bund mit Israel immer wieder neue Wege sucht und geht, um sich als Leben spendender Gott zu erweisen" (1995, 117). – Für *mich* wichtig ist in der jüdischen wie in der christlichen Religion – psychologisch gesprochen – die Bewegung Gottes auf den Menschen zu (vgl. erster Anhang, 2. Parameter). In der Bundestheologie erkenne ich eine solche in auffallender Verbindlichkeit und im immer neuen Ansetzen Gottes. In der Gebetsanrede Abba erkenne ich dasselbe in auffallender Milde. Vielleicht müsste in Schwagers Formulierung „gegenüber der religiösen Erfahrung Israels" das Moment der *Erfahrung* klarer hervortreten, und darin die Tatsache, dass nicht die Schrift allein zur religiösen Erfahrung des Volkes führt, sondern auch, wie diese interpretiert und innerhalb eines Zeitgeistes und Machtsystems (damals die Pharisäer und Schriftgelehrten) ins Leben umgesetzt wird. Wer Gott ist und wie er für ein Volk, einen Menschen erfahrbar wird, ist nicht dasselbe. Die Erfahrungen mit Gott zur Zeit der Stammväter, sodann jene des Volkes Israel mit seinem Gott Jahwe waren vermutlich nicht dieselben wie jene zur Zeit Jesu. Wie Gott von den Vätern und wie vom alten Israel gelehrt wurde und wie demgegenüber zur Zeit Jesu, war wohl zweierlei. Ich möchte es also den jüdischen Religionsvertretern überlassen, die Bewegung Gottes auf den Menschen in ihrer Religion nachzuzeichnen, und halte gleichzeitig daran fest, dass aus *christlicher* Sicht im Vergleich zum *damaligen* religiösen System Gott in Jesus auf neue Weise nahegekommen ist.

Der erste Akt nach Schwager ist geprägt von Jesu Verkündigung eines barmherzigen, sanftmütigen Gottes, der auch den Sündern und Randständigen zugewandt ist und das Heil aller will[382]. Diesem Gott(esbild) wohnt etwas tief Heilsames inne. Wer das begreift, für den haben, wie Schwager betont, Heil und Buße ihren Platz vertauscht: „Ist für (damaliges, M.R.) jüdisches Denken die Buße das Erste, die Voraussetzung, die dem Sünder die Hoffnung auf Gnade gewährt, so gilt jetzt, dass an der Gnade die Umkehr entsteht. Die am Tisch des reichen Herrn Sitzenden sind die Armen, die Krüppel, die Blinden und Lahmen ..." (1996, 58)[383]. Wie unter II.2.1.3 ausgeführt, steht hier am Anfang der neuen Hoffnung nicht Umkehr, sondern *Verheißung,* theologisch gesprochen: Gottes Erbarmen und gnadenhafte Zuwendung zum Menschen. Psychologisch formuliert: Es ist nicht der Opferkult, sondern der Glaube an das verheißene Neue, der eine neue Hinwendung zu Gott und somit „Sündenvergebung" und ein Stück Heilung bewirkt, auch heute noch.[384] Zu den großen Basileia-Worten gehört auch der Begriff der „neuen Sammlung" (Schwager 1996, 59f), respektive der „Mahlgemeinschaft", zu der alle, auch die Zöllner und Bettler, geladen sind. Die Einladung geht grundsätzlich an alle, wird aber nur von denen verstanden, die Ohren haben zu hören (Lk 8,8).

Ich spreche darum, was den ersten Akt betrifft, von einer ***Dynamik der Einladung.*** Da ist primär nichts Gewaltsames oder Exklusives drin, sondern Freiheit, ein „Du darfst", das jedem „Du sollst" oder „Du mußt" vorangeht. Ein solcher Geist bringt in der Tat Bewegung und unterwandert Prägungen und Bewältigungsmuster – noch heute. Und er heilt überall dort, wo bis dahin ein über-ich-betontes „Du mußt", „Du darfst nicht" oder gar eine Urprägung des „Es darf dich nicht geben" einer Biografie zugrunde lag. In der Dynamik eines neuen Erlaubt-Seins wird es im Menschen offen auf jenen Urgrund hin, in dem Gott als grundsätzlich gut, lebensspendend, liebend, integrierend und heimholend erahnt und erfahren wird. An solchen Gottesbildern

---

382 Auf den Rachegedanken im AT, dem eine andere Bedeutung zukam als dem heutigen Wort Rache und der durchaus vereinbar war mit Gottes Gerechtigkeit, wird nur kurz eingegangen: Harten Strafen, verheerender Blutrache oder der Vergeltung wollte mit einer milden Buße gerade zuvorgekommen werden. Schenker (1981, 59) formuliert: „Nicht nur bedeutet das Hauptwort *kofär* Vergleichszahlung, auch das ihm zugehörige Tätigkeitswort *kippär* ... hat den entsprechenden Sinn: die scharfe Reaktion eines Erbosten beschwichtigen, die aufgebrachte Person selber begütigen sowie Strafe erleichtern oder Schuld überhaupt vergeben."

383 Zur Auseinandersetzung von Gesetzestreue, Opferkult und Gnadentheologie vgl. Zenger (1995, 104-108).

384 Vgl. z.B. der Glaube des Hauptmanns von Kafarnaum (Lk 7,1-10); Heilung des Blinden bei Jericho (18,35-43).

finden Menschen zu Vertrauen und neuer Lebendigkeit. Wunden können heilen. Bei anderen entsteht der Mut zur Umkehr, Buße und neuen Disziplin.

Einen zweiten Schwerpunkt innerhalb des ersten Aktes bildet nach Schwager die ***Überwindung der Macht des Bösen***, wie sie in Jesu Befreiung von Besessenen aus der Macht der Dämonen zum Ausdruck kommt. Das waren zugleich jene Wunder, die – neben der Tatsache der Tabubrüche – provozierten und zur Stellungnahme herausforderten. „Wer ist dieser Mensch, dass ihm selbst die Dämonen gehorchen" (Mk 1,27), fragte man sich in Jesu Umfeld. Mit beginnender Polarisierung ist der zweite Akt bereits eingeleitet.

3.2.2 Zweiter Akt: Dynamik der Macht – oder die unvermeidliche Zuspitzung

Jesus Dynamik der Einladung vermochte eine gewichtige Zielgruppe nicht zu erreichen: die in ihrer Macht Etablierten, sich im Recht Glaubenden, damals Pharisäer und Schriftgelehrte. Sie waren ob dieser neuen Dynamik provoziert, was wiederum einer Einsicht dieses Buches entspricht. Es *ist* so, dass die Erlösungsbedürftigkeit sich in der Prägung Macht zuspitzt und damit auch die Verhärtung gegen das, was letztlich erlöst, gegen den Erlöser.

Schwager überschreibt den zweiten Akt: „Die Ablehnung der Gottesherrschaft und das Gericht" (1996, 76-109). Sobald mit dem machtvollen Auftreten und Wirken Jesu die Machtfrage ins Spiel kommt, verhärten sich die Fronten. Jesu Gegner konnten das Faktum seiner Heilungen und Dämonenaustreibungen nicht bestreiten, aber wollten – projektionsbedingt – Jesu Wirken in ein anderes, satanisches Licht rücken.[385] Die Verstockung auf der Seite der Pharisäer und Schriftgelehrten hatte auf der Seite Jesu die Androhung des Gerichts zur Folge. Schwager (1997, 101) schreibt: „Der Widerstand gegen seine Botschaft bewirkte ..., dass Jesus bald zur Gerichtsrede übergehen und von der Hölle als einer letzten drohenden Konsequenz geschöpflicher Selbstverschließung sprechen musste." Mit den Sündern ist Jesus fertig geworden, nicht aber mit den Mächtigen seines Umfeldes, die sich als Pharisäer und Schriftgelehrte in ihrem hohen moralischen Anspruch, resp. in ihrer Nähe zu Schrift und Gesetz, Tempel und Opferkult voll auf der Seite des Rechts fühlten. Jesu Reden und Wirken in Vollmacht kam bei ihnen an als inflationäre Vermessenheit. Jesus war in der Tat Inbegriff eines machtvollen Menschen. Einige staunten, anderen wurde es un-

385 „Nur mit Hilfe von Beelzebul, dem Anführer der Dämonen, kann er die Dämonen austreiben" (Mt 12,24). Dazu Schwager (1996, 93): „Hatte Jesus beansprucht, nur vom himmlischen Vater her zu handeln, so wollten seine Widersacher hinter ihm eine ganz andere Macht entdecken, die satanische. Der Vorwurf weist auf, wie zwei völlig gegensätzliche Wirklichkeitssichten einander gegenüberstanden. Obwohl Jesus dazu aufgerufen hatte, vom Verurteilen abzulassen, ging dieser Prozess ihm gegenüber voll weiter. Der Vorwurf, mit dem Obersten der Teufel im Bund zu stehen, verrät, dass im Richten und Anklagen seiner Gegner eine satanische Dimension im Spiel war (denn für sie war der Satan noch nicht vom Himmel gefallen). Die alttestamentliche Verkündigung vom gewalttätigen Gericht hat sich folglich durch die Basileia-Botschaft Jesu zur neutestamentlichen Dramatik des Satanischen und der Hölle radikalisiert."

heimlich ob solcher Macht, Dritte, Machtbesessene, mit entsprechenden Ambitionen, erlebten sich existentiell bedroht und wollten im Zuge der Abwehr des eigenen Macht-Schattens Jesu Botschaft gar nicht hören. Das mündete, psychologisch folgerichtig, in verschärfte Projektion und in die Suche nach einem Grund, um ihn zu überführen und zu vernichten.

Jesus wusste um die ***polarisierende Wirkung seiner Botschaft*** – Jesus bringt das Schwert (Mt 10,34) bzw. Feuer auf die Erde (Lk 12,49) – und forderte implizit und explizit zur Stellungnahme heraus: für oder gegen sich, für oder gegen die Basileia (Lk 11,23). Nach Schwager (1997, 159) hat Jesus einen „selbstreflexiven Prozess" ausgelöst, den er bald nicht mehr kontrollieren konnte, sodass dieser eigengesetzlich weiterwirkte und in voller Wucht auf ihn zurückschlug. Schwager erkennt treffend, dass es bei der machtgeprägten Zielgruppe in deren Position von Angst und Selbstverteidigung zur Verstockung habe kommen *müssen*, dass aber damit auch eine eigentliche ***Dynamik des Bösen*** (die mehr ist als das Böse im Einzelnen) ausgelöst sei (etwa die kollektive Zusammenrottung). Es ist nur logisch, dass ab dem zweiten Akt *die Machtfrage* zum Brennpunkt des Erlösungsgeschehens wurde und eine Zuspitzung und Radikalisierung begann, die ins Totale mündete.

Was aber vermag solche Teufelskreise von Rache und tödlicher Projektion aufzubrechen? Was befreit Menschen aus dem Würgegriff individueller und kollektiver Machtprägung? Geht Erlösung aus dieser Prägung – wie Akt drei zeigen wird – unweigerlich durch Passion und Sterben hindurch? Generell gilt, dass die Auflösung von Machtstrukturen durch persönliche und kollektive Machtschatten hindurchführt. Und dass dort, wo es um eine irgendwie äußerste Macht (Gott) versus die Mächte dieser Welt geht, das Diabolische mit im Spiel ist. Es ist so, dass die Projektionsmechanismen im Bereich von Macht total werden und dass das Diabolische darin seinen vornehmlichen Wirkungsort findet. Jesus wird gerade im Zentralen seiner selbst, in seiner in Gott wurzelnden Kraft, von den Pharisäern dämonisiert, er wird zur Projektionsfläche, zum Sündenbock schlechthin.[386]

Von zentraler Bedeutung in Schwagers (und auch in meiner) Sichtweise des zweiten Aktes ist die ***Unterscheidung*** zwischen der Ebene der Basileia-Verkündigung und der Ebene, auf welcher Jesu Gerichtsworte und Drohreden anzusiedeln sind. ***Heilsworte dürfen nicht mit Drohworten auf dieselbe Ebene gesetzt werden*** (vgl. Ebene der Prägung, die tiefer liegt als jene der Schuld, I.2.6.3). Jesu Heilsworte sind nicht als Alternative zu seinen Drohreden mit deren Beschreibungen von Höllenzuständen und äußerster Finsternis zu sehen, sondern als übergeordnete oder tiefer liegende grundsätzliche Realität. Heilsworte geben Antwort auf der Ebene der Prägung und sind da-

386 Schwager (1996, 122f) geht differenziert mit dem Begriff des „Sündenbocks" um. Im alttestamentlichen Verständnis und dessen dem Jom Kippur-Ritus zugehörigen Sündenbock kann dieses Bild nicht auf Jesus angewandt werden, da er kein zufälliger Sündenbock sei, sondern durch sein eigenes Handeln diese Projektionen auf sich gezogen habe. Wohl aber könne er im modernen (psychologischen) Wortsinn als Sündenbock gesehen werden.

mit das Letztliche aller. Hölle und Finsternis hingegen sind, biblisch gesehen, Folgeerscheinungen eines Neins zu Jesu Botschaft der Gnade. Bilder auch für eine äußerste Befindlichkeit von Verlorensein fern (oder vor) aller Anbindung und Einbindung.[387] Psychologisch stimmig zeigen sie auf, wohin Verstockung in letzter Konsequenz führt: in die Hölle und Finsternis der Sonderung. Als Drohworte gesprochen, sind sie auf der oberen Ebene der Schuld anzusiedeln und Hinweis, dass Jesus zu diesem Zeitpunkt offenbar noch hoffte, den Menschen via Vernunft zu erreichen.

Im Lukasevangelium beginnt der Dynamismus von Macht und Zuspitzung früh und wiederholt sich immer neu,[388] bald danach setzen auch Jesu Drohreden ein.[389] Mehr und mehr findet eine Konzentrierung auf die Machtfrage statt. Ob Jesu Drohworte ein Versuch sind, durch verbale Konfrontation Einsicht auszulösen? In all dem reagiert Jesus weder ängstlich noch aus vorschneller Opferhaltung heraus, wohl aber klug: Er bringt zur Sprache, manchmal auch im Bildhaften, er leistet Widerstand, er hält an seiner Rolle, seiner Botschaft, seinem Platz und vor allem an seinem Gott und Gottesbild fest, auch wenn er zugleich im Konkreten da und dort ausweicht und weggeht[390]. Psychologisch gesprochen, durchschaut Jesus die Dynamik und dass sich eine solche auf verschiedenen Ebenen abspielt. Selbst er zieht es offenbar vor, sich nicht auf eine unmittelbare Konfrontation mit dem Bösen einzulassen.

3.2.3 Dritter Akt: Tod als Konsequenz und die Dynamik von Hingabe

Der Titel nimmt es vorweg: Jesu Kreuzestod wird hier dargestellt als letzte Konsequenz einer Machtzuspitzung und – auf andere Weise konsequent – als äußerste Erlösungstat, die auf eine Wandlung im Energetischen setzt. Jesus nimmt seinen Tod schlussendlich in Kauf, weil dies die einzig verbleibende Möglichkeit ist, inmitten der gegen ihn eskalierenden Verhärtung doch der Liebesdynamik und seiner Sendung treu zu bleiben. ***Schwager setzt über seinen dritten Akt im Heilsdrama den Titel „Der Heilbringer im Gericht“*** (1996, 109-154).

Im Rahmen der vorliegenden Arbeit bleibe ich in der Betrachtung von Jesu Leiden und Sterben nahe bei der anthropologischen ***Frage: Was vermag Dynamismen der Macht im Letzten zu überwinden?*** Statt mich in abstrakten theologischen Erlösungstheorien[391] zu verlieren, frage ich: Was genau geschieht in Jesu Leben und Sterben solchermaßen exemplarisch, dass es über die Zeiten hinweg zur Antwort und

387 Bilder von Hölle, Fegefeuer, Heulen und Zähneknirschen sind übrigens normale innere Szenarien, wie sie in extremer Krankheit und im Sterben als Durchgangsrealität aller auftauchen können. Sie thematisieren dann die Angst im Loslassen des Ichs. Zudem sind sie Verweis darauf, dass es das atmosphärisch Verschattete, das kollektiv Ungute eben doch gibt und Menschen manchmal da hindurch müssen. Sie sind aber nie letzte Realität!

388 Lk 4,28f; 5,21f.30f; 6,2f.7f; usf.

389 Lk 6,24-26; 11,42-52.

390 Lk 4,28 30; 5,21-24.30-32; 5,30-32; 6,2-5.7-11; usf.

391 Vgl. hierzu Schwager (1996, 119).

Hoffnung auf Erlösung werden kann? Kann so, wie von Jesus sterbend vorgelebt, die Güte Gottes uns Menschen erreichen? Mir gefällt die Formulierung: Jesus lieferte sich den dunklen Mächten (Lüge, Gewalt, diabolische Selbstabsicherung) aus und ließ sich von ihnen treffen.[392] Als Psychologin frage ich: Warum ließ sich Jesus treffen? Was blieb ihm an alternativen Verhaltensmöglichkeiten, wo der negative Entscheid gegen Gott praktisch gefallen war? Wie anders hätte er reagieren können, ohne sein Programm und sich selbst zu verleugnen? Was bleibt dem Menschen – auch heute noch – an Freiraum inmitten von Ohnmacht und Projektion, von Zusammenrottung und Gewalt? Das Thema der Unentrinnbarkeit aus Gewaltspiralen ist ein allgemein Menschliches.[393]

Nach Schwager (1996, 109f) steht im Zentrum des dritten Aktes das Gericht, das anders als erwartet, aber psychologisch folgerichtig auf Jesus zurückfällt. Die Eskalation der Gewalt und die Projektion der Gerichtserwartung auf Jesus ist Teil des dramatischen Vorgangs (1996, 119). Dieser spitzt sich über verschiedene Faktoren zu, von denen ein erster beschrieben ist als ***Zusammenrottung***, in welcher verschiedenste Gruppen, „die sonst eher unter sich uneins waren, sich für einen Augenblick in einem gemeinsamen Handeln zusammengefunden haben“ (ebd.). Ein Phänomen, das zu durchschauen heute noch unverzichtbar ist und das zu tun hat mit einer vom Ganzen abgespaltenen Energie, die Bewusstwerdung rund um den falschen (inflationären) Umgang mit Macht zu verhindern versucht und sich hierzu gerade die Unbewusstheit und Machtanfälligkeit von Menschen zunutze macht. Es gibt jenen weitgehend unbewusst bleibenden Dynamismus, in dem eigene Worte wie umgedreht werden, wo Differenzierungen immer neu unter den Tisch fallen, wo sich andere gegen eine Sache wie verschwört haben, ohne eine dahinter wirksame Zusammenrottung zu erkennen. Innerhalb dieses Mobs sind Einzelne gar nicht mehr *fähig*, differenziert zu hinterfragen, denn der Dynamismus zielt, seiner Eigengesetzlichkeit folgend, nicht auf Differenzierung, Bewusstwerdung und Lösung, sondern auf Verwischung und Diffamierung. Und er ist darauf angelegt, Menschen, die diesen Mechanismus oder überhaupt den inflationären Umgang mit Macht aufdecken oder gar, wie im Falle Jesu, überwinden könnten, zum Schweigen zu bringen. Solche Macht kann letztlich vom Menschen her gar nicht besiegt oder erlöst werden, sondern nur durch Gott selbst. Der Einzelne bleibt in all dem in ein ihn übersteigendes energetisches Szenario hineingestellt (selbst Jesus) und ist doch herausgefordert zu Bewusstwerdung und verantwortlichem Handeln.

---

392 Schwager (1996, 146): „Die dramatische Frage lautete vielmehr, wie die Güte seines Vaters die menschlichen Herzen erreichen kann, nachdem es sich definitiv gezeigt hatte, welcher Gegensatz zu den Mächten dieser Welt bestand und wie sehr die Menschen ihnen verfallen waren. Die überraschende Antwort Jesu zeichnet sich darin ab, dass er sich den dunklen Mächten (Lüge, Gewalt, diabolische Selbstabsicherung) selber auslieferte und sich von ihnen treffen ließ.“

393 Schwager (1996, 145) spricht von einer Interaktion zwischen Jesus und sogenannten „Rollenträgern“, womit er andeutet, dass es eigentlich um ein allgemein menschliches (archetypisches) Verhaltensmuster im Spannungsfeld zwischen Macht und Königsherrschaft Gottes einerseits und Mächten und Gesetzen dieser Welt andererseits geht.

Im Falle Jesu kam zum Phänomen der Zusammenrottung die ***„Dramatik des Versagens“*** hinzu, die gar den Jüngerkreis lahm legte (Schwager 1996, 120). Auch hier die Parallele zu heute: Warum sind, etwa in Mobbing-Prozessen, Verantwortliche ausgerechnet jetzt nicht fähig zu durchschauen und zu entscheiden? Warum sind sie feige? Warum sind selbst die Freunde stumm oder schlicht übermannt vom Ungeheuerlichen? Antwort: Weil hier mehr am Werk ist als nur die Summe von Einzeltaten und -worten. Dynamismus legt lahm.

Ein dritter Faktor des Unguten trifft ein als das, was Jesus in seinen Gerichtsworten als ***„Lüge“*** bloßlegte. Schwager (1996, 121f) schreibt: „Mit der Lüge sind dabei in erster Linie nicht einzelne bewusste Unwahrheiten gemeint, sondern jener große Zusammenhang aus Gewöhnung und Trägheit, aus Menschenfurcht und Opportunismus und schließlich aus Verhärtung und überheblicher Verurteilung anderer, der bewirkt, dass die Einzelnen innerhalb eines Netzes von trügerischen Vorstellungen handeln, die ihnen so vertraut werden, dass sie deren Lüge meistens nicht mehr richtig sehen.“

Insgesamt wendete sich die Sammlung, wie sie Jesus ursprünglich als „Sammlung um den Vater als Mitte“ angestrebt hatte, zur ***Sammlung gegen Jesus*** (vgl. Schwager 1996, 121). Das den Pharisäern angedrohte eigene Verfallensein ans Gericht wurde einerseits als tödliche Aggression auf Jesus projiziert, wo es sich als Prozess gegen Jesus nun real abspielte, während andererseits die eigene Unschuld der Pharisäer als Selbstgerechtigkeit und Selbstbetrug hochgehalten werden konnte.[394] In diesem Verbund aller Kräfte wider Jesus nahm das Geschehen eine tödliche Dimension an: Jesu Sterben wurde zum ***Tod als Konsequenz.***

Die heilsdynamisch relevante Fragestellung nach dem Warum eines solchen Todes ist damit aber nicht beantwortet. Warum ließ Jesus, warum ließ Gott es soweit kommen? Umgekehrt gefragt: Blieb Jesus im Unausweichlichen solcher Gewaltmechanismen überhaupt noch Freiraum für ein erlösendes, ein anderes Handeln? Immer vorausgesetzt, dass Jesus sich nicht gemäß dem Dynamismus der Sonderung aus Geschehen und Tragik herausnehmen will und kann! Wie hat Jesus auf obige Unheilsdynamik reagiert? Schwager (1996, 124) fragt: „Wie kann Gott in eine Welt kommen, die von ganz andern Kräften beherrscht wird?“ Ich ergänze: Welcher Spielraum ist Jesus hier gegeben, vorausgesetzt, dass er sich und seiner Botschaft treu bleiben will? Denn nicht nur Jesus ist jetzt der Bedrohte, sondern die gesamte Basileia-Botschaft. ***Jesu kurzgefasste Antwort lautet: Hingabe wagen*** und koste es das Äußerste. Nicht einfach aufgrund einer sogenannten Feindesliebe, die einfach verzeiht und das Feld räumt, sondern weil er wusste, dass Feindesliebe – gemeint Hingabe –, zum richtigen Zeitpunkt

---

394 Schwager (1996, 153): „Das Selbstgericht, dessen Mechanik Jesus aufgedeckt und vor dem er die Menschen gewarnt hat, besteht nicht in der ausdrücklichen Selbstanklage (eine solche wäre, wenn sie demütig geschähe, heilsam), sondern ... im Verschleiern der Schuld und im Abschieben des Bösen auf andere ... Der eine, der zum Schuldigen, zum Lästerer erklärt wird, dient den anderen als Sündenbock und gibt ihrem Reich der Lüge jenen Schein des Friedens und der Stabilität, dessen jedes Reich, auch das des Satans, bedarf (vgl. Mk 3,22-30 parr), um bestehen zu können.“

gelebt, Teufelskreise durchbricht und Öffnung schafft für die Wende im Energetischen. Eine Wende, die im Kleinen noch heute geschieht, vielleicht häufiger bei den Freunden als bei den Feinden: Stellen wir uns einen Menschen vor, der von seinem Freund (vielleicht aufgrund dessen traumatischer Prägung) immer wieder verletzt wird und durch ständige Überforderungen mit-traumatisiert ist. Eigentlich könnte er diesen Freund verwünschen ... liebt ihn aber stattdessen nochmals und nochmals, nicht neurotisch, sondern wie von innen her ermächtigt: von einem inneren ‚Muss'. Darüber wird der andere ergriffen. Ihn überkommt das Staunen ob der noch immerwährenden Liebe. Die Gesetzmäßigkeit „Wie du mir, so ich dir" ist durchbrochen. – Jesus hat ein solches gar in einem *kollektiven* Prozess gegen ihn geschafft, was – psychologisch betrachtet – noch mehr bewirkt: Projektionen, Zusammenrottung, Lüge und Mitläufertum geraten ins Wanken. Der sich dahinter verbergende Dynamismus ist ad absurdum geführt worden.

Jesu Antwort auf die sich verengende Spirale von Projektion und Gewalt lautete: ***Liebe trotzdem.*** Nach Schwager (1996, 125) wird Jesu Aussage der Feindesliebe angesichts seines Kreuzestodes in eine umfassende Dimension hinein erweitert. Jesu Tod ist die letzte Konsequenz von Liebe und Treue zur Sendung. Mit Kirchschläger (2000, 47) gesprochen: „Der Tod Jesu ist die Konsequenz seines Selbstverständnisses und seines geradlinigen, unbeugsamen Verhaltens." Schwager (1997, 131) misst der Erweiterung der Feindesliebe in eine solche Hingabe hinein eine höchste theologische Bedeutung zu und sieht darin den Zugang zu jener menschlichen „Freiheit, die von der liebenden Gewaltfreiheit ausgeht".[395] Nach ihm ist (mit Verweis auf Jes 50,4f)[396] Jesu Gewaltfreiheit „von Gott inspiriert" (1996, 39). Auch das ist insofern psychologisch konsequent, als eine ‚Liebe trotzdem' anders denn gottinspiriert und durch ihn genährt nicht gelingen kann. Sie bliebe im Neurotischen stecken.

---

395 „Wer sein Leben unter dem Angriff von Feinden hingibt, nimmt damit zugleich Stellung zum Streben jener, die ihn töten. Diese fühlen sich von ihrer Seite her gesehen bedroht und greifen deshalb zur abwehrenden Gewalt. Der Gewaltfreie zeigt aber durch sein Verhalten eindeutig, dass er als vermuteter Feind in Wirklichkeit gar kein Feind ist, und seine liebende Lebenshingabe offenbart, dass er als Angegriffener jenen, die ihn verfolgen und töten, nur Gutes will. Der Gewaltfreie ist folglich jenem Streben seiner Feinde, die Gutes für sich wollen, näher als diese sich selber ... Der Gewaltfreie schützt ... indem er nicht zurückschlägt, das Leben seiner Feinde. Damit entspricht die freie Tat des Gewaltfreien mehr dem eigentlichen Lebenswillen des Gewalttäters als das, was dieser in angeblicher Freiheit selber tut. Die Hingabe zielt darauf, in den Gewalttätern ihr tieferes Wollen von ihren aggressiven Impulsen zu scheiden und das Erstere zu stärken und neu auszurichten. Die fremde Freiheit wirkt so tiefer in den Grund- und Lebenswillen der Gewalttäter hinein als deren eigenes erregtes Streben. Auf diese Weise kann die Erlösung der Sünder dank der Lebenshingabe Jesu etwas verständlicher werden. Durch seine liebende Gewaltfreiheit kam er seinen Gegnern und allen Sündern innerlich näher, als diese sich selber sind" (Schwager 1997, 131).

396 Vgl. den alttestamentlichen Gottesknecht: „Jeden Morgen weckt er mein Ohr, damit ich auf ihn höre wie ein Jünger. Gott, der Herr, hat mir das Ohr geöffnet. Ich aber wehrte mich nicht und wich nicht zurück" (Jes 50,4f).

‚Musste' sich Jesus also so verhalten? Die derzeitigen Diskussionen rund um dieses Musste[397] nehmen die Spur einer äußersten Liebeskonsequenz und Treue zum Vater und zur Sendung auf. Schneider-Flume verweist auf die Güte Gottes, die schon alttestamentlich, etwa bei Hosea, nachzuzeichnen ist.[398] Kirchschläger (2000, 59f) spricht – mit Bezugnahme auf die erste Leidensankündigung Jesu (Mk 8,31) – von einer „umfassende(n) Übereinstimmung eines Geschehens mit dem Heilswillen Gottes"[399], die er klar abhebt von einem konkreten Befehl oder Auftrag Gottes.[400] In meinen Worten: Ich erkenne in der Selbsthingabe Jesu das Zu-Ende-Führen des Basileia-Auftrags, eine potenzierte Aussage der Gewaltfreiheit als Antwort auf die äußere Zuspitzung der Macht und Projektion. Jesus fällt nicht auf die dämonische Versuchung herein, im Letzten sein Ego, sogar sein Überleben als wichtiger zu betrachten denn seine erlösende Sendung. Der Kreuzestod Jesu ist für mich reine Konsequenz, nicht mehr und nicht weniger. Kein falsch ausgelegtes Sühneopfer, keine masochistische Liebe bis hin zum Marterpfahl. Aber auch nichts weniger als sich selbst hat Jesus dran gegeben.

Feindesliebe, Freundesliebe und erst recht Lebenshingabe – an Freunde oder Feinde – sind innerseelisch nicht möglich ohne das ***Verzeihen.*** Etwas, wozu Menschen in der Praxis oft Jahre brauchen, nächtelanges Ringen und Beten um die Gabe eigener Großherzigkeit vollbringt Jesus in wenigen Ölbergstunden. Sterbend betet er noch für seine Feinde (Lk 23, 34)[401]. Dennoch gehe ich davon aus, dass auch sein Verzeihen ein akti-

---

397 Etwa im Dialog mit den Emmausjüngern: „Musste nicht der Messias all das erleiden, um so in seine Herrlichkeit zu gelangen?" (Lk 24,26; u.a.m.).

398 Schneider-Flume mündlich in Zürich am 16.3.2007.

399 Es ist gerade wichtig, dieses ‚Musste' als Übereinstimmung mit dem Heilswillen Gottes zu definieren und nicht als „Musste einer teuflischen Unheilsdynamik", wie es Zenger (1995, 49) in einer unglücklichen Formulierung Schwagers vorfand. (Jesus „musste" von allen verworfen werden, um alle erlösen zu können.) Jesu Heilstat bestand ja genau darin, das ‚Muss' jener Unheilsdynamik zu unterbrechen und einen Freiraum für ein gottinspiriertes Handeln zu schaffen. Damit ist das „Muss der Unheilsdynamik" von Gott her unterbrochen.

400 Kirchschläger (2000, 59f): „Diese Formulierungen begegnen einerseits in den Leidensankündigungen (vgl. bes. Mk 8,31-33 par) sowie insbesondere in den lukanischen Ostergeschichten (vgl. Lk 24,26; dem Sinn nach auch Lk 24,44.46). Dieses ‚Muss' bezieht sich keineswegs ausschließlich auf die Passion. Es ist zu beachten, dass in den entsprechenden Texten die jeweiligen Aussagen über den Tod Jesu in der gleichen syntaktischen Form und Abhängigkeit stehen wie jene über seine Auferstehung." Die innere Übereinstimmung mit dem Heilswillen Gottes „ergibt sich zunächst ... aus der inneren Logik der Sendung Jesu: Will Jesus diese ohne Abstriche durchhalten, so ist in jenem konkreten geschichtlichen Augenblick der Tod die Konsequenz. ... Sodann ergibt sich die Fortführung eines solchen ‚Muss' auch aus der Identität Gottes: Als ein Gott, der *für euch da sein* wird, ist im Tod Jesu Gottes Handlungskompetenz in radikalster Weise angefragt, will Gott seine selbst geoffenbarte Identität nicht preisgeben. Daher steht auch Jesu Auferstehung unter diesem ‚Muss'; in ihr vollzieht sich letztgültig Gottes Wille."

401 Und dies ist ihm möglich, weil er im Feind nicht nur den Täter, sondern auch das Opfer, den Leidenden, den Geprägten erkennt. Gemäß Schwager (1996, 142) stand Jesus in der Sorge um die Erlösung vor der Frage: „Kann auch den sich verhärtenden Sündern nochmals geholfen werden oder müssen sie wegen einer tief verwurzelten Angst, wegen eines instinktiven Suchens nach Selbstsicherung und der sich daraus ergebenden Tendenz zu Lüge und Gewalt fast ‚notwendigerweise' an der Güte Gottes scheitern?"

ves inneres Geschehen war. Man denke etwa an seinen Schmerz rund um Judas.[402] Schwager formuliert, dass mit der Zuspitzung der Feindesliebe zur eigentlichen Hingabe die Forderung zu verzeihen nochmals radikalisiert sei (vgl. 1996, 138). Jesus bot und bietet als Maßstab für das neue Leben die grenzenlose Verzeihung an, während „alle, die sich der Gottesherrschaft nicht öffnen, unter dem Gesetz der Vergeltungsherrschaft bleiben" (1996, 142).

In all dem wird deutlich, wie viel ***Aktivität und Persönlichkeitskraft*** im scheinbar passiven, ohnmächtigen Erleiden Jesu da war, was alle masochistische Interpretation Lügen straft. Das Nicht-Handeln der Gewaltlosigkeit wird zum Höchstmaß ethischen Handelns. Hingabe ist „seelische Höchstleistung" und nicht erduldendes Auf-sich-nehmen. So verstanden, bedeutet sie echte Selbstverwirklichung, entgegen allen trendigen Interpretationen dieses Begriffes. Jesus musste nicht immer „stark und mächtig" sein (vgl. Schwager 1996, 127). Das Aushalten von Ohnmacht sowie das Verzeihen sind Ausdruck von Ich-Stärke und Persönlichkeit und vielleicht mehr dem Weiblichen in Mann und Frau zugeordnet. Ist es Zufall, dass beim Tod Jesu – außer Johannes (Joh 19,25-26) – nur die Frauen unter dem Kreuz ausharrten?

Was aber hat Jesu Hingabe bewirkt? Worin besteht das zeitüberschreitend Erlösende dieses ersten Karfreitags der Welt? Meine Fragen als Therapeutin und mit Blick auf meine Spitalpraxis lauten etwa: Kommt so in die äußerste menschliche Verhärtung hinein – in jene der Machtprägung – etwas in Bewegung? Wird so eine neue Dynamik ausgelöst? Musste einer sterben, damit Machtkonstellationen überwunden werden können? Ist dies gemeint mit der Opferlamm-Symbolik?[403] Gilt ein Ähnliches heute noch? Muss ‚gestorben' werden, damit Menschen weich und offen werden? Ich lasse ***Praxisbeispiele*** sprechen, die neben anderen wegweisend waren für das Entstehen dieses Buches:

Etwa die Mutter jenes jungen Leukämiepatienten, der die Hoffnung längst aufgegeben hatte und oftmals rundum besetzt war von Angst. Was war es, das dieser Mutter den Impuls und immer neu die Kraft gab, ganz für diesen Sohn da zu sein? Wenn immer er es brauchte, kam sie, und sei es mitten in der Nacht. Wenn immer sie ihm zum Zuviel wurde, eine Allergie auslösend, ging sie wieder, ohne gekränkt zu sein, froh um Stunden für sich selbst.

Oder jene Partnerin, deren Mann, einst Opfer von Gewalt, kaum Vertrauen empfinden und sich kaum loslassen konnte in die gespenstige Nacht hinein. Sie hielt Abend für Abend einfach mit ihrem todkranken Mann in der nächtlich bedrohlichen Atmosphäre aus.

---

402 Wenn Jesus ein Verzeihen im Falle des Judas nicht zu gelingen schien, so werte ich das mehr noch als Anfrage an die Evangelisten, die Jesus darin emotional wohl nicht begreifen konnten, denn als Anfrage an Jesus selbst. Für mich wären konsequenterweise letztlich alle, auch Judas, in das Verzeihen Jesu hineingenommen und es bedeutet eine psychologische Inkonsequenz, wenn Judas als Verzweifelter und nicht als Angenommener starb.

403 Vgl. Gottesknechtlieder (Jes 42,1-9; 49,1-7; 50,4-11; 52,13-53,12) und Schenker (2001).

Oder jener Partner, der seiner arbeitslosen, verzweifelten Frau einfach über Monate ohne viele Worte beistand.

Oder jene Schwester, die – obwohl doch nur Schwester – täglich die kranke und verstockte Lina besuchen ‚musste', weil sie spürte, dass sie die Einzige war, die wirklich verstand.

Warum vollbrachten diese Menschen, und mit ihnen bisweilen andere, solch heroische Leistungen im Aushalten? Warum waren sie darin sogar glücklich, ‚mussten' sich derart verschenken? Das ist die innerseelische Frage von Karfreitag und Ostern. Bei all diesen Menschen ging es in je eigener Facette um eine übergroße Solidarität, ein Mit-Sein und Mitfühlen in einem äußersten Hindurch. – Der weitere seelische Verlauf war immer ähnlich:

Zuerst war es vonseiten der Begleitenden ein Aushalten mit dem Leidenden oder bisweilen stellvertretend für ihn, derweil dieser in Angst, Wut oder Apathie versank ...

... nichts bewegte sich in dessen Szenario von Angst, Erstarrung oder Resignation ... manche wurden sogar erst recht wütend und hielten an ihrer Verzweiflung, die längst zur Machtdemonstration geworden war, fest ...

... bis zum Punkt, wo der empathische Begleiter selbst im Nicht-mehr-Können ankam, selbst irgendwie zerstört war oder so tieftraurig, dass er nicht mehr konnte und wegging ...

... wenn es sich dann in ihm nochmals wendete und entschied, treu zu bleiben und eben nochmals zu kommen oder am nächsten Tag erneut zu kommen und hinzuhören, brach im Patienten das Staunen, ja die Liebesdynamik auf. Viele Patienten weinten bitterlich ob der erhaltenen Gnade. Nun waren sie es, die dieses äußerste Maß an erhaltener Zuwendung beantworten wollten mit Liebe und Hoffnung. Hoffnung auf Genesung oder auf ein gutes Sterben oder auf eine neue Qualität von Beziehung. Verängstigte fanden ins Vertrauen, weil sie ein solches nun ihrem Begleiter schenken wollten. Verhärtete wurden weich. Alles Nein wandelte sich in ein Ja.

Warum geschah eine solche Wandlung ausgerechnet jetzt? Es bestand in allen miterlebten Fällen kein Zweifel am ***Zusammenhang zwischen Hingabe bis zur Selbstaufgabe und Erlösung.*** Genau dort, wo der eine vor Erschöpfung oder Enttäuschung am Ende war, nur kapitulieren konnte und doch offen blieb ..., nicht mehr wissend offen wofür ..., kam im andern etwas in Bewegung. Zwar musste dann auch dieses Neue, Fließende von gewisser Inständigkeit sein, um den erschöpften Helfer zu erreichen; doch irgendwie war das Wunder von Ostern im Energetischen geschehen, und dies selbst bei Machtmenschen. Psychologisch ist ein solches nachvollziehbar: Innere Umwendung geschieht dort, wo Liebe im Übermaß da ist und wo zugleich die Entscheidung über ein Ja oder ein Nein – selbst das Schicksal des Helfers – voll in den Händen des andern, des Patienten liegt. An diesem äußersten Punkt von ***Freiheit*** und damit von ***Macht*** (!), entsteht der Wille zum Ja, zum Sich-berühren-Lassen, zum Sinn inmitten scheinbarer Sinnlosigkeit. Jetzt kommt die längst erhaltene Liebe im vollen Ausmaß an und möchte mit nichts weniger erwidert werden. Eine neue Form von Beziehung jenseits der Kategorie Macht, jenseits von Siegen versus Verlieren, wird tastend gesucht und gefunden. Das Rechthaben in Form der aufrechterhaltenen Verzweiflung oder Fixierung ist ad absurdum geführt worden (es hatte gesiegt!). Und doch war damit alles, selbst der geliebte Helfer verloren. Ein Denken im Rechthaben macht einer neuen sachten Scham und Berührbarkeit – einer Dialogik – Platz.

Wenn ich dieser Beobachtung eine anthropologische Aussagekraft zumessen darf, heißt das: Es gibt jenen äußersten Punkt, an dem das Außerordentliche einer Liebe von Ich zu Du selbst Verhärtungen aufweicht und Prägungen unterwandert. Übertragen auf Gott, auf Jesus als solchermaßen Liebenden heißt das: ***Es geschieht dort, wo sich Jesus/Gott*** als das unendlich Stärkere ***selbst in die Waagschale des Gelingens versus Verlierens wirft und zum Angewiesenen wird.*** Ja, am Karfreitag entschied sich, ob Erschütterung und eine Wende im Energetischen gelingen oder nicht, beim Menschen ... beim Hauptmann ...

Zusammengefaßt beinhaltet der dritte Akt:

a) Hineinsteigen ins Leiden: Gott wird, gleichsam in einer Steigerung der Weihnachtsaussage bis hin zum Kreuzestod, erfahrbar als Gott, der sich – Gott bleibend[404] – auf die Ebene des Menschen begibt. Gott wird seinerseits verletzbar. Gott nimmt sich keine Sonderstellung heraus, was in sich Antwort auf den Dynamismus der Sonderung bedeutet. Der Vater nimmt den Sohn nicht aus dem Leiden heraus. Gott steigt ein in die Solidarität auch im Leid.

b) Bejahtes Scheitern innerhalb der Kategorie Macht. Und das Unterscheiden zwischen der Ebene der Macht und derjenigen der Prägung: Jesus spielt auf der Ebene der Macht nicht mit, lässt Machtstrategien ins Leere laufen. Er holt zu keiner Gegenreaktion aus. Den tödlichen Projektionen kann er sich zwar nicht entziehen, doch er kann sich im Innersten schützen, indem er sich nicht damit identifiziert. Er bleibt in seiner von Gott gegebenen Identität und Würde und lässt auch nicht davon ab, eine solche jedem Menschen zuzusprechen. Dann, wenn die Zeit gekommen ist, und erst dann, lässt er sich aber vom Dynamismus des Bösen treffen ..., was bedeutet: Er bejaht das Scheitern auf der Ebene der Macht. Er gibt sich selbst und seine gesamte Sendung in die Waagschale des Experimentes ‚Mensch und Erlösung' hinein. Ohnmächtig geworden bis zum Tod, ist er nicht länger mächtig im Sinne menschlicher Machtdefinitionen, seine eigene Macht vom Vater her spielt er nicht aus, sondern holt im Gegenteil jene, die dafür offen sind, gnädig in ein Neues hinein (Lk 23,43: „Heute noch wirst du mit mir im Paradies sein."). Das Spiel um Sieg und Rechthaben ist also ausgespielt. Jesu Gegenspieler haben gewonnen ... und alles verloren. Der an seiner Machtprägung leidende Mensch merkt an dieser Stelle, dass ihm Sieg nichts bringt, dass er damit nichts weniger als seine innere Mitte, sein Angeschlossensein verspielt hat. Er

---

404 Aussage des Hauptmanns: „Wahrhaftig, das war Gottes Sohn!" (Mt 27,54) – aber auch ontologisch gedacht, sonst wäre Gott nicht Gott.

erfährt Erschütterung, aber auch eine seltsame Freiheit: Er hat die Macht zum Nein oder Ja in der Hand. Wo er berührt wird, etwa von der Hingabe seines Gegenübers oder davon, dass auf ihn immer noch gesetzt wird, ist das Ja bereits konstelliert. Er lässt los und fällt von der oberen Schicht der Macht, Schuld und des Rechthabens in die untere der Prägung, wo er – offen werdend – nur neu erfährt, dass er aus Gottes Liebe nicht herausfällt und dass er sich vor dem Numinosen nicht zu fürchten braucht. Machtprägung ist damit vom Ursprung her überwunden. Theologisch gesprochen, muss ein ohnmächtiger Gott am Kreuz nicht länger gefürchtet werden. Das Reich der Finsternis und seine Mächte haben ihre Macht verloren. Schwager (1996, 232) spricht vom Kreuz als Transformation des Bösen.

c) Der Weg ist frei für die Wende im Energetischen und in der Beziehungsebene: Auf der unteren Schicht der Prägung angelangt, ist der Mensch hineingeholt in eine dialogische Beziehung von gegenseitigem Aufeinander-Angewiesensein, von neuem Motiviert-Sein, letztlich von Liebe. Er hat selbst sein Ja zum eigenen Beitrag an Gottes Projekt ‚Mensch' gegeben, freiwillig. Auf dieser Grunderfahrung des eigenen Ja aufbauend, erfährt er sich neu frei und verantwortlich. Die zuvor zerstörerischen Energien fließen wieder konstruktiv.

Diese Sicht von Gegenseitigkeit und gegenseitigem Angewiesensein zwischen Gott und Mensch jenseits von Macht, der ***dritte Akt insgesamt, ist von großer religionswissenschaftlicher Brisanz.*** Ich schließe diesen Akt mit der Frage: Wo braucht es eine radikale Liebesreligion ähnlich dem so verstandenen Christentum? Wo geht das Experiment Mensch ohne ein so begriffenes Sich-treffen-Lassen vonseiten Gottes nicht auf? Die anthropologische Antwort lautet:

a) überall dort, wo eine markante Urprägung in Individuum und Kollektiv vorliegt,
b) überall dort, wo ein Dynamismus der (Ab-)Sonderung sich verselbständigt hat und Strukturen verhärtet sind,
c) wo Menschen gefangen sind in Macht, Stolz, Narzissmus oder wie immer man das nennt.

Insgesamt dort, wo *Erlösung* ansteht (zum interreligiösen Dialog vgl. ersten Anhang).

3.2.4 Vierter Akt: Auferweckung: Dynamik von Leben/Gott schlechthin

Was im Prinzipiellen im dritten Akt bereits vollzogen ist, ereignet sich konkret und prozesshaft auch bei Jesus: Nach dem Sterben ist da zunächst die Stunde Null: alles ist tot, gleichsam totes Dasein, Vernichtet-Sein, am Ende aller Hoffnung sein.

Schwagers vierter Akt im Heilsdrama steht unter dem Titel „Auferweckung des Sohnes als Urteil des himmlischen Vaters" (1996, 154-182). Vorerst von der Frage nach der Glaubwürdigkeit der Ostererfahrung ausgehend, sieht Schwager in der Tatsache von Jesu Auferstehung nochmals eine Konsequenz, ja eine Bestätigung der Basileia-Botschaft[405]. Die vorausgehende Verschärfung in der menschlichen Selbstgerechtigkeit, in Verurteilung und Aggression ruft, so Schwager, nach einem Handeln des Vaters als Richter[406]. Und doch dürfe dieser Gedanke nicht „eine Rückkehr zu traditionellen Gerichtsvorstellungen" nahelegen (1996, 173). Vielmehr gehe es darum, dass die rein irdischen Kategorien des Denkens verlassen werden, um die neue Art von Wirklichkeit und andere Weise göttlichen Handelns überhaupt zu „sehen", sie – wie im Falle des Apostels Thomas – hautnah an sich herankommen zu lassen. Gottes Weise des Handelns wird sichtbar an den Ostererfahrungen, welche die Jünger und Jüngerinnen mit Jesus machten: Sie sprechen von einem göttlichen Verzeihen („Friede sei mit euch!"), dem keine rächende Vergeltung anhaftet, das vielmehr einer nochmaligen Bestätigung, ja „Verdoppelung jener Verzeihensbereitschaft, wie sie in der Basileia-Botschaft zur Sprache gekommen war" (1996, 174), gleichkommt. Im Ganzen von Gottes Handeln wird nach Schwager ein auf andere Weise machtvolles, aber zugleich gewaltloses Handeln Gottes erkennbar (1996, 175). Schwager unterscheidet zwischen dem vierten Akt (Erfahrung des Auferweckten), in welchem die Jünger noch in Unsicherheit und Angst sind, und dem fünften Akt (Pfingsten) in dessen pneumatischer Erfahrung. – Persönlich werde ich den Verdacht nicht los, dass Schwager da selbst noch zu sehr in der Kategorie des Rechthabens verhaftet denkt. Natürlich ist Gott Richter und Letztlicher und aus christlicher Sicht sogar identisch mit dem Sohn und seiner Basileia-Botschaft, ***aber Auferstehung ist nicht Rechtsprechung***, sondern ein Geschehen außerhalb der Kategorie von Macht und Recht.

Was beinhaltet der vierte Akt, von der Bibel und von frühesten Glaubenszeugnissen her betrachtet? Zufolge der Schrift hat Jesus sich „kraft ewigen Geistes" (Hebr 9,14) hingegeben und sterbend seinen Geist dem Vater anvertraut (Lk 23,46)[407]. Als solchermaßen Toter ist Jesus für uns zum Urbild absoluter Ohnmacht wie auch der radikalen Anheimgabe an Gott geworden. Eines der ältesten Auferstehungszeugnisse, das in den Urgemeinden gebetet wurde und auch seinen Niederschlag gefunden hat etwa bei Paulus (1 Kor 15,3-7; vgl. III.2.), besagt, dass Jesus begraben und am dritten Tag auferweckt worden ist. Ob in der Zwischenzeit bis zur Auferweckung etwas ‚geschah', wissen wir nicht. Die Aussage vom Abstieg Christi in die Unterwelt, die ins Apostolische Glaubensbekenntnis eingegangen ist („hinabgestiegen in das Reich des Todes", früher „hinabgestiegen zu der Hölle"), die als solche bei den Kirchenvätern vom 2. Jahrhundert an als ausgestaltete Vorstellung vorlag, kann nur auf der Ebene der Symbolik umkreist werden. Sie legt aber nahe, dass schon damals Ahnungen um ein abgründiges energetisches Geschehen – das Durchschreiten eines Undurchquerbaren – bestanden haben.

---

405 Schwager (1996, 161) über Jesus: „Sein ganzes Geschick, sein Anspruch und sein ungewöhnliches Verhalten liefen ... darauf hinaus, vom richtenden Urteil des himmlischen Vaters bestätigt zu werden."

406 „Er [Jesus] wurde geschmäht, schmähte aber nicht; er litt, drohte aber nicht, sondern überließ seine Sache dem gerechten Richter" (1 Petr 2,23).

407 Wodurch nach Schwager (1996, 239) das Hingabeelement nochmals nachhaltig betont ist.

Meine therapeutische, sich an Prozessen heutiger Menschen orientierende Betrachtung zielt in eine ähnliche Richtung. Ich frage: ***Bei welchem Ist-Zustand eigentlich setzt Ostererfahrung an?*** Was bleibt anthropologisch betrachtet nach dem Karfreitag? Die Antwort ist tragisch und muss ihrerseits ausgehalten werden: Scherben, Brüche, zerstörte Beziehungen und Hoffnungen, Zustände von Todesstarre, geistiger Fragmentierung und Grab. Und was korrespondiert im rein Menschlichen mit der biblischen Erkenntnis und Erschütterung, dass dies Gottes Sohn und nicht ein Verbrecher war, der da starb? Auf Erfahrungen von Sterben mitten im Leben (am Ende sein) übertragen, ist es die ihrerseits erschreckende Einsicht, dass all diese Zerstörung offenbar nicht hätte sein müssen ... Das Totale einer Projektion, einer Wut, eines Rachemotivs, einer Kurzschlusshandlung, einer Verzweiflung ist wie ad absurdum geführt. Dadurch öffnet sich ein kleiner Spalt für ein neues Denken. Karsamstagsrealitäten mitten im Leben zeichnen sich aus durch das vollständig Zerstörte einerseits und diese kleine, sich einstellende Offenheit für ein Darüber-hinaus.

Der vierte Akt durchschreitet ***den geheimnisvollen Übergang von Karsamstag zu Ostern.*** Die österliche Frage inmitten der vielen Karsamstagsrealitäten lautet: Wie geschieht es in uns gewöhnlichen Menschen, dass in Zuständen von Todesstarre, innerer Grabesbefindlichkeit und Hoffnungslosigkeit etwas offen wird für das Einbrechen einer Leben schaffenden Dynamik? Kann eine transzendente Wirklichkeit dort, wo in unserer Welt alles verloren, alles drangegeben und zerstört ist, noch immer wirken? Grabesbefindlichkeiten sind Situationen und Verfassungen, wo etwas in uns schlicht nicht mehr *kann*: nicht mehr hoffen, nicht mehr ankämpfen, nicht mehr aufstehen. Etwas, was sich in einer Hingabe oder Treue bis zum Nullpunkt verbrauchte oder durch immer neue Niederlagen mundtot gemacht wurde, das geschändete oder verhöhnte innere Kind, der vergewaltigte kranke Leib, aber auch der beruflich oder privat ständig neu ins Abseits Versetzte, der einsame Kämpfer für eine Sache, der mit seiner Integrität in dieser Welt scheitert. An solch äußersten oder untersten Punkten fühlen sich Menschen wie durch Brandmale getroffen, verschmäht und ständig aufs Neue überfordert. Verzweiflung und Wut sind im Begriff überzugehen in Lähmung und Resignation. Nicht wenige werden in solcher Befindlichkeit heimgesucht von Regression, was einem inneren – meist nur halb bewussten, im Traumbewusstsein stattfindenden – Abtauchen in die Unterwelt gleichkommt. Was holt aus solchermaßen tiefer Erstarrung und Enttäuschung heraus? Was macht Lebloses – körperlich, seelisch, geistig – wieder lebendig? Woher die Kraft, die zu neuem Leben ansetzt, wo wir längst verlernt haben, an uns und unsere Werte zu glauben? Es gibt in uns drin die Gräber von Prägung und (seelischer, geistiger, körperlicher) Unterdrückung. Und es gibt die realen Gräber (oder nicht einmal dies) der Weltgeschichte und die vielen Opfer politischer Gewalt, die Toten von Auschwitz, in Vietnam, im Irak und und und. Sind sie für diese Welt endgültig tot?! Ihre Grabesbefindlichkeit ist auch unser Vergessen. Der vierte Akt fokussiert den Blick radikal auf den Opferstatus äußerster Ohnmacht, wo aus dem Eigenen heraus nichts mehr möglich ist. Inwiefern sind wir in solch äußersten Befindlichkeiten überhaupt berechtigt zum Glauben daran, dass ein Leben jenseits von Gräbern nochmals gelingt? Wenn ich in einem psychologischen Deutungsversuch von Tod-Sein als Erstarrungszustand mitten im Leben spreche, zweifle ich damit Jesu Tod in keiner Weise an. Vielmehr versuche ich, über Christi leibhaften Tod hinaus – ähnlich wie im semitischen Denken damals üblich, vgl. III.2.2 – die Metapher Tod auch im übertragenen Sinne ernstzunehmen. Tod bedeutet dann auch Abstieg in die Unterwelt, und Auferstehung entspricht auch der Überwindung des Reiches der Erstarrten und kann als solches ins Leben von heutigen Menschen hineingreifen. Tod und Auferstehung gehören zusammen, auch wo sie für das im übertragenen Sinne Tote und lebendig Gewordene stehen. Das wird zur Aussage: Es gibt nicht nur das Fast-Tote, die inneren Grabeswelten (gerade bei den Opfern von individueller und struktureller Gewalt, vgl. Herman 2003), sondern ***auch jenen äußersten Punkt von Wandlung***, wo vom Menschen her nichts mehr möglich ist und doch etwas in Richtung Heilwerden geschieht. Das Was und Wie solcher Wandlung können wir nicht erklären, so wenig wie wir nachvollziehen können, wie Christi Auferstehung oder Auferweckung sich ereignete. Aber wir wissen um das ‚Dass' und können Wirkung bezeugen:

... so etwa beim jungen Leukämiepatienten, in dessen Gesicht eines Tages, längst nach allen aufgegebenen Rechnungen in Zeiten und Plänen, wieder ein Lächeln kam. Niemand wusste, warum. Eine Freude an der Sportsendung im Fernsehen war wieder da, ein Mitfiebern, noch bevor real seine Blutwerte stiegen. Die innere Krise war überwunden, neue Lebenslust da. Ohne seine Mutter allerdings hätte er das zeitlose Dazwischen psychisch kaum überstanden ...

Anders gefragt: Wie kommt es dazu, dass eine Musik, ein Kunstwerk, eine Lektüre, eine Vision, die einen längst kaltgelassen haben, plötzlich wieder begeistern? Warum sieht die grüne Wiese eines Morgens wieder grün aus, nachdem sie nur noch aschfahl, ja gar nicht mehr wahrgenommen wurde? Warum taucht plötzlich eine Idee auf, wie aus einer beruflichen Not auszusteigen? Natürlich sind bisweilen Auslöser da, Liebeszeichen, Einladungen, neue Wetterverhältnisse, der Frühling. Es kann aber auch sein, dass – wie der Volksmund sagt – die Zeit eines Tages, einfach so, reif ist. ***Im Umstand, dass Lebendigkeit wieder aufbricht, wird hier eine dynamische Gesetzmäßigkeit erkannt*** (Gott als Gegenteil von Zufall). Und im Umstand, dass es in aller Regel die Liebe ist, welche bis zu diesem Punkt durchträgt, ebenso. Darum begreife ich den vierten Akt als Dynamik von Leben, von Gott schlechthin.

Und was hat dies mit Jesus von Nazareth zu tun? ***Ich begreife das Geschehen in Christus gleichsam als energetische Bahnung.*** Indem dieser Jesus sich treffen ließ bis in den Tod, hinabgestiegen ist „in das Reich des Todes, am dritten Tage auferstanden von den Toten, aufgefahren in den Himmel" (Formel des Glaubensbekenntnisses), ist das Undurchquerbare gleichsam durchschritten. Das Archaische ist in Berührung gekommen mit der Dynamik von Bewusstsein (Licht, Logos) und Liebe schlechthin. Durch Jesu Abstieg, dadurch dass er sich nicht aus dem Leiden im Sinne eines Dynamismus der Sonderung herausgenommen hat, sondern aushielt, Stunde um Stunde, ist bildlich gesprochen eine Bahn oder Bahnung durch das Dickicht des Unbewussten und der menschlichen Urprägung angelegt. Die Bahn nimmt sogar alles Verirrte, Gesonderte auf, ähnlich wie Jesus alles Gesonderte in die Dynamik der Liebe hineinholte. Die Existenz einer solchen Bahnung, eines „Ich-bin-nicht-ganz-alleine" wird irgendwie von Menschen unserer Tage, die ihrerseits am Nullpunkt sind oder andere dort begleiten, wahrgenommen.

So träumte einer älteren, reifen Patientin: „Ich muss mit meinem seinerseits kranken Bruder einen fast senkrechten Abhang hinunterfahren. Die Vorgabe lautet, dass es irgendwann auf der anderen Seite wieder hinaufgehe. Aber das Wie ist mir schleierhaft. Da realisiere ich – derweil ich fast senkrecht falle, dass bereits eine Bahn existiert, eine silberne Hightech-Bahn(!) ... Und obwohl überall finsterer Wald ist, fällt ständig ein Lichtstrahl auf die Silberbahn. Nun wird mir das Bahngleis gezeigt und ich staune: Die Bahn führt (mich/uns) zielsicher durch das Äußerste und Unterste der Talsohle hindurch und drüben wieder ans volle Licht hinauf. Derweil ich erschüttert bin und auf meinen Bruder schaue, schläft er an meiner Seite." – Im Gespräch mit der Frau wurde ihr deutlich, dass dies eine Bahn besonderer Art sei und dass die Gleise nicht von allen Menschen gesehen werden (müssen). Und die Träumerin stimmte mir auch bei, es sei nicht allen Menschen abverlangt, gleichermaßen bewusst in diese Bahn einzusteigen, manche würden von anderen „durchgetragen", wie sie dies wohl hier in ihrer Sorge um ihren Bruder tue. In der Träumerin löste der Traum die Gewissheit aus, auch sie sei nicht einfach verloren, sondern ihrerseits getragen, da ja eine Spur angebahnt sei (eine Bahn existiert!).

Ein Patient, nicht eigentlich religiös, konnte die Erfahrung seiner letzten Nacht kaum fassen: „Ich habe ausgeharrt, sinnlos ... Irgendwann, war ich nicht mehr alleine. ‚ER' war da."

Eine sterbenskranke Frau konnte in der Finsternis ihrer nächtlichen Verzweiflung nur noch eines: beten, beten: „Ich wusste nicht mehr, ob es richtig war, was ich da sprach, aber ich wusste, dass ich beten ‚will'. Und schließlich konnte ich einschlafen, wie wenn Jesus mich an der Hand in den Schlaf geführt hätte." Es war ‚Führung' durch das Gespenstische der Nacht.

Einer Leukämiepatientin träumte: „Ich war wie gestorben, da beginnt es aus mir heraus das Oster-Halleluja zu singen, immer lauter wird es, identisch mit mir und doch nicht nur ich: Alles wird zum Gesang – ich lebe." Der Gesang war „von anderswoher angebahnt".

Eine andere Leukämiepatientin, ihrerseits als Kind Opfer von Gewalt: „Ich war über Tage wie unter dem Boden versunken, hatte nur mehr Bruchstücke im Kopf, dann folgte eine Pause in meinem Leben, bis ich eines Morgens wieder ‚klar' war. Es war aber so, wie wenn eine Lichtgestalt mich durch die Pause getragen hätte."

Ob ein solches Getragen- oder Geführt-Sein mit Jesus, dem Christus zusammenhängt oder nicht, liegt letztlich außerhalb des wissenschaftlich Beweisbaren. Eindrücklich, dass auch zuvor unreligiöse Menschen bisweilen von ‚Jesus' träumen. Ob ein solchermaßen innerer Jesus sich auch in anderen Namen und Gestalten verbirgt, ist ebenfalls nur erahnbar, ich persönlich glaube daran (vgl. erster Anhang). Wichtig scheint mir, dass wahr sein darf, dass da eine ‚Bahnung vorliegt', die *mit Gott/mit einem Letzten* zu tun hat, respektive dass hinter einer realen ‚Hilfe genau jetzt' *Gott* erkannt wird. Dann kommt es zum grundsätzlichen Getragensein, zur Gegenerfahrung von Verlorensein. Das Geheimnis von Karsamstag hin zu Ostern erhält, so betrachtet, eine neue Sinndimension: Christus ist in äußerster Empathie gegenwärtig, selbst in dem für diese Welt Toten, und führt durch Grab und Unterwelt hindurch.

Zusammengefasst beinhaltet der vierte Akt:

a) Das Geheimnis von Wandlung: Derweil im Sterben des dritten Aktes die Wende im Energetischen *vorbereitet* wurde, kann sich jetzt, nämlich im Toten dieser Welt, Wandlung *ereignen.* Tod (auch das Sterben im Ich, das Sterben so wie ich war) ist Zustand von Wandlung schlechthin, nach Schwager „Ort der Umkehrung (Transformation) des Bösen" (vgl. 1996, 232-242). In den Spalt der neuen Öffnung hinein bricht etwas ein von außerhalb aller Prägung[408], von jenseits eigener Ängste und Fragmente. Der Weg wird frei in Richtung Leben. Theologisch gesprochen, korrespondiert dieses Einwirken von außerhalb mit der vom Vater ausgehenden, ihm selbst innewohnenden Dynamik. Anthropologisch ist es die Gesetzmäßigkeit von Leben schlechthin. Psychologisch dasjenige, das vom Ich her nicht machbar ist. Insgesamt: Dynamik.

b) Der bis in die Grabesrealitäten hinabsteigende, empathische Gott: Hier wird ein Gott gezeichnet, der – wie es umfassender nicht mehr möglich ist – in die Abgründe menschlichen Verlorenseins einsteigt, alles Unheil der Welt versteht und Unterwelt nochmals unterfängt. Alle Grabesrealität und die äußersten Opfer von Welt und Gewalt sind damit von Gottes Mitfühlen *berührt*, alle Sonderung ist im Prinzipiellen überwunden, weil ins Ganze hineingeholt. Ob und wie weit ein solch geheimnisvolles Getröstet-Sein auch für heutige Menschen in ihren Nöten erfahrbar wird, hängt wesentlich davon ab, ob sich in ihrem Umfeld empathische, liebensfähige Menschen finden.[409] Die ***Weitergabe von Erlösung geschieht weitgehend über das existenzielle Mit-Sein***, sei es unter Lebenden oder, wie Metz dies einfordert, als Compassion mit den Opfern der Weltgeschichte. Solidarität macht zwar – rein weltlich gesehen – Totes nicht neu lebendig, aber Tote bleiben noch als Tote und über ihre Zeit hinaus lebendig in der Erinnerung, die in der Geschichte weiterwirkt. Und Erstarrte, Verzwei-

---

408 Schwager (1997, 79f): „Wenn die Sünde in die Natur eingezeichnet wurde, dann kann das Böse nur voll überwunden werden, wenn die Natur selber stirbt und von Gott neu geschaffen wird. Tod und Auferweckung Christi erweisen sich so als jene radikale göttliche Heilsantwort, die, nachdem der bergeversetzende Glaube nicht geweckt werden konnte, notwendig war, um die lange evolutive Sündengeschichte von ihrer Wurzel her zu heilen. Ein volles Heil kann es deshalb nur noch durch den Tod hindurch geben, und eine innerweltliche Vorahnung dieses Heils ist nur dort möglich, wo Menschen nicht bloß auf ihren guten Willen und ihr eigenes ethisches Bemühen bauen. Der ‚alte' Mensch muss vielmehr mit Christus sterben (Röm 6,1-11; Gal 5,24f), damit in der Kraft des Hl. Geistes der neue geboren werden kann (Joh 3,3-8)."

409 Eine aus den USA kommende Gesundungsbewegung oder Therapierichtung, „Recovery" genannt, gibt den ansonsten Austherapierten neue Chance zur Gesundung, ja erkennt genau in den gesund gewordenen ehemals Kranken die Potentiale. Unverzichtbar allerdings ist jemand, der „an den Betroffenen glauben und stellvertretend für ihn Hoffnung aufrechterhalten" kann (Zitat von Andreas Knuf, „Tages-Anzeiger" 24.11.2007). – Vgl. ferner Ergebnisse des Projektes „Grenzerfahrung Gott" (Renz 2003).

felte, im übertragenen Sinne Gelähmte erhalten über empathische Menschen ein Gefäß zum Durchhalten. Liebe und Sinn sind damit stärker als Grab, Zufall oder Pech.

c) In Christus ist die energetische Bahnung durch Abgründe hindurch angelegt. Letztlich lässt sich Auferstehung – und sei es ‚nur' im Seelischen – rein anthropologisch nicht erklären. Und doch ist wichtig, dass das Neue als solches für wahrgenommen wird. Betroffene umschreiben die veränderte Atmosphäre: Nicht mehr Gewalt und Rechten, sondern Friede, nicht mehr Erstarrung, sondern Pulsieren, nicht mehr Angst, sondern Freude. Ich erinnere an die Friedensbotschaften in den Ostererscheinungen, das andere Sehen, das Phänomen der verklärten Wundmale, die zwar noch da sind, aber nicht mehr schmerzen (vgl. III.1.1), an die plötzlich aufkommende Fähigkeit, Sünden zu vergeben.

3.2.5 Fünfter Akt: Geisterfahrung oder: Dynamik von innen her

Schwager überschreibt den fünften Akt im Heilsdrama „Der Heilige Geist und die neue Sammlung"(1996, 182-202). Er betont den Unterschied zwischen der von Unsicherheit und Angst geprägten Zeit der Ostererfahrungen und den charismatischen Pfingsterfahrungen, die ein anderes Verhalten der Jünger bewirkten. Den von *außen* kommenden Ostererscheinungen des Auferstandenen steht seit Pfingsten eine aus dem *Innern* der Jünger wirkende Geistdynamik gegenüber. In ihnen drin hat sich etwas gewandelt. Schwager bedenkt diese Wandlung sowohl als kollektives Ereignis einer neuen Sammlung sowie als inneren Vorgang, welcher die vom Pfingstgeist Berührten in ihre neue Sendung überhaupt erst mutig eintreten ließ (1996, 186). Die Heilsdramatik ereignet sich somit auf zwei Ebenen: Sie führt einerseits in den inneren und transzendenten Bereich hinein, und sie geht anderseits in dieser Welt zeichenhaft weiter (vgl. Schwager 1996, 188).

Die Glossolalie, jener lallende Lobpreis Gottes, der in der Urkirche verstanden wurde als Ergriffensein vom Geist Gottes, und das Auftreten der Apostel ‚mit Freimut' sind für Schwager vorrangige Zeichen für die Wirkkraft dieser – das eigene Innere verwandelnden – pneumatischen Erfahrung (vgl. 1996, 183). Ein neues Verstehen überwindet die Zerstreuung und Sünde[410] und „wird vom Geist ... auf ein neues und höheres Ziel hin überschritten" (1996, 184). Es spricht für Schwagers evolutives Denken, dass er die neue Sammlung nicht einfach als symbiotisch begreift, wie dies einzelne Stellen der Apostelgeschichte oder der Galaterbrief durchaus nahelegen könnten[411], sondern diese als Einheit in Verschiedenheit versteht[412]. Sie behält so den Charakter des Vor-

---

410 Gegenbild zur alttestamentlichen Legende vom Turmbau zu Babel.

411 „Einmütig" (Apg 2,46), „ein Herz und eine Seele" (Apg 4,32), „einer in Christus" (Gal 3,28).

412 Verschiedene Charismen, aber nur ein Geist (1 Kor 12,4-11); ein Leib, aber viele Glieder mit unterschiedlichem Dienst (Röm 12,4f), unterschiedlicher Funktion (1 Kor 12,12-31a). Zur Bewusstheit und Personalität des neuen Menschen: Schwager (1996, 275-277), wonach der neue Mensch in seiner innersten

läufigen und Menschlichen. Als nach wie vor „spannungsgeladenes Heute“ (1997, 74) ist sie nicht zu verwechseln mit der endgültigen, eschatologischen Hoffnung und dem, was uns als Sieg Gottes im Zeichen des Lammes oder dessen Blut[413] verheißen ist. Das neue menschliche Handeln im Pfingstgeist hat nach Schwager (vgl. 1996, 200) vorerst mit einer neuen Liebesfähigkeit, einer tief verwurzelten Identität und von daher mit einer Kraft zur Sendung zu tun. Im Zusammenfinden von neu gewordenen Menschen erwächst eine Sammlung in neuer Qualität (im Heiligen Geist), welche Gegenkraft zur Zusammenrottung in der Unheilsdynamik wird. Der Eigendynamik der Gewalt steht jetzt eine ‚Eigendynamik der Liebe‘ gegenüber. Der Zirkel der Macht ist aufgebrochen. In solcher Qualität von Personalität und Gemeinschaft kann Erlösung – über die Zeit und die Person Jesu hinaus – wirksam werden. So weit Schwager.

Ähnlich und doch anders ***formuliere ich: Auferstehung bleibt nicht bei sich selbst stehen.*** Weil als Dynamik von Leben/Gott schlechthin begriffen und weil den Gesetzmäßigkeiten der Liebe folgend, hört eine solche mit dem Einzelfall nicht auf. Jesu Auferweckung weist über sich hinaus, bewirkte in Umstehenden Reaktion: Ergriffensein, Ehrfurcht, die Bereitschaft zum Leben in neuer Identität, eine Sammlung hinein in eine neue Weise von Gemeinschaft. Ich spreche von geistgewirkter Erfahrung oder der Dynamik von innen her. Immer stärker verdichtet sich das nachösterliche Verstehen. Nicht mehr Jesus alleine ist nun der Angefochtene und in Prüfung Genommene, nicht nur ihm haftet Vollmacht und Gottnähe an, nicht nur er wird verehrt, gehasst und verfolgt, sondern auch viele, die ihm nachfolgen. Dynamisch betrachtet geht die Bewegung der Erlösung weiter und weiter ...

Die Zusammenfassung der Dynamik als Ganzes entnehme man II.3.1. Sie ging dem Entfalten der fünf Akte voraus. Die dynamische Sichtweise wird nun verlassen. Ich frage nach dem *Ziel* von Erlösung. Was hatte sich durch Jesus von Nazareth im Menschen und seinen Strukturen verändert – oder was hätte sich verändern sollen? Was wandelt sich noch immer, wo Menschen und ihre Nächsten sich gemeinsam auf einen Erlösungsweg einlassen? Antwort: ein Wandel in der menschlichen Identität. Es folgen nun These, Patientenbeispiele und die Betrachtung eines diesbezüglich aufschlussreichen Textes von Paulus (1 Kor 15,1-11).

Tiefe herausgefordert ist, „das neue geschenkte Leben, das in der innersten Tiefe der Freiheit und Personmitte gelebt wird“.

413 Im Himmel entbrannte ein Kampf. Michael und seine Engel erhoben sich, um mit dem Drachen (die alte Schlange, die Teufel oder Satan heißt) zu kämpfen. „Sie haben ihn besiegt durch das Blut des Lammes ... “ (Offb 12,11). – „Sie haben ihre Gewänder gewaschen und im Blut des Lammes weiß gemacht“ (Offb 7,14). – „... ins Lebensbuch des Lammes, das geschlachtet wurde ...“ (Offb 13,8). – „... mit dem kostbaren Blut Christi, des Lammes ohne Fehl und Makel“ (1 Petr 1,19). – „Sie sagten zu den Bergen und Felsen: Fallt auf uns und verbergt uns vor dem Blick dessen, der auf dem Thorn sitzt, und vor dem Zorn des Lammes“ (Offb 6,16). – „Der Thron Gottes und des Lammes wird in der Stadt stehen, und seine Knechte werden ihm dienen“ (Offb 22,3).

Teil III

Leben aus neuer, zweiter Identität

Hinführung und Thesen 8-9

Worauf hinaus will Jesus mit seiner Lehre und äußersten Hingabe?

***These 8:* Der Mensch in neuer Identität**

In tiefen Grenzerfahrungen geschieht im besten Fall, dass der Mensch in bleibender Identität doch ein anderer wird (vgl. Projektergebnisse, Menschen in zweiter Identität). Jesus setzt auf den neuen Menschen und daraus heraus auf eine neue Qualität von Sammlung, Gemeinschaft und Relation zwischen Mensch, Natur und Kreatur. Der neue Mensch steht auf anderem Fundament. Er lebt aus einer neuen und zugleich uralten Rückbindung (zum Vater), in eigentlicherer, hier genannt ‚zweiter' Identität. Das impliziert, dass er zuvor von einem anderen – entfremdeteren – Selbstverständnis bestimmt war.

***These 9:* Paulus als Mensch in zweiter Identität**

Die Begegnung von Paulus mit dem Auferstandenen (Damaskus-Erlebnis, vgl. III.2) war konstitutiv. Paulus als ein selbst Neugewordener möchte die Menschen zu einem Leben im Geiste des Auferstandenen bewegen.

Ich zitiere aus einem Editorial: „‚Als ich noch ein Kind war, dachte und redete ich wie ein Kind. Als ich aber erwachsen wurde, legte ich das Kindhafte ab.' So weit Paulus nach seinem berühmten Hymnus ‚Über die Liebe' im 1. Korintherbrief (1 Kor 13,11). Was war beim Völkerapostel vorgefallen, das ihn zur Reife führte, und welche Folgen hatte dies für die frühen Christengemeinden? Es will scheinen, als ob das Umkehrerlebnis bei Damaskus seine Nachwirkungen zeitigte und bestimmend wurde für die Verkündigung des Evangeliums Israels an die ‚Heiden'. Eine diesbezügliche Anspielung findet sich auch seinem Apostelkollegen Petrus gegenüber, als der Herr ihn wissen ließ, dass er sich in frühen Jahren selbst gegürtet habe, nun aber von Ihm gerüstet würde (Joh 21,18f). Es gibt so etwas wie eine ‚naïvitée primaire', die zwar zur Entwicklung des eigenen Glaubenslebens gehört, aber nicht schon zur Verkündigung befähigt. – Die Jünger Jesu wurden schon am Anfang ihres Nachfolgeweges ausgeschickt, um auf ihre Art das nahe Gottesreich anzukünden. Bis sie aber im Geist der christlichen Urgemeinde ‚unter Gebet und Handauflegen' gesandt werden konnten, brauchten sie ebenfalls das Umkehrerlebnis, nämlich Tod und Auferstehung ihres Herrn, gemäß der Schrift (Lk 24,26f; 1 Kor 15,3f). Diese Erfahrung blieb Voraussetzung der apostolischen Ermächtigung."[414] – Im Folgenden gehe ich dem solchermaßen neu begründeten Menschen nach und dies anhand des psychologisch relevanten Begriffs der *Identität.*[415]

---

414 Aus dem Editorial von Petrus Bsteh, in: *Religionen unterwegs* 13 (2007), 2.

415 Wo Menschen in neuer Identität vor Gott stehen, ist es psychologisch folgerichtig, auch von einer neuen Qualität von Gemeinschaft zu reden. Letzteres wird hier nicht eigens entfaltet, weil dies den Rahmen dieser Arbeit gesprengt hätte.

1 Der Mensch in der zweiten Identität

1.1 Zweite Identität als Schlüsselbegriff für das Neue

Wer bin ich? Und wodurch bin ich die, die ich bin? Der, der ich bin? Identität ist der in unserem Kulturkreis gebräuchliche Begriff, der Antwort gibt auf die Frage unseres Individuum-Seins und In-der-Welt-Seins. Wo von *Identität* gesprochen wird, sind Ich-Funktionen und Ich-Strukturen, ja ein zumindest halb-bewusstes Erleben von sich als eine eigene Person gegeben. Wo von einer *zweiten* Identität gesprochen wird, ist eine erste vorausgesetzt. Träger dieser ersten Identität ist ein außerhalb von Eden, d.h. in den Realitäten dieser Welt, heranwachsendes Ich, das nicht mehr um seine Ursprünge noch um die Tatsache seiner Entfremdung weiß. Statt auf Gott als das Ganze, als Urgrund und Letztes bezogen zu sein, ist die Identität *vom Ich her* das Zentrale, der Mensch ist dann mehr oder minder egozentrisch, in sich gefangen oder zumindest ganz im Ich-Bezogenen verhaftet. Mit Paulus gesprochen, ist er „fleischlich[416]", und dies nicht aufgrund einer diffusen Schuldhaftigkeit, sondern schlicht, weil ein *nach* Eden Gewordener.

Anders die hier als zweite Identität dargestellte, biblisch gesprochen nachösterliche Existenz, in der das Ich in seiner Vormachtstellung relativiert worden ist, aber auch Prägung und Urangst irgendwie positiv durchbrochen oder unterwandert sind. Ahnungshaft erfährt sich der Mensch neu angeschlossen ans Ganze. Ein Urvertrauen wider alle Angst und Vorsicht sickert durch, der Mensch ist zentrierter, wesentlicher. Hinzu kommen – gleichsam als Frucht dieses neuen Verwurzelt-Seins – Erfahrungen von Berufung, Sinn, Hoffnung und wahrer Würde. Neuer Mensch auf neuem Boden![417] Warum aber wird nicht die zweite Identität als ursprünglichere dargelegt, wo

---

416 Gal 5,16-26 beschreibt das Begehren des Fleisches (erste Identität) und stellt es der Frucht des Geistes (zweite Identität) gegenüber.

417 Vgl. den paulinischen Begriff „stehen" (ἑστήκατε) 1 Kor 15,1. (Vgl. III.2.) – Vom Psychopathologischen her ist zu bedenken, dass ein neues Menschsein nicht immer gelingt, obgleich grundsätzlich *alle* Menschen die Möglichkeit des Angeschlossenseins in sich haben. Wie ist das zu erklären? Es gibt Krisen, in denen Abgründe von Leiden aufbrechen, die nicht integriert werden können. Sie überfordern und führen nicht in tiefere Begründung, sondern in Angst und Irrsinn, was dann heißt, dass Menschen in der Zwischenrealität von Urangst und Projektion wie gefangen sind. Für diese Menschen ist wichtig, ihnen ihrerseits ein tieferes Begründet-Sein zuzudenken. Nicht selten konstelliert sich eine nochmalige Krise, die zur Chance werden kann.

doch ihre (unbewussten) Wurzeln weit tiefer gründen als was vom Ich her kommt? Das Wort *Identität* setzt die Erfahrung des Menschen als Eigener mit eigenem Zentrum voraus und ist Merkmal menschlicher Bewusstwerdung. Bewusstwerdung beginnt aber erst *nach* Eden, wo ein ansatzweises Ich immer mehr zu sich selbst erwacht.

Dass der Mensch fähig wird, seine Urprägung zu überwachsen und aus neuer Identität zu leben, setzt Persönlichkeitsstärke und Demut voraus. Ein solches geschieht in aller Regel nicht ohne Krise, sondern als Teil eines Reifungsprozesses, durch Leiden und Grenzerfahrung hindurch. Das Neue wird genau dort, wo der Mensch mit sich (gemeint in der ersten Identität) am Ende ist. Dort entdeckt er wie Paulus die Freiheit, erlaubterweise „nur sich selbst" zu sein.[418] Sich selbst in wahrerer, nicht egozentrischer Mitte. Die zweite Identität macht aber nicht nur frei, sondern bindet auch an, hat zu tun mit radikaler Bezogenheit und der Bereitschaft, sich zu verantworten.

Neuwerdung ist zugleich radikal als auch nach wie vor bruchstückhaft. Entweder ist ein neuer emotionaler Boden da oder eben nicht. Das Ereignis ist, wenn auch nach außen unscheinbar, so doch nach innen so stark, dass man es nicht ungeschehen machen kann. Zweite Identität entsteht jenseits von Berechnung, ist gnadenhaft geschenkt, eben radikal. Und trotzdem bröckelt das Neu-Geschenkte immer wieder ab. Ohne den ständigen inneren Nachvollzug verblasst es. Patienten erschrecken, wenn sie merken, dass ihnen ihre Gnadenerfahrung nicht mehr nahe ist. Einer Erfahrung wird Nachhaltigkeit verliehen, indem man immer wieder an sie ‚glaubt', sie hütet.

Ist Leben aber nicht ***Kompromiss***? Gibt es den Kompromiss zwischen einer ersten und zweiten Identität? Die Antwort lautet: Nein und doch Ja. In der grundsätzlichen Entschiedenheit, das Neue zu wollen, gibt es keinen Kompromiss. Man kann nicht ein bisschen von der neuen Identität in die alte einbauen, um sich so einer schmerzlichen Wandlung zu entziehen. Und doch bedeutet alle zweite Identität ständiger Kompromiss: Menschen fallen immer wieder in alte Befindlichkeiten und reflexartiges Begehren zurück und an der Umgebung hat sich meist nichts verändert: Partner, Arbeitsplatz und Ärgernisse sind dieselben geblieben. Wie gelingt eine Verbindung von Gottnähe und Realitätsbezug? Wie eine Adaption in heutige Verhältnisse? Wie jenes Stehen, auf einem Boden, der nur entsteht, indem ich auf ihn setze? Von Fall zu Fall, indem ich es versuche. Die Theologie spricht vom Schon-im-noch-Nicht. Der Mensch in neuer Identität ist aber auch beschenkt, weil über vergangene Verletzungen irgendwie hinausgewachsen. Drewermann (1989, 200) formuliert: Wunden haben angefangen, „zu einem Teil menschlicher Schönheit zu reifen, wie wenn Verletzungen beginnen, einen Menschen, den wir wirklich lieben, besonders liebenswert und kostbar zu machen". Er spricht von „Verklärung auch der Spuren, die das Leiden und die Schuld ‚leibhaftig' hinterlassen haben; gerade diese Umwandlung des an sich Niederdrücken-

418 Gal 5,1: „Zur Freiheit hat uns Christus befreit." Gal 5,13: „Ihr seid zur Freiheit berufen (ich übersetze: zur Freiheit der zweiten Identität), Brüder. Nur nehmt die Freiheit nicht zum Vorwand für das Fleisch (erste Identität), sondern dient einander in Liebe!"

den, Zerstörerischen, Tödlichen in etwas hintergründig Sinnvolles vermag das Leben innerlich zu öffnen. Es ist dann wirklich so, wie wenn man jetzt, nachdem es überwunden ist, erst richtig anfinge zu leben" (1989, 207).

1.2 Drei Beispiele von Menschen in zweiter Identität

***Frau Meinrad**, ihrerseits wieder halbwegs ‚gesund' nach mehreren Jahren krebsbedingten Leidens (= sie kann mit ihrem Krebs nochmals gut und länger leben), erzählt von ihren täglichen Freuden: Was es bedeutet, morgens selbstständig aufzustehen, dass der Körper die Kraft habe, sich aufzurichten. Was es bedeutet, wenn der erste Sonnenstrahl durchs Fenster glitzere oder die erste kleine Blume im Frühling den Schnee durchbreche. Was in ihr vorgehe, wenn die Tochter nach Hause komme und sie ihr bei den Schulaufgaben helfen dürfe. Wenn sie wieder Ausschau halten dürfe nach Arbeit, weil „das Leben wieder da ist". In all dem erkennt Frau Meinrad, abgesehen vom körperlichen Genesungsprozess, einen gemeinsamen Nenner: „Ich habe nicht mehr die ständige Angst. Angst vor der Krankheit, Angst ... eigentlich vor dem Leben. Jetzt frage ich nicht ständig, ob ich Angst habe, Angst vor der Dunkelheit, der Einsamkeit, einer Infektion etc. Sondern ich lebe. Ich kann das fast nicht glauben, dass ich das einfach so kann. Dann preise ich Gott, an den ich doch gar nicht glaubte." Und etwas später: „Nichts ist selbstverständlich, alles ist Gnade. Hoffentlich vergesse ich das nicht." Wir denken nach über den paulinischen Satz „durch Gnade aber bin ich, was ich bin" und über seine Mahnungen, „nicht zu vergessen". Frau Meinrad sucht nach einem täglichen Erinnerungsritual und richtet sich eine Gebetsecke als Erinnerungsort im Haus ein. Es gehe darum, „ganz bewusst zu leben, was ist".*

***Herr Urech**, der nach einer durchgestandenen akuten Leukämie und den strapaziösen Chemotherapien nochmals gesund leben darf, nimmt vor allem einen Traum aus der Zeit der Krankheit mit, den er damals wie folgt schilderte: „Es ist eine allgegenwärtige tödliche Bedrohung da (wie die Krankheit). Sie hängt wie eine Seuche in der Luft. Ich will fliehen, die Flucht gelingt, ich kann im Traum fliegen, das heißt, 20 Zentimeter über dem Boden schweben. Doch dann komme ich zu einem Slumquartier, das sind die Slums von St. Gallen, die es eigentlich nicht gibt. 1000 leidende Kindergesichter schauen mich an. An diesen darf ich nicht vorbeifliegen. Da ist das erste Straßenkind. Ich muss mich ihm nähern, heruntersteigen zu ihm, seine Tränen abwischen und mit ihm in seiner Baracke leben. Und siehe da, es lässt sich fröhlich leben, auch ohne Toilette. Am Schluss lächelt mich das Mädchen an und wir ziehen zusammen weiter, heimwärts." – Diesen Traum, den Herr Urech im Zustande der tödlichen Krankheit als Todesverheißung gefürchtet hat und dann liebt, weil begriffen als Annäherung ans Arme und Eigentliche des Lebens, träumt er in Variationen auch nach der Krankheit. „Immer geht es darum, dieses arme Gesicht zu lieben!" Und was verändert sich aufgrund dessen im Lebenswandel von Herrn Urech: „Ich kann nicht mehr so über allen andern leben, ich gehöre dazu und die andern ebenso. Unsere Kinder bringen andere Kinder nach Hause. Wir haben unser großes Haus verkauft und sind in ein kleineres gezogen. Oder im Geschäft sind es unsere Angestellten, in denen ich plötzlich das Kindergesicht jenes Mädchens erkenne. Ich hoffe, dass ich herzlicher geworden bin." Er fasst zusammen: „Fröhlich sind die Armen."*

***Herr Sommer**, nach einer ähnlich tiefen krankheitsbedingten Erschütterung, äußert dankbar: „Ich weiß nicht, wie lange mir das Leben nochmals geschenkt ist, aber leben will ich es. Ich habe neu eine Ahnung, was ‚Beziehung' heißt, ich liebe meine kleinen Kinder und meine Frau. Auch habe ich einen andern Geschmack für das, was ‚essen' heißt; das ist etwas so Feines. Ich freue mich auf die Arbeit, einfach aufs normale Leben, auf das neu entdeckte Gebet vor dem Einschlafen. Ein Leben nicht mehr wie früher, nicht mehr diesen Ehrgeiz, dieses Besessensein von Stolz, vielleicht ein Leben mit spontaner Angst, aber wissen Sie, (auf die Brust zeigend) da drin ist es voll Leben und nicht mehr voll ‚Macht'." Seine Augen sind mit Tränen benetzt. Nachdenklich schaut mich Herr Sommer an und bittet: „Unterbrechen Sie mich und mein Leben, wenn es wieder machtgierig wird. Ich hoffe, dass ich nie vergesse, was ich durch diese Krankheit gelernt habe, und doch werde ich vielleicht vergessen ... ." – Jahre später besucht mich Herr Sommer und erzählt vom Leben. Seine Stimme ist wieder zeitweise gehetzt wie früher, und doch ist etwas verändert. Er selbst spricht von einer neuen Identität, die er habe, und tippt dabei an die Brust. Aber es sei schwierig, diese im Geschäft, ja schon nur im Gegenüber zur Frau zu leben, „weil die Menschen rundum dieselben geblieben sind". Abends, in der Stille bete er: „Jesus, hilf mir, dass ich weiterhin zu Dir beten kann", und ergänzt erklärend: „Wissen Sie, so richtig beten. Nicht einfach nur Gott bitten, wann er mir bitte zu helfen habe. Es geht nicht darum, Gott etwas zu befehlen, sondern ..." – er denkt nach – „es geht darum, Gott nahe zu sein".*

2 Paulus: „Durch Gnade aber bin ich, was ich bin“

2.1 Deutung der autobiografischen Perikope 1 Kor 15,1-11

Im Folgenden wende ich mich Paulus zu. Die ***These***, die nun bezüglich 1 Kor 15,1-11 überprüft wird, lautet:

> Paulus selbst trat in die zweite Identität ein. Seine Begegnung mit dem Auferstandenen (Damaskuserlebnis[419]) wurde ihm zur Begründung einer neuen Identität. Angezogen vom Christus-Ereignis (Jesu Leben, Tod und Auferstehung) möchte er die Zuhörenden ihrerseits zum Wagnis der zweiten Identität bewegen. Die Hoffnung auf Auferstehung bei Paulus ist mindestens teilweise als Hoffnung auf ein Leben in neuer Identität zu deuten. (Vgl. These 9, S. 270.)

Paulus wird also als biblisches Vorbild für den Menschen in neuer Identität betrachtet. Er versucht, uns nahezubringen, was es bedeutet, auf der Basis des Jesus von Nazareth zu stehen. Natürlich gab es auch andere Jünger und Jüngerinnen in zweiter Identität. Ich entscheide mich für Paulus aufgrund seiner überlieferten Briefe und der autobiografischen Textpassage 1 Kor 15,1-11. Untere Übersetzung ist ausnahmsweise nicht der Einheitsübersetzung, sondern dem Münchener Neuen Testament entnommen, weil dem Griechischen nahe[420]:

1a Ich tue euch aber kund, Brüder, das Evangelium, das ich euch verkündete[421],
1b das ihr auch übernahmt, in dem ihr auch steht (ἑστήκατε),
2a durch das ihr auch gerettet werdet (σῴζεσθε),
2b wenn ihr festhaltet, in welchem Sinn[422] ich euch (das Evangelium) verkündete,

---

419 Vgl. Apg 9,1-30; 22,1-21; 26,1-23. Trotz allem wissen wir nicht mit Sicherheit, ob dies auch wirklich in Damaskus, respektive auf dem Weg dahin, stattfand. Paulus äußerte sich unterschiedlich zu diesem Offenbarungserlebnis (Gal 1,16; 1 Kor 9,1; 15,8). Vgl. auch Sanders (1995, 16).

420 Bezüglich Textkritik: Die wenigen Textvarianten haben für meine Fragestellung keine Relevanz.

421 Die Einheitsübersetzung schreibt: „verkündet habe“, desgleichen in Vers 2b.

422 V 2b (τίνι λόγῳ εὐηγγελισάμην ὑμῖν εἰ κατέχετε). Die Einheitsübersetzung übersetzt: „... wenn ihr an dem Wortlaut festhaltet, den ich euch verkündet habe.“ Schrage (2001, 14): „... wenn ihr festhaltet an dem Wort ... .“

2c außer wenn etwa grundlos[423] ihr gläubig wurdet·
3a Denn ich überlieferte euch an erster (Stelle), was ich auch übernahm,
3b dass Christos starb für unsere Sünden nach den Schriften
4a und dass er begraben wurde
4b und dass er erweckt worden ist am dritten Tag nach den Schriften
5a und dass er erschien Kephas,
5b dann den Zwölf;
6a danach erschien er über fünfhundert Brüdern auf einmal,
6b von denen die meisten bleiben bis jetzt, einige aber entschliefen;
7 danach erschien er Jakobos, dann den Aposteln allen;
8 zuletzt aber von allen, gleichsam wie der Fehlgeburt[424], erschien er auch mir.
9a Denn ich bin der geringste der Apostel,
9b der ich nicht geeignet bin, gerufen zu werden Apostel,
9c weil ich verfolgte die Gemeinde Gottes;
10a durch Gnade Gottes aber bin ich, was ich bin,
10b und seine Gnade, die für mich, nicht leer wurde sie[425],
10c sondern reichlicher als sie alle mühte ich mich,
10d nicht ich aber, sondern die Gnade Gottes, [die] mit mir.
11a Sei es nun ich, seien es jene, so verkünden[426] wir,
11b und so wurdet ihr gläubig.

Dieser Text gilt in der Auslegung bezüglich seiner Kohärenz, seiner Zusammengehörigkeit, als unbestritten.[427] Er soll ***ein bedeutsamer Paulustext*** sein, wie 1 Kor 15 insgesamt[428]. Er wird als der einleitende und grundlegende Abschnitt von 1 Kor 15 betrachtet. Die Gewichtigkeit obiger Paulusworte wird überdies dadurch verstärkt, dass schon das ganze Kapitel 15 als letzte inhaltliche Botschaft im Korintherbrief hervortritt, nachher folgen nur noch aktuelle Mitteilungen und Grüße von Paulus. Vorstellbar für heutige Ohren, wie wenn Paulus nun die Zuhörer nochmals sammelt und dem Ton nach sagt: „Brüder, wir kommen zur Quintessenz." Somit sind die nun behandelten Themen wichtig:[429]

---

423 Andere Begriffe sind: „unüberlegt" (Einheitsübersetzung), „vergeblich" (Schrage 2001, 14).

424 „Fehlgeburt" (ἔκτρωμα). Die Einheitsübersetzung schreibt: „dem Unerwarteten, der ‚Missgeburt'", die Lutherübersetzung: „von mir als einer unzeitigen Geburt". Nach Schrage (2001, 62) hat der Begriff ἔκτρωμα von ἐκτιτρώσκω (abtreiben) auch die Bedeutung der lebensunfähigen Fehlgeburt, Frühgeburt, der Totgeburt.

425 V 10b Die Einheitsübersetzung übersetzt: „... und sein gnädiges Handeln an mir ist nicht ohne Wirkung geblieben." Die Lutherübersetzung: „Und seine Gnade an mir ist nicht vergeblich gewesen."

426 „So predigen wir" (Lutherübersetzung). Der Begriff κηρύσσω ist ein anderer als in Vers 1 und 2 (εὐαγγελίζω).

427 Merklein & Gielen (2005, 241); Schrage (2001, 7); Lindemann (2000, 324).

428 Schrage (2001, 7) erwähnt die zentrale Stellung von Kap. 15 für das Gesamtverständnis des Briefes wie seine unvergleichliche Bedeutung für die gesamte paulinische Theologie.

429 Hier folge ich den Überschriften und der Gliederung nach Schrage (2001). – Lindemann (2000) teilt 1 Kor 15 in sechs Abschnitte ein: 1. Die Auferstehung Christi: Verkündigung und Glaube (15,1-11); 2. Die Auferweckung Christi und der Glaube (15,12-19); 3. Adam und Christus: Der Sieg Gottes über den Tod

1. das ***Zeugnis von der Auferweckung Jesu Christi und ihre Wirkung*** (15,1-11);
2. das Thema der Auferweckung Jesu ***im Zusammenhang mit der Auferweckung der Toten.*** Bedeutung der Hoffnung auf ein – wie auch immer verstandenes – neues Leben. Hoffnung wider Sinnlosigkeit (15,12-34);
3. die ***Frage nach der Leiblichkeit der Auferstehung*** (15,35-58).

Von welchem Auferstehungsverständnis geht Paulus aus? Bedeutet Auferstehung bei ihm ein Lebendig-Werden nach dem realen Tod? Oder könnte sie Neuwerdung in eine zweite Identität nach einem seelischen, irgendwie vorzeitigen Gestorbensein bedeuten? Oder bedeutet sie beides, je nach Textstelle Ersteres oder Zweiteres? Diese Fragestellung wird hier ein erstes Mal aufgegriffen, und zwar bezüglich sprachlicher Nuancen:

Schneider bringt in seiner Habilitation (2005) eine in wesentlichen Akzenten neue Deutung von 1 Kor 15,1-11, die meiner These 9 nahekommt. Nach Schneider blickt Paulus hauptsächlich nicht auf eine jenseitige, sondern *gegenwärtige* Auferstehung (vgl. 2005, 61). Nach ihm macht Paulus die Korinther nicht auf den Inhalt des Evangeliums, den sie nämlich bereits kennen, aufmerksam, sondern auf dessen Begründung: die Auferweckung Jesu. Er übersetzt die ersten beiden Verse wie folgt: (vgl. 2005, 126)

1a ***Ich mache euch aber (darauf) aufmerksam, Brüder, im Hinblick auf das Evangelium,*** das ich euch verkündigt habe,
1b das ihr wirklich übernommen habt, in dem ihr tatsächlich steht,
2a durch welches ihr wirklich gerettet werdet,
2b ***mit welcher Begründung ich (es) euch verkündet habe,*** – wenn ihr (sie, die Begründung) festhaltet.
2c Es sei denn, ihr seid grundlos zum Glauben gekommen.
3a Habe ich euch doch vor allem übergeben, was auch ich empfangen habe ...

Die Hervorhebung zeigt die für Schneider wichtige Verbindung zwischen Hauptsatz und Nebensatz. Schneider bezieht γνωρίζω (ich mache euch aufmerksam) nicht auf das Evangelium (τὸ εὐαγγέλιον), sondern auf τίνι λόγῳ (2b). Der Ausdruck τίνι λόγω übersetzt er nicht „mit welchem Wortlaut/Wort", sondern „mit welcher Begründung". *Fazit:* Das Christus-Ereignis (Jesu Leben, Tod und Auferstehung) und damit die Dynamik wird als wichtiger denn die Botschaft betrachtet. Die *Dynamik* begründet das Evangelium und ist (zusammen mit der Botschaft) Grund für das neue Stehen, den neuen Glauben, die neue Identität.

(15,20-28); 4. Stellvertretende Taufe und Tierkampf: Argumenta ad hominem (15,29-34); 5. Der Leib der Auferstehung (15,35-49); 6. Die endgültige Verwandlung (15,50-58). – Merklein & Gielen (2005) schließlich betonen die rhetorische Gliederung: 1. Das grundlegende Kerygma von Tod und Auferweckung Christi (15,1-11); 2. Die paulinische Argumentation (15,12-49); 3. Der prophetische Zuspruch: Alle werden verwandelt werden (15,50-58).

Weil für mein Thema interessant, gliedere ich den Text nun in ***drei semantische Felder***.[430]

1. ***Worauf ‚stehen' wir?*** Hinweis auf die Begründung des Evangeliums (einleitend: 1-3a; abrundend: 11), auf den Grund, worauf Paulus und wir Zuhörenden stehen;
2. ***Erläuterung dieser Begründung, das Christus-Ereignis*** (3b-8);
3. ***Paulus über sich selbst, Zeugnis seiner zweiten Identität*** (9-10).

Im ersten Feld spricht Paulus als Ich zu einem „Ihr/Euch" (Gemeinde von Korinth). Verben des Sendens und Empfangens sind entscheidend,[431] wobei sich Paulus auch selbst als Subjekt dieses Empfangens sieht: Er hat ihnen überliefert, was er selbst empfangen hat (3a). Die Verben, die Paulus hier verwendet, waren in der damaligen Tradition bedeutsam.[432] Sodann hebt Paulus in diesem Feld die Qualitäten derer hervor, die das Evangelium bereits übernommen haben: fest stehen (ἵσταμαι), gerettet werden (σῴζομαι), festhalten (κατέχω), glauben (πιστεύω, 2c.11b). Ich übersetze: In der zweiten Identität lebt, wer im Neuen fest steht, dadurch gerettet ist, daran festhält, glaubt. In diesen Verben ist nicht mehr das Prozesshafte, Suchende wichtig, sondern das Erhärtete, Gefundene. Der Ausdruck ***‚stehen'*** besagt, dass Evangelium und Christus-Ereignis von solch tragender Macht sind, dass man darauf wie auf einem neuen Boden stehen kann. Das Verb stehen (ἑστήκατε, perf. ἵσταμαι – und nur dieses Verb in V 1-3a.11) ist im Perfekt verfasst, was auf eine fortdauernde Wirkung hinweist. Das Verb ***annehmen*** (παραλαμβάνω) besagt: Auf das Christus-Ereignis kann man sich so sehr berufen, dass man diese Basis ähnlich einer Religions- oder Familienzugehörigkeit – einer Identität! – annehmen kann. Das Verb ***gerettet werden*** schließlich gibt Auskunft über die Wirkung des Evangeliums und des dahinterliegenden Christus-Ereignisses: Sie bedeuten für die Glaubenden nichts weniger als Rettung (die sich offenbar immer noch ereignet: σῴζομαι, Passiv Präsens formuliert). Umgekehrt wird ein solchermaßen Rettendes auch wirklich nur den Glaubenden und nicht etwa den Ablehnenden zuteil. Gerettet wird, wer am „Wort", (λόγος) – oder an der Begründung des Evangeliums – ***festhält*** (κατέχω). Es sei denn, man sei „grundlos, unüber-

---

430 Semantische Felder sind nach Berger (1991, 138) konventionelle Wortverbindungen. – Diese Einteilung erfolgt teils in Anlehnung an Schneider, teils in Abhebung zu ihm. Anlehnung, indem ich mit Schneider die Begründung des Evangeliums im Christus-Ereignis sehe. Anlehnung auch, indem ich V 8 noch zum zweiten semantischen Feld zähle, also zur Erläuterung des Christus-Ereignisses. Dies ergibt sich einerseits sprachlich (Christus und nicht Paulus ist das Subjekt). Doch erlaubt es auch Interpretation: Selbst wo Paulus vom eigenen Erleben spricht, geht es ihm nicht um sich selbst, sondern um die Wirkung des Christus-Ereignisses (vgl. III.2.3). Abhebung, indem ich den Text in drei und nicht wie Schneider (2005, 142) in vier Abschnitte gliedere und den abrundenden Vers 11 sprachlich und in der Intention nach („*so* wurdet ihr gläubig") zum ersten semantischen Feld zähle.

431 Aufmerksam machen (γνωρίζω), verkünden (εὐαγγελίζω), empfangen (παραλαμβάνω). Letzteres Verb hat verschiedene Bedeutungen: empfangen, aufnehmen (mit Zustimmung, aktiv), annehmen, übernehmen.

432 Vgl. Kommentar der Jerusalemer Bibel: Das Wort des Evangeliums wird überliefert, empfangen, festgehalten, Begriffe, die aus dem Vokabular der rabbinischen Überlieferung übernommen wurden. Vgl. auch die Einleitung zu den Abendmahlsworten in 1 Kor 11,23a: „Denn ich empfing vom Herrn, was ich euch auch überlieferte."

legt" (εἰκῇ) – unbewusst – gläubig geworden (ἐπιστεύσατε, aor. von πιστεύω; vgl. 11). Genauso verhält es sich bei Menschen, die angekommen sind in einer zweiten Identität. Sie sagen: „Wenn ich meiner Erfahrung nicht glauben kann, kann ich ‚gleich aufhören', dann bricht alles zusammen." Man stelle sich einen Paulus vor, der plötzlich an seinem Damaskuserlebnis zweifelte. Alles wäre verloren. Zweite Identität steht und fällt mit der Qualität absoluter Ernstnahme, einem Setzen darauf. Und wo Zweifel den Menschen natürlicherweise wieder befallen, liegt die Herausforderung darin, immer wieder bei diesem Identitätsstiftenden anzukommen, sich zu erinnern.

Im zweiten semantischen Feld ist Christus Subjekt. Er starb, wurde begraben, auferweckt und erschien allen Aufgezählten. Ein objektiver Sprachstil herrscht vor. Diesem Feld liegt eine Bekenntnisformel, ein altes Oster-Zeugnis zugrunde, deren Umfang (3b-5[8]) umstritten ist[433]. Die erste Grundaussage dieses Oster-Zeugnisses (3b-4a) lautet: Christus ist für unsere Sünden gestorben, gemäß der Schrift. Die Wendungen „sterben für unsere Sünden" (ἀποθνήσκω ὑπὲρ τῶν ἁμαρτιῶν ἡμῶν) und „gemäß den Schriften" (κατὰ τὰς γραφὰς) kommen sonst in den Paulusbriefen nicht vor, was die Annahme eher verstärkt, dass Paulus hier aus einer Überlieferung zitiert. Paulus spricht zwar mehrmals in seinen Briefen vom Sterben Jesu für andere. Die Präposition „für" (ὑπέρ) bezieht sich dann auf Personen. Hier aber stirbt er für unsere Sünden. Möglich, dass damit auf eine Verbindung zwischen Jesu Tod (= Verbrechertod am Kreuz) und unseren Sünden hingewiesen wird? Jedenfalls wird uns der ***Begriff Sünde*** in 1 Kor 15 noch mehrmals begegnen und dies immer irgendwie als ***Gegenqualität zum neuen Leben aus der zweiten Identität*** (17.34.56). Als Stachel des Todes ist die „Sünde" (ἁμαρτία) (56) gar Gegenqualität zum „Sieg" (νῖκος) (55). Wenn ich Sünde nicht moralisch deute, sondern als bestimmte Verfasstheit des Menschen in abgebrochener Beziehung zu Gott, als Dynamismus der Sonderung und Resultat davon, dann wird genau diese Verfasstheit beim Loslassen der ersten Identität und dem Annehmen der zweiten Identität überwunden. Überwindung von Sünde und Tod heißt dann: Das einstige, an sich letztliche Angeschlossensein an Gott ist wiedergewonnen und neue, bewusste Grundlage von Identität. Was der Radikalität solchen Sterbens und Neuwerdens nicht Abbruch tut. Weder das Urereignis von Christi Tod und Auferstehung noch die menschliche Bereitschaft, Krisen anzunehmen und sich neu definieren zu lassen, sind harmlos. Mit dem kleinen Hinweis auf das Begrabensein (4a) wird der Tod Jesu in seiner Endgültigkeit gar noch unterstrichen.

---

433 Aufbau und Umfang der Bekenntnisformel (15,3b-5[7]) ist in der Exegese umstritten. Umstritten ist ferner die Frage des Alters und der Herkunft der Formel (Jerusalem oder Antiochia), insbesondere auch ihre Ursprache (griechisch oder semitisch). Ich verweise auf die Kommentare: Schrage (2001, 32-60); Lindemann (2000, 328-334); Merklein & Gielen (2005, 261-288). – Interessant zu nennen wären hier noch weitere (überlieferte) Oster-Zeugnisse in den Paulusbriefen: 1 Thess 1,10; 4,14; Röm 1,3-4; 4,24-25.

Die zweite Grundaussage (4b-5) des Oster-Zeugnisses lautet: ***Christus ist am dritten Tag auferweckt worden***[434], gemäß der Schrift. „Auf[er]wecken" steht im Perfekt passiv (ἐγήγερται, perf. pass. von ἐγείρω). Die Passivform weist auf ein Handeln Gottes hin, das dem Menschen geschieht. Das Perfekt unterstreicht die fortdauernde Wirkung: Christus ist (von Gott) auferweckt worden und lebt (immer noch). Die Wendung „gemäß der Schrift" bleibt ohne nähere Angabe. Ein für Paulus weit wichtigerer Beweis für die Auferweckung Christi ist das Erscheinen desselben vor Zeugen und Autoritäten. Die Wirkung des Christus-Ereignisses wird damit betont oder das Ziel des neuen Menschen. Der Ausdruck ***„er erschien"*** (ὤφθη, aor. pass. von ὁράω, sehen), wird nur in diesem Text durch Paulus verwendet. Er lässt sich umschreiben mit: er (Christus) wurde sichtbar / ließ sich sehen. „Kephas" (aramäischer Beiname ‚Fels' des Simon Petrus) ist Repräsentant der „Zwölf", die ihrerseits nur an dieser Stelle von Paulus so genannt werden. Dann wird das Oster-Bekenntnis durch das Zeugnis einer außergewöhnlich großen Menschengruppe und weiterer Autoritäten verstärkt (6-7)[435]. Man stelle sich vor: Welches Ereignis vermag 500 Brüder zu erfassen! Die Außergewöhnlichkeit des Christus-Ereignisses wird betont. Auch dieses Motiv, eine Oster-Erscheinung vor 500 Brüdern wird nur hier (6a) erwähnt. Dass Christus den Menschen erschien, muss also für Paulus selbst von einmaliger Wichtigkeit sein.

Und was besagt der syntaktisch auffallende, eingeschobene Satzteil (6b), ***dass die meisten noch leben, einige aber bereits entschlafen sind?*** In diesem Einschub ist nicht Christus Subjekt, wie sonst überall im zweiten semantischen Feld. Interpreten sprechen von einem persönlichen Einschub von Paulus,[436] der auf ein späteres Thema verweist (15,12): Die Auferweckung Jesu ist Grund zur Hoffnung für unser eigenes Auferstehen. Für mich ist dies eine der wenigen Stellen in 1 Kor 15, bei der ich nicht darum herumkomme, im Tod den biologischen Tod zu sehen und in der Auferweckung, nebst dem Leben aus neuer Identität, auch das Leben nach dem Tode. Ein langes Verweilen gibt es indes für Paulus nicht: Weitere gewichtige Zeugen folgen. Nach Kephas wird Jakobus[437] namentlich erwähnt. Mit dem Hinweis auf alle Apostel ist ein größerer Kreis über denjenigen der Zwölf hinaus gemeint.

Die Äußerung „er erschien auch mir" (8) ist die einzige Selbstaussage eines Oster-Zeugen im Neuen Testament (vgl. Lindemann 2000, 334). Paulus macht gerade keinen Unterschied zwischen der Erscheinung Jesu auf dem Weg nach Damaskus, die ihm galt, und den früheren, sich vor der Himmelfahrt ereigneten Erscheinungen Jesu an

---

434 Zur Beschreibung des Oster-Ereignisses gebraucht Paulus anderswo das Verb „auf[er]stehen" (ἀνίστημι) (z.B. 1 Thess 4,14). Beide Verben wurden in der Alltagssprache verwendet („aufwecken" bezieht sich auf den Schlafenden, „aufstehen" auf den Liegenden). Sie sind Metaphern für das, was die irdische Realität übersteigt.

435 Wobei hier eine andere Satzkonstruktion begonnen hat, die Reihe der bekenntnishaften Sätze mit (ὅτι, „dass") wird nicht fortgesetzt (ab 5b).

436 Vgl. Schrage (2001, 57).

437 Jakobus, der Bruder Jesu, hatte eine führende Rolle in der Gemeinde von Jerusalem inne (vgl. Gal 1,19; 2,9.12; Apg 12,17; 15,13; 21,18).

die Jünger. Es geschieht offenbar in allen ein Ähnliches: Allen wird eine neue Sicht (ὀπτική, Optik) ermöglicht. Jeder geht als ein Anderer – sprich: in neuer Identität – aus dieser Begegnung hervor. Die Begegnung ist konstitutiv. So braucht es für Paulus auch keine weitere Erklärung dafür, dass er sich nach dieser Erfahrung zu den Aposteln zählt. Wobei er seine Vergangenheit nicht etwa ausblendet, sondern im Gegenteil sich aufgrund seiner unwürdigen Taten mit einer Fehlgeburt oder Totgeburt (ἔκτρωμα) vergleicht. Lindemann sagt dazu (2000, 334): „Die Erscheinung des Auferstandenen gegenüber dem ἔκτρωμα signalisiert also das völlig Neue, die Vermittlung des Lebens an ein totes Wesen." Diese Selbstaussage des Paulus bildet den Übergang zum dritten Feld.

Im dritten semantischen Feld (9-10) ***berichtet Paulus über sich selbst.***[438] Ein Ich (Paulus als Subjekt) steht der Gnade Gottes gegenüber. Für meine Themenstellung der zweiten Identität sind diese autobiografischen Verse gewissermaßen Kernstück. Paulus benutzt das eigene Beispiel, um zu verdeutlichen, wie das Christus-Ereignis und die daraus hervorgehende Gnade Gottes wirken: Sie machen den Menschen neu, ‚das, was ich bin' (10), seine Identität. Aber auch das grundsätzliche Bezogensein, der Grund, auf dem das Ich steht (1), das Wovonher und Woraufhin sind für Paulus anders geworden: vom Verfolgenden zum Gesandten (ἀπόστολος). Von einem, der sich durch Herkunft, Kultur, Gesetz und Leistung definierte (Paulus war Pharisäer)[439], hin zu einem, der sich nur mehr in der Gnade Gottes begründet weiß. Paulus ist sich selbst gegenüber ehrlich: Da sind nicht nur Nebenattribute verändert worden. Bemerkenswert ist, dass der ***Begriff Gnade*** (χάρις) in ein und demselben Vers (10) dreifach verwendet wird: Paulus betont, dass er seine neue Existenz allein der Gnade Gottes verdankt. „Seine Gnade" (ἡ χάρις αὐτοῦ) ist nicht „leer" (vergeblich, ohne Wirkung) (κενή) ausgegangen, sondern mehr als sie alle hat er sich abgemüht, genauer „die Gnade Gottes" (ἡ χάρις τοῦ θεοῦ) „mit" (σύν) ihm.

1 Kor 15,10 hat in der Auslegungs- und Wirkungsgeschichte große Aufmerksamkeit erhalten. Vor allem das Verhältnis von Gnade und freiem Willen hat die Theologie immer wieder beschäftigt. Die Bedeutungen von χάρις sind vielfältig[440]: Gnade, Dank, Ansehen, Schönheit, Zuneigung, Zuwendung. Die meisten dieser Begriffe sind ***Beziehungsworte***, sie setzen ein Gegenüber, einen Spender oder Betrachter irgendwie voraus. Das ist psychologisch stimmig: Auch wenn Gnade für heutige Menschen im Konkreten oft einen ereignishaften Charakter hat (es durfte geschehen), verweist der Begriff auf eine Beziehung zwischen Mensch und einem unfassbar Wirkenden. Ich spreche andernorts von einem Beziehungsgeschehen zwischen Mensch und Gott (Renz 2003). Auffallend

438 In V 9 steht ἐγώ an betonter Stelle zu Beginn des Satzes.

439 Vgl. Gal 1,10-24 und Phil 3,5-9a: „Ich ... bin ein Hebräer von Hebräern, lebte als Pharisäer nach dem Gesetz, verfolgte voll Eifer die Kirche und war untadelig in der Gerechtigkeit, wie sie das Gesetz vorschreibt. ... Seinetwegen habe ich alles aufgegeben und halte es für Unrat, um Christus zu gewinnen und in ihm zu sein."

440 Vgl. Berger (1992): Art. χάρις, in: EWNT III, 1095; sowie Schneider (1997, 176): Art. „Gnade", in: „Münchener Theologisches Wörterbuch" zum Neuen Testament: Bibeltheologisches Wörterbuch.

ist, dass χάρις im Neuen Testament vor allem bei Paulus vorkommt.[441] „Bei Paulus ist χάρις *der* zentrale Begriff, der sein Verständnis des Heilsgeschehens ausdrückt."[442] Ein solches ist ihm wichtig: Paulus fragt nicht primär nach Wesen und Eigenschaften Gottes (etwa der gnädige oder allmächtige Gott), sondern nach der ***Wirkung des Christus-Ereignisses im Menschen.*** Ihn interessiert die Erlösung *im Menschen*, die Gnade, die dem Einzelnen – dank Jesu Leben, Sterben und Auferstehen – gilt. Und Paulus hält sich, auch persönlich, am Gerettet-Werden (2): Wir werden alle durch die Gnade gerettet. Man wird in die Gnade hineinberufen; das sagt Paulus auch von sich.[443] Der Gnade kann man zwar gewiss sein, aber man kann sie nicht ‚haben'. Sie bleibt Geschenk. Die Antwort des Menschen auf dieses Geschenk ist sein Glaube, sein Setzen darauf. Dass der Mensch glauben kann, ist wiederum Gnade. Das ist Gnadentheologie von Karl Rahner, aber auch konsequent gedachter Paulus (1 Kor 15,10; Gal 2,20; 2 Kor 12,5b-9). Letzterer Text verdient nähere Beachtung: Im Anschluss an eine ihrerseits autobiografische Stelle, worin Paulus entfremdet von einer Offenbarung erzählt, bekennt er sich zu seiner Schwachheit und sagt der Versuchung zur Selbstüberheblichkeit ab: „Damit ich mich nicht wegen der einzigartigen Offenbarungen überhebe, wurde mir ein Stachel ins Fleisch gestoßen" (2 Kor 12,7). Was immer dieser Stachel (auch Pfahl) im Fleisch bedeutet, ringend bejaht ihn Paulus. Und erkennt in ihm sogar ein Instrumentarium Gottes, ihn vor der aller condition humaine innewohnenden Selbstaufblähung zu schützen. Als ***Gegenüberstellung*** formuliert, steht der nichtige Mensch der Herrlichkeit Gottes und seiner Gnade gegenüber, auch in 1 Kor 15,9-10:

der geringste der Apostel	– sondern die Gnade Gottes, [die] mit mir
nicht geeignet/wert, gerufen zu werden Apostel	– seine Gnade an mir war nicht leer, reichlicher als sie alle mühte ich mich ab
weil ich verfolgte die Gemeinde Gottes	– durch Gnade Gottes aber bin ich, was ich bin

Die Pfeile geben die Verlaufsrichtung des Textes an. Die Gegensätze sind Ausdruck des leidenschaftlichen, in Extremen lebenden und wohl auch ambivalenten Paulus. In ihnen erweist sich Paulus aber auch als ***wahrhaft Erfahrener***. Neu geworden durch sein Erlebnis, weiß er, dass alles Gnade ist und wie viel der Gnade Gottes möglich ist, selbst bei ihm! Und er weiß: Gnade genügt.

441 χάρις kommt 156-mal im NT vor. Davon finden sich in den Evangelien Belege nur bei Lk (8) und Joh (4), weiter 17 in Apg. Der Schwerpunkt liegt bei Paulus: Röm (25), 1 Kor (10), 2 Kor (18), Gal (7), Phil (3), 1 Thess (2) und Phlm (2 Belege). Sonst steht χάρις in den Briefen vor allem noch Eph (12), Kol (5), Past (13), Hebr (8) und 1 Petr (10 Belege). Berger (1992): Art. χάρις, in: EWNT III, 1096. Hier wird weder auf χάρις in der Bedeutung *Dank gegenüber Gott* eingegangen noch auf den Gebrauch von χάρις im Segensgruß zu Anfang und am Schluss der Paulus-Briefe.

442 Vgl. im Folgenden: Conzelmann (1973): Art. χάρις, in: ThWNT IX, 383-387.

443 Gal 1,15 : „Als aber Gott, der mich schon im Mutterleib auserwählt und durch seine Gnade berufen hat."

Den letzten Vers (11) weise ich erneut dem ersten semantischen Feld (1-3a) zu, zentral sind wieder Qualitäten wie Verkündigung (κηρύσσω, vgl. εὐαγγελίζω 1a.2b) und Glauben (πιστεύω, 11b; vgl. 2c). Die Aufmerksamkeit geht weg vom Autobiographischen, zurück zu den Korinthern. Doch diesmal ist es nicht Paulus alleine, der verkündet, sondern aus dem Ich ist ein Wir oder ein „Jene" (mehrere) geworden. Schneider (2005, 143) übersetzt:

11a Sei es also ich, seien es jene, so (= mit dieser Begründung) verkündigen wir
11b und so (= mit dieser Begründung) seid ihr zum Glauben gekommen.

2.2 Was ist gemeint mit Auferstehung der Toten? 1 Kor 15

Um zu verstehen, wozu wohl Paulus den vorliegenden Text 1 Kor 15,1-11 verfasst hatte, ist es notwendig, auf ***die historische Situation der korinthischen Gemeinde*** einzugehen. In diesem Zusammenhang sollen die Gerüchte, von denen Paulus vernahm (vgl. 15,12), sowie die theologische Argumentation des Paulus erörtert werden. Seit der Mitte des ersten Jahrhunderts gibt es in der Handelsstadt Korinth auch Christen. Die Gründung der Gemeinde erfolgte durch die Missionstätigkeit des Paulus (vgl. 1 Kor 3,6.10; 4,14f.). Die korinthische Gemeinde setzte sich, als Paulus den Brief an sie schrieb, überwiegend aus Heidenchristen zusammen (vgl. 1 Kor 12,2). Das ist ersichtlich aus einem beträchtlichen Teil der im 1. Korintherbrief verhandelten Missstände, wie das Prozessieren vor heidnischen Gerichten (1 Kor 6,1-4), der Verkehr mit Prostituierten (1 Kor 6,12-20) und die Beteiligung an Götterkultmahlzeiten (1 Kor 8,1-11,1). Es gab auch Judenchristen, wie aus 1 Kor 7,18 und 1 Kor 12,13 und aus der Existenz einer Petrusgruppe (1 Kor 1,12) hervorgeht. Es lässt sich aber an keiner Stelle im 1. Korintherbrief erkennen, dass es zwischen den Christen jüdischer und denjenigen heidnischer Herkunft Konflikte gab. Der größte Teil der Gemeinde gehörte den unteren Bevölkerungsschichten an. Auch einige wohlhabende und einflussreiche Gemeindeglieder zählte man dazu. Da sich die ganze Gemeinde an einem Ort, d.h. in einem Privathaus (!), versammeln konnte (vgl. 1 Kor 11,20; 14,23), dürfte die Anzahl der Gemeindeglieder ca. 30 bis 50 Personen umfassen. Die beiden Korintherbriefe wurden während der Gefangenschaft des Paulus in Ephesus (54-56 n.Chr.) verfasst. Der 1. Korintherbrief berichtet von Spaltungen und Streitigkeiten innerhalb der Gemeinde (1 Kor 1,10-11). Offenbar schließen sich die Gemeindeglieder bestimmten Parteien an (Paulus, Kephas, Apollos, Christuspartei). Man bedenke dies im Angesicht der kleinen Personengruppe! Es lässt sich aber nicht erkennen, welche lehrmäßigen Positionen von den Gruppen jeweils vertreten wurden.

Deutlich und ***hier Thema ist, dass einige in Korinth die Erwartung einer Auferstehung der Toten ablehnen (1 Kor 15,12).*** In der Forschung gibt es ***unterschiedliche Standpunkte***, was damit gemeint ist. In Anlehnung an Schneider (2005, 12-22) seien sie hier kurz aufgelistet:

1. Annahme: Die Korinther haben ein ewiges Leben nach dem Tod wegen des Skeptizismus epikureischer oder sadduzäischer Art oder wegen eines hellenistischen Jenseitspessimismus' grundsätzlich geleugnet. – Warum aber existierte dann der Brauch einer Taufe für die Toten?[444]
2. Annahme: Die Korinther werden als Geistenthusiasten gesehen, die sich bereits jetzt im Auferstehungsleben wähnten. Eine noch ausstehende Auferstehung (nach dem Tod) erübrigt sich somit.

---

444 Es gab den Brauch der Vikariatstaufe (lat. vicarius = stellvertretend). Man ließ sich stellvertretend für einen ungetauften Verstorbenen taufen und hoffte, dass dies dem Verstorbenen die Teilhabe am ewigen Heil ermögliche (vgl. Lindemann 2000, 350; 1 Kor 15,29).

3. Annahme: Die Leiblichkeit der Auferstehung wird als Ursache ihrer Leugnung in Korinth betrachtet. Wobei sie für diese negative Bewertung der Leiblichkeit jeweils unterschiedlich ein Denken, das von einem platonischen, gnostischen oder weisheitlichen Dualismus geprägt ist, verantwortlich machen.
4. Annahme: Hier wird von einem Missverständnis des Paulus selbst gesprochen. Von ihm wird gesagt, dass er bei den Korinthern *irrtümlich* die Anschauung voraussetzt, dass mit dem Tod alles aus sei.

Schneider (2005, 21f) wagt eine neue Deutung, der ich mich mit meinem psychologischen Ansatz teilweise anschließen möchte: Nicht die Korinther sind, wie in der zweiten Annahme entfaltet, Geistenthusiasten, die an eine Auferstehung schon jetzt glauben. Sondern – in meinen Worten –: Paulus selbst ist enthusiastisch erfüllt vom Christus-Ereignis. Er möchte den Korinthern Auferstehung als ein gegenwärtiges Geschehen nahebringen, als Leben in der zweiten Identität. Und genau dies, dass ein Auferstehungsleben bereits jetzt wirksam ist, haben die Korinther nach Schneider angezweifelt. Mit dieser Fokussierung auf ein gegenwärtiges inneres Geschehen ist nichts gesagt über eine Auferstehung nach dem Tod. Aber eine solche Annahme ist nicht mehr gleichermaßen zwingend, um Paulus in seiner Intention folgen zu können. Dabei muss man ***Probleme in der Kommunikation hinzudenken***: Es ist Charakteristikum von Gotteserfahrung, dass die von Gott erfassten Menschen (hier Paulus) nicht wissen, wie davon erzählen. Das Eigentliche einer solchen Erfahrung und Neuwerdung kann anderen kaum vermittelt werden. Entsprechend uneinheitlich und versuchshaft hat Paulus über Erlebnis und Phänomen gesprochen. Und entsprechend differenziert und bei jeder Textstelle neu hinterfragend muss ‚Auferstehung der Toten' bei Paulus gedeutet werden. Schwierigkeiten in der Kommunikation wären dann Anlass zu Missverständnissen und Widersprüchlichkeiten, auch in der Gemeinde Korinth.

Schneider sieht vor allem pragmatische (praktisch-seelsorgerische) Probleme hinter der korinthischen Ablehnung von ‚Auferstehung verstanden als gegenwärtiges Geschehen': Würden die Korinther widerstandslos annehmen können, dass es diesen Weg gegenwärtigen Sterbens und Neuwerdens durch Christus braucht, sähen sie sich unweigerlich großem Leid gegenüber. Dem Leid möchten sie nach Schneider ausweichen. Weshalb auch immer ein Widerstand durch die Korinther da war, für obige Deutung von Auferstehung als ‚Neuwerden in neuer Identität' spricht auch das semitische Denken. Die ***Begriffe ‚Leben' und ‚Tod' wurden im semitischen Denken*** weiter gefasst als bei uns, wo sie nur den leiblichen Tod und das ihm entsprechende natürliche Leben beschreiben. In der semitischen Vorstellung kann der Begriff *Leben* auch Kraft, Zeit, Bewegung, Tat, geglückte Gemeinschaft, Nahrung, Festigkeit, Sicherheit, Gesundheit, Segen, Heil, Glück, Freude und eine Beziehung zu Gott (= Glaube) bedeuten, während die jeweilige Gegenqualität bei *Tod* zu nennen wäre (vgl. Schneider 2005, 37f). Mit anderen Worten, Tod kann sich auf innere und äußere Leiden (Krankheit, Krisen, Bedrängnisse, Sünde, Anfeindungen wegen des Glaubens) beziehen. Tot ist man so betrachtet auch im Zustand jenseits von Kraft, Zeit, Bewegung und Tat, ferner im Verlorensein fern aller Nahrung und geglückter Gemeinschaft, insgesamt im Zustand der abgebrochenen Beziehung zu Gott. So aber fühlt sich der Mensch, wenn er mit seiner bisherigen Identität an den Rand kommt und an seinem unterbrochenen Vertrauen, seinem Aus-Gott-heraus-gefallen-Sein leidet. Bezüglich Textinterpretation folgt daraus, dass Übersetzungen, die wir metaphorisch verstehen als 'Tod im übertragenen Sinne', im semitischen Denken einfach unter ‚Tod' gefasst wurden. ***Möglich also, dass Paulus bestimmt gewesen war von zweierlei Verständnissen von Tod*** (realer Tod *und* existenziell erlebter Tod der bisherigen Identität). Tod und Auferstehung bei Paulus wären dann je nach Textstelle und Kontext verschieden zu deuten. Schneider (2005, 165) sieht überdies einen Unterschied zwischen den beiden in 1 Kor 15 verwendeten Begriffen „(die) Toten" (νεκρῶν) und „die Schlafenden, Entschlafenen" (τῶν κεκοιμημένων). Während Ersterer im oben dargelegten weiten Sinne angewendet wird, bezieht sich Letzterer auf den biologischen Tod und die Toten im Grab (vgl. Vers 18).

Das Thema der endzeitlichen Auferstehungshoffnung (Auferstehung nach realem Tod) hat sich aber damit nicht erübrigt. Es gibt Textstellen, in denen Tod anders als biologisch nicht zu deuten wäre (1 Kor 15,6b; 15,29, vermutlich auch 15,42). Und eine endzeitliche Auferstehungshoffnung war – wie wir wissen – auf ihre Weise wichtig für Paulus:

a) Aufgrund seiner Herkunft: Die Erwartung einer endzeitlichen Auferstehung der Toten hat Paulus aus der alttestamentlich-jüdischen Tradition übernommen, und sie wird ihm aus seiner apokalyptisch-pharisäischen Vergangenheit vertraut gewesen sein. Im Alten Testament findet sich diese Hoffnung spät und am Rande.[445] Die endzeitlichen Hoffnungen und postmortalen Vorstellungen des antiken Judentums sind gemäß Schrage (2001, 121f.) „schwer zusammenzufassen", vieles bleibt vage oder spannungsvoll nebeneinander. „Zudem sind viele der einschlägigen Texte erst nachchristlich anzusetzen. Generell ... lässt sich sagen, dass die Auferstehungserwartung mit der Frage nach Gottes Gerechtigkeit und Treue bzw. mit der Theodizee zu tun hat und es überall um die endgültige Durchsetzung der Sache Gottes mit seinen Erwählten geht."

b) Von Paulus' neuer Selbstdefinition her? Unbestritten ist das Oster-Ereignis für Paulus der zentrale Neuanfang. Von dieser Erfahrung verändert, lebte er, wie allgemein angenommen wird, zumindest anfänglich in der Naherwartung. Diese geht davon aus, dass Christus wiederkommt, bevor der eigene Tod eintritt. Mehrere Textstellen beschreiben einen Paulus in Eile; er muss die Menschen erreichen, bevor Christus wiederkommt.[446] Und das Problem der bereits Verstorbenen wurde gelöst über den Gedanken der Auferstehung der Toten.

---

445 Z.B. Jes 26,19; Ez 37,1-14; Ijob 19,25-27; Jes 25,8; Dan 12,2-3; 2 Makk 7,9ff. Einige Stellen in den Psalmen deuten ebenfalls auf eine Auferstehungshoffnung hin: Ps 16,10; 49,16; 73,23-26.

446 Vgl. auch Sanders (1995, 8f).

Fazit: Paulus lebt – vermutlich mehr oder weniger bewusst – in zweierlei Bedeutungen von Auferstehung: mehrheitlich gemeint als ‚Leben in zweiter Identität', doch dann wieder als ‚Auferstehung nach dem Tod' und er mischt diese Interpretationen. ***Wie steht es mit dieser Deutung, wenn man das gesamte 1 Kor 15 vor Augen hat?*** Leitfrage für das Folgende:

15,12-19 – „Wenn aber verkündet wird, dass Christus von den Toten auferweckt worden ist, wie können dann einige von euch sagen: Eine Auferstehung der Toten (ἀνάστασις νεκρῶν) gibt es nicht?" Dieser Vers 12 ist Fragestellung für das Kommende. Paulus knüpft an die Tätigkeit des Verkündens an. Interessanterweise taucht der Zusatz „von (den) Toten" (ἐκ νεκρῶν) erst hier auf (im Unterschied zu 4b). Ist dieser Zusatz für das unmittelbare, aus dem eigenen Erleben entstandene Bezeugen des Christus-Ereignisses weniger relevant gewesen als jetzt, wo es um die in Korinth entfachte Debatte geht? Die Fragen: „Woraus werden Menschen auferweckt?" „Was bedeutet hier ‚Tod'?" wurden bereits umkreist. Im Falle von Christus bedeutete Tod das reale Sterben, im Falle von Paulus: „seiner ersten Identität beraubt werden". Paulus nimmt es mit diesem Unterschied wohl nicht so genau, weil für ihn das Erlebnis ‚seiner ersten Identität beraubt zu sein' wirklich dem Tod glich. Dem ist auch heute noch so: Wer seine Identität und seelische Grundlage verliert, kann auf nichts mehr zählen, das einst wichtig war. Umso naheliegender ist, dass Paulus Kommunikationsschwierigkeiten hatte und Unverständnis auslöste. Hier nun vertreten einige Korinther die Auffassung, dass es eine Auferstehung der Toten nicht gebe. Paulus gibt ihnen Wort, das heißt, er fürchtet diese Infragestellung nicht. In der Ant-Wort (13-19), die hier nicht wiedergegeben wird, verweist Paulus auf die Konsequenz dieser Leugnung: So gäbe es weder Christi Auferweckung noch das Fundament des Glaubens. ‚Warum gäbe es dann Christi Auferstehung nicht?' möchte man aus heutiger Sicht mit den Korinthern zurückfragen. ***Eine hier umrissene gegenseitige Abhängigkeit***, die im Falle der Deutung von einer Auferstehung nach dem *biologischen* Tod unbeholfen behauptend im Raum steht, ist im Falle der anderen Deutung existenziell: Nimmt man Christi Tod und Auferstehung als Basis der neuen Identität, sieht man Christuserfahrung gerade als dasjenige an, das Menschen in dieser Tiefe zu erneuern fähig ist, dann lässt sich wirklich sagen: ***Lebt Christus nicht, taugt meine Basis nichts, dann lebe ich nicht.*** Und umgekehrt: Glaube ich nicht an meine neue Existenzgrundlage, so ist alle Verkündung leer oder vergeblich (14) und es würden Sinnlosigkeit, Vergeblichkeit und Sünde siegen (17 und 32). Wozu dann Leid und Kampf?

15,20-28 – „Nun aber (νυνὶ δὲ) *ist* Christus von den Toten auferweckt worden ..." (20). Das ist Bekenntnis, das für Paulus nicht zur Diskussion steht. Für unsere Fragestellung interessant ist der ***Vergleich mit Adam***: So wie durch Adam, namentlich durch *einen* Menschen der Tod für alle gekommen ist, kommt durch Christus (*einen* Menschen) die Auferstehung für alle (vgl. 21-22). Die Wirkung des Christus-Ereignisses steht also dem verhängnisvollen Urereignis Adams gegenüber, die Auferstehung dem Sündenfall. Auch diese Aussage macht gerade dann Sinn, wenn mit Auferstehung die Überwindung jener ‚todbringenden' Prägung gemeint ist, die mit aller Menschwerdung sündenfall-ähnlich begann: die Urprägung Mensch, die Dynamik der Sonderung und alle daraus hervorgehende Identität mit ihrer dominanten Angst, Begehrens- und Machtstruktur. ‚Tod' bedeutet dann ein Mit-sich-am-Ende-Sein, ein Tod, den man wahrlich „täglich sterben kann" (31) und dessen Stachel die Sünde ist (Dynamik der Sonderung) (56) und der – aus der Sicht der zweiten Identität gesprochen – „verschlungen ist vom Sieg" (55). Wichtig: Das Christus-Ereignis wirkt über sich hinaus. Die Auferweckung Jesu wird nun – für unsere Ohren etwas konkretistisch – in einen eschatologischen Prozess eingereiht (23-28), der zur Alleinherrschaft Gottes[447] führt. „Der letzte Feind, der entmachtet wird, ist der Tod" (26). Der Tod wird hier zum Inbegriff des zu Überwindenden, was besser mit der zu überwindenden Urprägung Mensch übersetzt werden kann als mit dem biologischen Tod.

15,29-34 – Paulus nennt im Stil rhetorischer Fragen Beispiele, die dafür sprechen, dass eine Erwartung der Auferstehung der Toten sinnvoll ist: „Wie kämen sonst einige dazu, sich für die Toten taufen zu lassen? Wenn Tote gar nicht auferweckt werden, warum lässt man sich dann taufen für sie?" (29). Dies ist für mich die zweite Textstelle von 1 Kor 15, bei der meine Deutung von zweiter Identität ungenügend Erklärung bieten würde. Eine Taufe für die Toten wäre ein perverser Ritus, wenn die Korinther *nicht* an eine Auferstehung, und zwar der *Toten* glauben würden. Es sei denn, man sehe mit Schneider in dieser Stelle gar nicht eine Anspielung auf den Brauch der Vikariatstaufe und übersetze Tote mit Ungläubigen.[448] Anders das zweite – von Paulus als rhetorische Frage – gestellte Beispiel: „Warum setzen dann auch wir uns stündlich der Gefahr aus?" (30). Die eigene Bereitschaft, ein Leben voller Mühen und Gefahren auf sich zu nehmen, macht nur Sinn mit einer Perspektive auf erfüllteres Leben, im Jenseits oder im Diesseits. Die autobiographische Aussage von Paulus schließlich: „ich sterbe täglich" (31), ist anders als metaphorisch – oder semitisch – gar nicht ernsthaft glaubwürdig. Hier meint Tod gerade nicht das Ende der körperlich-irdischen Existenz. Ob Tod auch hier in Relation zu einem sündigen Zustand zu bringen ist? Die anschließend erläuterte Konsequenz, dass nämlich, wäre nur der Blick auf die erste Identität (inmitten der Angst-, Begehrens- und Machtstruktur) möglich, dann unmittelbar nur mehr Genuss und Verführung Tagesinhalt wären, legt diese Deutung nahe. Der Blick muss auf ein anderes Ziel und Leben, eine andere Identität gerichtet werden. Man beachte die Atmosphäre der Dringlichkeit (33-34).

15,35-49 – ***„Wie"*** (πῶς) ***sollen die Toten auferstehen?*** (35) In diesem Abschnitt wird die ***Frage der Leiblichkeit*** (σώματι) ***von Auferstehung*** Thema. Paulus betont

---

447 Wie andernorts (1 Kor 14,40), hat Paulus einen kompliziert formulierten, aber instinktsicheren Sinn für die rechte Ordnung (23) und auch dafür, was alleinige Sache Gottes, seines Sohnes und seiner Gnade ist (25-28).

448 Vgl. Schneider (2005, 198-212). βαπτίζεσθαί ist ein Begriff, der an ein Untertauchen anknüpft und nach Schneider die Bedrängnisse beschreibt, die die Glaubensboten zugunsten der Toten im Sinne von Ungläubigen auf sich nehmen, damit diese zum Leben des Glaubens kommen.

die Diskontinuität zwischen jetziger und künftiger Leiblichkeit.[449] Ein Bild dafür ist das Samenkorn, das sterben muss. Es ist noch nicht der „Leib" (σῶμα) der Pflanze, die aus dem Samenkorn werden soll. Gott jedoch gibt (nach dessen Tod) jedem Samenkorn einen eigenen Leib (36-38). Eine ***Gegenüberstellung von zweierlei Zuständen*** fällt auf:

hier das nackte (bloße) Korn	dort der Leib
hier das (durch Menschen) Gesäte	dort das durch Gott Gegebene

Auch im weiteren Textverlauf möchte Paulus Unterschiede betonen. Fleisch ist nicht gleich Fleisch (σάρξ), Körper ist nicht gleich Körper (σῶμα), Glanz ist nicht gleich Glanz (δόξα). Ein himmlischer Körper ist ungleich herrlicher als ein irdischer. Paulus kommt zum vergleichenden Ergebnis (42): „So ist es auch mit der Auferstehung der Toten. Was gesät wird, ist verweslich, was auferweckt wird, unverweslich." Obige Gegenüberstellung in zwei Zustände gilt erst recht hier:

42	Verweslichkeit (φθορά)	Unverweslichkeit (ἀφθαρσία)
43	in Unehre, Niedrigkeit (ἐν ἀτιμίᾳ)	in Ehre, Herrlichkeit (ἐν δόξῃ)
43	in Schwachheit, Armseligkeit (ἐν ἀσθενείᾳ)	in Kraft, Macht (ἐν δυνάμει)
44	ein Sinnenleib, natürlicher Leib (σῶμα ψυχικόν)	ein geistiger Leib, geistlicher Leib (σῶμα πνευματικόν)
45	der erste Mensch Adam (ὁ πρῶτος ἄνθρωπος 'Αδὰμ)	der letzte Adam (ὁ ἔσχατος 'Αδὰμ)
47	von (der) Erde, erdhaft, irdisch (ἐκ γῆς χοϊκός)	vom Himmel (ἐξ οὐρανοῦ)
48	die Erdhaften, die Irdischen (οἱ χοϊκοί)	die Himmlischen (οἱ ἐπουράνιοι)

Die zweierlei Zustände oder Existenzweisen scheinen vor allem eines, nämlich grundlegend verschieden zu sein. Ersteres ist zwar Ersteres (46, vgl. Paulus' Ordnungssinn), doch kann vom Ersten nicht auf natürliche Weise zum Zweiten übergegangen werden. Dazwischen ist eine Zäsur, vergleichbar dem Tod. Ein Punkt jeden-

449 Während das Griechische dualistisch Leib von Seele trennt, kennt das Hebräische kein Wort für Leib und beschreibt stattdessen den Menschen durch die Begriffe „Fleisch, Seele, Geist, Herz". Jeder Begriff meint den ganzen Menschen, die Person. Vgl. Schneider (2005, 47f.). Beides dürfte Hintergrund von Paulus gewesen sein.

falls, wo der Mensch aus menschlicher Sicht mit sich am Ende ist. Auch hier fügt sich die Deutung der zweiten Identität nahtlos ein: Ein Leben aus der ersten oder aus der zweiten Identität ist zweierlei. Dazwischen ist eine Zäsur, ähnlich einem Ich-Tod. *Dieses* Sterben meint die freiwillige Kapitulation und ist tatsächlich täglich möglich. Was dennoch nicht ausschließt, dass solches auch beim wirklichen Tod des Menschen geschieht. Die Deutung vom neuen Leben in zweiter Identität bedeutet nur, dass die Frage nach den letzten Dingen stärker offengelassen werden kann.

15,50-58 – Diese abschließenden Verse von 1 Kor 15 haben ***die endgültige Verwandlung*** zum Thema. Ein neuer Abschnitt wird markiert: „Das aber sage ich (euch), Brüder" (τοῦτο δέ φημι, ἀδελφοί). Inhaltlich nimmt dieser erste Vers obige Unverträglichkeit der zweierlei Zustände auf: Fleisch und Blut können das Reich Gottes nicht ererben. Ob hier das neue Leben als zweite Identität oder als Auferstehung der real Toten gedeutet wird, ***für beide gilt, dass sie vom Menschen, von Fleisch und Blut her nicht machbar sind.*** Sie entstammen nicht dem menschlichen Erbe. Hier haben wir es zu tun mit dem Geheimnis von Wandlung (51): ***Sie geschieht geschenkt, plötzlich („im Nu" – ἐν ἀτόμῳ) und ganz.*** Warum plötzlich? Psychologisch ist das stimmig: Dasjenige, das nicht machbar ist, ist für den Menschen immer plötzlich da, nämlich, dann, wenn er es erstmals wahrnimmt. Alle Wahrnehmung ist augenblicklich. Paulus formuliert umkreisend (51-52): „Siehe, ich enthülle euch ein Geheimnis: Wir werden nicht alle entschlafen, aber wir werden alle verwandelt werden, im Nu, im Augenblick, bei der letzten Trompete (Posaune)". „Verwandelt werden" (ἀλλαγησόμεθα, fut. pass. von ἀλλάσσω) bedeutet: Unvergänglichkeit erlangen, eine andere Gestalt (42-49), eine neue Leiblichkeit (Personhaftigkeit) aufgrund der Schöpfertätigkeit Gottes. Mit den Entschlafenen dürften hier – obwohl (οἱ νεκροὶ) – wohl die biologisch Toten gemeint sein, wobei gerade dann diese Aussage und die ***ständige Vermischung der beiden Bedeutungen von Tod und Auferstehung*** dem Paulus und seiner Botschaft zum Verhängnis werden können. Die Gläubigen merken im Laufe der Zeit, dass eben doch alle Menschen (biologisch) sterben und werden auch Paulus Aussagen zum neuen Leben, dort, wo es als zweite Identität zu verstehen wäre, anzweifeln. „... die Toten werden zur Unvergänglichkeit auferweckt, wir aber werden verwandelt werden" (52). Wandlung gilt allen, den Lebenden wie den Toten. Sie meint hier wohl beides: Auferstehung der Verstorbenen *und* Auferstehen in eine zweite Identität hinein. Möglich, dass Paulus hier an die Parusie dachte, aber nicht zwingend. ***In jedem Fall lebt der Mensch auf das Künftige hin***, muss das Verwesliche das Unverwesliche anziehen (53). „... dann wird erfüllt werden das Wort, das geschrieben steht (54): Verschlungen wurde der Tod in (den) Sieg. Wo (ist), Tod, dein Sieg? Wo, Tod, dein Stachel?" Paulus zitiert hier zwei Schriftworte: aus Jesaja (Jes 25,8) und Hosea (Hos 13,14). Fragt man ob diesem Schluss, was sich erfüllen soll, so geht es um einen prinzipiell überwindbaren Tod, dessen Stachel nicht, wie man beim Gedanken an den wirklichen Tod erwartet, die menschliche Endlichkeit ist, sondern die Sünde. Tod und Sünde werden erneut als zusammengehörend behandelt. Unverhofft bedeutet also Auferstehung hier wieder zweite Identität. Das erhärtet die Annahme, dass Paulus wohl, von seinem persönlichen Erleben erfüllt, berichtet, aber die beiden Bedeutungen von Tod und Auferstehung auch vermischt. Es geht ihm auch nicht darum, etwas sachlich zu Ende zu denken, dafür fehlt die Zeit. Er will die unglaubliche Wirkung des Christus-Ereignisses bezeugen und schließt: „Gott aber sei Dank, der uns den Sieg geschenkt hat durch Jesus Christus, unseren Herrn." (57) Gott wird hier stimmig als Herr (Sieger) bezeichnet. „Daher, geliebte Brüder, seid standhaft und unerschütterlich, nehmt immer eifriger am Werk des Herrn teil[450] und denkt daran, dass im Herrn eure Mühe nicht vergeblich ist" (58). Paulus kehrt hier zurück zu den Begriffen und Qualitäten, mit denen er am Anfang von 1 Kor 15 die zweite Identität umschrieb: „stehen/standhaft sein", „festhalten/unerschütterlich sein". Und er weiß offenbar aus Erfahrung, dass ein solches Stehen „überfließende" Fülle und Leben bedeutet und nur mehr das Eine zählt: das (ihm und potenziell allen) Leben geschenkt hat und schenkt. Dem Sinne nach: „Erweist euch als überreich, „überströmt" (περισσεύω) als Mitarbeiter im „Werk" (ἔργον) des Herrn, in der Gewissheit, dass „eure Mühe" (ὁ κόπος ὑμῶν) „nicht leer ist" (οὐκ ἔστιν κενὸς) (vgl. 10), weil sie „im Herrn" geschieht. Paulus möchte, wie anfänglich postuliert, die Korinther zum Mut und zur Gnade der zweiten Identität bewegen. Zweite Identität oder ***der neue Mensch*** ist – wenn auch nicht die einzige Deutung des Terminus' Auferstehung der Toten – doch ***zentrales Anliegen von Paulus***[451].

450 Dem griechischen Wortlaut περισσεύοντες zufolge müsste das übersetzt werden mit „seid überfließend im Werk des Herrn".

451 Vgl. Gal 1,10-24 zur Berufung des Paulus, sodann Eph 4,17-24 und Kol 3,1 17 je zum alten und neuen Menschen.

2.3 Paulus – Narzisst oder Dienender?

Bleibt noch die ***Frage, was Paulus zu solchermaßen leidenschaftlichem Zeugnis bewegte.*** Man könnte den Eindruck erhalten, Paulus gehe es vor allem darum, von sich zu erzählen, um, mit Osten-Sacken gesprochen, sich als Apostel zu legitimieren.[452] Ein Narzisst? Eine solche Deutung lässt sich aus mehreren Überlegungen nicht aufrechterhalten:

1) ***Paulus nimmt sich als Anschauungsmittel, nicht als Ziel:*** Paulus hat kein anderes Hilfsmittel zur Verfügung, um zu berichten, was mit Christus geschehen ist und was dies im Menschen bewirken kann, als sich selbst, die eigene Erfahrung. Wenn er sich selbst als Begründung und Anschauung bringt, bedeutet dies nicht zwingend, dass er sich selbst Anliegen ist. Auch dort nicht, wo er im Zuge von Beweisnotstand oder Verzweiflung an seine Glaubwürdigkeit appelliert (vgl. 2 Kor 11,5-6.21-23).
2) ***Durch mich oder durch andere:*** Die Perikope 15,1-11 endet nicht mit Selbstverherrlichung, im Gegenteil: Paulus sieht sich als einen von mehreren Oster-Zeugen. Seine Verkündigung des Evangeliums, wodurch die Korinther Christen wurden, unterscheidet sich nicht von jener anderer Zeugen. Er verweist auf Demut: „Es sei nun ich *oder jene*: So verkünden wir, und so wurdet ihr gläubig." Es geht Paulus gerade nicht um sich, sondern um die Sache. In diese Richtung kann auch das zweifach verwendete Wort „so" (οὕτως) verweisen. So heißt zweierlei: gemäß dem Grundinhalt des Evangeliums. Aber auch so (mit der Begründung des Christus-Ereignisses) verkünden wir und so (mit dieser Begründung) seid ihr zum Glauben gekommen. In jedem Fall ist dieses (οὕτως) auf den gestorbenen und auferweckten Christus und nicht auf einen Selbstzweck des Paulus zu beziehen.
3) ***Gnadenverständnis:*** Paulus scheint genau zu spüren, wo die eigene Leistung und Kraft enden und Gott und seine Gnade als das eigentlich Wirksame beginnen (1 Kor 15,10; Gal 2,20). So weise und seelenkundig in der Grenzziehung zwischen dem wahrhaft Göttlichen und dem Menschlichen spricht nur ein Erfahrener. Und auch nur einer, der aller Versuchung zur Selbstüberhöhung und zum Machtmissbrauch gerade nicht erlegen ist, sondern der der Sache (Gottes) dient.
4) ***Das Leben von Paulus:*** Kein Mensch, dem es primär um sich selbst geht, lebt ein Leben mit solchen Entäußerungen und stirbt einen solchen Tod. Das Hineingeben seiner selbst in Verkündigung und Prozess muss anders gedeutet werden. Ebenso seine Stärke.

---

452 Vgl. Osten-Sacken, P. von der (1973): Die Apologie des paulinischen Apostolats in 1 Kor 15,1-11, in: ZNW 64, 245-262, hier 256, zitiert nach: Schneider (2005, 130f). – Auch andere Textstellen geben, isoliert betrachtet, den Eindruck eines etwas wohl selbstbewussten Apostels der Heiden (Röm 11,13; 2 Kor 11,5-6.21-23). Vgl. Sanders (1995, 7-21).

So leidenschaftlich in Abbrüchen und Anfängen und so menschlich begrenzt Paulus in der Sprache und wohl auch im zeitgeprägten Denken da und dort war, so stark war doch seine Christuserfahrung und zweite Identität, dass er – ähnlich seinem Vorbild Jesus – sich selbst in eine größere Dynamik hineingab. In den Worten von Paulus: „Ich habe den guten Kampf gekämpft" (2 Tim 4,7). Gnade, Persönlichkeit und Demut in einem.

Zusammenfassend hat Teil III die Frage nach dem Ziel von Erlösung aus Prägung beantwortet. Es ist dies der neue Mensch, in neuer Rückbindung, Freiheit und Identität. Die Untersuchung des bedeutsamen Pauluswortes 1 Kor 15,1-11 hat ergeben, dass man sehr wohl sagen kann, dass Paulus von sich als Mensch in zweiter Identität spricht und die Korinther zu einer ebensolchen bewegen will. Und dass man, wenn auch nicht überall, so doch an den meisten Stellen in 1 Kor 15 den Ausdruck ‚Auferstehung von den Toten' geradezu als ‚Leben in neuer Identität' übersetzen *muss*, damit Text und Intention Sinn machen. Paulus versucht am eigenen Beispiel die Wirkung des Christus-Ereignisses (Jesu Leben, Tod und Auferstehung) und dessen Dynamik aufzuzeigen. Paulus spricht als Erfahrener, davon zeugt seine hinter dem eigentlichen Geschehen weit zurückliegende Sprache. Aber auch als einer, der diese Erfahrung emotional einordnen kann, was zum Ausdruck kommt in der Klarheit seiner Erkenntnis, dass alles Gnade ist.

Zusammenfassung

Diese Arbeit geht dem Phänomen ‚Erlösung aus Prägung' nach. Sie zeigt auf, dass genau im Begreifen von *Prägung* als demjenigen, woraus der Mensch erlöst werden muss, zentrale Anliegen Jesu neu verstanden werden können.

Die menschliche Prägung wird hier behelfsmäßig ***in drei Seelenschichten*** vorgestellt:

1. *In einer ersten, tiefsten Seelenschicht* sind die Begleiterscheinungen der einstigen Subjektwerdung und Vereinzelung (ontogenetisch und phylogenetisch) anzusiedeln, also das, was sich durch die Abspaltung des Eigenen vom Ganzen an Prägung im Menschen und seiner Genetik niedergeschlagen hat. Stichwort: Urangst, Urprojektion, Urverletzung. Die Urangst hat dem doppelten Urgeschehen zufolge *zwei* Gesichter: 1) der mehr und mehr zu sich selbst kommende Menschenkeimling (ontogenetisch, intrauterin), respektive der einstige, mehr und mehr im Erkennen begriffene Mensch (phylogenetisch) fühlt sich rundum verloren, weil abgenabelt vom Ganzen. 2) Er fühlt sich aber ebenso als diesem vis-à-vis und inmitten von größter Bedrohung. Ich spreche von der Urangst vor dem Verlorensein *und* der Urangst vor dem Numinosen. Letztere wird auch zur Urprojektion: „Gott/alles ist gegen mich".

2. *In einer zweiten Seelenschicht* haben sich Folgeerscheinungen im Energetischen niedergeschlagen, hier begriffen als Dynamismus der Sonderung. Sonderung heißt zunächst Absonderung vom Ganzen und kommt wohl der ursprünglichen Bedeutung des Begriffes Sünde (Sonderung auf Mittelhochdeutsch) nahe. Dieses Energetische ist fassbar als Eigendynamik des Abwanderns *weg* von Gott/dem Ganzen und damit weg von jeglicher tieferen Mitte, *hin* zu immer stärkerer Ich-Betonung bis *hin* zur Einkapselung im Ich. Dem Menschen geschieht: Wahrnehmung und Motivation verlieren gleichsam ihr Bezogensein, ihre tiefere Ausrichtung. Diese Dynamik entartet zum eigengesetzlichen Dynamismus, weshalb der einzelne Mensch immer unfreier, ja erlösungsbedürftig wird. Aus sich selbst findet er nicht mehr aus dem Dynamismus heraus. Sünde, so verstanden, ist also primär fehlgeleitete Dynamik und darin Prägung, Tragik und nicht Schuld. Was nicht ausschließt, dass daraus auch Schuld werden kann und wird. Endstation des Dynamismus ist schließlich die Eigengesetzlichkeit des Bösen.

3. *In einer dritten Seelenschicht* manifestieren sich die konkreten Gesichter menschlicher Prägung, erläutert als menschliche Angst-, Begehrens- und Machtstruktur. Sie alle besagen auf ihre Weise, dass der Mensch, noch bevor er weiß, welcher Regung er da erliegt, ihr schon erlegen ist. Der Mensch ist grundsätzlich, nämlich prägungsbedingt, in der Angstbereitschaft statt im Vertrauen. Und er ist reflexartig im Begehren, in der Existenzweise des Habens (Fromm) drin, noch bevor sein Bewusstsein eine Existenzweise des Seins überhaupt als das Ursprüngliche und Letztliche gewahrt hat. Und er ist ebenso reflexartig um Sicherheit und Stärkung im Ich besorgt, nimmt sich also aus einem gegenseitigen Angewiesensein unter den Menschen und aus seinem Verwiesensein auf ein Größeres heraus, was insgesamt heißt, dass er in der Kategorie ‚Macht/Eigenmacht' statt ‚Bezogenheit' erlebt. Viele Menschen steigern sich immer stärker in eine Identifikation mit dem Ich hinein.

Erlösungsbedürftig ist der Mensch schlussendlich in allen Schichten, sowohl auf der Ebene der Urbefindlichkeiten (Bahnung der Angst statt des Vertrauens), im Verhältnis des Subjekts zu Sache und den Gütern dieser Welt (Existenzweise des Habens statt des Seins) wie in der Beziehungsebene (Denken in der Kategorie Macht/Eigenmacht/Misstrauen/Projektion statt ein Sich-Einlassen, wie es die dialogische Beziehung erfordert).

Der Not solchen Geprägt-Seins wird in Teil II die Person Jesu, seine Botschaft und sein Leben gegenübergestellt mit der Frage, inwiefern durch ihn Erlösung geschehe. Bibeltheologisch näher betrachtet werden hierzu erstens Jesu Beziehung zum Vater und Begriffe wie die Anrede Abba (ἀββᾶ, Vater), das Himmelreich (βασιλεία), Umkehr (μετάνοια). Sodann Textstellen aus den Evangelien: „Die Zeit ist erfüllt, das Reich Gottes ist nahe. Kehrt um, und glaubt an das Evangelium" (Mk 1,15), die Versuchungsgeschichte (Mt 4,1-11; Mk 1,12-13; Lk 4,1-13), das Gespräch Jesu mit dem reichen Jüngling (Mk 10,17-27), die ersten Seligpreisungen (Mt 5,3-6; Lk 6,20b-21). Zum Thema Heilung werden näher betrachtet: der Bericht über die Heilung des Besessenen von Gerasa (Lk 8,26-39) und unter den Gleichnissen: der verlorene Sohn (Lk 15,11-32), das Motiv des guten Hirten und das Symbol der Tür (Joh 10,1-16). Zum Dritten werden der bedeutsame Paulustext (1 Kor 15,1-11) und darin der Begriff der Gnade (χάρις) beleuchtet.

Obige Fragestellung beantwortend, zeigt sich, dass Jesus sehr wohl Antworten genau auf die hier herausgeschälte menschliche Prägung zu bieten hatte oder hätte, wenngleich es an einem wirklich begriffenen – und nicht einem von der tiefsten Erlösungsbedürftigkeit abgekoppelten und dadurch nur partiellen bis neurotischen – Nachvollzug allenorten fehlt. Jesu Antworten auf obige Prägung fasse ich wie folgt zusammen:

Antwort	**Prägung**
Neue Vaterbeziehung und Teilhabe an seinem Reich Mit Gott ist es, wie mit einem Vater	auf die Urprägung Mensch, auf Urangst und das Abgenabelt-Sein auf die Urprojektion ‚Gott/alles ist gegen mich'
Teilhabe/Himmelreich *und* Umkehr	auf den Dynamismus der Sonderung
Angeschlossen/genährt, geführt und Gebet Heilung von Besessenheit, Mensch in Vollmacht, Gott selbst als Letztes Seligkeit im Sein, loslassen und Nachfolge Beziehung, Dialogik, Friede wagen	auf die Angststruktur und Existenzangst auf die energetische Dimension hinter dem Unfreisein in Begehrens-/Machtstruktur auf das Inhaltliche der Begehrensstruktur auf die Machtstruktur, botschaftsmäßig ...
Liebesdynamik, ‚Bahnung' in und hinter Jesu Leben, Tod und Auferstehung	als gelebte Antwort, wo alles andere scheitert
Begründet-Sein in Christus und Gnade (zweite Identität)	auf die vorläufige menschliche Existenz (erste Identität)

Dies war Jesus möglich aufgrund seiner speziellen Verwurzelung. In allem ist ein geheimnisvoll Drittes wirksam, hier genannt: ‚Gott als das Dritte'. Und hinter allem wirkt eine Dynamik der konsequenten Liebe und Hingabe. Dass diese Dynamik ihrerseits – wie die Christen glauben und wie viele Menschen auf ihre Weise erleben – beantwortet und unterfangen ist von Gott/dem Vater, von Gott als ‚Beziehungsstruktur', von der Dynamik ‚Leben' schlechthin, kann nicht bewiesen, sondern nur bezeugt werden. Christlich gesprochen geht es um das Geheimnis von Ostern.

Jesus hat aber auch verstanden, dass sich Erlösung ohne den menschlichen Beitrag, namentlich ohne dessen Offenheit und aktives Leiden kaum ereignen kann. Darum wirbt er für Umkehr, Nachfolge, Gebet. Umkehr wird hier nicht als moralischer Imperativ begriffen, sondern psychologisch als dasjenige, was der Mensch selbst beitragen kann, um Gnade, Seligkeit, Angeschlossensein, ein ‚Genug' etc. (Himmelreich!) überhaupt erfahren zu können. Gelingende Umkehr ist zugleich bereits Gnade!

Noch auf andere Weise kommt dem Beitrag des Menschen große Bedeutung zu, wenn Erlösung aus Prägung nicht einfach punktuelles Ereignis von damals bleiben und als Thema ad acta gelegt werden soll. Nur indem Menschen ihrerseits fähig werden zum existenziellen Mit-Sein, kommt eine größere Liebe und mit ihr die obige Botschaft überhaupt an. Auch zwischen Menschen, in und durch Menschen wird jenes ‚Dritte' wirksam, das zur Liebe immer neu befähigt und motiviert. So kann eine ‚Erlösungsbewegung' gelingen, die nicht länger lautet: „Wie du mir, so ich dir"; sondern „Geliebt seist du! Wichtig seist du! Ich verschenke mich dir. Und du wirst eines Tages dasselbe an andern tun wollen."

Damit bin ich mitten in der Frage, was sich durch eine so verstandene Erlösung verändert. Antwort: *Prägung!* Und im Konkreten: die menschliche Identität. Und mit ihr die Qualität menschlichen Zusammenlebens, worauf hier allerdings nicht näher eingegangen wurde. Einer solchermaßen neuen Identität wird hier nachgegangen anhand der Person des Paulus und seines autobiografischen Textes 1 Kor 15,1-11. Paulus selbst verstand sich als Neugewordener und versuchte – wenngleich in unzureichender und zeitbedingter Sprache – andere (die Korinther) zu Ähnlichem zu motivieren. Was den neu gewordenen Menschen auszeichnet, kann zusammengefasst werden im Pauluswort:

„Durch Gnade aber bin ich, was ich bin" (1 Kor 15,10).

Damit wäre die vorliegende Arbeit an sich abgeschlossen. Und doch hängt sie in der Luft, wenn nicht verallgemeinert und ‚geerdet' in ihrer gewichtigen anthropologischen Aussagekraft. Erdung beginnt damit, dass Erlösung hier nicht als spiritistische, rein theologisch und damit zirkulär einfangbare Sache begriffen wird, sondern als allgemein menschliches Geschehen, das sich überall dort aufdrängt, wo infolge von ausgeprägter Subjektwerdung und Vereinzelung eine entsprechende Erlösungsbedürftigkeit vorliegt. An dieser Front des Menschlichen und der aller Kultur innewohnenden menschlichen Prägung muss nochmals über das Geheimnis von Erlösung aus Prägung nachgedacht werden. In einem abschließenden Durchgang wird darum fürs Erste der Horizont des spezifisch Christlichen erweitert: In einem ersten Anhang thematisiere ich ‚Erlösung aus Prägung – Anstöße für den interreligiösen Dialog.' Dieser Anhang kann, aus anderem Blickwinkel betrachtet, seinerseits ‚Zusammenfassung' der vorliegenden Arbeit sein. In einem zweiten Anhang schließlich folgen, zusammengefasst und konzentriert, die Ergebnisse und Einsichten aus dem Projekt ‚Loslassen von Angst-, Begehrens- und Machtstruktur', durchgeführt im Rahmen meiner therapeutisch-spirituellen Tätigkeit mit Patienten am Kantonsspital St. Gallen. Patientenerfahrungen und Projektergebnisse sind auf ihre Weise ständig in Text und Einsichten eingeflossen und haben wesentlich zu Veranschaulichung und Aktualitätsbezug beigetragen. Auch das war insgesamt ‚Erdung'!

Erster Anhang: Erlösung aus Prägung – Anstöße für den interreligiösen Dialog und These 10

Ein wesentlicher Teil der Bedeutung von Religion liegt in ihrer Kraft zur Erlösung. In diesem Buch habe ich erläutert, dass Erlösung als Antwort auf tief greifende Prägung und ihre Folgen begriffen werden kann. Ferner habe ich gezeigt, dass bei der in der christlichen und abendländischen Kulturgeschichte vorliegenden Prägung Erlösung durch Jesus Christus tatsächlich erfolgte und im Nachvollzug immer noch erfolgt. Man könnte sogar sagen: Sie kommt im Nachvollzug überhaupt erst beim Menschen an. Wie aber kann Erlösung unabhängig von Jesu konkreter Gegenwart geschehen, etwa durch andere Menschen? Wo ist ‚der unsichtbare Christus' in andern Menschen zu finden? Wo, hinter welchen Phänomenen, Riten und Geschichten verbergen sich Momente von Erlösung in andern Religionen? Wodurch ereignet sich Erlösung anthropologisch gesehen? Welches sind die psychologischen Voraussetzungen, damit Prozesse in Richtung Wandlung und Heilung gelingen? Betrachtet man Jesus Christus vor dem Hintergrund dieser Fragen, so ist er nicht Besitz der Christen. Umgekehrt wurde in der vorliegenden Arbeit deutlich, dass bestimmte psychologische Bedingungen in Botschaft und Person eines Erlösers erfüllt sein müssen, damit sich an einer tiefen menschlichen Prägung etwas ändert. Bezüglich der Prägung, wie sie gemäß dieser Arbeit dem Christentum und der abendländischen Kulturgeschichte zugrunde liegt, braucht es, psychologisch betrachtet, drei Komponenten: Erstens eine spezielle Nähe zu Gott/dem Ganzen/einer letzten analogen Wirklichkeit (analog Jesu Vater-Beziehung) als Antwort auf die Urprägung Mensch. Zweitens eine aus dieser Nähe resultierende inhaltliche Antwort auf Prägung, eine heilbringende Vision (Botschaft). Und drittens die schier überfordernde (letztlich todbringende!) Fähigkeit, sich nicht entsprechend dem Dynamismus der Sonderung aus den Ereignissen herauszunehmen, sondern der eigenen Sendung oder Aufgabe gemäß treu zu handeln, was in eine herausragende Beziehungs- und Liebesfähigkeit mündet (vgl. Thesen 5-7, S. 165f). Erlösung wird hier als wesentlich psychologischer, therapeutischer Vorgang begriffen.

Im Folgenden frage ich nach Parametern von Erlösung, welche die Funktion von Kriterien der Beurteilung von Religionen und religiösen Traditionen haben können[453]. Als solche können sie sowohl für die selbstkritische Beurteilung der christlichen Traditionen und christlich pastoralen Praxis herangezogen werden wie auch in der Beurteilung anderer Religionen. Ich führe also einen Katalog von Kriterien ein, um nach heilsamer Religion zu fragen. Entscheidend ist dabei der mehr oder weniger heile Mensch. Damit ist zugleich der Anspruch formuliert, dass alle heilende Religion aus Prägung erlöse:

These 10: ‚Erlösung aus Prägung' – Grundanfrage für alle Religionen

‚Erlösung aus Prägung' gilt als Axiom und Grundanfrage auch für andere Religionen. Es gibt psychologisch betrachtet vier Parameter der Erlösung, gleichsam als Messinstrumentarium:

1. das ‚Wovon' oder die Frage nach der Prägung;
2. das ‚Wie' oder die Frage nach dem Gottesbild, resp. dem Faktor Gnade;
3. nicht ohne menschliche Offenheit oder die Frage nach dem Menschenbild;
4. das ‚Wohin' oder die Frage nach Sinn und Ziel von Erlösung.

Diese alle Religionen betreffende These von Erlösung aus Prägung wird nachfolgend als fünfter Anstoß näher ausgeführt. Vorausgeschickt werden vier allgemeine Anstöße zum interreligiösen Dialog:

Erster Anstoß: Interreligiöser Dialog hat aus dem Bewusstsein um die eigenen Stärken und heilsamen Potentiale zu erfolgen. In psychotherapeutischer Terminologie würde man sagen: Er muss ‚ressourcenorientiert' geführt werden[454]. Pesch hat das folgendermaßen ausgedrückt: „Interreligiöser Dialog ist mehr als nur Anbiederung. Über das Heilsame von Religion muss im interreligiösen Dialog erst gestritten werden"[455]. Für das Christentum formuliert, bedeutet das, dass es sich weder aus der Position von unberührbarer Erhabenheit noch von Minderwertigkeit oder Verteidigung in diesen Dialog begeben kann, sondern wissend um die Schätze des eigenen Gedankengutes, ebenso wie um dessen Relativität und um historische Schuld. Religionen müssen ihre Hausaufgaben im Blick auf das jeweilige Selbstverständnis gemacht haben, bevor sie miteinander in einen fruchtbaren Dialog kommen können. Auf das

---

453 Parameter sind Dimensionen oder Kriterien, von denen aus etwas gemessen werden kann, respektive Größen, die näher betrachtet werden können. So kann in der Musik von den Parametern Klang, Rhythmus, Melodie, Dynamik, Form gesprochen werden. Im vorliegenden Fall geht es um christologische Dimensionen, welche Erlösung messbar machen. Es geht um psychologische und anthropologische Kriterien, die eine Religion erfüllen muss, wenn sie den Anspruch von Erlösung geltend macht. Ich gehe also nicht von der im interreligiösen Dialog viel diskutierten Frage nach inklusiver versus exklusiver versus pluralistischer Religion aus, sondern ich stelle psychologische Anforderungen in den Raum, die von einer heilsamen Religion auf ihre Weise erfüllt sein müssen.

454 Dies ist auch vorrangiges Anliegen von Küng in seinem „Weltethos" (1992). Vgl. ebenso Ratzinger (2005, 98,117).

455 Pesch, O.H.: Mündliche Aussage in einer Vorlesung zu Gott dem Einen und Dreieinen. Fribourg, SS 2003.

Christentum bezogen besteht z.B. eine Kernaufgabe darin, Formulierungen wie ‚Erlösung aus Sünde', ‚Jesus Christus als Erlöser' von den eigenen Wurzeln her mit Inhalt zu füllen und dies in einer Weise, welche die Menschen auch nach der Aufklärung erreicht. Ich setze also ein hohes Maß an Selbstaufklärung, Selbstkritik und Bewusstwerdung in einer Religion voraus.

Zweiter Anstoß: Religionen müssen zur Sprache und ins Wort bringen, worum sie kreisen und woran sie glauben. Das setzt voraus, dass Religionen Bewusstwerdung und vernunftgeleitetes Denken schon in der Klärung ihrer Grundbegriffe und Prinzipien zulassen. Anders gesagt: Religiöse Hermeneutik muss psychologische Einsichten berücksichtigen, und sie muss unter Rekurs auf die philosophische Auseinandersetzung mit den Fragen nach dem guten Leben und richtigen Handeln betrieben werden. Dies ist ein hoher Anspruch, der fast nur partiell eingelöst werden kann. Die Schwierigkeiten beginnen bereits bei der (religiösen) Sprache, und sie verschärfen sich, sobald emotionale Aspekte, welche Religion immer mit sich bringt, hinzukommen. Worauf beziehen sich Religionen, wenn sie an Gott, Jahwe, Allah glauben und ihn preisen und wenn sie vom Reich Gottes oder vom Nirwana sprechen? Hinzu kommt, dass der Gehalt von religiösen Termini reich ist und emotionale Komponenten hat, denen auch der Religiöse nur schwer auf die Spur kommt. So erschöpft sich die Bedeutung von Begriffen wie ‚Gnade', ‚Versöhnung', ‚Verehrung', ‚Gelassenheit', ‚Würde' oder ‚Gewissen' im Kontext religiöser Rede nicht im Wortsinn, den solche Ausdrücke unter Umständen im Alltag haben mögen. Es braucht oft jahre- oder lebenslange Reifungsprozesse, um den Sinn des in der eigenen Religion tradierten Wissens zu erfassen. Beim Verständnis fremder Religionen, wo uns die Kenntnis von historischen und kulturellen Kontexten sowie die Sprache fehlt, kommen weitere Schwierigkeiten hinzu. Trotzdem kann angesichts der Vielzahl von Religionen nicht auf diesen Prozess des Zur-Sprache-Bringens, auf die Artikulation von religiösen Begriffen und Überzeugungen verzichtet werden. Dies allerdings nicht auf eine Weise, dass Religionen auf ein begriffliches System heruntergebrochen und so quasi vergleichbar würden, sondern vielmehr dadurch, dass der Prozess der Artikulation eigener Überzeugungen eine Bewusstheit schafft für die Tiefendimension von Religion. Diese wiederum bringt dann sowohl die glaubwürdige Überzeugung im Eigenen wie auch die notwendige Achtung gegenüber der anderen Religion mit sich. Eine dialogische Annäherung der Religionen kann also nicht anders gelingen als leidvoll, um Sprache ringend und ein letztes Anderssein des andern geradezu wahrend. Auch wenn solche Bewusstheit nicht von jedem Einzelnen eingebracht wird und nicht für jedes Seelenheil unabdingbar ist, so ist sie doch grundsätzlich notwendig im Dialog der Religionen. (Vgl. Kung 1992.)

Dritter Anstoß: Religionen müssen das ihnen zugrunde liegende Menschenbild transparent machen. D.h., sie müssen zum einen klarmachen, von welchen Ängsten und Sehnsüchten ihrer Auffassung zufolge Menschen geleitet sind, von welchen kollektiven (prähistorischen und historischen) Entwicklungen der Menschheit, von welchen individuellen und kulturellen Prägungen sie explizit oder implizit ausgehen. Zum anderen müssen sie sich über das Verhältnis von Individuum und Gesellschaft, aber auch von Ich zu Gott oder einer analogen letzten Wirklichkeit in ihrer Religion verständigen. Welchen Stellenwert hat das ‚Ich', welchen die Gemeinschaft, welchen eine das Ich transzendierende größere Dimension? Was für ein Verständnis von Subjekt und Beziehung, respektive Bezogensein oder Verbundensein legen die monotheistischen Religionen im Unterschied zum Buddhismus oder Hinduismus nahe? Was für ein Konzept von Beziehung prägt das Verhältnis von Mensch und Gott im christlichen, im jüdischen oder islamischen Kontext? Diese Eigentümlichkeiten des Menschenbildes einer Religion haben direkt mit der Frage nach ihrem spezifischen Erlösungspotenzial zu tun. Der Anspruch, Heil zu bringen, „Weg, Wahrheit und Leben zu sein" (vgl. Joh 14,6), kann nur nachvollzogen werden, wenn einsichtig wird, worauf er sich bezieht, auf welche Nöte, Erfahrungen und Vorgaben. Erlösungs- und Heilsvorstellungen müssen aus dem jeweiligen individuellen wie kollektiv kulturspezifischen Lebens- und Leidenshintergrund begriffen werden. Aller Wahrheitsanspruch bleibt also, insofern vom Menschen her gedacht wird, relativ.

Vierter Anstoß: Religionen dürfen auch im interreligiösen Dialog nicht aufhören, ‚Religion' zu sein: Was Gegenstand einer religiösen Tradition ist, hat stets zu tun mit der Einsicht in die Notwendigkeit bestimmter Rückbindungen. Alle Religionen kreisen um etwas, das sie als letztes Zentrum, als substanzielle Mitte begreifen, um Gott oder eine analoge letzte Wirklichkeit (ich habe also einen substanziellen Religionsbegriff vor Augen). Ein solches wird hier auch zum Anspruch: Religion darf nicht aufhören, an Gott oder eine solchermaßen analoge letzte Wirklichkeit und deren immer noch offene Wirkungsmöglichkeiten zu glauben. Eine Rückbindung darf auch im interreligiösen Dialog nicht preisgegeben werden. Dies wiederum impliziert, dass Qualitäten wie Friede, Versöhnung, Heilung, Einsicht, letzte Wahrheiten als nicht alleine vom Menschen her machbar begriffen werden, was nicht ausschließt, dass Menschen das ihre dazu beitragen müssen. Aus solcher Blickrichtung gibt es nicht die eine Religion, welche für sich allein beanspruchen kann, recht zu haben. Und es ist zumindest nicht ausgeschlossen, dass es ein Letztes, jenen Letzten gibt, „der ist und der war und der kommt" (Offb 1,4), das ewig Größere, das sich durchsetzen wird, innerhalb der eigenen Vorstellungen oder auch außerhalb. Religion darf einer letzten Offenheit auf ein Wirken Gottes und damit sich selbst nicht im Wege stehen.

Fünfter Anstoß: Heilende Religionen müssen aus Prägungen erlösen, was uns vor die Frage ihrer Wirksamkeit stellt. Was bewirkt Religion, was wird durch sie geheilt oder gar zerstört? Alle Religion, die sich dem Humanen verschreibt, ist der Frage nach ihrer Heilsamkeit verpflichtet. So etwa muss die Frage gestellt werden: Dient sie dem Leben und der Lebendigkeit oder der Apathie, dem Frieden oder der Gewalt? Die *grundsätzliche* Wirksamkeit einer Religion darf dabei nicht gleichgesetzt werden mit ihrer seelisch-geistigen und politischen Wirkungsgeschichte, zu der leider auch Verfolgungen im Namen der Religion und Gottesbilder, welche Angst, Zwanghaftigkeit,

Frauenfeindlichkeit etc. fördern, gehören. Ich frage also nach dem heilbringenden, zukunftsträchtigen Potential von Religion *per se.* Im Christentum wird diese Frage ans Evangelium, an die Paulusbriefe, an die jesuanische Botschaft gerichtet. Woran aber wird ein Heilsames gemessen? Woran wird Heilung festgemacht? Wie ist ein Mensch *vor* der Berührung durch die Botschaft einer Religion, wie danach? Das vorliegende Buch bietet – vom Christentum und seinem Kontext kommend – eine psychologische Grundlage an, indem es sagt: Erlösung geschieht aus Prägung und misst sich an Veränderungen rund um eine solche. Erlösung orientiert sich am Gewordensein des Menschen, der Kultur. Wo keine markante Prägung vorliegt, bedarf es nicht gleichermaßen der Erlösung. Wo aber Persönlichkeit und Kultur so sehr geprägt sind, dass Menschen daran leiden, müssen bestimmte Gegebenheiten erfüllt sein, damit sich Erlösung ereignet. Ich spreche von vier Parametern, hinter denen je ein therapeutisches Credo steht:

1. Parameter von Erlösung: das ‚Wovon' oder die Frage nach der Prägung

Therapeutisches Credo: Erlösung muss ansetzen am Ort der Prägung. Welches Bild des geprägten Menschen, welchen „Sündenbegriff", welche Unglücksgeschichte, welche Sehnsuchtsbiografie zeichnen eine Religion und Kultur? Erlösung geschieht nur, wo eine zu heilende Verwundung auch berührt, vielleicht sogar aufgedeckt wird, sowohl rational verstehend wie emotional nach-fühlend. Erlösung geschieht nicht an der zu heilenden Verwundung vorbei. Deshalb kann auch Konversion nur vorläufige und partiell heilende Antwort auf Prägung sein.

Bezüglich des Christentums denke ich modellhaft in drei Schichten von Prägung, wie in I.1-3 herausgearbeitet. Erlösung, was schon vom Wortlaut her mehr meint als ‚Überwachsen', geschieht, wo sie geschehen darf, immer durch alle drei Schichten des Gewordenseins hindurch bis ins Innerste des Mensch-Seins.

Die folgende Darstellung zeigt den Gang von Bewusstseinsentwicklung/Evolution durch die drei Schichten hindurch. Auf der rechten Seite wird die mit Spaltung einhergehende Entwicklung dargestellt. Sie wird ausgeführt für das Christentum. Verwandtschaft und Analogien in der Bewusstseinsentwicklung müssen aber bei allen monotheistischen Religionen bedacht werden. Auf der linken Seite und unten bleibt ein großer Leerraum mit Fragezeichen für hier nicht näher definierte, anders verlaufende Entwicklungen. Es bleibt Anfrage, welches wohl Themen von grundlegend anderen Religionen und Traditionen sein können, die von Anbeginn an einer anderen Entwicklungsspur folgten, nicht jener der Urspaltung, respektive Abspaltung hin zum Subjekt, sondern vielleicht jener der Aufrechterhaltung einer Ureinheit, Täuschung, Harmonie oder magischen Verbundenheit. Wenn ich hier Antworten gerade offen lasse, so sind diese anderen Religionen und Traditionen aufgerufen, für sich Antwort zu geben und ihrerseits Fragen an uns zu stellen. Die kreisförmige Mitte wird als eine allen Menschen und allen Religionen gemeinsame betrachtet.

Modell zum Kulturspezifischen menschlicher Prägung

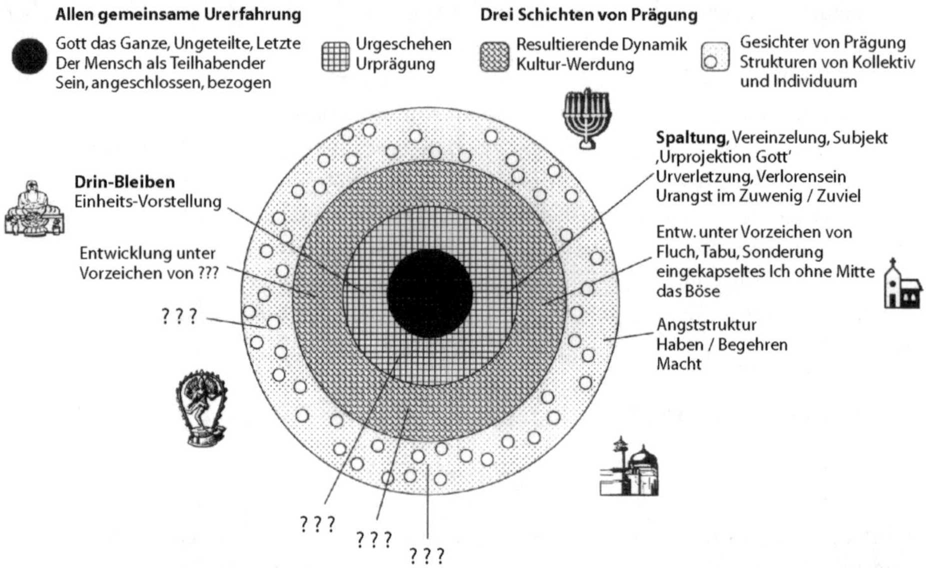

Mit Blick auf andere Religionen und auf christliche Traditionen, welche die europäische Vereinzelung nicht mitgemacht haben, muss die Grundfrage gestellt werden: Von welcher Art ist ihre Prägung? Worin bestehen die zentralen Verletzungen, aus denen Religion heilen soll? Die folgenden konkreter werdenden Fragen, die hier entlang der oben dargestellten Schichten aufgelistet sind, sind nur im Sinne von Anregungen möglich und müssen selbstverständlich durch die jeweilige Religion selbst präzisiert werden:

- *Urprägung, Urgeschehen und die Frage: Vereinzelung oder nicht?* Es müssen Fragen gestellt werden wie: Wie geschah Menschwerdung aus der Sicht der jeweiligen Kultur und Religion? Wie geschah die Vereinzelung aus dem Ganzen heraus? Wird sie als solche überhaupt erlebt und ist ein entsprechendes Bewusstsein für das Subjekt da? Wenn ja: Wie radikal muss ein solcher Übergang vom Ganzen ins Eigene angenommen werden, sachte behütet oder jäh und angstauslösend? Vollzogener Übergang bedeutet auch Abspaltung vom Ganzen. Spaltung oder Drin-Bleiben, bereits hier gingen Kulturen verschiedene Wege. Je nachdem ist die Subjekthaftigkeit und sind Nebenwirkungen wie Urangst, Urprojektion, Urverlorensein, Urambivalenz, Narzissmus, aber auch ein Potential von Bewusstwerdung ausgeprägt vorhanden oder nicht. – Wo hingegen Vereinzelung nicht gleichermaßen stattfand, müssen Fragen gestellt werden wie: Mit welchen Folgen ist dann zu rechnen? Gibt es so etwas wie eine früh angelegte Schicksalsergebenheit, Apathie, ein Unbeteiligt-Sein, einen nicht gewagten Sprung, eine nicht gelebte Profilierung im Einzelnen? Wird individuell oder kollektiv überhaupt daran gelitten, etwa am fehlenden Linearen, an einer fehlenden evolutiven Sinndimension?

- *Energetisches, Dynamik:* Urspaltung oder aber nicht gewagte Vereinzelung wirken sich je energetisch aus. Fragen hierzu lauten etwa: Wie sehr liegen einer Kultur die energetischen Folgen von Urspaltung als Dynamismus der Sonderung bis hin zum Bösen zugrunde? Und wenn ja, werden solche innerhalb der Religion adäquat aufgedeckt? Werden Menschen im Religionsprogramm einer Religion daraus heraus erlöst? Wie wird umgegangen mit Fluch, mit dem Phänomen der Ballung von Energien im Negativen, mit Mimesis respektive der Zusammenrottung im Unbewussten, mit der Macht des Tabuisierten? – Falls weniger von Urspaltung die Rede sein kann, sondern eher von nicht gewagter Vereinzelung, so ist auf andere Weise mit energetischen Folgen zu rechnen. Fragen lauten etwa: Was ging energetisch verloren? Gibt es etwas, das sich im Zuge einer dominierenden Urharmonie oder Naturverbundenheit vielleicht gar nicht entwickeln konnte? Sind Völker, Stämme, religiöse Traditionen aufgrund ihrer Urverbundenheit und dementsprechend nicht entwickelten Ressourcen im Individuellen, Ichhaften von Anbeginn an weniger siegreich im Kampf der Kulturen? Ich denke etwa an das Schicksal von Indianerstämmen oder zahlreicher Ethnien im Kolonialismus. Ist Antriebsarmut bereits Folgeerscheinung und ihrerseits eine zu hinterfragende Dynamik?
- *Gesichter von Prägung oder konkrete Ausprägungen:* In welchen Gesichtern tritt eine Urprägung zutage, was sich indirekt ausmachen lässt etwa an der Frage: Wie ausgeprägt sind in einer Kultur Merkmale von Gewalt, Haben statt Sein oder Angst? Auch Einseitigkeiten einer Kultur, wie das verdrängte Weibliche oder Intuitive (vgl. Renz 1996), weisen auf eine Verarbeitung über Macht und Machtprägung hin. Auch hier müssen Fragen gestellt werden wie etwa: Wie bewusst sind in einer Religion und Kultur die Instrumentalisierung der Angst, eine ausgeprägte Gier nach Haben, ein Hang zur Bewunderung von Macht und Mächtigen, zur Gewalt? – Es gibt aber auch andere Leidensquellen und Ausprägungen. Diesbezügliche Fragen lauten etwa: Sind Gleichgültigkeit, Lethargie, Verweilen in Unbewusstheit und Magie, Schwierigkeit in Entscheidungsfindung oder selbst Polytheismus auf ihre Weise Gesichter von Prägung und somit erlösungsbedürftig? Wie würden ganz anders entwickelte Völker ihre psychische Struktur umschreiben? Und wie würden sie die unsrige umreißen?
- *Mischungen:* Inwiefern sind im Falle einer Kultur und religiösen Tradition bereits Folgeerscheinungen von Kolonialismus, Globalisierung, Migration und Tourismus mit in die erlösungsbedürftige Prägung eines Volkes eingegangen?

Solche Fragen können je nur aus der Mitte einer Kultur und Glaubenstradition heraus angegangen werden.

2. Parameter von Erlösung: das ‚Wie' oder die Frage nach dem Gottesbild resp. dem Faktor Gnade

Therapeutisches Credo: Erlösung geschieht durch Gott bzw. durch die eine analoge letzte Wirklichkeit, die hier begriffen wird als ein Anderes, das von außen wie von innen dem Ich entgegenkommt. Erlösung geschieht durch den Faktor Gnade. Es ist diese Einsicht, die hinter der protestantischen sola gratia steckt. In obiger Skizze gedacht, kommt sie aus der „Mitte allen Heils", wo nichts weniger als Gott selbst als Quelle von heilmachender Antwort (Botschaft) und von Dynamik geglaubt wird. Psychologisch formuliert meint dies: Prägung kann nur überwunden werden, wo von einem ‚Außerhalb aller Prägung' ausgegangen wird und dieses in eine adäquate Berührung kommen darf mit dem Geprägten.

Bezüglich des Christentums ist hier an erster Stelle das Modell des therapeutischen Dritten zu nennen. Der Vater als der Dritte für Jesus und sie beide – Vater und Sohn – als das Dritte für uns. Sodann der Vater, der als abba (Milde, Güte schlechthin) von der Urprojektion gegenüber dem Numinosen erlöst. Sodann die Vision der Basileia verstanden als Teilhabe an Gott (Skizze: als Angeschlossensein an die Mitte), die aller Umkehr vorausgeht und ihr Richtung gibt. Dann detaillierter: die Botschaften ‚Vertrauen statt Angst', ‚Sein statt Haben', ‚Freisein statt Besetzt-Sein', ‚Vollmacht und Liebe statt Macht'. Und in allem die von Jesus gelebte Liebesdynamik, welche nicht wäre, was sie war/ist, wenn nicht als von *Gott* ausgehend gedacht. Die Aussage ‚Jesus als Gottes Sohn' besagt genau dies: Gott selbst mischt sich ins Leben ein, will heilen, will Erlösung, nimmt Ohnmacht in Kauf. Das heißt: Er hat ein Interesse am heilen Menschen (vgl. II). – In dieser Arbeit nicht angeschnitten wurden christliche Praktiken, die Frage, wie nahe eigentlich das Selbstverständnis und die Umsetzung von Kirchen und Glaubensgemeinschaften an einem solchermaßen psychologisch ausbuchstabierten christlichen Gottesbild sind.

Mit Blick auf andere Religionen muss die Grundfrage gestellt werden: Von welcher Art ist ihre Gottesvorstellung? Weiterführende Fragen, die durch die jeweilige Religion selbst zu präzisieren sind, lauten etwa:

- Wird an einen Gott/eine analoge letzte Wirklichkeit als dasjenige außerhalb aller Prägung geglaubt? Wird diesem Einen die Sprengkraft letztlicher Erlösung zugetraut? Oder gibt es nur das Partikuläre ohne den letztlich *einen* Sinnzusammenhang? Was wird als Gegenteil von Zufall geglaubt? Wie wird das Verlorene heimgeholt, das Lethargische geweckt, das Namenlose gewürdigt, das Projektionsverzerrte und Fixierte gewandelt?
- Ist die Gottesvorstellung von der Art, dass Berührung des Transzendenten mit dem Immanenten, Geprägten, Heilsuchenden stattfinden darf?
- Mit Blick auf Religion, die Erlösung proklamiert, muss gefragt werden: Wird Gott/ein Letztes so gezeichnet, dass er/es alle Urprägung und Verletzung nochmals übersteigt, überwindet, wandelt? Ein Gott, der den verwundeten Menschen liebevoll oder sanft, jedenfalls irgendwie *abholt* und in sich aufnimmt?

- Mit Blick auf Kulturen, die ihrerseits von Urangst, namentlich der ‚Urprojektion Gott' geprägt sind, lauten mögliche Fragen: Wird Gott/ein Letztes auf eine Weise geglaubt, dass darin die Urprojektion überwunden ist und der eingeschüchterte Mensch zur Ruhe findet?
- Mit Blick auf Kulturen, die ihrerseits vom Dynamismus der Sonderung geprägt sind, muss gefragt werden: Wird dieser Dynamismus als heilswidrig durchschaut und wird an Gott/ein Letztes geglaubt, das im Energetischen Wende erwirkt und den einzelnen Menschen aus seinem Kreisen um sich selbst, seinen Fremdbestimmtheiten, insgesamt aus seinem ‚Zustand der Sonderung' befreit? Bietet Religion so etwas wie ein Angeschlossensein des Menschen als emotionale Antwort an?
- Mit Blick auf Kulturen, die ihrerseits konkret von Angst-, Begehrens- und/oder Machtstruktur geprägt sind, müssen Fragen gestellt werden wie: Wird Gott/ein Letztes auf eine Weise geglaubt, die Schutz und Geborgenheit spendet, Hunger stillt, Mangel überwindet, Macht- und Rachezirkel anders als mit Macht und Autorität überwindet und in all dem die Verhärtungen und Selbstüberhöhungen des Menschen durchbricht? Sind Vorstellungen eines empathischen, mitleidenden, ja ‚angewiesenen' Gottes überhaupt denkbar? Welche mystischen Heilswege oder Praktiken im Loslassen bietet eine Religion an? Kennt sie so etwas wie eine Liebesdynamik, die anderswie mobilisiert als via Macht und Gottesfurcht? Kennt sie ein Denken außerhalb der Kategorien von Einschüchterung, von Haben und Berechnen, von Sieg und Niederlage?
- Mit Blick auf Kulturen, die gerade nicht von Sonderung bestimmt sind und bei denen kaum Entwicklungen zur Vereinzelung und Bewusstwerdung vorliegen, lauten Fragen etwas anders, so zum Beispiel: Wird an einen Gott oder eine letzte analoge Wirklichkeit geglaubt, die ein solchermaßen Schlafendes zu wecken, ein Gefangenes zu befreien vermag, die ein Leeres füllt und Sinnhaftigkeit vermittelt?

Insgesamt geht es um die Frage, ob eine Religion, ihre Gottesvorstellung und ihr Konzept von Heilung auch Antwort geben auf die je vorliegende Prägung. Ja, um den Faktor Gnade!

3. Parameter von Erlösung: nicht ohne menschliche Offenheit oder die Frage nach dem Menschenbild

Therapeutisches Credo: Erlösung geschieht am Ort der Berührung durch das Transzendente. Sie ereignet sich kaum ohne entsprechende Einbruchstelle im Menschen und (im Falle einer vorliegenden Machtprägung nicht ohne) sein Ja in Freiheit. Zwar ist Erlösung reine Gnade! Und doch ereignet sie sich nicht ohne die menschliche Prozessbereitschaft. Theologisch gesprochen, geht es um die Frage der menschlichen Kooperation. Eine solche einzufordern hat Konsequenzen auf das Menschen- und Gottesbild von Religion. In aller Einseitigkeit ist Erlösung dann doch *dialogisch* oder zumindest ein gegenseitiges Fließen. Und ein Gott, der Erlösung will, ist dann ein Gott, der den Menschen zumindest im fließenden Sein, ja als horchendes Gegenüber will und nicht nur als Knecht oder Marionette. Im Falle von Kulturen mit ausgeprägter Subjektbetonung und Machtprägung geht es um die Alternative ‚Ja oder Nein'.

Auf Gott bezogen heißt das dann: Er ist ein Gott, der dem Menschen auch die Freiheit zum Nein lässt und dessen Verhärtung riskiert. Vonseiten Gottes oder einer letzten analogen Wirklichkeit muss es dann etwas geben, das den Menschen immer neu und gewaltlos zu bewegen versucht (vgl. Stichworte wie Liebesdynamik, Bundestheologie). In äußerster Konsequenz führt dies zu einem Gott, der – in aller Allmacht, ohne welche Gott nicht Gott wäre – auch ‚Angewiesener' ist, nämlich angewiesen auf das menschliche Ja. Wie Allmacht und Scheitern zusammengehen ..., das übersteigt menschliche Denk-Kategorien.

Auf das Menschenbild bezogen, heißt dieses Credo: Der Mensch wird als ein primär Offener, auch auf Gott oder ein Letztes hin Offener gedacht, wobei alles Offensein ihrerseits Gnade ist. Im Falle von hoher Bewusstheit, Subjektbetonung oder Machtprägung einer Kultur wird der Mensch als zugleich frei und bezogen gezeichnet, als fähig zum freien, verantworteten Ja. Nicht länger fremdbestimmt oder im magischen Denken fixiert, sondern Mensch von hoher Personalität. Offen auf Erlösung ist er aber erst, wenn er sich darüber hinaus als der Gnade bedürftig wahrnimmt, über entsprechende Demut, Scham[456] und Bewusstheit verfügt.

Bezüglich des Christentums und unserer Kultur ist exemplarisch und allem voran das Ja von Maria zu nennen. Im Rahmen dieser Arbeit wurde die menschliche Kooperation anthropologisch ausbuchstabiert als bewusstes Fühlen, als Aufstehen, Willen zum Ja, zur Hoffnung, zur Verzeihung (I.4). Theologisch gedacht, ginge es um Umkehr, Taufe, das Eingeständnis von Sündigkeit und Leiden, die aktive Sehnsucht nach Heilung. Es bleibt Anfrage an kirchliche Institutionen und Glaubensgemeinschaften, ihre Gläubigen in die verantwortete Freiheit auch wirklich zu entlassen und die Qualität von Religiosität und Demut nicht machtvoll einzufordern, sondern so überzeugend zu leben, dass Menschen positiv erfahren, wie selig es macht, angeschlossen zu sein. Hierher gehört auch die Frage, wie geschieht Berührung zwischen dem Transzendenten und dem Immanenten? Welches sind Wandlungsriten und mystische Schätze des Christentums?

Mit Blick auf andere Religionen muss die Grundfrage nach dem Menschenbild und nach dem Berührungsmoment gestellt werden. Welches ist der Stellenwert des Menschen im Gegenüber Gottes oder einer analogen letzten Wirklichkeit? Weiterführende, durch die Religion selbst zu präzisierende Fragen lauten beispielsweise:

- Wie geht Religion mit der Freiheit des Menschen um? Wie wichtig ist ihr sein Ja? Wie freiwillig darf es sich ereignen? Wie gewaltlos geht Religion um mit dem menschlichen Nein? Haben Autonomie und Bewusstwerdung, Mut, Mündigkeit und Aufstehen aus Angst im Menschenbild einer Religion Platz? Dürfen deren Gebote und Praktiken reflektiert werden? Erlauben diese andere Wege als Rache,

456 Warum Scham: Scham ist die *emotionale* Reaktion beim Gewahrwerden der eigenen Erlösungsbedürftigkeit.

blinden Gehorsam, Unbewusstheit und Machtgefälle? Wie geht Religion um mit der nach Bewusstwerdung und Evolution drängenden Grundkraft des Lebens?

- Welchen Stellenwert haben Leben und Individuum im Kontext einer Religion? Was bedeutet Menschenwürde und gilt sie allen gleichermaßen, Frauen wie Männern, Kindern wie Erwachsenen, Kranken wie Gesunden?
- Zeichnet Religion nicht nur den loslassenden, sondern auch den – zu sich und einer existenziellen Mitte hin – findenden Menschen? Im Falle von Kulturen mit wenig Subjektbetonung lauten Fragen etwa: Existieren Gefühle für sich selber? Was bedeutet Mitte?
- Wie findet das Göttliche Einlass ins Menschliche? Wie findet das Heilsame, das ‚Außerhalb aller Prägung', zum Geprägten hin? Wie findet Berührung statt? Wird dabei der Mensch vor zu viel Nähe zum Numinosen geschützt? Werden Mittler, Heiler und Heilerinnen auf ihre Gottnähe vorbereitet und ihrerseits vor einem Zuviel, einer Inflation bewahrt? Welches sind die mystischen Schätze und Riten einer Religion, in denen sie das ewige Geheimnis umkreist und das Heilige feiert? Existieren darin emotionale Bahnungen für Neuwerdung, Fühlen, Prozessbereitschaft, Verzeihen?
- Wie holt Religion die Menschen in eine Rückbindung hinein? Fördert deren Menschenbild Werte wie wahre Demut, Einordnung? Rückbindung im eigentlichen Sinne ist nur bei ausgeprägter Subjektbetonung überhaupt Thema. Im Falle von wenig Subjektbetonung gehen Fragen eher in Richtung, wie eine Urharmonie erhalten bleibt und kultiviert wird und wie sie ins Gleichgewicht zur eigenen Lebensführung gebracht wird.

4. Parameter von Erlösung: das ‚Wohin' oder die Frage nach Sinn und Ziel

Therapeutisches Credo: Erlösung hat ein Ziel: den Menschen in neuer Identität und neuer Gemeinschaft. Das Geworden-Sein hat in der neuen Identität zwar Platz, aber die Prägung ist nicht mehr bestimmend. Der neue Mensch ist angeschlossen an Gott oder eine letzte analoge Wirklichkeit und damit an seine innere Mitte. Der neue Mensch ist Seiender ebenso wie Bezogener, Einzelner ebenso wie Glied einer neuen Gemeinschaft (vgl. Paulus – ein Leib und viele Glieder 1 Kor 12,12-27). Das Eingeständnis radikalen Angewiesenseins verbindet sich mit einem authentischen Selbstbewusstsein, das Gefühl für Verantwortung mit der schlichten Fähigkeit zur Daseinsfreude. (Zeitdimension): Er lebt im Hier und Jetzt, ist durch ein Zeitloses genährt und doch in einen äußersten Sinn- oder Zielhorizont hineingestellt. Begegnungen unter Menschen finden immer mehr statt im Zeichen von Dialogik, von Vereinigung von Gegensätzen, Versöhnung und Friede.

Bezüglich des Christentums wurde das Wohin anthropologisch ausbuchstabiert im Begriff der zweiten Identität und theologisch am Beispiel des Paulus. Zahlreiche weitere Heilige und unerkannte Persönlichkeiten in der abendländischen Kultur wären zu nennen. Es bleibt dem Christentum als Zukunftsaufgabe gestellt, Menschen in solche Dimensionen des Christ-Seins hineinzubegleiten und Visionen zu entfalten, die dafür begeistern.

Mit Blick auf andere Religionen muss die Grundfrage nach Zukunft, Sinn, Hoffnung, Ziel und nach dem neuen Menschen gestellt werden. Weiterführende Fragen lauten hierbei u.a.:

- Wird die Sinnhaftigkeit von Evolution, Dasein, Leben und Liebe bejaht? Gibt es die Perspektive vom Ende her? Oder wie anders, letztlich sinnstiftend, geht Religion um mit der Zeitdimension, mit dem Mehr oder Weniger an Glück, mit dem Leid?
- Von welcher Art wird der glückliche, freie Mensch geschildert? Existiert ein Zielzustand des erlösten Menschen und bedeutet dieser eine echte Antwort auf die vorliegende Prägung?
- Gibt es entsprechende Visionen von neuer Gemeinschaft? („Ich schlage meine Wohnstätte in eurer Mitte auf ... ich bin euer Gott und ihr seid mein Volk" Lev 26,11-12; vgl. Ex 29,45-46.)
- Gibt es so etwas wie Integration von Gegensätzen, im einzelnen Menschen ebenso wie im Zwischen der Menschen? Darf Spannung sein? Kann Differenz fruchtbar gemacht werden oder wie wird mit bleibender Spannung umgegangen? Gibt es eine Feindeskultur ebenso wie eine Freundeskultur, eine Kommunikation im Gegensätzlichen, die weder Anbiederung noch vorschnelle Versöhnung bedeutet?
- Wie gehen Religionen um mit Vorläufigkeit, respektive Letztgültigkeit? Gibt es das ‚Schon im Noch-Nicht', Hoffnung inmitten des Hoffnungslosen, das Erlöste im Unerlösten? Und gibt es, auf welche Weise auch immer formuliert, das Kommen eines Letztgültigen?

Die vier Parameter sind mehr Anfrage als Antwort. Weil Erlösung im vorliegenden Buch psychologisch und nicht allein theologisch (zirkulär) hinterfragt und erklärt worden ist, haben sich daraus Fragestellungen für andere Religionen und religiöse Traditionen ergeben. ***Was letztlich heilt***, muss religionsspezifisch, ja sogar individuell beantwortet werden. Und es bleibt wohl, wie alles Mysterium, im Letzten offen ... Gnade.

Epilog: Heimfinden

Jeder wird heimfinden
und keiner recht haben.
Alle fallen ins Vertrauen,
in ihren Gott hinein.

Und sie werden gewürdigt, wie geläutert,
seiend bezogen,
voll und leer,
selig.

Zweiter Anhang: Ergebnisse des Spitalprojektes – Loslassen von Angst-, Begehrens- und Machtstruktur

Heutige Menschen (Patienten, Angehörige, Ärzte, Ärztinnen, Pflegende) können kaum etwas anfangen mit den Worten ‚Erlösungsbedürftigkeit' und ‚Erlösung'. Ein entsprechendes Bewusstsein ist nicht gegeben und damit keine direkt messbare Kategorie. Selbst in schwerer Krankheit ist Erlösungsbedürftigkeit nicht eigentlich Thema. So viel zur Frage nach dem *direkten* forschungsbezogenen Zugang zum Thema der vorliegenden Arbeit.

Anders sieht es aus, wenn wir nach Parametern fragen, an denen *indirekt* eine mutmaßliche Erlösungsbedürftigkeit festgemacht werden kann. Als wichtigster Parameter, um solche Erlösungsbedürfigkeit zu orten und zu messen, erwies sich ***die Schwierigkeit, inmitten von schwerer Krankheit ‚loszulassen'***. Den Hintergründen dieser Schwierigkeit im Loslassen nachspürend, wurden für mich Prägung und eine Angst-, Begehrens- und Machtstruktur bald einmal offensichtlich. Es waren nämlich oft nicht einfach Faktoren wie ‚kleine Kinder' oder ‚dringlich zu bewältigende Lebensaufgaben', die das Loslassen verunmöglicht hätten. Selbst dort, wo reale Sorgen drückten, schien ein anderes Loslassen nochmals schwieriger zu sein: das Loslassen von Leben, Ich und Identität, von eigenen Vorstellungen, Wünschen, einer ‚Lebensgier'. Diese Grundschwierigkeit, welche wohl die meisten Menschen unseres Kulturkreises betrifft, hatten auch die wenigen erfassten Muslime und zum Buddhismus Konvertierten (vgl. Fußnoten 171 in I.3.5.2 und 457, 459). Einen Zusammenhang zwischen ‚Loslassen und Religionszugehörigkeit' herzustellen erlauben die vereinzelt vorliegenden Erfahrungen mit Andersreligiösen nicht. Die Schwierigkeit loszulassen wurde *generell* zum Schlüssel im Erfassen dessen, worin Prägung bestehe. Die hier gemachten Erfahrungen flossen in den gesamten Text ein, auch konzeptuell. Warum etwa spreche ich von einer dominanten Angst-, Begehrens- und Machtstruktur und nicht von anderen, individuelleren Prägungen? Schon das hat mit Patientenerfahrungen im Vorfeld der Arbeit zu tun. Aller Erfassung voraus ging in diesem Projekt ein Jahr, welches nur dazu diente, der Beobachtung zugängige Kategorien und mögliche Fragestellungen überhaupt herauszuschälen. Ich protokollierte meine Arbeit im Grenzbereich Therapie-Spiritualität, besprach sie bisweilen in der Supervision und verglich Protokolle. Zwei weitere Personen verglichen die Protokolle ebenfalls. Die drei Gesichter von Prägung – die Angst-, Begehrens- und Machtstruktur – wurden konkreter:

1. Ebene der Urbefindlichkeit: Angststruktur
2. Sachebene: das Verhältnis des Subjekts zu den Gütern dieser Welt: Begehrensstruktur
3. Beziehungsebene: Machtstruktur

Ebenso schwierig zu fassen wie eine Erlösungsbedürftigkeit ist die Frage nach Erlösung und Wandlung. Was veränderte sich im Menschen im Laufe eines sich durch die Krankheit oder in Todesnähe ereignenden Loslassens? Welche Einflüsse, Faktoren waren darin behilflich?

Schließlich waren relevante Fragestellungen gefunden, um Protokolle auszuwerten, derweil die Arbeit mit den Patienten und Patientinnen dieselbe blieb: spontan, fragmentarisch, sich ganz und gar an ihren Bedürfnissen orientierend. Ein zweites Jahr, die eigentliche Erfassungszeit, folgte. Aus *diesem* Jahr lasse ich nun Zahlen sprechen:

Wie häufig ist ‚Erlösungsbedürftigkeit'?
(Kriterium Loslassen können oder nicht)

Insgesamt während der Erfassungszeit Betreute:	*187*[457]
Keine A-B-M-Struktur vorhanden:	
Loslassen war kein Problem	3[458]
Wenig A-B-M-Struktur vorhanden:	
Loslassen gelang ohne Hilfe, fließend, naturhaft	13[459]
Ausgeprägte A-B-M-Struktur = große Erlösungsbedürftigkeit	171

Erste generelle Aussage:
Zwischentöne gab es interessanterweise nicht! Entweder war da ein natürliches Fließen – oder es war etwas, was gerade nicht floss, sondern als verfestigte Struktur und entsprechend ausgeprägter Reflex allem Loslassen im Wege stand. Nicht nur kurzfristig, momenthaft, sondern zäh. Dieses Entweder-oder ist bereits Aussage, verweist es doch auf eine menschliche Prägung und darauf, dass diese einer inneren Eigengesetzlichkeit und -dynamik folgt. Letztere – hier *Dynamismus* der Sonderung genannt – lässt gerade keinen Raum offen für Zwischentöne. Das genau meinen Worte wie Eigendyna-

457 ***Religionszugehörigkeit:*** 57 Evangelische Christen, 95 Katholische Christen, 17 Konfessionslose, 4 Orthodoxe, 1 Jude, 7 Buddhisten (wovon 5 Konvertiten), 6 Muslime.

458 Zwei sehr junge Menschen (unter 25-jährig) und eine reife Frau (65-jährig), zwei davon waren evangelisch, einer katholisch.

459 Darunter die einzige Jüdin und eine der zwei im fernen Osten sozialisierten Buddhistinnen. Die weiteren 5 dem Buddhismus Zugehörigen waren konvertiert und damit westlicher Prägung unterworfen. Die übrigen der 13 waren christlicher Prägung, Christen oder Agnostiker. – Insgesamt berechtigt dies nicht zu einer Aussage.

mik oder Dynamismus: eine Entwicklung zum immer mehr ‚Ich', immer stärkeren Haben und Bestimmen-Müssen. Anders gesagt: Prägung verstärkt sich selbst.

Zweite generelle Aussage:
Es gibt in unserem Kulturkreis (obige Patientenzahl ist einschließlich der hier erfassten Anderskulturellen) nur vereinzelte Personen *ohne* ausgeprägte A-B-M-Struktur. = Eine solche scheint gerade zentrales Thema von Prägung zu sein.

Frage: Warum dieser Krebs? Warum dieses Pech? Wo war Gott?		
Insgesamt während der Erfassungszeit Betreute:		*187*
Haben die Frage nach dem Warum gestellt		179[460]
davon 16 (3 plus 13), die gut loslassen konnten	11	

Dritte generelle Aussage:
Die Frage nach dem Warum (auch Theodizeefrage genannt) beschäftigte alle Patienten, auch jene, die ansonsten problemlos loslassen konnten. Diese Frage allein ist noch nicht Hinweis auf Verhärtung und eine ausgeprägt vorhandene Angst-, Begehrens- und Machtstruktur. Anders verhält es sich mit dem eigentlichen Festmachen-Wollen von Sündenböcken, das nur unter den 171 als ‚erlösungsbedürftig' Eingestuften, dort aber häufig, vorkam (vgl. unten).

Ich wende mich jetzt den als ‚erlösungsbedürftig' Bezeichneten zu:

Randdaten Patienten	
Insgesamt Erlösungsbedürftige	*171*
Frauen	82
Männer	89
Intakte, jahrelange Lebenserwartung	80
Sehr kurze Lebenserwartung / sterbend	91
Alterspektrum: zwischen 18 und 87, Durchschnittsalter: 55	

Angehörige		
Insgesamt Angehörige, die durch mich begleitet wurden		*90*
Waren oft gegenwärtig, aber mit sich selbst befasst, ohne innere Präsenz		31
Lebten ein ‚Mit-Sein' mit dem Patienten, auch innerlich		59
davon: extremes Mit-Sein, herausragende Empathie	10	

460 Die verbleibenden 8 werden diese Frage wohl früher gestellt haben. Jetzt war ihnen solches Fragen oder die verbale Ebene insgesamt nicht mehr wichtig oder ein Verbalisieren nicht mehr möglich.

Der von Psychotherapie und Theologie weitgehend kontrovers diskutierten Frage, *wovon eigentlich der Mensch erlöst werden müsse,* gehen folgende Fragestellungen, Zahlen und Schlussfolgerungen nahe:

a) Gesichter von Prägung:	
Insgesamt Erlösungsbedürftige	*171*
mit dominanter Angststruktur	44
mit dominanter Begehrensstruktur	76[461]
mit dominanter Machtstruktur	51

b) Spürbare Hintergründe von Prägung, respektive Erlösungsbedürftigkeit	
Insgesamt Erlösungsbedürftige	*171*
Spürbare *Prägung* (für mich als Therapeutin unübersehbare Hintergründe wie Kindheit, Familientragik, Krieg, Traumata)	149
Sprachen direkt oder indirekt von *Schuld*	19[462]
Hintergründe blieben verborgen, weil wortlos	3

c) Bewältigungsmuster ‚Sündenbock'		
Insgesamt Erlösungsbedürftige		*171*
Suchten einen Sündenbock (Arzt[463], Ex-Mann, Gott)		108
Konnten das Unglück als Unglück stehen lassen		63[464]
davon Intellektuelle, die ein Sündenbockmuster durchschauten	50	

Vierte thematische Aussage (Prägung oder Schuld):
Der Mensch muss nicht primär aus Schuld erlöst werden, sondern – darin, dahinter und losgelöst davon – aus Prägung (vgl. Darstellung in I.2.6.3). Überhaupt darf nur mit Vorsicht nach Schuld gefragt werden, weil eine solche tabu zu sein scheint und weil Schuldeinsicht emotional schwer wiegt. Hingegen ist ein Denken in der Kategorie Schuld, ein Suchen nach Schuldigen und Sündenböcken, um sich selbst zu entlasten, häufig. Dies selbst dort, wo – wie im Falle der meisten Krebserkrankungen – gar

461 Diese Verhältnisse berechtigen m.E. nicht zu einer Aussage. Zwar scheint die Begehrensstruktur die häufigste zu sein im westeuropäischen Kulturkreis. Meist waren aber alle drei Prägungen spürbar, wovon eine dominant.

462 Wie sich diese Zahl im Detail zusammensetzt, entnehme man I.2.7.2. - Nur gerade 4 davon gingen bewusst und schließlich befreit mitunter durch eigene Schuld hindurch, 2 mitten im Leben, 2 im Sterben.

463 Bei deren 9 war aus Sicht unserer Onkologen der Krebs spät bis sehr spät entdeckt worden. Die Patienten wussten oder ahnten dies. Eine ‚Mit-Schuld' früherer Ärzte am heutigen Krankheitsbild und ein sinnvoller Umgang damit waren Thema im Rahmen der Psychotherapie.

464 Über diese 63 hinaus gelang es auch jenen 16 (3 plus 13), die ohne spezielle Hilfe loslassen konnten, ihr Schicksal als Unglück stehen zu lassen (vgl. Zahl 79 Patienten in I.2.7.3).

keine Schuld auszumachen ist. Das Schicksalhafte wird über den Mechanismus der mitunter falschen Schuldzuweisung vermeintlich erträglicher. Vorab Intellektuelle durchschauen den Irrsinn dieses Mechanismus.

War Wandlung im Bereich der A-B-M-Struktur möglich?		
Insgesamt Erlösungsbedürftigkeit		*171*
Fixierung blieb während der Erfassungszeit bestehen		32[465]
Partielle, bewusstseinsferne Aufweichung, ins Fließen kommen		99
Eigentliche Umkehr, Wandlung, zweite Identität		40
davon auf den Tod hin	26	

Fünfte thematische Aussage (zur Frage der Wandlung):
Das meiste an Erlösung geschieht unbewusst oder halb bewusst, im Bereich des nur Erahnbaren. Von bewusster Wandlung ihrer A-B-M-Struktur darf bei immerhin 40 Patienten gesprochen werden. Bei ihnen wurde die Krankheit zur Chance für ein neues Leben oder entsprechend eindrückliches Sterben. Von den 40 sprachen 38 selbst von Umkehr, Wandlung oder neuer Identität und die übrigen 2 bestätigten – im Sterben – mit Nicken, dass diese Umschreibungen für sie zutrafen. (Mehr zu Projektzahlen und Wandlung vgl. I.4.2.)

Was half? Frage nach der ‚Sakramentalität' und dem Stellenwert von Liebe		
Insgesamt (obige 99 plus 40)		*139*
Reaktivierte *frühere* Erfahrung von Nahtod, 2. Identität, Gottnähe		5
Musik, Musikerfahrung, Raum für Schweigen		84
Körperarbeit, neues Körperbewusstsein, Berührung		38
Träume, tiefenpsychologische Traum- und Symbolarbeit		22
Familienprozesse / Kinder / Kommunikations- und Versöhnungsprozesse		48
Psychoonkologie als Vermittlerin von Erfahrungswerten, Anleitungen		30
Segen, Gebet, Ritus / neu begriffene Bibelworte, Kommunion		40
Bewusst gewährter Raum für ein Ringen mit Gott		30
Beziehung, Empathie, Solidarität, Raum geben für Gefühle		99
davon: Empathie/Liebe extrem erfahren	18	

Bei *sämtlichen* 40 Patienten mit zweiter Identität spielte ein Mit-Sein durch zumindest eine Person (Angehörige oder Begleitende) eine bedeutsame Rolle.

Hier nicht erfasst, aber gemäß meinen Beobachtungen nicht unwichtig, war bei einigen Patienten überdies eine medikamentöse Unterstützung durch Psychopharmaka.

465 Über die hohe Anzahl der im Unberührbaren gebliebenen Machtmenschen (20), respektive über das Spezielle der Menschen mit ausgeprägter Machtstruktur wurde an anderer Stelle berichtet (I.3.5.4 und I.4.2).

Sechste thematische Aussage (unterstützende Faktoren):
Existenzielles Mit-Sein anderer – sprich Liebeserfahrung – vermag weit mehr als alles andere Menschen aus Verhärtung und Prägung aufzuweichen und Prozesse von Wandlung zu unterstützen. Liebe wirkt neben allen anderen helfenden Faktoren und in ihnen drin. Anders formuliert: Ohne Liebe geschieht nichts (vgl. I.4.2). Von daher erhält die Unterstützung der Angehörigen durch Information und Therapie große Bedeutung. Das Miteinander und Ineinander der verschiedenen Ansprechebenen und Medien (Gespräch, Information, Körper, Musik, Religion) – und damit der mehrdimensionale therapeutische Ansatz – entsprechen den ständig wechselnden Nöten und Bedürfnissen der Kranken.

Wirkungen von Erlösungserfahrungen,
Korrelation mit körperlicher Besserung

Alle, bei denen eigentliche und bewusste Wandlung geschah		*40*
Veränderte Beziehung zu sich selbst, dem Leben, Gott oder einem Sinnganzen		40
Veränderte, versöhntere Beziehung zur Krankheit		38[466]
Das eigene ‚Ja' war wichtig, prozessauslösend und dann auch Geschenk		40
Deutliche Schmerzlinderung		29[467]
davon schmerzfrei über Tage	5	
davon mehrfach schmerzfrei, aber mit Schmerzen dazwischen	24	
Weniger Übelkeit		17[468]
Weniger Atemprobleme		9[469]
Besser überwundene Zustände mit wenig Abwehrstoffen (Aplasien)		9[470]
Weniger Allergien etwa auf Ernährung, den Port (Fremdkörper im Körper) etc.		5[471]

Siebte thematische Aussage (Wirkungen):
Diese Zahlen interpretierend, wage ich zu sagen: Wandlung geschieht, wo sie geschehen darf, mehrdimensional (vgl. I.4.2). Das ganze Drin-Sein in Körper, Emotion und

466 Die verbleibenden 2 waren Sterbende, bei denen dies nicht mehr thematisiert wurde, aber im Rahmen ihres generell bewusst erlebten befreiten Daseins und Sterbens durchaus angenommen werden kann.
467 Bei 9 waren Schmerzen kaum Thema. Bei 2 blieben die Schmerzen trotz inneren Wandlungsgeschehens unverändert.
468 Bei 20 war Übelkeit nicht Thema. Bei 3 blieben die Probleme mit der Übelkeit unverändert.
469 Bei 29 waren Atemprobleme nicht Thema. Bei 2 blieben Atemprobleme unverändert.
470 Hierzu können nur Aussagen gemacht werden bei Menschen, die diese Zeit effektiv im Spital verbracht haben und/oder sich (rückblickend) unmissverständlich so äußerten.
471 Hier sind nur jene Patienten gezählt, bei denen Allergien und der Versuch einer Überwindung mittels psychischer Ressourcen überhaupt Thema waren.

Leben scheint anders, ebenso das Verwurzelt- oder grundsätzliche Angeschlossen-Sein an ein Größeres, Sinnganzes. Ähnliches gilt für das Ja zu sich und den eigenen Lebensvorgaben. Eine Korrelation zwischen Erlösungserfahrungen und einer Linderung von akuten körperlichen Beschwerden kann ebenso – mit Blick auf diese zwar kleine Personengruppe – angenommen werden. Eine Korrelation in Richtung einer erfolgreicheren Krebsbekämpfung allerdings nicht, was vorzufinden schon im Vorfeld gar nicht vermutet wurde. Daraus darf aber nicht geschlossen werden, dass die Krebserkrankung und deren Verlauf als völlig unabhängig von innerseelischen Prozessen gedacht werden müssen – vielmehr können diesbezüglich lediglich keine Aussagen gemacht werden. Ob bei Einzelnen nicht doch eine Auswirkung ihres inneren Prozesses auf die Grunderkrankung beobachtet werden kann? Ob eine körperliche Krise besser durchgestanden wird, wenn innerlich getragen von neuem Boden? Ob eine Rückfallquote dort, wo innerlich Wandlung stattfand, kleiner ist als bei anderen? Solches liegt außerhalb des Beweisbaren und lässt sich höchstens im Einzelfall, rückblickend, vermuten. Diesbezügliche Vorsicht ist also bei aller Interpretation angebracht.

Bringt Erlösung etwas? Lohnt es sich umzukehren, wie dies die Bibel nahelegt? Die Bibel selbst spricht von einem Lohn außerhalb irdischer Kategorien, ein solcher ist gerade nicht im menschlich Berechenbaren anzusiedeln (vgl. II.2.1.2). Solcher ‚Lohn' ist eine qualitative Kategorie und bleibt Gnade. Wanderung bleibt Gnade.

Ein junger Patient mit eindrücklichen Erlösungserfahrungen beantwortet diese Frage im Rückblick wie folgt: „Auf jeden Fall lohnte es sich, ich bin ein anderer geworden. Aber mein Respekt vor der Krankheit ist auch größer geworden!" – Eine ältere Frau: „Ich habe gelernt zu ‚erleben'. Mein letztes Jahr war reicher an Eindrücken als der gesamte Rest des Lebens. Aber Schmerzen tun dennoch weh, auch heute noch."

Literatur

Textausgaben zum Neuen Testament

Die Bibel (2000): Elberfelder Übersetzung, revidierte Fassung. Wuppertal: Brockhaus. (8. Aufl.)

Münchener Neues Testament (1998): Studienübersetzung. Hg. J. Hainz. Düsseldorf: Patmos. (5. Aufl.)

Neue Jerusalemer Bibel (2000): Einheitsübersetzung mit dem Kommentar der Jerusalemer Bibel. Freiburg: Herder. (3. Aufl.)

Das Neue Testament (1990): Interlinearübersetzung Griechisch-Deutsch. Griechischer Text nach der Ausgabe von Nestle-Aland (26. Aufl.), übersetzt von E. Dietzfelbinger. Stuttgart: Hänssler.

Das Neue Testament (2000): Griechisch und Deutsch. Nestle-Aland. Hg. B. & K. Aland. Stuttgart: Deutsche Bibelgesellschaft. (3. Aufl.)

Theologische Nachschlagewerke

Aland, K. (Hg.) (1978-1983): Vollständige Konkordanz zum griechischen Neuen Testament (VKGNT), 2. Bde. Berlin: de Gruyter.

Bauer, W. (1988): Art. „βασιλεία, ας, ἡ“ In: Griechisch-deutsches Wörterbuch zu den Schriften des Neuen Testaments und der frühchristlichen Literatur. Bearbeitet von K. & B. Aland. Berlin: de Gruyter. (6. Aufl.)

Behm, J.D. (1939): Art. „μεταυοέω, μετάυοια“ im NT: Der Gedanke der Umkehr: Jesus. In: Theologisches Wörterbuch zum Neuen Testament (ThWNT). Hg. G. Kittel, Bd. IV. 2, 996-998. Stuttgart: Kohlhammer.

Berger, K. (1992). Art. „χάρις“ In: Exegetisches Wörterbuch zum Neuen Testament (EWNT). Hg. H. Balz & G. Schneider, Bd. III, 1095-1102. Stuttgart: Kohlhammer. (2. Aufl.)

Conzelmann, H.G. (1973): Art. „χάρις“ In: Theologisches Wörterbuch zum Neuen Testament (ThWNT). Hg. G. Kittel & G. Friedrich, Bd. IX, 383-387. Stuttgart: Kohlhammer.

Dormeyer, D. (1997): Art. „König/in, Königtum, Reich Gottes.“ In: Münchener Theologisches Wörterbuch zum Neuen Testament: Bibeltheologisches Wörterbuch. Hg. J. Hainz & A. Sand, 223-228. Düsseldorf: Patmos.

Finkenrath, G. & Niebuhr, K.W. (1997): Art. „πλεονεξία“ In: Theologisches Begriffslexikon zum Neuen Testament. Hg. L. Coenen, K. Haacker & J. Kabiersch, Bd. 1, 133-135. Wuppertal: Brockhaus. (Neubearb. Ausg.)

Goetzmann, J. (1997): Art. „Busse/Bekehrung.“ In: Theologisches Begriffslexikon zum Neuen Testament. Hg. L. Coenen, K. Haacker & J. Kabiersch, Bd. 1, 230-238. Wuppertal: Brockhaus. (Neubearb. Ausg.)

Klappert, B. (2000): Art. „Reich" im NT. In: Theologisches Begriffslexikon zum Neuen Testament. Hg. L. Coenen & K. Haacker u.a., Bd. II, 1487-1497. Wuppertal: Brockhaus. (Neubearb. Ausg.)
Luz, U. (1992): Art. „βαισλεία" In: Exegetisches Wörterbuch zum Neuen Testament (EWNT). Hg. H. Balz & G. Schneider, Bd. I, 481-491. Stuttgart: Kohlhammer. (2. Aufl.)
Merklein, H. (1992): Art. „μετάνοια, μετανοέω" In: Exegetisches Wörterbuch zum Neuen Testament (EWNT). Hg. H. Balz & G. Schneider, Bd. II, 1022-1031. Stuttgart: Kohlhammer. (2. Aufl.)
Schneider, S. (1997): Art. „Gnade". In: Münchener Theologisches Wörterbuch zum Neuen Testament: Bibeltheologisches Wörterbuch. Hg. J. Hainz & A. Sand, 176-178. Düsseldorf: Patmos.

Literatur

Asper, K. (1988): Von der Kindheit zum Kind in uns. Lebenshilfe aus dem Unbewussten. Olten: Walter.
Batlogg, A.R., Rulands, P., Schmolly, W., Siebenrock, R.A., Wassilowsky, G. & Zahlauer, A. (2003): Der Denkweg Karl Rahners. Quellen – Entwicklungen – Perspektiven. Mainz: Grünewald.
Benedetti, G. (1992): Psychotherapie als existentielle Herausforderung. Göttingen: Vandenhoeck & Ruprecht.
Berger, K. (1991): Exegese des Neuen Testaments. Heidelberg: Quelle & Meyer. (3. Aufl.)
Bernhard-Hegglin, A. (1999): Die therapeutische Begegnung. Verinnerlichung von Ich und Du. Göttingen: Vandenhoeck & Ruprecht.
Birnholz, J.C. (1983): „The Development of Human Fetal Hearing." In: Science 222/November, XVIa, XVIb, XVIc.
Bog, R. (1985): Das Wasser des Lebens. Eine sanfte Erlösung. Reihe Weisheit im Märchen. Stuttgart: Kreuz.
Brinton Perera, S. (1985): Der Weg zur Göttin der Tiefe. Interlaken: Ansata.
Brinton Perera, S. (1987): Der Sündenbock-Komplex: Die Erlösung von Schuld und Schatten. Interlaken: Ansata.
Buber, M. (1983): Ich und Du. Heidelberg: Lambert Schneider. (11. durchgesehene Aufl.)
Buber, M. (1984): Das dialogische Prinzip. Die Frage an den Einzelnen. Elemente des Zwischenmenschlichen. Zur Geschichte des dialogischen Prinzips. Heidelberg: Lambert Schneider.
Budzik, S. (1995): Perversa imitatio dei. Zum Begriff der Erbsünde bei Augustinus und Schwager. In: J. Niewiadomsiki & W. Palaver (Hg.): Vom Fluch und Segen der Sündenböcke, 93-109. Thaur: Kulturverlag.
Christen, E. & Kirchschläger, W. (Hg.) (2000): Erlöst durch Jesus Christus. Soteriologie im Kontext. Freiburg: Paulus.
Claret, B.J. (Hg.) (2007): Theodizee. Das Böse in der Welt. Darmstadt: WBG.
Claret, B.J. (2007): Die der Struktur unserer Lebenswelt von Haus aus inhärenten Irritationen und das Böse. In: B.J. Claret (Hg.): Theodizee. Das Böse in der Welt, 67-116. Darmstadt: WBG.
Da Silva, G. (2001): Am Anfang war das Opfer: René Girard aus afroindiolateinamerikanischer Perspektive. Münster: LIT Verlag.
Drewermann, E. & Neuhaus, I. (1982): Frau Holle. Grimms Märchen tiefenpsychologisch gedeutet. Olten: Walter.
Drewermann, E. (1985): Tiefenpsychologie und Exegese. Band II. Olten: Walter.
Drewermann, E. & Neuhaus, I. (1985): Voller Erbarmen rettet er uns. Die Tobit-Legende tiefenpsychologisch gedeutet. Freiburg: Herder.
Drewermann, E. (1986): Dein Name ist wie der Geschmack des Lebens. Tiefenpsychologische Deutung der Kindheitsgeschichte nach dem Lukasevangelium. Freiburg: Herder.

Drewermann, E. (1987) Das Markusevangelium. Bilder von Erlösung. Erster Teil: Mk 1,1-9,13. Olten: Walter.

Drewermann, E. (1988a): Tiefenpsychologie und Exegese. Bd. I. Olten: Walter. (6. Aufl.)

Drewermann, E. (1988b): Das Markusevangelium. Zweiter Teil: Mk 9,14-16,20. Olten: Walter.

Drewermann, E. (1988c): Strukturen des Bösen. Teil 2: Die jahwistische Urgeschichte in psychoanalytischer Sicht. Sonderauausgabe. Paderborn: Schöningh.

Drewermann, E. (1989): Ich steige hinab in die Barke der Sonne. Alt-Ägyptische Meditationen zu Tod und Auferstehung in Bezug auf Joh 20/21. Olten: Walter.

Drewermann, E. (1991): Was uns Zukunft gibt. Vom Reichtum des Lebens. Hg. A. Heller. Olten: Walter.

Drewermann, E. (1999): ... und es geschah so. Die moderne Biologie und die Frage nach Gott. (Glauben in Freiheit, Bd. 3: Religion und Naturwissenschaft, 2. Teil: Biologie und Theologie). Olten: Walter.

Dürr, H. (2007): Natur der Wirklichkeit. Radiosendung Perspektiven DRS 2 vom 14.6.2007.

Ernst, J. (1993): Das Evangelium nach Lukas. Regensburger Neues Testament. Regensburg: Friedrich Pustet. (6. Aufl.)

Fischer, E.P., Herzka, H.S. & Reich, K.H. (Hg.) (1992): Widersprüchliche Wirklichkeit. Neues Denken in Wissenschaft und Alltag. München: Piper.

Franz, M.L. von (1977): Das Weibliche im Märchen. Stuttgart: Bonz.

Fromm, E. (1979): Haben oder Sein. Buchclub Ex Libris.

Gebser, J. (1986): Ursprung und Gegenwart. München: dtv. (2. Aufl.)

Girard, R. (1992): Das Heilige und die Gewalt. Frankfurt: Fischer.

Gnilka, J. (1994): Das Evangelium nach Markus. Teilband 1: Mk 1,1-8,26 (EKK; Bd. 2/1). Solothurn: Benziger-Neukirchener.

Görnitz, T. & Görnitz, B. (2007): Der kreative Kosmos. Geist und Materie aus Quanteninformation. München: Elsevier.

Greshake, G. (2007): Die Freiheit und das Böse, Gott und der Teufel. Ein Plakat. In: B.J. Claret (Hg.): Theodizee. Das Böse in der Welt, 15-35. Darmstadt: WBG.

Grimm (1984): Kinder- und Hausmärchen gesammelt durch die Brüder Grimm. 3 Bde. Frankfurt: Insel Taschenbuch.

Grün, A. (2001a): Biblische Bilder von Erlösung. Münsterschwarzach: Vier-Türme-Verlag. (4. überarbeitete und aktualisierte Aufl.)

Grün, A. (2001b): Der Umgang mit dem Bösen. Münsterschwarzach: Vier-Türme-Verlag. (11. überarbeitete und aktualisierte Aufl.)

Grün, A. (2002): Geistliche Begleitung bei den Wüstenvätern. Münsterschwarzach: Vier-Türme-Verlag. (7. überarbeitete und aktualisierte Aufl.)

Grün, A. (2006): Der Himmel beginnt in dir. Das Wissen der Wüstenväter für heute. Freiburg: Herder. (10. Aufl.)

Hämmerling, E. (1992): Mondgöttin Inanna. Ein weiblicher Weg zur Ganzheit. Zürich: Kreuz. (2. Aufl.)

Hark, H. (1988): Lexikon Jungscher Grundbegriffe. Mit Originaltexten von C.G. Jung. Olten: Walter.

Hasitschka, M. (1998): Die Briefe an die Korinther. NT-Exegese. Unveröffentlichtes Vorlesungsmanuskript. Innsbruck.

Hasitschka, M. (2002): NT-Bibeltheologie: Gott im Zeugnis des Neuen Testaments. Unveröffentlichtes Vorlesungsmanuskript. Innsbruck.

Hasitschka, M. (2004/2005): Exegese Neues Testament: Die Bergpredigt. Unveröffentlichtes Vorlesungsmanuskript. Innsbruck.

Hegi, F. (1997): Improvisation und Musiktherapie. Möglichkeiten und Wirkungen von freier Musik. Paderborn: Junfermann. (5. Aufl.)
Hehlmann, W. (1968): Wörterbuch der Psychologie. Stuttgart: Kröner. (10. Aufl.)
Hepper, P.G. (1996): „Fetal Memory: Does it exist? What does it do?" In: Acta Paediatrica Supplement 416 (1996), 16-20.
Hepper, P.G. (2005): Das fetale Verhalten und seine Funktion für die menschliche Entwicklung. In: I. Krens & H. Krens (Hg.): Grundlagen einer vorgeburtlichen Psychologie, 63-82. Göttingen: Vandenhoeck & Ruprecht.
Herman, J. (2006): Die Narben der Gewalt. Traumatische Erfahrungen verstehen und überwinden. Paderborn: Junfermann. (2. Aufl.)
Herzka, H.S. (1989): Die neue Kindheit. Dialogische Entwicklung – autoritätskritische Erziehung. Basel: Schwabe & Co. AG.
Hoping, H. & Tück, J.H. (2000): Für uns gestorben. Die soteriologische Bedeutung des Todes Jesu und die Hoffnung auf universale Versöhnung. In: E. Christen & W. Kirchschläger (Hg.): Erlöst durch Jesus Christus. Soteriologie im Kontext, 71-107. Freiburg: Paulus.
Huber, M. (1995): Multiple Persönlichkeiten. Überlebende extremer Gewalt. Frankfurt: Fischer.
Huber, M. (2007): Trauma und die Folgen. Teil 1: Trauma und Trauma-Behandlung. Paderborn: Junfermann. (3. Aufl.)
Huber, M. (2006): Wege der Trauma-Behandlung. Teil 2: Trauma und Trauma-Behandlung. Paderborn: Junfermann. (3. Aufl.)
Hüther, G. (2005): Pränatale Einflüsse auf die Hirnentwicklung. In: I. Krens & H. Krens (Hg.): Grundlagen einer vorgeburtlichen Psychologie, 49-62. Göttingen: Vandenhoeck & Ruprecht.
Jeremias, J. (1966): Abba. Studien zur neutestamentlichen Theologie und Zeitgeschichte. Göttingen: Vandenhoeck & Ruprecht.
Jung, C.G. (1984): Grundwerk. Olten: Walter.
Kassel, M. (1980): Biblische Urbilder. München: Pfeiffer. (2. Aufl.)
Kassel, M. (1982): Sei der Du werden sollst. München: Pfeiffer.
Kassel, M. (1986): Das Auge im Bauch. Olten: Walter.
Kast, V. (1982): Trauern. Phasen und Chancen des psychischen Prozesses. Stuttgart: Kreuz.
Kast, V. (1986): Traumbild Wüste. Von Grenzerfahrungen unseres Lebens. Olten: Walter.
Kast, V. (1991): Freude, Inspiration, Hoffnung. Olten: Walter.
Kast, V. (1996a): Neid und Eifersucht. Die Herausforderung durch unangenehme Gefühle. Olten: Walter. (5. Aufl.)
Kast, V. (1996b): Vom Sinn der Angst. Freiburg: Herder.
Kast, V. (2005): Wenn wir uns versöhnen. Stuttgart: Kreuz.
Kessler, H. (1998): Partikularität und Universalität Jesu Christi. Zur Hermeneutik und Kriteriologie kontextueller Christologie. In: R. Schwager (Hg.): Relativierung der Wahrheit? Kontextuelle Christologie auf dem Prüfstand, 106-155. Freiburg: Herder.
Kessler, H. (2005): Wie wirkt Gott in der Welt und an der Welt? Die Auferstehung Jesu als Paradigma. In: R. Kögerler & G. Schörghofer (Hg.): Wie wirkt Gott in der Welt? Theologische Zugänge und naturwissenschaftliche Sichtweisen, 53-92. Wien: Wagner.
Kessler, H. (2006): Den verborgenen Gott suchen. Gottesglaube in einer von Naturwissenschaften und Religionskonflikten geprägten Welt. Paderborn: Schöningh.
Kirchschläger, W. (2000): Hat Gott seinen Sohn in den Tod gegeben? Zum biblischen Verständnis von Erlösung. In: E. Christen & W. Kirchschläger (Hg.): Erlöst durch Jesus Christus. Soteriologie im Kontext, 29-70. Freiburg: Paulus.
Kisilevsky, B. et al. (2003): „Effects of Experience on Fetal Voice Recognition." In: Psychological Science 14 (2003), 3, 220-224.

Kögerler, R. & Schörghofer, G. (Hg.) (2005): Wie wirkt Gott in der Welt? Theologische Zugänge und naturwissenschaftliche Sichtweisen. Wien: Wagner.

Küng, H. (1992): Projekt Weltethos. München: Piper.

Laerum, S. (2006): „Wie Erinnerungen entstehen." In: NZZ am Sonntag (28.5.2006), 81.

Ley, K. (2005): Versöhnung mit den Eltern. Wege zur inneren Freiheit. Düsseldorf: Patmos.

Lies, L. & Hell, S. (1992): Heilsmysterium. Eine Hinführung zu Christus. Graz: Styria.

Lindemann, A. (2000): Der erste Korintherbrief (HNT 9/I). Tübingen: Mohr Siebeck.

Luther, M. (1957): Vorlesung über den Römerbrief 1515/1516. Übersetzt von E. Ellwein. München: Chr. Kaiser.

Luz, U. (2002): Das Evangelium nach Matthäus. Teilband 1: Mt 1-7. (EKK; Bd. I/1). Düsseldorf: Benziger-Neukirchener. (5. völlig neu bearbeitete Aufl.)

Markowitsch, H.J. & Weizer, H. (2005): Das autobiographische Gedächtnis: Hirnorganische Grundlagen und biosoziale Entwicklung. Stuttgart: Klett-Cotta.

Mayordomo-Marin, M. (1998): Den Anfang hören: leserorientierte Bibelexegese am Beispiel von Mth 1-2. (Forschungen zur Religion und Literatur des Alten und Neuen Testaments, H. 180). Göttingen: Vandenhoeck & Ruprecht.

Merklein, H. (1978): Die Gottesherrschaft als Handlungsprinzip. Untersuchung zur Ethik Jesu. (Forschung zur Bibel, Bd. 34). Würzburg: Echter.

Merklein, H. & Gielen, M. (2005): Der erste Brief an die Korinther (ÖTK 7/3). Kapitel 11,2-16,24. Gütersloh: Gütersloher.

Metz, J.B. (1977): Glaube in Geschichte und Gesellschaft. Studien zu einer praktischen Fundamentaltheologie. Mainz: Matthias-Grünewald.

Metz, J.B (2006): Memoria Passionis. Ein provozierendes Gedächtnis in pluralistischer Gesellschaft. Freiburg: Herder.

Neumann, E. (1974): Die Große Mutter. Eine Phänomenologie der weiblichen Gestaltungen des Unbewussten. Olten: Walter. (2. Aufl.)

Neumann, E. (1985): Das Kind. Fellbach: Bonz. (3. Aufl.)

Neumann, E. (1992): Ursprungsgeschichte des Bewusstseins. Frankfurt: Fischer.

Niewiadomski, J. & Palaver, W. (Hg.) (1995): Vom Fluch und Segen der Sündenböcke. Raymund Schwager zum 60. Geburtstag. Thaur: Kulturverlag.

Nitschke, B. (1984): „Frühe Formen des Dialogs, Musikalisches Erleben: Psychoanalytische Reflexion." In: Musiktherapeutische Umschau 5, 167-187.

Nöcker-Ribaupierre, M. (1986): „Ontogenese des Hörens. Mögliche Konsequenzen für Entwicklungsförderung und Therapie." In: Musiktherapeutische Umschau 7, 93-101.

Nöcker-Ribaupierre, M. (Hg.) (2003): Hören – Brücke ins Leben. Musiktherapie mit früh- und neugeborenen Kindern. Forschung und Klinische Praxis. Göttingen: Vandenhoeck & Ruprecht.

Oegema, G.S. (2003): Jesus' Casting Out of Demons in the Gospel of Mark against Its Greco-Roman Background. In: A. Lange, H. Lichtenberger & K.F.D. Römheld (Hg.) Die Dämonen. Demons. Die Dämonologie der israelitisch-jüdischen und frühchristlichen Literatur im Kontext ihrer Umwelt. The Demonology of Israelite-Jewish and Early Christian Literatur in Context of their Environment, 505-518. Tübingen: Mohr Siebeck.

Ohlig, K.-H. (1998): Warum diese und keine anderen Christologien? In: R. Schwager (Hg.): Relativierung der Wahrheit? Kontextuelle Christologie auf dem Prüfstand, 30-51. Freiburg: Herder.

Pannenberg, W. (1988): Systematische Theologie. Bd. 1. Göttingen: Vandenhoeck & Ruprecht.

Papousek, M. (1994): Vom ersten Schrei zum ersten Wort. Anfänge der Sprachentwicklung in der vorsprachlichen Kommunikation. Bern: Huber.

Papousek, H. & Papousek, M. (1995): Vorsprachliche Kommunikation: Anfänge, Formen, Störungen und psychotherapeutische Ansätze. In: H. Petzold (Hg.): Die Kraft liebevoller Blicke. Psychotherapie & Babyforschung. Bd. 2, 123-142. Paderborn: Junfermann.

Parncutt, R. (2006): Prenatal Development. In: G.E. McPherson (Ed.): The Child as Musician. A Handbook of Musical Development, 1-31. Oxford: Oxford University Press.
Pesch, O.H. (1983): Frei sein aus Gnade. Theologische Anthropologie. Freiburg: Herder.
Poeplau, W. (1986): Öffne das Fenster ins Weite. Freiburg: Christophorus.
Rahner, K. (1984): Grundkurs des Glaubens. Sonderausgabe. Freiburg: Herder.
Rahner, K. (1992): Gott ist Mensch geworden. Freiburg: Herder.
Rahner, K. (2004): Beten mit Karl Rahner. Bd. 1: Von der Not und dem Segen des Gebetes. Freiburg: Herder.
Ratzinger, J. (2005): Die Vielfalt der Religionen und der Eine Bund. Regensburg: Urfeld Gmbh (4. Aufl.)
Ratzinger, J. – Benedikt XVI. (2007): Jesus von Nazareth. Erster Teil: Von der Taufe im Jordan bis zur Verklärung. Freiburg: Herder.
Ratzmann, W. (Hg.) (2004): Religion – Christentum – Gewalt. Einblicke und Perspektiven. Leipzig: Evangelische Verlagsanstalt.
Rauch, J. (2006): „Gehirnjogging im Mutterleib." In: Bild der Wissenschaft 2 (2006).
Renz, M. (1996): Zwischen Urangst und Urvertrauen. Therapie früher Störungen über Musik-, Symbol- und spirituelle Erfahrungen. Paderborn: Junfermann.
Renz, M. (2003): Grenzerfahrung Gott. Spirituelle Erfahrungen in Leid und Krankheit. Freiburg: Herder.
Renz, M. (2006): „Gotteserfahrung in Leid und Sterben." In: Diakonia 37 (2006), 6, 426-430.
Renz, M. (2007): Von der Chance, wesentlich zu werden. Reflexionen zu Spiritualität, Reifung und Sterben. Mit CD: Das Ich stirbt in ein Du hinein! Paderborn: Junfermann.
Renz, M. (2007b): „The Experience of God in Suffering and Dying." In: The Way 46/2 (Apr 2007), 59-74.
Renz, M. (2008b): Zeugnisse Sterbender. Todesnähe als Wandlung und letzte Reifung. Paderborn: Junfermann. (4. Aufl.)
Renz, P.S. (2007): Project Governance – Implementing Corporate Governance and Business Ethics in Non-profit Organizations. Heidelberg: Springer.
Renz, U. (2001): „Spiel, Ernst und die Erfahrung von Kontingenz." In: Die Philosophin 24 (2001), 43-66.
Renz, U. (2002): Die Rationalität der Kultur. Zur Kulturphilosophie und ihrer transzendalen Begründung bei Cohen, Natorp und Cassirer. (Cassirer-Forschungen, Bd 8). Hamburg: Meiner.
Renz, U. (2008): Die Erklärbarkeit von Erfahrung. Realismus und Subjektivität in Spinozas Theorie des menschlichen Geistes. Zürich 2007 (Manuskript der Habilitationsschrift, erscheint bald im Druck).
Renz, U. & Bleisch, B. (Hg.) (2007): Zu wenig. Dimensionen der Armut. Zürich: Seismo.
Richter, H.E. (1979): Der Gotteskomplex. Reinbek: Rowohlt.
Riedel, I. (1985): Tabu im Märchen. Olten: Walter.
Riedel, I. (2001): Seelenruhe und Geistesgegenwart. Königsfurt: Krummwisch.
Rosenzweig, F. (1984): Der Mensch und sein Werk. In: R. & A. Mayer (Hg.): Gesammelte Schriften. Bd. III. Dordrecht: Martinus Nijhoff.
Salk, L. (1973): „The Role of the Heartbeat in the Relations between Mother and Infant." In: Scientific American 228 (1973), 24-29.
Sallenbach, W.B. (1998): „Claira: A Case Study in Prenatal Learning." In: Journal of Prenatal & Perinatal Psychology & Health 12 (1998), 3, 175-196.
Sanders, E.P. (1995): Paulus. Eine Einführung. Stuttgart: Reclam.
Sandler, W. (1995): Befreiung der Begierde. Theologie zwischen René Girard und Karl Rahner. In: J. Niewiadomski & W. Palaver (Hg.): Vom Fluch und Segen der Sündenböcke, 49-67. Thaur: Kulturverlag.

Sauer, G. (1986): Traumbild Schlange. Von der Vereinigung der Gegensätze. Träume als Wegweiser. Olten: Walter.
Schellenbaum, P. (1988): Die Wunde der Ungeliebten. Blockierung und Verlebendigung der Liebe. München: Kösel.
Schenker, A. (1981): Versöhnung und Sühne. Wege gewaltfreier Konfliktlösung im Alten Testament mit einem Ausblick auf das Neue Testament. Freiburg (Schweiz): Katholisches Bibelwerk.
Schenker, A. (2001): Knecht und Lamm Gottes (Jesaja 53). Übernahme von Schuld im Horizont der Gottesknechtslieder. Stuttgart: Katholisches Bibelwerk.
Schillebeeckx, E. (1976): Jesus. Die Geschichte von einem Lebenden. Übers. v. H. Zulauf. Freiburg: Herder.
Schlagheck, M. (Hg.) (1998): Theologie und Psychologie im Dialog über das Böse. Paderborn: Bonifatius.
Schneider, H. (2001): Das Auge. Sichtbare und unsichtbare Wirklichkeit. Diplomthesis am C.G. Jung Institut Zürich.
Schneider, S. (2005): Auferstehen. Eine neue Deutung von 1 Kor 15. (Forschung zur Bibel, Bd. 105). Würzburg: Echter.
Schneider-Flume, G. (2004): Das Kreuz in der Mitte der christlichen Kirche. Zeichen für Gewalt und Opfer oder Hingabe und Versöhnung. In: W. Ratzmann (Hg.): Religion – Christentum – Gewalt. Einblicke und Perspektiven, 251-268. Leipzig: Evangelische Verlagsanstalt.
Schnepf, R. (2007): Armut ohne Bedürftigkeit ist ein Gut – Autonomie in einer Welt von Gütern. In: U. Renz & B. Bleisch (Hg.): Zu wenig. Dimensionen der Armut, 110-135. Zürich: Seismo.
Schrage, W. (2001): Der erste Brief an die Korinther (EKK; Bd. 7/4). 1 Kor 15,1-16,24. Zürich: Benziger-Neukirchener.
Schwager, R. (1996): Jesus im Heilsdrama. Entwurf einer biblischen Erlösungslehre. Innsbruck: Tyrolia. (2. Aufl.)
Schwager, R. (1997): Erbsünde und Heilsdrama. Im Kontext von Evolution, Gentechnologie und Apokalyptik. Münster: LIT Verlag.
Schwager, R. (Hg.) (1998): Relativierung der Wahrheit? Kontextuelle Christologie auf dem Prüfstand. Freiburg: Herder.
Schürmann, H. (1983): Gottes Reich – Jesu Geschick. Jesu ureigener Tod im Licht seiner Basileia-Verkündigung. Freiburg: Herder.
Siegel, D.J. (2006): Wie wir werden, die wir sind. Neurobiologische Grundlagen subjektiven Erlebens und die Entwicklung des Menschen in Beziehungen. Paderborn: Junfermann.
Smetana, M., Heinze, S. & Mössler, K. (2005): Stille – Sterben – Erwachen. Musiktherapie im Grenzbereich menschlicher Existenz. Wien: Edition Praesens.
Söding, T. (2003): Wenn ich mit dem Finger Gottes die Dämonen austreibe ... (Lk 11,20). Die Exorzismen im Rahmen der Basileia-Verkündigung Jesu. In: A. Lange, H. Lichtenberger & K.F.D. Römheld (Hg.) Die Dämonen. Demons. Die Dämonologie der israelitisch-jüdischen und frühchristlichen Literatur im Kontext ihrer Umwelt. The Demonology of Israelite-Jewish and Early Christian Literatur in Context of their Environment, 519-549. Tübingen: Mohr Siebeck.
Sölle, D. (1998): Leiden. Freiburg: Herder.
Stemberger, G. (1989): Midrasch: Vom Umgang der Rabbinen mit der Bibel. Einführung, Texte, Erläuterungen. München: Beck.
Sugerman, S. (1978): Narzissmus und Selbstzerstörung. Olten: Walter.
Sury, K. von (1994): Wörterbuch der Psychologie und ihrer Grenzgebiete. Olten: Walter. (4. Aufl.)
Teichmann-Mackenroth, O. (1992): „Zum Konzept der hilfreichen Beziehung in der Musiktherapie." In: Musiktherapeutische Umschau 13, 249-257.
Tomatis, A. (1987) Der Klang des Lebens. Vorgeburtliche Kommunikation. Die Anfänge der seelischen Entwicklung. Reinbek: Rowohlt.

Utsch, M. (2005): Religiöse Fragen in der Psychotherapie. Psychologische Zugänge zu Religiosität und Spiritualität. Stuttgart: Kohlhammer.
Voss, J. (1988): Das Schwarzmond-Tabu. Die kulturelle Bedeutung des weiblichen Zyklus. Stuttgart: Kreuz.
Waiblinger, A. (1986): Große Mutter und göttliches Kind. Das Wunder in Wiege und Seele. Zürich: Kreuz.
Waiblinger, A. (1988): Dornröschen. Auch des Vaters liebste Tochter wandelt sich zur Frau. Zürich: Kreuz.
Werbick, J. (1992): Bilder sind Wege. Eine Gotteslehre. München: Kösel.
Wiederkehr, K. (2005) Lieben ist schöner als siegen. Verrat und Versöhnung bei Paaren. Zürich: Pendo.
Wirtz, U. (1991): Seelenmord. Inzest und Therapie. Stuttgart: Kreuz.
Zenger, E. (1987): Gottes Bogen in den Wolken: Untersuchungen zur Komposition und Theologie der priesterschriftlichen Urgeschichte. Stuttgart: Katholisches Bibelwerk. (2. Aufl.)
Zenger, E. (1995): Das Erste Testament. Die jüdische Bibel und die Christen. Düsseldorf: Patmos. (5. Aufl.)

Personen-, Sachwort- und Bibelstellenverzeichnis

Wichtigste Personen, Autoren

Sachwörter

Bibelstellen (Auswahl)